Los Curadores

Los Roles y Responsabilidades de las Entidades de Mantenimiento de Dios

* * *

Una obra canalizada

Por

Guy Steven Needler

Traducido por:
Alejandra Araiza Calahorra

© 2015 Guy Steven Needler
Traducción al español - 2025
Todos los derechos reservados. Ninguna parte de este libro, en su totalidad o en parte, puede ser reproducida, transmitida o utilizada en cualquier forma o por cualquier medio, electrónico, fotográfico o mecánico, incluyendo fotocopias, grabaciones, o por cualquier sistema de almacenamiento y recuperación de información sin el permiso por escrito de Ozark Mountain Publishing, Inc. a excepción de breves citas incorporadas en artículos literarios y reseñas.

Para obtener permiso, serialización, condensación, adaptaciones, o para nuestro catálogo de otras publicaciones, escriba a Ozark Mountain Publishing, Inc., P.O. Box 754, Huntsville, AR 72740, ATTN: Departamento de Permisos.

Biblioteca del Congreso Catalogación -en-Datos de Publicación

Needler, Guy Steven – 1961 –
Los Curadores por Guy Steven Needler
   En Los Curadores el lector es expuesto a las mecánicas del ambiente multiversal dentro del que nosotros existimos y aquellas entidades que lo mantienen.

1. Espiritual 2. Canalización 3. Entidades 4. Metafísica
I. Needler, Guy Steven, 1961 II. Metafísica III. Canalización IV. Título

Número de ficha de catálogo de la Biblioteca del Congreso: 2025936988
ISBN: 978-1-962858-58-8

Traducido por: Alejandra Araiza Calahorra
Arte de cubierta y maquetación: Victoria Cooper Art
Montaje del libro en: Times New Roman
Diseño del libro: Nancy Vernon
Publicado por:

PO Box 754 Huntsville, AR 72740
800-935-0045 or 479-738-2348; fax 479-738-2448
WWW.OZARKMT.COM
Impreso en los Estados Unidos de América

Contenido

Prólogo	i
Un Desmitificador	
La Estructura del Multiverso Dentro del que Existimos: Una Comprensión más Profunda	7
Comprensión General de los Ayudantes de Dios tal como se Entienden Actualmente	23
La Jerarquía de las Entidades de Mantenimiento	46
La Jerarquía Multiversal	49
El Diablo Está en los Detalles	64
Desde el Principio	68
Los Arquitectos	77
Los Ilustradores	100
Los Planificadores	110
Los Orquestadores	129
Las Entidades de Mantenimiento General	146
Los Principiantes	161
Los Finalizadores	176
Los Repartidores	195
Los Creadores de Caminos	205
Los Integradores	212
Los Creadores de Semillas	219
Los Sembradores	229
Los Asediadores	237
Los Grabadores	249
Los Creadores de Interfaz	265
Los Iniciadores	270
Los Observadores	281
Los Productores	288
Los Generadores	306
Los Ambientalistas	317
Los Universalistas	318
Los Ingenieros del Paralelismo	328
Los Ingenieros de la Concurrencia	336
Los Ingenieros de Barrera Frecuencial	344
Los Atraccionistas	354

Los Cuidadores—del Universo Físico	364
Epílogo	412
Glosario	414
Acerca del autor	431

Prólogo

Estoy aquí otra vez, mirando la primera página vacía de mi próximo libro. Es la primera vez que trabajo en un libro desde hace cuatro meses—que han pasado volando. Después del descanso que me habían prometido, me siento aquí con cierta inquietud. En las últimas páginas de Diálogos de Ana me enteré, y en El Origen Habla recibí cierto grado de advertencia, de que tenía que escribir otros seis libros. Que este libro sea el primero de esos seis es lo más desalentador.

¿Por qué es desalentador, te preguntarás, si ya he escrito seis libros? La respuesta es sencilla. Los primeros libros llegaron uno a uno, sin ninguna precognición de los libros que vendrían después hasta el mismo final del libro que estaba terminando—es decir, aparte de los libros de Más Allá de La Fuente. No veía el panorama general. Luego, poco a poco, hacia el final de El Origen Habla, empecé a hacerme una idea del resto del trabajo que tenía que hacer y en los últimos dieciocho o veinte meses me han ido dando no sólo los títulos de estos libros, sino también una idea del contenido.

Dos libros van a ser de una "profundidad" similar a los que he escrito hasta la fecha, en la medida en que tratarán del Om y aportarán más información sobre El Origen. Dos van a ser polémicos, ya que van a tocar y exponer información sobre temas que son tabú a muchos niveles. Serán "independientes" y me han dicho que escribiré estos dos hasta el último. No, todavía no voy a decir de qué tema se trata, pero estoy seguro de que he hablado con una o dos personas sobre ellos durante el último año más o menos. Los dos últimos también son "independientes" en cuanto a temática, pero trabajarán temas que he tocado en mis libros anteriores; uno es este libro y otro trata de la sanación y de cómo la forma en que encarnamos afecta a nuestras energías de forma disfuncional. Trata con ellos uno por uno, les escucho decir, y estoy de acuerdo, pero sabiendo lo que uno debe hacer y además, el plazo con el que tengo que trabajar es la parte más desalentadora, sobre todo porque sé lo que me espera en cuanto a los difíciles conceptos y teorías que rodean el tema.

Los Curadores

Dicho esto, estoy impaciente por trabajar en el contenido de este libro—Los Curadores, cuyo título me acaban de dar, aunque conozco el subtítulo desde hace tiempo. Promete ser interesante, esclarecedor, educativo, divertido, y no me cabe duda de que tendrá una serie de áreas en las que profundizaremos en los detalles de los temas a tratar. También espero ofrecer una serie de ilustraciones para que vean lo que yo veo, al tiempo que proporciono enlaces con imágenes previas siempre que sea posible.

De nuevo me siento aquí. Después de divagar un poco, no sólo me pregunto cuándo empezaré realmente las primeras palabras del texto atribuible al título, sino también con quién me comunicaré. Como de costumbre, ¡no he tenido que esperar mucho!

EF1, O, A: [juntos] ¡¡¡Sorpresa!!!

De repente me sentí como el hombre que llega a casa después de un duro día en la oficina y al abrir la puerta de su casa se encuentra con una "fiesta" esperándole.

YO: OK, así que están todos aquí. ¿Con quién voy a hablar?
EF1: Principalmente yo...
O: Aunque todos...
A: Contribuiremos en algún momento.

Debo admitir que no esperaba sentir las energías de Anne.

A: Está previsto que haga alguna que otra aparición ocasional como "invitada" en el diálogo cuando y donde sea apropiado. Esto ocurrirá especialmente cuando te comuniques con algunos de los Elementales que trabajan con la Tierra.
EF1: Basta con decir que la mayor parte de lo que discutiremos será relevante para el ambiente multiversal que he creado y con el que la mayoría de tus lectores se sentirán identificados.
O: Sin embargo, habrá momentos en los que habrá que tener en cuenta el panorama más amplio de mi área poliomnisciente de autoconciencia sintiente, por lo que en estas coyunturas del diálogo me comunicaré contigo.
YO: Se siente bien para mí.

EF1: Bien. Empezaremos cuando estés preparado.
YO: ¡Qué tal ahora mismo!
EF1: Por qué no.

Los Curadores

Un Desmitificador

YO: Quiero empezar primero con una comprensión básica de la estructura de lo que llamamos los reinos angélicos. Sólo quiero mostrar al mundo que busca la verdad que hemos interactuado con estos seres antes y les hemos dado etiquetas—nombres y descripciones de sus funciones. Pero no quiero ir por el camino de justificar, o no, según sea el caso, las imágenes y descripciones de esas entidades que la humanidad ha clasificado hasta la fecha, no importa lo cerca o lejos que esté de la verdad. Lo que quiero es, como es normal, la Realidad Superior que apoya la comprensión actual, junto con un poco más si es posible.

Tengo que admitir aquí que hago un poco de trampa porque parte de esta información estaba en un documento que escribí en 2005. Nótese que todavía me siento atraído a utilizar la abreviatura de La Fuente como EF1 y no sólo EF cómo en La Historia de Dios.

EF1: Si lo deseas, podemos examinarlos primero, pero ten en cuenta que en algunos casos no podremos ocuparnos de ellos individualmente, ni tampoco en grupo.

YO: ¿Por qué no?

EF1: Porque esta puede no ser la realidad de la estructura de las entidades que se han comprometido a estar en servicio en mi ambiente multiversal.

YO: OK, vamos a tratarlo como lo que la humanidad sabe hasta la fecha, basándonos en mi trabajo anterior y tu comentando donde desees, desmitificando los mitos a medida que avanzamos.

EF1: Al menos será un punto de partida.

YO: Gracias.

EF1: ¿Estás seguro de que quieres empezar ahora?

YO: No. Estoy cambiando de opinión.

EF1: Ya me lo imaginaba. Te estás dando cuenta de que no puedes citar la información de una religión sin citar también la información correspondiente de las otras grandes religiones.

Los Curadores

YO: ¡Todavía me tienes acorralado, verdad! Incluso después de todos estos años, sigues sabiendo cuándo no he entendido la cuestión—¡incluso antes de que me dé cuenta!

EF1: Por supuesto. No olvides que sé todo lo que has preguntado, estás preguntando y preguntarás. Es una ventaja interesantemente pequeña pero efectiva que tengo sobre ti en este estado encarnado. Lo que te sugiero es que utilices la estructura general del documento que creaste en 2005 como una pequeña referencia a lo que conoce parte de la humanidad. Más adelante en el diálogo puedes ver el panorama más amplio. [*El documento de 2005 fue creado como una disertación como parte de mis exámenes de sanación.—GSN*]

YO: OK, suena como un plan.

EF1: Bien. Lo primero que quiero afirmar es que, independientemente de su nivel de corrección, la información que tienes se refiere sólo al universo físico y no tiene ninguna referencia al resto de la estructura de mi ambiente multiversal. Esto en sí mismo es una limitación importante en la capacidad de la información existente para expresar el aspecto de la Realidad Superior que se supone que está describiendo.

YO: Así que el primer mito que hay que romper es el de la estructura de los reinos superiores. Esos reinos o ambientes que se clasifican como las áreas dentro del universo donde existen los ángeles en todas sus variaciones jerárquicas no sólo están limitados al universo físico, sino que están limitados al conocimiento y la capacidad de pensamiento de la humanidad.

EF1: Sí. Recuerda que la información que tiene la mayor parte de la humanidad encarnada es el producto de su estado frecuencial reciente, de sus niveles educativos y de su posterior expansividad, siendo que los niveles frecuenciales sólo se elevaron en los últimos cuarenta años, con cambios reales ocurriendo en los últimos diez a quince años.

YO: ¿Cuál es la estructura? Y, ¿cuáles son los nombres o funciones de las entidades que trabajan con esta estructura?

EF1: Describir los roles, responsabilidades y funciones de aquellas entidades que han elegido estar al servicio manteniendo la estructura del multiverso y su eficiencia evolutiva es el punto central de este diálogo y, como resultado, el detalle les será

Los Curadores

presentado de una manera que será tanto progresiva como lógica en su aplicación. Además, habrá que describirlo resumidamente de arriba abajo y explicarlo detalladamente de abajo arriba. De este modo, los lectores se harán una idea de la amplitud del tema que trataremos, lo que permitirá que la profundidad sea más digerible a medida que avancemos.

No obstante, hay que tener en cuenta que se trata de entidades que no sólo mantienen la estructura y sus detalles, sino que también participan en su perpetuación.

YO: ¿Qué quieres decir con la perpetuación de la estructura? ¿Habría pensado que mantenerla la perpetuaba?

EF1: No, las entidades que mantienen la estructura del multiverso hacen precisamente eso, mantenerla. La mantienen para aquellas entidades que utilizan el multiverso con fines evolutivos. Debido a que una serie de entidades quieren utilizarlo con fines evolutivos, su atención se centra en estar dentro de la estructura del multiverso, experimentándolo, utilizándolo, creando dentro de él, progresando a través de él—no manteniéndolo.

Sin embargo, en su deseo de estar dentro del multiverso para evolucionar experimentando sus ambientes tanto en sus estados lineales como paralelos, los estados paralelos se crean invocando la funcionalidad del Espacio de Eventos, si recuerdas; crean una energía que proporciona lo que ustedes llamarían una memoria. Esta energía "Memoria" es la que sostiene la perpetuación de la estructura y el detalle creativo y creado detrás de la estructura. Son estas entidades que entran en el ciclo evolutivo las que crean las innumerables variaciones de las condiciones ambientales, experienciales y de oportunidades interaccionales personales necesarias para permitir una progresión evolutiva equilibrada, y no una progresión evolutiva sesgada que mantenga la necesidad de su existencia. Las entidades del ciclo evolutivo desean subconscientemente que continúen estas condiciones interactivas ambientales, experienciales y personales para poder jugar con todas las variaciones que puedan ofrecerse y, como resultado, exponerse a sí mismas y a los demás a toda la profundidad o calidad de la experiencia.

Creé el multiverso a partir de la estructura y las energías sintientes que El Origen asignó para crearme como una función independiente pero integrada de mí mismo, permitiendo que partes individualizadas más pequeñas de mí profundizaran en los detalles de eso que soy yo. La belleza de esta creación es que no es el mismo multiverso que yo creé en primera instancia. Ha cambiado; ha evolucionado. Esto es el resultado de su manipulación, manipulación por esas versiones individualizadas más pequeñas de mí—ustedes— que querían experimentar el multiverso en diferentes estados configurativos. Estos estados configurativos son transitorios porque la fuerza creativa que hay detrás de ellos no es tan fuerte como mi fuerza creativa y, por lo tanto, no pueden mantenerse a menos que haya un enfoque en su existencia continuada, porque sin el deseo de que existan, la estructura multiversal vuelve a su estado original, ese estado que yo creé en primera instancia.

YO: Así que incluso los que utilizan el multiverso con fines evolutivos son entidades de mantenimiento—¡por defecto!

EF1: Correcto. Cada entidad que es creada por mí tiene un papel en el mantenimiento del multiverso y su perpetuación como una creación del colectivo de versiones individualizadas más pequeñas de mí. No lo olvides, todo, cada entidad y cada ambiente, es una función de mí.

YO: Gracias. Siempre es bueno que nos recuerden esta verdad tan básica, pero tan olvidada o ignorada.

EF1: Bien. Entonces, lo primero que voy a hacer es exponer algunos mitos.

El primer mito por exponer es que las entidades que se llaman Ángeles se basan en la forma humana; no es así.

El segundo mito por exponer es que tengo forma humana y que los Ángeles se sientan a mi lado; no la tengo y no es así.

El tercer mito por exponer es que estas entidades existen junto a mí en algo llamado móvil [véanse los textos religiosos—GSN], que es una sección o ubicación dentro de la mente divina y que también forma parte de una jerarquía; no es así y tampoco lo es. Aunque tengo que decir, que no es una mala suposición si piensas que el volumen total de mis energías sintientes, que es todo yo, puede ser clasificado como "Mente", así que si piensas de esta manera, cada entidad está al lado de mi mente simplemente porque es parte de mi mente o sintiencia.

El cuarto mito por exponer es que los Ángeles están distribuidos en la jerarquía en que los describe la religión—los nueve coros; no es así.

El quinto mito por exponer es que los Ángeles trabajan sólo para el mantenimiento y guía de aquellos que encarnan en la Tierra, y su ambiente, el universo físico; no es así. Tienen una miríada de responsabilidades que incluyen la Tierra, el universo físico y muchos otros cuerpos que están hechos de energía de baja frecuencia local que no existen específicamente en el universo físico.

El sexto mito por exponer es que las entidades que trabajan con los detalles del ambiente terrenal, los Elementales, lo que la humanidad llama hadas, gnomos y otros nombres descriptivos similares, se basan en la forma humana; no es así. Otros nombres para formas míticas como duendes, elfos y similares son simplemente los recuerdos de aquellos que observaron otras formas humanoides, aquellos encarnados que también existen dentro del universo físico y que han visitado la Tierra de vez en cuando.

El séptimo mito por exponer es que esas entidades que son llamadas Maestros Ascendidos tienen forma humana; no es así.

YO: Son muchos mitos para tener en cuenta.

EF1: En realidad, esto es sólo un pequeño número de las cosas asociadas con la descripción de los nombres, roles y funciones que rodean a aquellas entidades que son creadas por mí y eligieron estar a mi servicio y a aquellas entidades que entraron en el ciclo evolutivo. Hay nombres, roles y funciones en otras religiones para describir entidades similares, pero en esencia son todas iguales. Verás, la humanidad en su uso de diferentes maestros para educarse sobre cómo existir en el estado encarnado sin volverse adicto a él, para no acumular karma, acaba alejándose de la enseñanza original. Las descripciones de las enseñanzas cambian simplemente como resultado del estilo de enseñanza del maestro, sus temas especializados y sus propias preferencias sobre lo que se enseña y cómo se presenta a sus alumnos. Esto da lugar rápidamente a una dilución y diversificación de la materia original. Así, aunque puede haber cierto cruce o correlación en la información difundida por las distintas religiones, el énfasis y el enfoque pueden ser completamente diferentes, y algunos o todos los detalles pueden ser completamente distintos. Sin embargo, una cosa es cierta: todas las religiones reconocen a un creador y a las entidades que apoyan al creador, independientemente de cómo se llamen y de cuáles sean sus funciones y responsabilidades. La función de este diálogo es, por tanto, ofrecer una interpretación libre de religiones, neutral y actualizada de la mecánica del ambiente dentro del que existes, qué lo mantiene y cómo se mantiene.

La estructura del multiverso dentro del que existimos: Una comprensión más profunda

No me cabe duda de que esta parte del libro les resultará demasiado familiar a aquellas almas queridas que hayan leído mis otros libros y, en consecuencia, observo que será tentador pasar por alto este capítulo. Para quienes no hayan leído los libros anteriores, será esencial para la comprensión del resto del contenido. No obstante, insto a todos los lectores a que lean este capítulo, no sólo porque les servirá de repaso, sino porque creo que conoceremos detalles nuevos y más profundos sobre la estructura del multiverso y su funcionalidad.

EF1: Ha sido una buena introducción.

YO: ¡Sólo he dicho lo que sentía!

EF1: Tal vez, pero es correcto afirmar que vamos a profundizar un poco más en la estructura más fina del multiverso, específicamente dónde y cómo las entidades de mantenimiento entran en él. Lo que yo sugeriría primero es que des una visión general de la estructura con tus propias palabras y yo añadiré la comprensión adicional del contenido estructural al final, cuando hayas terminado tu descripción.

YO: OK, aquí vamos.

El ambiente multiversal dentro del cual existimos fue creado por La Fuente, a partir de sus propias energías y referencias estructurales, y está situado dentro de La Fuente. El multiverso está dentro de las energías fronterizas que designan la diferencia entre las energías sintientes que fueron individualizadas, designadas como Entidad Fuente y a las que el creador supremo—El Origen—dio una "razón de ser", y aquellas energías sintientes y sus estructuras que actualmente están reservadas para el trabajo de El Origen de comprenderse a sí mismo. El multiverso ocupa casi la mitad del volumen de energía sintiente de La Fuente y está ocupada por miles de millones de versiones individualizadas más pequeñas o unidades de su sí—mismo, nuestros Verdaderos Seres Energéticos (VSE). Nuestros VSE fueron creados con el único propósito de comprender los pequeños detalles de la sintiencia de La Fuente, sus energías y su estructura, lo que a su vez proporciona a El Origen una mayor comprensión de sí mismo. Las energías sintientes que componen el número total de VSE más las energías sintientes que componen el multiverso equivalen a la mitad del volumen total de las energías sintientes de La Entidad Fuente y su estructura.

La estructura del multiverso en sí sigue las mismas reglas estructurales que la condición estructural inferior de La Fuente, de sí—misma y, en última instancia, de El Origen. La estructura inferior de La Fuente se basa en la relación entre frecuencia, componentes subdimensionales y dimensiones completas, siendo las frecuencias los bloques básicos de construcción. Empezando por el nivel estructural más alto del multiverso, las dimensiones completas, podemos ver que el multiverso tiene doce de ellas. El número doce es significativo y prevalece en la continuación de la estructura en los niveles superiores de la estructura de La Fuente y, por supuesto, de El Origen. La estructura del multiverso tiene una función generalizada que se repite en todas las dimensiones completas excepto en la primera dimensión completa, que alberga las más bajas de las frecuencias. Describiré en último lugar la estructura de la primera dimensión completa.

La estructura es, por tanto, la siguiente; desde la segunda dimensión completa hacia arriba hasta la duodécima, cada dimensión completa está sujeta a ser construida a partir de tres subniveles o componentes subdimensionales. Cada uno de estos subniveles es progresivo, es decir, tienen una posición superior o inferior entre sí dentro del espacio ocupado por la dimensión completa. Así, en esta naturaleza progresiva, el tercer componente subdimensional de la segunda dimensión completa está más bajo en la estructura multiversal que el primer componente subdimensional de la tercera dimensión completa. Cada componente subdimensional alberga doce niveles o bandas de frecuencia. Cada nivel de frecuencia es progresivo en su finitud y es capaz de albergar un ambiente universal autocontenido simultáneo. Con fines ilustrativos, la duodécima frecuencia del tercer componente subdimensional de la segunda dimensión completa es más alta que la undécima frecuencia de la tercer componente subdimensional de la segunda dimensión completa, pero, es inferior a la primera frecuencia del primer componente subdimensional de la tercera dimensión completa. Los universos autocontenidos simultáneos son ambientes universales estáticos y progresivos en términos de su función y contenido y existen simultáneamente entre sí. No son universos paralelos creados por el Espacio de Eventos a través de la capacidad de elección de las entidades que ocupan los universos simultáneos. Los universos paralelos (locales, planetarios, del sistema planetario, galácticos y del tamaño del universo) se crean y se disuelven a través del poder de la elección individual. Los universos simultáneos siguen existiendo mientras dura un ciclo evolutivo completo y, por lo tanto, se clasifican como una función estática del multiverso por el que progresamos como entidades en evolución.

En resumen, desde la segunda dimensión completa hasta la duodécima dimensión completa, cada dimensión tiene tres componentes subdimensionales, cada componente subdimensional tiene doce niveles o bandas de frecuencia, y cada nivel de frecuencia alberga un ambiente universal simultáneo. Cada dimensión completa, desde la segunda dimensión completa hasta la duodécima dimensión completa, tiene treinta y seis niveles o bandas de frecuencia y, por tanto, treinta y seis universos simultáneos asociados. Esto hace un subtotal de once dimensiones completas multiplicadas por tres componentes subdimensionales multiplicados por doce niveles de frecuencia es igual a trescientos noventa y seis niveles de frecuencia y universos simultáneos (11 x 3 x 12 = 396 frecuencias y universos).

Como se ha dicho hace un momento, la primera dimensión completa alberga la más baja de las frecuencias asociadas con la estructura del multiverso, pero, debido a que alberga la más baja de las frecuencias multiversales, se comporta de una manera diferente a las otras dimensiones completas. La primera dimensión completa se construye a partir de tres subniveles o componentes subdimensionales de la misma manera que las dimensiones completas superiores, con la excepción de que las frecuencias más bajas hacen que estos componentes subdimensionales converjan en un componente subdimensional compuesto que exhibe las funciones de los tres, pero en un solo espacio.

Como este componente subdimensional existe en un espacio, sólo puede albergar doce niveles o bandas de frecuencia. Debido a que estos son tan bajas que, aunque son progresivas, no son capaces de albergar un ambiente universal autocontenido simultáneo por derecho propio. Sin embargo, debido a que el componente subdimensional compuesto asociado con la primera dimensión completa existe en un espacio singular, estas doce frecuencias también necesitan existir en un espacio singular y, como resultado, crear un único ambiente universal autocontenido simultáneo que utilice las doce frecuencias—creando así lo que llamamos universo físico.

Resumiendo nuevamente, la primera dimensión completa alberga tres componentes subdimensionales que se comprimen en un único componente subdimensional compuesto. Este único componente subdimensional compuesto alberga doce niveles o bandas de frecuencia, pero debido a que existen en un espacio, y a que estas frecuencias son tan bajas, sólo pueden crear un ambiente universal autocontenido simultáneo. Esto hace un subtotal de una dimensión completa multiplicada por un componente subdimensional compuesto multiplicado por doce niveles de frecuencia es igual a doce niveles de frecuencia asociados con la primera dimensión completa, pero dividiendo doce entre doce porque las frecuencias ocupan un espacio es igual a un universo simultáneo (1 x 3 = 1, 1 x 12 = 12 frecuencias, y, 1 x 3 = 1, 1 x 12/12 = 1 universo).

En total, pues, tenemos 396 frecuencias en las dimensiones completas dos a doce más doce frecuencias en la primera dimensión completa, lo que equivale a 408 frecuencias (396 + 12 = 408 niveles de frecuencia). Y también tenemos 396 universos simultáneos en las dimensiones completas dos a doce más un universo simultáneo en la primera dimensión completa igual a 397 universos simultáneos (396 + 1 = 397 universos).

Hago aquí una referencia para señalar que lo que la humanidad considera dimensiones son, a mi entender, niveles de frecuencia y no dimensiones propiamente dichas, porque los componentes subdimensionales y las dimensiones completas son niveles de estructura mucho, mucho más elevados. Aunque nosotros, como seres encarnados, existimos en un universo dentro del multiverso que necesita doce frecuencias para crearlo, sólo podemos ver y detectar las tres primeras frecuencias. Así que, como resultado, vemos el universo como mayormente vacío mientras que en realidad hay infinitesimalmente más contenido y seres encarnados, dentro de las otras nueve frecuencias, resultando en un universo mayormente lleno en lugar de mayormente vacío.

EF1: Ése es un buen resumen de la estructura del multiverso tal y como la conoces actualmente. Voy a elaborar en los huecos de tu base de conocimientos.

Como habrás deducido, existen frecuencias entre las frecuencias que conoces. En el ambiente multiversal más amplio, los niveles o bandas de frecuencia que albergan los universos simultáneos autocontenidos tienen subfrecuencias que permiten la resolución o el detalle disponible en un ambiente universal específico donde la disponibilidad de más subfrecuencias equivale a más profundidad de contenido y funcionalidad universales. Piénsalo en términos de una imagen en la que el número de píxeles disponibles en un milímetro cuadrado afecta a cuánto se puede ampliar una imagen antes de que se produzca la pixelación y, cuando se produce la pixelación, los huecos de resolución entre los píxeles es donde cualquier aumento de resolución puede verse afectado y, desde una perspectiva frecuencial, existen las subfrecuencias. Trataré el ambiente multiversal con más detalle dentro de un momento, pero primero quiero enfocarme en el ambiente dentro del que existe la humanidad encarnada, el universo físico.

Como has mencionado antes, la primera dimensión alberga sólo un universo, el universo físico, y el universo físico requiere doce frecuencias para crear suficiente resolución para permitir que se manifieste la funcionalidad asociada a un universo. Las subfrecuencias juegan un papel importante en la manifestación de esta funcionalidad. Permiten que ocurra la creación de los aspectos físicos del multiverso y están predominantemente asociadas con, pero no son exclusivas de, el marco estructural asociado con las frecuencias más bajas del universo físico.

Dentro del universo físico, cada nivel de frecuencia (llamemos a los niveles de frecuencia los niveles principales) tiene seis subniveles que rellenan los huecos entre ellos. Hay seis subniveles entre el nivel cero y el primer nivel, seis subniveles entre el primer nivel y el segundo nivel, y seis entre el segundo nivel y el tercer nivel, etc., etc., etc. Los seis subniveles asociados con los tres primeros niveles principales de frecuencia, junto con los propios niveles principales, cuando se expresan juntos en la forma en que lo hacen en la más baja de las frecuencias del multiverso, actúan en una función compuesta. Crean la forma del Físico Grueso en lo que los científicos llaman una forma tridimensional. Sin embargo, las dimensiones son una parte mucho más elevada de la estructura del multiverso, por lo que el uso de la tercera dimensión, etc., como descriptor es totalmente incorrecto, pero como la humanidad está acostumbrada a esta terminología, aunque sea incorrecta, le ayudará en su comprensión. El componente más elevado de lo físico se conoce como el átomo y el componente más bajo de lo físico se expresa como el Anu.

También vale la pena señalar que hay espacio entre los componentes de los seis niveles subfrecuenciales y que esto es una estructura por derecho propio que permite que exista lo que podrías llamar una subestructura que es la recíproca de la estructura que utilizan los seres encarnados y otros seres no encarnados. Esta estructura recíproca, aunque no es idéntica a la estructura que utilizan los seres encarnados y otros seres no encarnados como parte de la función del multiverso utilizada para el ciclo evolutivo, puede clasificarse como el otro lado de lo físico, las energías físicas se clasifican vagamente como "materia", el espacio entre la estructura, entre los seis niveles subfrecuenciales puede clasificarse por tanto como antimateria. Voy a romper aquí otro mito, porque la energía que acabo de llamar antimateria no explotará al entrar en contacto con la energía que he clasificado como materia, simplemente porque forman parte de la estructura general, una existe dentro y sin la otra.

Es esta subestructura o estructura de antimateria la que se utiliza para "sostener" la estructura que se utiliza para el ciclo evolutivo en pasos lógicos de progresión. Mantiene separados el contenido y la funcionalidad asociados a la estructura utilizada para el ciclo evolutivo, permitiendo áreas correctas de demarcación. Esto permite a las entidades que trabajan con el mantenimiento de la estructura multiversal y por lo tanto asociado vagamente con el ciclo evolutivo para mantener el multiverso en el más alto nivel de eficiencia evolutiva.

YO: Espera un momento, ¿estás sugiriendo que la antimateria existe?

EF1: Sí y no. Sí, en la medida en que existe un espacio recíproco al que todos ustedes utilizan dentro del ambiente multiversal, y no, porque no funciona ni se comporta de la forma en que sus científicos o incluso los escritores de ciencia ficción les harían creer que lo hace. Por ejemplo, no se producirá ninguna explosión que destruya el universo cuando estos dos componentes del multiverso entren en contacto, simplemente porque ya son parte integrante el uno del otro.

YO: Entonces, ¿en qué se equivocaron los científicos? ¿Qué les llevó a hacer esta suposición?

EF1: Pensamiento limitado basado en la falta de conocimiento.

YO: ¿Sólo eso?

EF1: Sí, una respuesta sencilla, ¿verdad? Aunque es simple, es a la vez muy cierta y un gran problema porque crea un tren de pensamiento, un proceso de pensamiento que está en error, y porque se utiliza, crea mayores errores de pensamiento.

YO: Así que para seguir un camino educado con una mente abierta, pregunto de nuevo para beneficio de los lectores, ¿existe la antimateria?

EF1: Si buscas un absoluto en función de mi respuesta, entonces te diré que no existe. Sólo utilicé el término como descriptor para ayudar a la comprensión del espacio recíproco. De hecho, si quieres insistir más en esta dirección, afirmaré además que hay más de un espacio recíproco, más de una subestructura.

YO: ¿Qué quieres decir con más de un espacio recíproco?

EF1: En la descripción que acabo de dar, he aludido a una sola subestructura, a un solo espacio recíproco. Esta fue una descripción basada en el pensamiento humano, uno donde hay un opuesto para todo— este es el pensamiento dualista. Incluso los individuos espirituales piensan en lo físico como el universo de la dualidad. Otros piensan en él en términos de opuestos: blanco y negro, arriba y abajo, izquierda y derecha, adelante o atrás, materia o antimateria, de yin o yang, de equilibrio, de que siempre hay dos lados en una historia, etc., etc., etc. El hecho es que el espacio intermedio de la estructura del multiverso es, si se utilizara la palabra "grande" como métrica, significativamente mayor que la propia estructura multiversal.

Fue entonces cuando recibí una imagen que me ayudó con las palabras utilizadas. Vi la estructura del multiverso como una serie de líneas en una matriz, una matriz muy complicada, una en la que había matrices dentro de matrices, y estas matrices albergaban otras matrices y a su vez eran albergadas por otras matrices. Todo estaba dentro y fuera y de nuevo dentro y fuera en innumerables iteraciones de complejidad. Sin embargo, independientemente de la complejidad de los componentes estructurales que formaban lo que acabo de llamar el lado evolutivo u operativo de la estructura multiversal, había un espacio circundante. Cada componente de la estructura ya fuera subfrecuencia, frecuencia, subdimensión o dimensión completa, estaba rodeado por un componente subestructural o, como me acaban de decir que lo llame, "esencia". Al igual que en el universo físico, donde hay seis subniveles entre los niveles de frecuencia, parecía haber seis espacios recíprocos rodeando la estructura evolutiva u operativa. Al mirar más de cerca, me di cuenta de que esta descripción no era del todo exacta. De hecho, era muy inexacta, por lo que parecía ser en potencia de seis. Volví a mirar y mantuve la mente totalmente abierta a cualquier cosa que pudiera aumentar la claridad de visión y la comprensión de lo que se me estaba presentando. No tuve que esperar mucho. Era como si cada componente estuviera rodeado por un grupo de seis por seis conjuntos de energías, de subestructuras. Treinta y seis energías subestructurales en total rodeaban todos y cada uno de los componentes evolutivos u operativos del multiverso. Tenía la apariencia de estar rodeado por un, sólo puedo expresarlo en estos términos, un balón de fútbol (fútbol inglés—GSN) de energía. Una "Bola Bucky" sería una mejor descripción, excepto que no seguía las leyes geométricas que rodean a una Bola Bucky. Cada

Los Curadores

colectivo de seis por seis energías subestructurales, cada Bola Bucky, no sólo rodeaba un componente estructural evolutivo u operativo específico del multiverso, sino que también rodeaba las energías asociadas con el siguiente colectivo de seis por seis energías subestructurales. Me "alejé", reenfocando mi visión hasta un punto en el que podía ver más de la estructura o de la condición operativa y subestructural del multiverso. Desde este punto de vista, pude ver que todo el espacio era esencialmente subestructural, siendo los componentes evolutivos u operativos una parte muy, muy pequeña del volumen total de la estructura. Cada espacio estaba ocupado por una subestructura, por una de esas estructuras colectivas de seis en seis, ¡y no había huecos! Esto me pareció muy interesante porque si alguien tiene la inclinación de buscar la geometría de una Bola Bucky, verá que cuando dos o más están juntas, presentan huecos estructurales entre sí externos a su estructura, donde las estructuras no se juntan ni se tocan. Sin embargo, éste no era el caso. Por mucho que ampliara la estructura, todos los huecos potenciales se llenaban con un colectivo estructural de seis por seis. Parecían fundirse unos con otros, enlazándose, no en la superficie como cabría esperar, sino a un nivel dentro de cada uno en el que se irradiaba un hueco potencial. El efecto era que la estructura evolutiva u operativa del multiverso, las matrices dentro de las matrices, estaba inmersa en un colectivo de seis por seis componentes subestructurales que se unían todos a cualquier nivel necesario para garantizar que hubiera un ambiente de soporte uniforme sin huecos, debilidades o falta de conectividad estructural para que el multiverso existiera dentro de él. Todo lo que había dentro de este "mar" de subestructuras estaba conectado con todo lo demás —totalmente, ya fuera por contacto directo al mismo nivel o a través de contacto indirecto asociado con otro colectivo subestructural de seis en seis, o, a un nivel diferente a través de colectivos estructurales interconectados. No me atreví a analizar la proporción de estructura multiversal evolutiva/operativa frente a la subestructura, pero basta decir que la estructura evolutiva/operativa del multiverso palidecía hasta la insignificancia en comparación.

Con esta revelación firmemente asentada en mi mente, lancé una exclamación a La Entidad Fuente.

Los Curadores

YO: ¡Es sobre todo subestructura! No hay dualidad, no hay posibilidad de una medida igual de materia y antimateria (estructura y subestructura). No hay posibilidad de que exista antimateria porque la estructura recíproca es la subestructura. Ni siquiera puede llamarse "recíproca", ¡porque no lo es! El multiverso parece una pequeña estructura en un enorme baño de Bolas Bucky entrelazadas.

EF1: Muy bien hecho. El volumen de los componentes subestructurales colectivos de seis en seis es tal que soporta la estructura del multiverso y permite su manipulación, modificación y mejora. Son las funciones de las entidades que eligen estar al servicio las que mantienen tanto la estructura como su funcionalidad en los niveles altos y bajos de estructura, funcionalidad y eficiencia evolutiva que utilizan la subestructura circundante para moverse alrededor del ambiente multiversal en todos sus niveles sin estar realmente dentro de la estructura del multiverso.

YO: Tengo otra pregunta.

EF1: Adelante.

YO: ¿Qué papel desempeña el Espacio de Eventos en todo esto? ¿Las entidades de mantenimiento trabajan con las versiones paralelas del multiverso, con ninguna de ellas, o sólo con partes?

EF1: La subestructura permite la expansión y contracción de la estructura multiversal resultante de la interacción de las posibilidades basadas en el Espacio de Eventos.

YO: ¿Cómo se expande y contrae la estructura multiversal? Yo creía que todo estaba en el mismo espacio.

EF1: Lo está. La expansión y la contracción se basan en el nivel de detalle asociado con una ubicación particular dentro del multiverso o de todo el multiverso en sí. Como acabas de ver, el espacio recíproco, la subestructura asociada con la estructura multiversal evolutiva u operativa, es significativamente mayor y de mayor resolución que la propia estructura multiversal evolutiva u operativa. Esto permite que un área del Espacio de Eventos esté contenida dentro de las áreas de posibilidad asociadas con el multiverso de una manera que asegura que esté desconectada con la penetración normal del Espacio de Eventos que está dentro de todo lo que soy yo o El Origen.

YO: Entonces, ¿mantienes en cuarentena los Espacios de Eventos asociados al multiverso?

EF1: Sí.

YO: ¿Cómo es posible?

EF1: Lo explicaré dentro de un momento. Primero, sin embargo, voy a terminar lo que estaba describiendo. Como estaba diciendo, esto permite que un área del Espacio de Eventos esté contenida dentro de las áreas de posibilidad asociadas con el multiverso de una manera que asegura que está desconectada con la penetración normal del Espacio de Eventos que está dentro de todo lo que soy yo o El Origen porque lo refleja sobre sí mismo.

YO: Recuerdo que el Origen me informó de que el Espacio de Eventos es a la vez local y no local en términos de su funcionalidad y, aunque impregna todo lo que es el Origen y sus creaciones, sigue siendo difícil ver cómo algo que es tan pervasivo es capaz de ser localizado.

EF1: El efecto de cuarentena es creado por el Espacio de Eventos al utilizar la resolución creada por las substructuras colectivas de seis en seis para albergar la/s estructura/s paralela/s necesaria/s para soportar las condiciones paralelas creadas por las entidades que las crean. Por lo tanto, la subestructura se convierte en la estructura evolutiva y operativa de la condición paralela, "para" la condición paralela. Esto mantiene el Espacio de Eventos asociado con el multiverso local sólo al multiverso y no a las energías sintientes y no sintientes más amplias asociadas conmigo o con El Origen.

YO: ¿Pero eso no es limitante? Quiero decir, ¿no limita eso el número de Espacios de Eventos que se pueden crear a una función relativa al colectivo subestructural de seis por seis?

EF1: Sí y no. Las limitaciones sólo están realmente asociadas a la expansión del área del Espacio de Eventos y no a su proliferación per se. Basándonos en esto, las limitaciones al número de ambientes alternativos y paralelos, localizados dentro del multiverso o atribuidos al área más amplia del multiverso, es una función del número de niveles interactivos de los colectivos subestructurales de seis en seis. Por ejemplo, si 6 colectivos subestructurales de seis en seis estuvieran en interacción funcional entre sí en y alrededor de la estructura multiversal evolutiva y operativa, entonces esto daría lugar a un efecto sinérgico de la capacidad de crear seis a la potencia de seis, a la potencia de seis, a la potencia de seis, a la potencia de seis, a la potencia de seis, a la potencia de seis Espacios de Eventos dentro de ellos.

Sin embargo, al crear el potencial para todos estos ambientes locales o más amplios, recrea el potencial para la creación de la subestructura de apoyo dentro de las subestructuras creadas, efectivamente recreando la estructura para que la función del paralelismo pueda comenzar de nuevo estando contenida dentro de la estructura original. Basándose en esto, aunque parece haber una limitación al número de ambientes paralelos que pueden crearse por la, por ejemplo, posibilidad de la posibilidad de posibles posibilidades, etc., etc., en realidad, no hay limitaciones porque los nuevos Espacios de Eventos, una vez que se alcanza un cierto número de espacios, recrean la estructura dentro de la que se están, dentro de la estructura en la que estaban, y la que crearán dentro de la subestructura del multiverso. De este modo, el Espacio de Eventos se limita a un ambiente espacial localizado en lugar de expandirse a un área más amplia del espacio.

YO: Así que, en este sentido, siempre hay una estructura recíproca o subestructura para que las entidades de mantenimiento trabajen dentro que rodea una ubicación evolutiva y operativa paralela dentro del multiverso.

EF1: Correcto. El Espacio de Eventos, cuando se invoca, crea una versión paralela de todo mientras lo mantiene dentro de la estructura del ambiente multiversal y subestructural evolutivo/operacional original. Esto es, por supuesto, siempre que la subestructura circundante se cree de la manera que acabamos de describir, mediante el uso del colectivo subestructural de seis por seis.

Hay otra razón para la capacidad de poner en cuarentena el Espacio de Eventos de esta manera.

YO: ¿Cuál es?

EF1: Es difícil describirlo en detalle, pero una de las funciones de los colectivos de seis en seis es crear un efecto de espejo, similar al que se produce cuando se colocan dos espejos uno frente al otro.

YO: Continua.

Los Curadores

EF1: Es el efecto espejo del colectivo seis por seis el que refleja los ambientes multiversales paralelos evolutivos/operativos y la subestructura paralela asociada que es el Espacio de Eventos, de vuelta a sí mismo y a su Espacio de Eventos creador y luego de vuelta a un Espacio de Eventos opuesto que lo mantiene todo en el mismo espacio. El efecto de espejo continúa hasta que se crea el número de condiciones paralelas que deben crearse y/o se disuelven cuando deben disolverse.

YO: Y esto sólo ocurre cuando la estructura es como se acaba de describir.

EF1: Correcto.

YO: ¿Y esto es sólo relativo al ambiente multiversal que creaste?

EF1: A los efectos de este diálogo, sí. Aunque si hubieras hecho las preguntas adecuadas hace unos años, cuando te comunicabas con las otras Entidades Fuente, habrías descubierto que éste no es un método poco común.

YO: ¿Y las entidades de mantenimiento? ¿Se reproducen del mismo modo que lo hace el ambiente?

EF1: No, no están sujetas al paralelismo. Tienen que trabajar con todas las condiciones ambientales potenciales paralelas y reales a medida que se crean y se disuelven. Tienen un trabajo difícil que hacer. Esta es otra razón por la que la subestructura es significativamente mayor que la estructura multiversal evolutiva u operativa; tienen que moverse y trabajar con todo lo que es, todo lo que podría ser y todo lo que fue.

Me quedé pensando un momento. Ya me había encontrado con algo parecido cuando trabajaba en **Diálogos de Ana**. *En ese caso, Anne y yo hablábamos de las funciones de los guías y de que tenían que trabajar con las versiones paralelas de nuestro yo encarnado cuando tomábamos decisiones basadas en una serie de elecciones. Estas elecciones pueden crear, y de hecho crean, otras versiones fractales de nosotros mismos cuanto más hacia abajo miramos. Me estremecí ante la idea de tener que trabajar no sólo con una plétora de versiones paralelas de entidades de las que un Guía o Ayudante es/son responsable/s, y la complejidad asociada a tal responsabilidad, sino que, en comparación con el trabajo del que era responsable una entidad de mantenimiento, en términos de versiones paralelas de*

Los Curadores

ambientes locales, planetarios, de sistemas, galácticos y universales —incluso multiversales—, no era más que una gota en el océano multiversal. Qué trabajo, pensé. ¡Qué responsabilidad! ¿Cómo podrían alcanzar o responder a tal nivel de responsabilidad?

De repente me vino a la mente una imagen de las posibilidades verdaderamente infinitas—la posibilidad de la posibilidad de las posibles posibilidades y la posibilidad de la posibilidad de las posibles posibilidades asociadas a esas posibilidades, etc., etc., etc. Mi pobre cerebro humano se sobrecargó y salí bruscamente de la imagen. Desapareció y me quedé perplejo. No era la primera vez que me quedaba perplejo, pero quizá sea la primera vez que lo anuncio en uno de mis libros.

La Fuente, sintiendo que yo necesitaba algún tipo de consuelo, decidió dar explicaciones adicionales que hicieran la información más fácil de digerir. Una de las preguntas que más me rondaban por la cabeza era la siguiente. ¿Cómo puede una entidad trabajar con un objetivo en movimiento —como el aumento y la disminución de los ambientes multiversales y universales, incluidas sus versiones localizadas— y esperar que el trabajo que está haciendo sea correcto en términos de garantizar que se mantengan los niveles correctos de eficiencia evolutiva, y que este nivel de corrección no sólo sea coherente para el ambiente dominante, sino para todos los ambientes posibles y reales?

EF1: Es una pregunta muy larga.
YO: No suponía que lo fuera. Simplemente resultó siendo larga.
EF1: Sin embargo, fue apropiada. Primero, por eso hay tantas entidades que participan en el mantenimiento del ambiente multiversal. Segundo, por eso hay una jerarquía asociada a ellas, y tercero, por eso hay una larga lista de los diferentes papeles, responsabilidades y especialidades que tienen que desempeñar. Cada entidad tiene un papel que desempeñar. En un extremo de la escala, algunas de ellas tienen responsabilidades pandimensionales/espaciales, mientras que en el otro extremo de la escala, tienen responsabilidades muy focalizadas basadas en un estado y una localización frecuencial. Más adelante indicaré de forma resumida los niveles de responsabilidades, y podremos entrar en el detalle de las entidades asociadas a esas

responsabilidades, ya que esto constituirá la base del resto de este diálogo.

    Sin embargo, antes de ilustrar estas responsabilidades de nivel superior, te advertiré de nuevo de lo siguiente; los nombres, funciones y estatus de las entidades clasificadas como Ángeles y Demonios, por ejemplo, son totalmente inexactos y excesivamente simplificados, incluso en su inexactitud.

YO: ¿Por qué son inexactos y excesivamente simplistas?

EF1: Porque se basan en el conocimiento de la época en que la información se puso a disposición, y la capacidad de la gente en ese momento, basada en el nivel de su educación, para comprender esa información y el nivel de frecuencia de estos individuos y sus maestros. Si miras cualquier texto religioso, verá que las descripciones asociadas con estas entidades están en niveles muy simples de detalle, detalle del cual no tiene casi ninguna semejanza con los papeles reales, responsabilidades y estatus que tienen.

Pensé por un momento en el documento que creé en 2005 sobre las funciones y responsabilidades de los ayudantes de Dios. Se trataba de un sencillo resumen de la información que había recopilado sobre el tema, que ya de por sí era sencilla. Decidí que incluiría una versión depurada en este texto para dar al lector una comprensión básica—muy básica—de los conocimientos existentes sobre este tema. Me hizo sonreír. No porque fuera hacer trampa—si es que utilizar mi material existente, pero no publicado, es hacer trampa—, sino porque era utilizar un trabajo que creía que ya no me iba a servir.

Todo tiene una razón y cada obra tiene un papel que desempeñar, pensé. Estaba decidiendo si pedir a La Fuente las descripciones de nivel superior de las entidades que mantienen la eficacia evolutiva del multiverso ahora, o después de la inserción de mi documento de once años, cuando La Fuente me aconsejó que utilizara primero mi trabajo. Sin embargo, la cuestioné sobre esta decisión antes de continuar.

EF1: Sería mejor dar a los lectores un repaso de aquello que creen conocer antes de introducirlos en el detalle de mi realidad.

YO: Habría pensado que la introducción de mi obra anterior confundiría a los lectores si fuera anterior a su descripción, específicamente como acabamos de discutir los antecedentes en torno a su descripción.

EF1: Lo primero que pensé fue en continuar—seguir con tu corriente. Sin embargo, justo al principio de este diálogo tenías en mente utilizar primero tu antiguo material como descriptor y luego pasar a dialogar conmigo. Veo que esto tiene mérito y, como acabo de mencionar, sería una buena forma de ofrecer a los lectores una revisión de parte de la información existente.

Sin embargo, antes de cambiar a su trabajo anterior, quiero dejar a los lectores con este pensamiento. Por cada uno de ustedes que existe en estado encarnado, hay al menos un billón [antiguo billón, un millón de millones—GSN] de otros trabajando en tu nombre. No sólo ayudándoles a tener éxito en su responsabilidad evolutiva encarnada, sino también trabajando para mantener la estructura y la eficiencia evolutiva del multiverso en el que existe y evoluciona su Verdadero Ser Energético.

El detalle en este diálogo se enfocará en aquellas entidades que son relevantes para tu actual ambiente encarnado, la Tierra, su sistema y galaxia, y su ambiente universal/multiversal que lo sostiene. No tendría sentido que conocieras los detalles de todas aquellas entidades que trabajan con otros planetas, sistemas y galaxias dentro del universo físico, simplemente porque son específicas de aquellas áreas de baja frecuencia local, aquellas que permiten la creación de planetas. Sin embargo, proporcionará alguna idea de lo que "podrían ser", porque habrá un nivel de funcionalidad de arrastre con ellos en comparación con aquellos de la Tierra.

Comprensión General de los Ayudantes de Dios como se Entiende Actualmente

La Jerarquía de Dios

Es generalmente entendido en todas las religiones que Dios tiene sus ayudantes y que existe un orden jerárquico. La comprensión de lo que realmente hacen los/las ayudantes de Dios es objeto de una interpretación algo dudosa basada en las enseñanzas, mitos e historias de las razas ancestrales de la humanidad. Sin embargo, existen tres puntos de vista principales sobre quiénes/que son los ayudantes de Dios y cuáles son sus responsabilidades. Se trata de la visión egipcia, la visión grecorromana y la visión cristiana/espiritual. Sin embargo, la lectura entre líneas sugiere que sus responsabilidades están relacionadas con la gestión del universo y de todos sus elementos, independientemente del punto de vista desde el que se mire. Éstas se ilustran a continuación.

Dioses Egipcios

Desde la perspectiva egipcia, existen dos puntos de vista sobre lo que es Dios. La primera es la visión popular, de la que se habla en el párrafo que sigue inmediatamente a esta introducción. El segundo es un punto de vista menos conocido y, aunque aquí digo punto de vista, en realidad creo que el punto de vista expresado por Isha Schwaller De Lubicz es una comprensión más profunda de una realidad más profunda que los círculos internos del sacerdocio egipcio tenían del significado del universo, los seres que lo mantenían y los poderes/energías a su disposición.

La Interpretación Popular de los Dioses Egipcios

Se han escrito muchos libros sobre la religión en el antiguo Egipto que expresan lo que es esencialmente una visión popular sobre los dioses egipcios. La religión en el antiguo Egipto no era diferente a la de los tiempos modernos. Hoy en día, no todo el mundo cree de la misma manera, o en el mismo Dios, y Egipto no era diferente. Los reyes adoraban a sus propios dioses, al igual que los trabajadores, sacerdotes, comerciantes y campesinos. El Egipto predinástico había formulado las ideas y creencias de un "ser mayor", que se expresaba en imágenes. Las imágenes tenían ideas y adoptaban rasgos humanos. Los dioses vivían, morían, cazaban, luchaban, daban a luz, comían, bebían y tenían emociones humanas. Los reinados de los dioses se solapaban y, en algunos casos, se fusionaban. No existía una estructura jerárquica organizada de sus reinados, por lo que el dominio de los dioses dependía de las creencias del rey reinante y su área de dominio dependía de dónde quería el rey su capital. Además, los mitos cambiaban con la ubicación de los dioses, al igual que sus nombres.

Los nombres en el antiguo Egipto eran muy místicos y poderosos y se creía que si inscribías el nombre de tus enemigos en algo y luego lo rompías, ese enemigo quedaría afligido o posiblemente moriría. Si conocías un nombre tenías poder y utilizar un nombre podía ser beneficioso. Cada dios tenía cinco nombres, cada uno asociado a un elemento, como el aire o los cuerpos celestes; algunos eran una declaración descriptiva del dios, como fuerte, viril o majestuoso.

El creador de todas las cosas era Ra, Amón, Ptah, Khnum o Atón, según la versión del mito en uso. Los cielos estaban representados por Hathor, Bat y Horus. Osiris era un dios de la Tierra, al igual que Ptah. La crecida anual del Nilo era Hapi. Las tormentas, el mal y la confusión eran Seth. Su contraparte era Ma'at, que representaba el equilibrio, la justicia y la verdad. La luna era Thoth y Khonsu. Ra, el dios del sol, adoptaba muchas formas y trascendía la mayoría de las fronteras que contenían a los demás dioses. La forma real del sol, el disco (o aton), se divinizó en otro dios, Atón. Curiosamente, Amón-Ra-Ptah es conocido como el ser tres en uno.

Algunos dioses eran venerados en distintas áreas. Las ciudades o aldeas locales, conocidas como nomos, solían tener dioses únicos que sólo se conocían en esa región. En ocasiones, estos dioses alcanzaban reconocimiento en todo el país y se convertían en mitos y leyendas que se transmitían de siglo en siglo.

La Visión "Schwaller de Lubicz" de los Dioses Egipcios

En oposición directa a la visión popularista de lo que eran los Dioses en la época egipcia, Schwaller de Lubicz** pretende tener una comprensión que remueve el aspecto "humano" de los Dioses egipcios y lo sustituye por un aspecto más funcional de una serie de seres que "gestionan" la funcionalidad del universo local.

** Isha Schwaller de Lubicz, Her-Bak: The Living Face of Ancient Egypt (Hodder and Stoughton 1954). Isha Schwaller de Lubicz, Her-Bak, Egyptian Initiate (Hodder and Stoughton 1956).

A los ojos de Schwaller de Lubicz, la religión egipcia se basa en una comprensión matemática de la "Verdad" y, aunque las descripciones anteriores son coherentes con las ilustradas en Her Bak, Schwaller de Lubicz tiene claramente una mayor base de conocimientos y, por tanto, una comprensión más clara y profunda de lo que representan los dioses egipcios. Éstos se ilustran a continuación:

Existen diversas variantes de este tema en función del lugar de origen de los datos inscritos. Sin embargo, el tema de Heliópolis está representado en todas las demás localidades de Menfis, Hermópolis y Tebas.

Nun—El universo (Caos Primordial)
Ra-Atum (el Dios Sol)—El que crea
Shutefnut—Produce Geb (Tierra) y Nut (Cielo)

Geb y Nut crean los cuatro Neters de la naturaleza, Osiris, Isis, Seth y Nephtys (aunque se mencionan ocho Neters, sólo se han identificado y comprendido cuatro).

Amón-Ra es el rey de los Neters y puede representarse como el condensador de energía. Las variaciones del nombre de Amón, Ra y Ptah también se consolidan posteriormente y se denominan Amón-Ra-Ptah (¡los tres en uno!). Los Neters son los poderes causales de todo lo que se manifiesta/funciona en el universo.

Los Curadores

Los mundos de los egipcios se describen de tres maneras: Cielo, Tierra y Dwat, que se traducen como Celeste, Terrestre e Intermedio. El Intermedio también puede clasificarse como los mundos astrales. A continuación se explican con más detalle.

Cielo

Es el mundo de los poderes causales/espirituales, las propiedades en sí mismas (todas las posibilidades son posibles).

Dwat

Es el mundo intermedio (entre el día y la noche) y está dividido en dos:

Lo que nace de la génesis terrestre.
Lo surgido de la existencia terrestre.

Dentro de ella está Thot, que es el Neter de las especificaciones. Él determina los tipos de la naturaleza con los números y la geometría divina.

Tierra

Es lo concreto/materializado. Es el estado de encarnación de la forma y representa las ideas de todo lo creado por la naturaleza, desde los cuatro constituyentes elementales de la materia (Tierra, Viento, Fuego y Agua) hasta sus combinaciones más complejas de estrellas, materia inorgánica y seres orgánicos. Es el mundo de los cuerpos (Thot, Ptah), el fuego innato de la materia terrestre que lo creó. Osiris U-Nefer es el maestro de todos los ciclos de renovación de la naturaleza, como la vida vegetativa.

Los Neters y su Jerarquía

Los Neter son la expresión de las funciones del poder divino, y sólo puede establecerse una jerarquía tratando de averiguar si la función considerada es más espiritual o más material, más universal o más particular, más absoluta o más relativa. Los egipcios intentaron (como nosotros hoy en día) que esto encajara en la mente humana y su limitada inteligencia y desarrollaron las diversas funciones de cada Neter a través del mito para garantizar que una fórmula específica no creara una definición especializada. Esto aseguró que la definición del papel de Amón-Ra-Ptah siguiera estando relacionada con el tres en uno de atributos celestiales, intermedios y terrestres, un rasgo que, como veremos más adelante, no adoptaron los mensajeros posteriores de Dios, cuya comprensión de quién es Dios dio lugar a una visión ligera pero no obstante significativamente diferente sobre quién era Dios y qué quería de la humanidad. Sin embargo, en defensa del cristianismo, la descripción tres en uno se mantuvo como una descripción racional de Dios y de su relación con el plano terrestre.

Los Neters Actuando en el Mundo Celestial

Los Neter forman parte del ser divino y celestial (Dios).

Amón—Es el nunca nacido.
Ra—Es lo universal y contiene la función de Atum como potencialidad.
Horus—El corazón y la palabra inmanente de Ra.
Neith—La virgen cósmica (Yo soy lo que es, lo que será, lo que ha sido).

Estos son los primeros aspectos inteligibles del poder causal—La Fuente de vida inagotable en el universo.

Los Neters Actuando en el Mundo Intermedio

Amón—En este caso, desciende hacia el génesis y es el "portador de luz", el poder sagrado de la lengua secreta.
Atum—El Neter Solar que está entre la noche y el día y es la primera división en dos.
Osiris, Isis, Seth, Nephtys, Horus—Son los Neters de los días intercalares y no están ni en el Cielo ni en la Tierra.

Los Curadores

Hathor y Nut—Son los Neters del Cielo inferior. Se relacionan con las fuerzas y los seres del Dwat.

Thot—Es el mediador entre el Cielo y la Tierra y es el emisor de las palabras de la boca creadora de Ptah (¡en el sentido del Logos!) y es maestro sobre todas las formas engendradas por los números y el Neter de las firmas (¡ADN!) que determinan las especies terrestres. Como escriba de Ma'at, registra las impresiones de la conciencia fija del Dwat (Memoria Universal, registros Akáshicos, etc.).

Anubis—Es el transformador del poder, que permite el paso de la Tierra a los cielos inferiores. Abre el camino hacia el Dwat.

Los Neters Actuando en el Mundo Terrestre

Ptah—Continuo creador de la Tierra y es el agente de la fuerza motriz de los Neters cuyas propiedades espirituales y funciones abstractas pueden reconocerse de forma concreta en las funciones/propiedades del orden natural. Estas son:

Amón-Min—Un imán y un condensador de energía celestial.

Seth—El principio de corrección, fijación y separación.

Anubis—El transformador de la materia pútrida en sustancia viva.

Khnum—El poder de la atracción. Une complementariedades y crea nuevos seres.

Mut—La madre que descompone las semillas para regenerarlas.

Apet—Es el principio de la fertilidad y la multiplicación de la sustancia.

Los Neters de Propiedades Elementales

Shu—seco, Tefnut—húmedo, Geb—cálido, Nut—frío. El principio de estos Neters debe ser manifestado por Atum para convertirse en Fuego, Aire, Agua, Tierra.

Los Neters de Funciones Fundamentales

Sokar—La función de contracción y fijación.
Serket—La contracción (inhalación).

Neith—La función de dilatación, que conduce a la contracción y la exhalación.

Wadjit—Función de dilatación esencial para la vida vegetativa (apertura, floración, despliegue).

Amim—La función de absorción, devorador de los muertos.

Los Cuatro Aspectos del Principio Femenino en la Naturaleza

Isis, Nephytys, Neith y Selkis son una serie de nombres para describir las funciones que hacen referencia a lo esencial, a la causa, ¡los tres en uno!

Por sí solo esta Ma'at.

Ma'at—personifica la justicia y la verdad y es la presencia de La Fuente y el cumplimiento, el principio y el fin, el mediador y la esencia de Ra en todos los tiempos y todos los mundos. Ma'at es la conciencia universal, la idea universal y la sabiduría esencial. Ma'at es la conciencia de todas las cosas y es la clave de la razón de la vida del hombre en la Tierra y constituye la base de la filosofía egipcia.

Los Reyes y los Dioses

Los reyes del antiguo Egipto eran parte integrante de la religión. Formaban un puente sobre el abismo que separaba al pueblo de los dioses. En la época predinástica, los reyes eran considerados dioses. En épocas posteriores, alrededor de la tercera dinastía, los reyes se "transformaron" en dioses. Esto era una parte crucial del gobierno del pueblo. Los herederos al trono no se mantenían al margen de la exhibición pública. A una edad temprana eran conocidos por muchos, y se les conocía como niños, no como futuros dioses. Un rey podía tener muchos herederos y no saber quién asumiría el trono hasta mucho más tarde. Para que el pueblo (y el futuro rey) aceptaran la transformación, había que elaborar ciertos procedimientos. Este dilema se resolvió maravillosamente con el ritual que fusionaba al rey con el Dios. Se creía que todos los futuros reyes tenían dos aspectos de su ser, el físico y el "ka". El ka era la contraparte espiritual que formaba parte del rey al nacer y permanecía con él durante toda su vida. Antes de asumir el trono, se realizaba un ritual que unía el ka del rey y su persona. El rey y sus sacerdotes entraban en un templo, realizaban el ritual y emergían como un dios. Todo el pueblo esperaba fuera para presenciar el milagro de la transformación cuando el rey salía del templo. De este modo, el nuevo rey era aceptado como un Dios y su palabra era aceptada como ley.

Dioses Griegos

Los dioses griegos son una descripción evolutiva natural de los dioses egipcios anteriormente explicados. Sin embargo, en la época en que los griegos eran la autoridad dominante en cuestiones mundanas, la comprensión real de las historias que se utilizaban para explicar a Dios y las funciones y responsabilidades de sus ayudantes, fue, desde el punto de vista del autor, mal entendida.

Árbol Genealógico de los Dioses Griegos

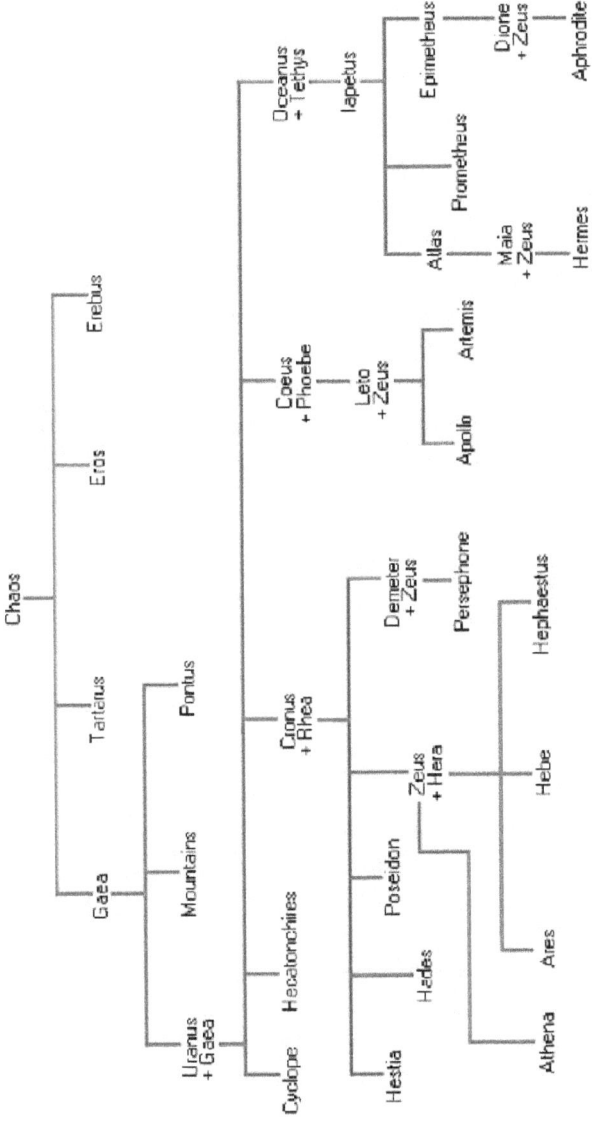

Adaptado de: El árbol genealógico de los dioses griegos en el sitio web Tour Egypt

Los dioses griegos tienen dos épocas principales, la del primero de los ayudantes de Dios y la de lo que yo llamo los dioses menores (¿Neters?). Ambas narran sus historias en un marco de referencia estrictamente humano, una trampa en la que no cayeron los egipcios.

Los Titanes

Los Titanes, también conocidos como los Dioses Mayores, gobernaban la Tierra antes de que los Olímpicos los derrocaran. El soberano de los Titanes era Cronos, que fue destronado por su hijo Zeus. La mayoría de los Titanes lucharon con Cronos contra Zeus y fueron castigados con el destierro al Tártaro. Durante su gobierno, los Titanes estaban asociados a los distintos planetas. Los Titanes son Gea, Urano, Cronos, Rea, Océano, Tetis, Hiperión, Mnemosina, Temis, Iapeto, Coeus, Crius, Febe, Thea, Prometeo, Epimeteo, Atlas, Metis, Dione. Las responsabilidades de los Titanes se ilustran a continuación.

Gea—Gea es la Diosa de la Tierra.
Urano—Urano es el Dios del cielo y primer regente.
Cronos—Era el Titán gobernante que llegó al poder castrando a su padre, Urano. Su esposa era Rea. Sus hijos fueron los primeros olímpicos.
Rea—Era la esposa de Cronos. Cronos tenía por costumbre tragarse a sus hijos. Para evitarlo, Rea engañó a Cronos para que se tragara una roca, salvando así a su hijo Zeus.
Océano—Es la corriente de agua interminable que rodea el mundo. Junto con su esposa, Tetis, crearon los ríos y las tres mil ninfas oceánicas.
Tetis—Es la esposa de Océano.
Hiperión—Es el Titán de la luz, un dios solar primitivo. Es hijo de Gea y Urano. Se casó con su hermana Theia. Sus hijos son Helio (el sol), Selene (la luna) y Eos (la aurora).
Mnemosyne—Era el Titán de la memoria y la madre de las Musas.
Themis—Era la Titán de la justicia y el orden. Era la madre de las Parcas y las Estaciones.
Iapeto—Fue el padre de Prometeo, Epimeteo, Menoecio y Atlas por Clímene.

Los Curadores

Coeus—Es el Titán de la inteligencia. Padre de Leto.
Crius y Thea—Poco se sabe de Crius y Thea.
Febe—Es la Titán de la Luna. Madre de Leto.
Prometeo—Era el Titán más sabio. Su nombre significa "previsión" y era capaz de predecir el futuro. Era hijo de Iapeto.
Epimeteo—Era un Titán estúpido, cuyo nombre significa "pensamiento tardío". Era hijo de Iapeto. En algunos relatos, es delegado por Zeus, junto con su hermano Prometeo, para crear la humanidad. También aceptó el regalo de Pandora de Zeus, lo que condujo a la introducción del mal en el mundo.
Atlas—Hijo de Iapeto. A diferencia de sus hermanos Prometeo y Epimeteo, Atlas luchó con los demás Titanes apoyando a Cronos contra Zeus.
Metis—Era la Titanesa del cuarto día y del planeta Mercurio. Presidía toda la sabiduría y el conocimiento. Fue seducida por Zeus y quedó embarazada de Atenea.
Dione es, según Homero en la Ilíada, la madre de Afrodita.

Los Olímpicos

Los Olímpicos son un grupo de doce dioses que gobernaron tras el derrocamiento de los Titanes. Todos los olímpicos están emparentados de algún modo y deben su nombre a su morada, el monte Olimpo. Los dioses olímpicos son Zeus, Poseidón, Hades, Hestia, Hera, Ares, Atenea, Apolo, Afrodita, Hermes, Artemisa y Hefesto. A continuación se ilustran las responsabilidades de los Olímpicos.

Zeus—Zeus derrocó a su padre, Cronos. Luego echó a suertes a sus hermanos Poseidón y Hades. Zeus ganó el sorteo y se convirtió en el soberano supremo de los dioses. Es el señor del cielo, el dios de la lluvia. Su arma es el rayo, que lanza contra aquellos que le disgustan. Está casado con Hera, pero es famoso por sus numerosas aventuras amorosas.
Poseidón—Es el hermano de Zeus. Tras el derrocamiento de su padre, Cronos, echó a suertes con Zeus y Hades, otro hermano, el reparto del mundo. Su premio era convertirse en señor del mar. Fue ampliamente adorado por los marineros. Se casó con Anfítrite, nieta del titán Océano.

Los Curadores

Hades—Es el hermano de Zeus. Tras el derrocamiento de su padre, Cronos, echó a suertes con Zeus y Poseidón, otro hermano, el reparto del mundo. Le tocó la peor parte y fue nombrado señor del inframundo, gobernando sobre los muertos. Es un dios codicioso y muy preocupado por aumentar el número de sus súbditos.

Hestia—Es la hermana de Zeus. Es una diosa virgen. No tiene una personalidad definida. No interviene en los mitos. Es la diosa del hogar, símbolo de la casa alrededor de la cual se lleva al recién nacido antes de recibirlo en la familia.

Hera—Es la esposa y hermana de Zeus. Fue criada por los Titanes, Océano y Tetis. Es la protectora del matrimonio y cuida especialmente de las mujeres casadas.

Ares—Es hijo de Zeus y Hera. Ambos padres le tenían aversión. Es el dios de la guerra. Se le considera asesino y sanguinario, pero también cobarde.

Atenea—Es la hija de Zeus. Nació de la frente de Zeus con una armadura, por lo que no tiene madre. Es feroz y valiente en la batalla, pero sólo lucha para proteger el estado y el hogar de enemigos externos. Es la diosa de la ciudad, la artesanía y la agricultura.

Apolo— Es hijo de Zeus y Leto. Su hermana gemela es Artemisa. Es el Dios de la música, que toca una lira de oro. Es el Arquero, que dispara lejos con un arco de plata, el Dios de la curación que enseñó al hombre la medicina, el Dios de la luz y el Dios de la verdad que no puede decir una mentira.

Afrodita—Es la diosa del amor, el deseo y la belleza. Además de sus dones naturales, posee una faja mágica que obliga a cualquiera que la desee a desearla.

Hermes— Es hijo de Zeus y Maia. Es el mensajero de Zeus. Es el más rápido de los dioses. Lleva sandalias aladas, un sombrero alado y una varita mágica. Es el Dios de los ladrones y el Dios del comercio. Es el guía de los muertos para ir al inframundo. Inventó la lira, la flauta, la escala musical, la astronomía, las pesas y medidas, el boxeo, la gimnasia y el cuidado de los olivos.

Artemisa— Es hija de Zeus y Leto. Su hermano gemelo es Apolo. Es la señora de las cosas salvajes. Es la cazadora de los dioses. Es la protectora de los jóvenes. Como Apolo, caza con flechas de plata. Se asoció con la Luna. Es una diosa virgen y la diosa de la castidad. También preside el parto, lo que puede parecer extraño para una virgen, pero se remonta a que no causó dolor a Leto cuando nació.

Hefesto—Es hijo de Zeus y Hera. A veces se dice que sólo Hera lo engendró y que no tiene padre. Es el único dios físicamente feo. También es cojo. Los relatos sobre cómo se volvió cojo varían. Algunos dicen que Hera, disgustada por tener un hijo feo, lo arrojó desde el Olimpo al mar, rompiéndole las piernas. Otros dicen que se puso de parte de Hera en una discusión con Zeus y éste lo arrojó del Olimpo. Es el dios del fuego y de la forja. Es el herrero y armero de los dioses.

Otros Dioses y Semidioses

Asclepio, Deméter, Perséfone, Dioniso, Eros, Hebe, Eris, Helio, Tánatos, Pan, Némesis, Las Gracias, Las Musas, Las Erinyes, Las Parcas. La responsabilidad de los semidioses y otros dioses se ilustra a continuación:

Asclepio—Dios de la curación. Su símbolo es una serpiente. Sus padres fueron Apolo y Coronis.
Deméter—Es la diosa del maíz, el grano y la cosecha. Es hija de Cronos y Rea. Deméter hace crecer las cosechas cada año. A ella se le sacrifica la primera hogaza de pan de la cosecha. Deméter está íntimamente asociada a las estaciones.
Perséfone—Es la hija de Zeus y Deméter. Tras ser raptada por Hades, se convirtió en su esposa y reina del inframundo.
Dioniso— Es el dios de la vid. Inventó el vino y difundió el arte de cuidar la uva. Tiene una naturaleza dual: por un lado, trae la alegría y el éxtasis divino; por otro, es brutal, irreflexivo y enfurecido, reflejando así las dos caras de la naturaleza del vino.
Eros—Es hijo de Afrodita. Eros es el dios del amor. En particular, del amor erótico y romántico. A menudo se le representa con los ojos vendados porque el amor suele ser ciego. Su "arma" es un dardo o una flecha.
Hebe—Es la hija de Zeus y Hera. Es la diosa de la juventud. Ella, junto con Ganímedes, son los coperos de los dioses. Hebe es la esposa de Heracles.

Los Curadores

Eris—Es hija de Zeus y Hera. Es la diosa de la discordia. Además de su actividad principal de sembrar la discordia, suele acompañar a su hermano Ares a las batallas. En estas ocasiones monta en su carro y lleva a su hijo, Strife.

Tánatos—Era el dios griego de la muerte. Se le puede considerar una personificación de la muerte. Desempeña un papel secundario en los mitos. Se vio eclipsado por Hades, el señor del inframundo.

Pan—Es hijo de Hermes. Es el dios de los cabreros y los pastores. Tiene apariencia humana, pero cuernos y patas de cabra. Es un excelente músico y toca la flauta. Es alegre y juguetón, y a menudo se le ve bailando con las ninfas del bosque.

Némesis—Significa ira justa, promulgación debida o venganza divina. Este Dios ayudaba a vengar a los agraviados.

Las Gracias—Son las hijas de Zeus y Eurínome. Hay tres Gracias: Aglaia (Esplendor), Eufrosina (Alegría) y Talía (Buen Ánimo). Son conocidas por cantar y bailar para los dioses.

Las Musas—Son las hijas de Zeus y Mnemosine. Son conocidas por la música de su canto, que alegra a quien lo escucha. Hay nueve Musas, cada una con su propia especialidad: Clío (Historia), Urania (Astronomía), Melpómene (Tragedia), Talía (Comedia), Terpsícore (Danza), Calíope (Poesía épica), Erato (Poesía amorosa), Polimnia (Cantos a los dioses), Euterpe (Poesía lírica).

Las Erinyes—También conocidas como las Furias, castigan el crimen. Persiguen implacablemente a los malhechores, hasta la muerte, llevándoles a menudo al suicidio. Les preocupa especialmente el matricidio. Hay tres Erinyes—Tisífone, Megara y Alecto. Las Erinyes proceden de la sangre de Urano cuando fue castrado.

Las Parcas—Tienen el poder sutil pero asombroso de decidir el destino de un hombre. Asignan a un hombre el bien o el mal. Su elección más obvia es elegir cuánto tiempo vive un hombre. Hay tres Parcas: Clotho, la hilandera, que teje el hilo de la vida; Lachesis, la medidora, que elige la suerte que uno tendrá en la vida y mide la duración de ésta; y Atropos, la que no se puede volver, que al morir corta con sus tijeras el hilo de la vida.

La Jerarquía Angélica

Al igual que en la concepción egipcia y griega de la jerarquía de los ayudantes de Dios, los Ángeles de las religiones cristianas y espirituales existen en una jerarquía; es decir, hay una forma y un orden en el universo y sus fuerzas divinas. La comunidad de los Ángeles es el ejemplo perfecto de ello. El reino está dividido en Jerarquías y Coros. Cada sección de la comunidad tiene su propio propósito y energía particulares. La Jerarquía Angélica es consistente dentro de todas las "religiones basadas en el cristianismo" y puede correlacionarse con las responsabilidades de los Dioses/Dioses Menores/Neters egipcios y griegos discutidos anteriormente. El hecho de que algunos de estos ayudantes sean "no tan buenos" como los otros da más peso a la correlación con el proceso de pensamiento griego y egipcio. La Jerarquía del reino Angélico se ilustra en las siguientes secciones. Nótese que los bailarines del templo en las religiones orientales equivalen a Ángeles Cristianos.

Los Serafines ~ La Primera Jerarquía—El Primer Coro

El Coro más elevado, estos son los espíritus del amor. Proporcionan al universo luz y espíritu positivos. Existen en el Móvil Premium junto a "Dios". (Un móvil es una sección de la mente divina).

Este Coro está formado por:
- Michael
- Seraphiel
- Jehoel
- Metatrón
- Kemuel
- Uriel
- Nathaniel

Sus propiedades consisten en:
- Color asociado: rojo y carmesí para el amor ardiente
- Cantando alabanzas constantemente
- Ser capaz de rugir como un león
- Ser visto con pergaminos de conocimiento y sabiduría divinos sagrados

Su apariencia:
- Tienen seis alas. Dos se utilizan para volar, los otros cuatro pues velan rostros en reverencia y se yerguen sobre talones alados.

Los Querubines ~ La Primera Jerarquía—El Segundo Coro

Son los segundos en la línea de los Ángeles. Son los espíritus de la armonía y a menudo se les denomina los Ángeles del aire. Habitan en las estrellas fijas que se ven por la noche en cada uno de los hemisferios. Representan la sabiduría de Dios.

Este Coro está formado por:
- Gabriel
- Cherubiel
- Ophaniel
- Rafael
- Zophel

Sus propiedades (consisten en):
- Color asociado: amarillo dorado o azul zafiro
- Son los guardianes del árbol de la vida

Su apariencia:
- Desde el siglo XVI, los Querubines empezaron a aparecer como niños regordetes enteros con alas y tacones alados. Antes de esto, sólo tenían cabeza humana de un niño sonriendo encima de lo que parece ser un cuerpo de pájaro.

Los Tronos ~ Primera Jerarquía—Tercer Coro

Este Coro contiene a los Ángeles de la Justicia, los espíritus de la voluntad que viven en la esencia de Saturno. Su misión es juzgar el karma individual y la sociedad en su conjunto. También se les representa como los guardianes de los registros de las Leyes Universales. Tal vez por eso proporcionan orientación en cuestiones de karma, porque como guardianes de los registros, pueden saber mejor que tú qué karma tienes que redimir y qué placeres kármicos te corresponden. Representan la "voluntad" necesaria para administrar justicia en el universo.

Este Coro está formado por:
- Orifie
- Raziel
- Zaphkiel
- Japhkiel
- Baradiel

Sus propiedades (consisten en):
- Color asociado: dorado
- Sostienen el trono de Dios

Su apariencia:
- A menudo se les muestra con la balanza de la justicia y un ramo de flores, quizá una señal para ambos lados de la ley. Se yerguen sobre ruedas de alas rojas y se sientan en elevados tronos dorados.

Los Dominios ~ La Segunda Jerarquía—El Primer Coro

El primer Coro de la Segunda Jerarquía son los espíritus de la sabiduría y el conocimiento. Son los Ángeles que te traen las enseñanzas de la intuición. Habitan en la esencia de Júpiter y representan el poder superior de la sabiduría contra la fuerza física y las fuerzas egoístas intelectuales.

Este Coro está formado por:
- Zadkil
- Muriel
- Hashman
- Zacharel

Su apariencia:

- Este Coro siempre aparece en forma humana y portando una triple corona para significar su posición sobre la forma física. Se les puede ver portando un cetro, sosteniendo una cruz y/o una espada para simbolizar el equilibrio entre las fuerzas activas y pasivas.

Las Virtudes ~ La Segunda Jerarquía—El Segundo Coro

Este es el Coro de la elección, los Ángeles del Movimiento que moran en la esencia de Marte. Vigilan los centros del libre albedrío y proporcionan las herramientas que necesitamos a lo largo de nuestro camino para tomar decisiones que nos permitan aprender nuestras lecciones espirituales y superar la deuda kármica. Trabajan mano a mano con los Tronos para otorgar gracia y recompensas a aquellos que han superado hechos en su vida física. A este Coro también le gusta realizar milagros aquí en la Tierra, y a menudo se les considera los Ángeles que poseen un valor supremo.

Este Coro está formado por:
- Uzziel
- Gabriel
- Michael
- Peliel
- Haniel
- Babiel
- Tarhishiel.

Su apariencia:
- Tienen cuatro alas de plumas azules y llevan una armadura brillante. A menudo se les ve con un cetro, un hacha, una lanza, una espada y/o un escudo para protegerse. Pero cada una de estas "herramientas" está adornada con instrumentos de pasión. Algunos creen que es para mostrar a la humanidad que, para avanzar en la vida, hay que aprender a amar incondicionalmente, incluso ante el miedo o la

Los Poderes ~ La Segunda Jerarquía—El Tercer Coro

Los Ángeles de la Forma y el Espacio. A menudo se les asocia con la esencia del Sol. Aportan el poder del intelecto en materias como las matemáticas, la geometría, la astronomía, etcétera. Son los profesores y educadores. Aportan la forma "física" al universo y a sus planetas. Son los guardianes de los caminos celestiales e imponen la voluntad de Dios sin temor ni piedad.

Este Coro está formado por:
- Rafael
- Camael
- Verchiel.

Su apariencia:
- A menudo se ve a los Poderes con espadas de fuego, utilizadas para proteger a los humanos y derrotar a los "demonios".

Los Principados ~ La Tercera Jerarquía—El Primer Coro

Los Ángeles del Tiempo y de la Personalidad, que habitan en la esencia de Venus. Son los protectores de los líderes religiosos, políticos y militares.

Este Coro está formado por:
- Ureil
- Rafael
- Raguel
- Michael
- Gabriel
- Remiel.

Su apariencia:
- En su forma humana, suelen ir vestidos con armadura. Llevan un cetro, una flor de lis, hojas de palma y una cruz.

Los Arcángeles ~ La Tercera Jerarquía—El Segundo Coro

Los ángeles gobernantes, los espíritus de fuego que habitan en la esencia de Mercurio. Estos son los Ángeles que están alrededor del trono de Dios, listos para llevar a cabo los decretos divinos y más importantes para los humanos.

Este Coro está formado por:
- Michael
- Rafael
- Raguel
- Ureil
- Sariel
- Remiel
- Gabriel.

Su apariencia:
- Desde el siglo XIV, los Arcángeles aparecen vestidos de lino blanco y, a veces, portan plumas y pergaminos. A menudo se les ve por encima de todos los demás Ángeles de las Jerarquías, simbolizando su posición y autoridad sobre los demás Coros que se ocupan de la humanidad.

Los Ángeles ~ La Tercera Jerarquía—El Tercer Coro

El último Coro no es en absoluto el menos importante. Son los Ángeles mensajeros que también gobiernan el espíritu de la naturaleza. Habitan en la esencia de la Luna y se les considera seres sobrenaturales o guardianes de la humanidad. Se ocupan de la vida cotidiana y actúan como puerta directa de información, conocimiento y comunicación entre la humanidad y la fuerza divina.

Este Coro está formado por miles de millones de entidades. Para cada ser humano encarnado en este planeta hay un Ángel de la Guarda correspondiente que le ayuda a guiarle a través de su vida encarnada.

Su aspecto:

- Estos Ángeles son vistos con cuerpos humanos, alas, y vestidos con diversas prendas dependiendo de las tradiciones y la aceptación visual del humano al que han "sido asignados."

La Jerarquía Demoníaca

En marcado contraste con el buen trabajo de los Ángeles de arriba, el lado desagradable de la psique humana también tiene sus campeones. Éstos se describen a continuación y se basan en los escritos del padre Sebastion Michaelis, en 1612.**

** Springwolfs Metafísica Pagana 101—El Inicio de la Iluminación (Schiffer Publishing, 30 de agosto de 2011)

Primera Jerarquía de Demonios
Asmodeus—avaricia
Astaroth—pereza
Balberith—asesinato
Belcebú—orgullo
Gressil—enfermedad
Leviatán—blasfemia
Sonneillon—odio
Verrine—impaciencia.

Segunda Jerarquía de Demonios
Carnivean—obscenidad
Carreau—crueldad
Oeillet—avaricia
Rosier—lascivia
Verrier—desobediencia.

Tercera Jerarquía de Demonios
Belais—arrogancia
Iuvart—pecados no cubiertos por otros demonios
Olivier—parsimonia.

Los Curadores

Para intimidar por completo a los campesinos ignorantes y a los niños pequeños, fray Francesco Mario Buazzo, en 1608,** ideó unos demonios que trabajaban como sirvientes de los diablos.

** Springwolfs Metafísica Pagana 101—El Inicio de la Iluminación (Schiffer Publishing, 30 de agosto de 2011)

Demonios de fuego—viven en el aire y mandan sobre los demás demonios.
Demonios aéreos—revolotean alrededor de los seres humanos
Demonios terrestres—aterrorizan a los habitantes de bosques y campos Demonios acuosos—viven en el agua (¡así que cuidado con lo que bebes!) Demonios subterráneos—viven en cuevas como los trolls
Demonios heliófobos—sólo salen de noche.

Esto, por supuesto, es una imagen limitada a los textos religiosos e ignora a los Elementales, ¿o no? Si observamos esta breve descripción de los demonios en términos de cuándo aparecen en la Tierra, podemos ver un interesante paralelismo o vínculo con los Elementales, aquellas entidades que trabajan más cerca de nosotros y sobre el ambiente. Es decir, aparte de nuestros Guías y Ayudantes, por supuesto. Basándonos en esto, los nombres que faltan son los que tenemos cerca de los cuentos de hadas, como duendes, elfos, hadas, leprechauns, y otros como ninfas y goblins. Por lo tanto, no creo que la imaginería a la que hemos estado expuestos sea correcta, ni tampoco lo son los nombres y demarcaciones o designaciones de estatus y funciones de los que llamamos Demonios. De hecho, mientras escribo este texto, tengo la sensación de que las demarcaciones y designaciones son relevantes para el nivel de las frecuencias con las que trabajan y no están en función de si pueden clasificarse como buenos o malos, útiles o traviesos en términos humanos.

Mientras trabajo en este diálogo con la Entidad Fuente, introduciré por tanto la relevancia a los que actualmente se entiende como una forma de mostrar lo que es parte de la Realidad Superior frente a lo que se crea para el uso del entretenimiento o el control de los humanos encarnados a través del miedo.

Los Curadores

La Jerarquía de las Entidades de Mantenimiento

Sentí la necesidad de repetir un pensamiento. De alguna manera, en algún lugar, la humanidad encarnada ha conservado un simulacro de comprensión sobre quién y qué ayuda a La Fuente/Dios a mantener el ambiente en el que encarnamos. Este nivel de conocimiento ha sido enseñado por aquellos que controlan o dirigen la educación de la población en general. Sin embargo, como ocurre con la mayor parte de la información antigua, ha sido modificada para adaptarse a los procesos de pensamiento de los maestros de la época y/o a las limitaciones del lenguaje o de los niveles educativos individuales. Como resultado, el detalle y la claridad de la información que vemos hoy es la función de errores cometidos a lo largo de eones de tiempo.

Mientras espero aquí sentado a que se reanude el diálogo con la Entidad Fuente, tengo la sensación de que este libro puede acabar siendo mayor de lo previsto. ¿Por qué tengo esta sensación? Deberías saber que esto iba a ser una gran tarea, dirás. Bueno, uno pensaría que ya habría aprendido que la tarea de ayudar a exponer a la humanidad al siguiente nivel de información siempre iba a ser dura. Por ahora, sin embargo, la respuesta es que puedo ver la estructura del multiverso desplegarse ante mis propios ojos, y por lo que puedo ver, la jerarquía de las entidades necesarias para apoyar su eficiencia evolutiva es increíblemente grande, tan grande que el detalle dado en el capítulo anterior se siente totalmente inadecuado.

A veces es mejor recibir las tareas en trozos pequeños, sin conocer el resultado esperado del trabajo final. Me di cuenta mentalmente de que en todos mis otros diálogos había sido así. Había estado expuesta al panorama general poco a poco, trabajando en él de forma reducida y compactada, incluso cuando me sentía expandido hasta el punto de llegar a mi límite elástico. Pero aquí, era como si todos los diálogos individuales con las otras once Entidades Fuente e incluso con el propio Origen eran menores en comparación. Me preguntaba por qué. ¿Por qué todo aquello en lo que había trabajado anteriormente me parecía más pequeño, cuando era obviamente más grande, desde luego en cuanto a la exposición de los detalles y conceptos que rodeaban a las entidades y ambientes con los que había estado en comunicación? Había estado expuesto a cosas increíbles mucho más allá de la estructura del multiverso, en función de la estructura aislada de la Entidad Fuente Uno, así que, ¿por qué, por qué, por qué me parecía una tarea tan inmensa?

EF1: ¡Te estás haciendo viejo!

YO: ¿Qué?

EF1: Pensé que eso llamaría tu atención y te sacaría de tu ensoñación.

YO: OK, has tenido éxito. Me encuentro aquí sintiéndome muy, muy sobreexpuesto. No puedo entenderlo, ¡sobre todo cuando siento que he tratado temas que consideraría más grandes, mucho más grandes!

EF1: Ya veo. Permítanme explicar y luego debemos dejar de pontificar y seguir adelante con la tarea que nos ocupa.

YO: Gracias. Será bueno entender por qué me siento así.

EF1: En todos los demás diálogos con mis compañeros y El Origen, se te ha protegido de la magnitud de lo que has estado tratando. No has estado expuesto a lo que estás trabajando en total. Ni siquiera en el 1 por ciento del 1 por ciento del 1 por ciento de la parte con la que has trabajado. Esto se ha hecho para mantenerte estable. Independientemente de tu herencia energética, Sr. Om, tienes que participar de la misma manera que aquellos otros Aspectos que entran en el ciclo evolutivo, y esto significa que experimentas todas las limitaciones de la existencia encarnada, cada una de ellas. En lo energético, todos los Aspectos pueden comprender y trabajar con un panorama mucho mayor, pero experimentar la más baja de las frecuencias del multiverso, aquella que he creado para que mis creaciones trabajen con ella, es, para ellos y para aquellos que eligen experimentar tales frecuencias, un gran nivelador. Los Om no son una excepción a esta regla, en ningún ambiente de cualquier Entidad Fuente. Sin embargo, lo que estás sintiendo ahora es una función de dos cosas. En primer lugar, los estoy exponiendo a una mayor profundidad asociada con lo que soy, y esto es más profundo en su expresión a lo que El Origen los expuso en términos de sus energías y ambiente. Y en segundo lugar, ha habido una caída en las frecuencias base de la Tierra durante los últimos seis años, que, aunque no se notó al principio, ha culminado en un cambio pequeño pero sin embargo más discernible en el filo de la navaja a principios de 2016. Esta es la razón por la que estás sintiendo la diferencia y la "trepidación" asociada a este nivel más profundo de exposición.

YO: ¿Pero cómo puedes exponerme a un nivel de experiencia más profundo que El Origen?

EF1: Porque El Origen quiere que lo haga. No olvides que El Origen también ha tenido que trabajar con tus limitaciones y todos hemos seguido las mismas reglas de compromiso, por así decirlo. Ahora es el momento de una mayor expansión y esta mayor expansión te endurecerá para el trabajo que estás destinado a hacer durante los diálogos que están por venir, dos libros nuevos y aún por empezar que te pondrán a prueba hasta tus límites. Ahora es el momento de describir mi fuerza de trabajo multiversal.

La Jerarquía Multiversal

¡Por fin, por fin, por fin, pensé! Empezaba a sentir las energías y el "saber" asociados a la canalización de la información que quería conocer. Estamos a punto de entrar en materia. Para ser honesto, querido lector, aunque había experimentado estos sentimientos de no saber lo que vendrá después en todos mis libros, me había sentido más que un poco ansioso por no recibir ninguna información real asociada con el tema central asociado con este libro, que la información hasta ahora sólo ha sido relleno, y que este libro tardó en despegar, por así decirlo.

EF1: Tu deseo de pasar directamente al tema principal está bloqueando tu capacidad de recibir información periférica importante, por lo que te la estás perdiendo y corres el peligro de ir en círculos. Te has acostumbrado tanto a las frecuencias más elevadas de El Origen y a las frecuencias basadas en el amor asociadas al trabajo con Anne que, desde una perspectiva basada en el ego, te resulta difícil bajar a trabajar conmigo. Además, sientes que conoces el tema, lo que también crea un bloqueo.

Recuerda que todo forma parte de El Origen y, por lo tanto, debe considerarse bajo la misma luz. Vuelve a los deseos, intenciones, pensamientos y acciones asociados con estar en el "ahora" y no trabajes en lo que quieres. Te daré, y te estoy dando, los títulos de los temas asociados con el material que discutiremos. Déjame conducir la creación de este libro y estarás bien.

Me sentí como si me acabaran de reprender.

EF1: Yo no iría tan lejos como para decir eso, pero, yo diría que necesitabas ser realineado, volver al nivel original de inocencia y humildad que tenías en el comienzo de tu trabajo espiritual. Deja todas las dudas y pensamientos de baja frecuencia a un lado y volver a ser un canal puro.

Los Curadores

YO: Gracias. Lo Haré.

Tuve que admitir que con la creciente demanda de información que he estado recibiendo, estaba tratando de forzar la salida de la nueva información. Sin duda, me sentía muy incómodo con las expectativas de unos lectores ávidos de información y con el estrés asociado a mi deseo personal de satisfacerlas. Ser capaz de retroceder y dejarme llevar por la vieja corriente fue liberador.

EF1: Bien. Pongámonos en marcha.

Como puedes imaginar, y sientes que sabes, hay una jerarquía asociada con el trabajo y los seres que mantienen la estructura y la función del multiverso que he creado. Los describiré brevemente antes de entrar en el detalle que hay detrás de cada nivel de estructura y la clase de ser asociado con el mantenimiento de esta.

Los Curadores es la descripción general para aquellos seres asociados con el mantenimiento del multiverso. Este descriptor puede utilizarse para todos los niveles de seres de los que hablaremos brevemente aquí y con más detalle más adelante.

Los Arquitectos son los seres que trabajan para realizar los cambios del ambiente necesarios para crear oportunidades evolutivas optimizadas. Las funciones de estos seres son específicas para todos los aspectos del ambiente multiversal.

Los Arquitectos trabajan en cuatro niveles: demanda evolutiva, causa y efecto, estructura y requisitos del ambiente. Cuentan con una serie de entidades que les ayudan.

Se enumeran a continuación sin ningún orden específico:

Los Ilustradores son los seres que trabajan con la versión más amplia de la memoria energética de La Fuente que llamamos los registros Akáshicos, una que abarca todo lo que nuestra Entidad Fuente ha experimentado a través de su propio trabajo y del trabajo con otras Entidades Fuente. El Akáshico es un pequeño segmento de esta memoria interactiva que se relaciona con aquellos seres que encarnan únicamente en forma humana. Los Ilustradores utilizan la capacidad de interactuar con la memoria energética de La Fuente para describir (ilustrar) los diferentes escenarios de posibilidades que pueden crearse al realizar cambios en la estructura del multiverso o de sus áreas locales, ya sean nuevos o modificados.

Los Planificadores trabajan con los ilustradores para introducir a tiempo las decisiones tomadas como resultado del trabajo de los ilustradores, garantizando que el escenario elegido se aplique en la "realidad" elegida. Garantizan que los cambios se introduzcan de forma fluida.

Los Orquestadores controlan el trabajo especificado por los Planificadores. Los organizadores actúan en varios niveles relacionados con el trabajo resultante de las actividades de los planificadores, aplicando un enfoque de arriba abajo a la gestión de los cambios/creaciones que deben llevarse a cabo.

Los Principiantes (no confundir con la comprensión humana de un comienzo o inicio—ver más adelante) son un grupo de seres que trabajan con las funciones del Espacio de Eventos permitiendo que cualquier cambio tenga su propio "inicio de evento". Aquellos lectores que estén familiarizados con los términos y funciones asociados con el Espacio de Eventos comprenderán que todo existe en términos de eventos y no en términos de tiempo. Es trabajo de los Principiantes asegurarse de que la calidad del inicio del evento se mantiene en su nivel óptimo cuando se introduce en el esquema general de los espacios de Espacio de Eventos existentes. Nótese aquí que su inserción de cambio crea todo un nuevo conjunto de posibilidades y, como tal, el número de nuevos Espacios de Eventos, sus fractales y los efectos sobre los seres dentro de estos espacios deben ser conocidos y gestionados por estas entidades.

Los Finalizadores (no confundir con la comprensión humana de un final—ver más adelante) son un grupo de seres que trabajan con las funciones del Espacio de Eventos permitiendo que cualquier cambio tenga su propio "final del evento". El trabajo de los Finalizadores es asegurarse de que la calidad del final del evento se mantiene en su nivel óptimo cuando se retira del esquema general de los espacios de Espacio de Eventos existentes. Nótese aquí que su retirada crea todo un nuevo conjunto de posibilidades y como tal el número de nuevos Espacios de Eventos, sus fractales y los efectos sobre los seres dentro de estos espacios que no serían creados necesitan ser conocidos y gestionados por estas entidades. El final de un evento puede ser creado como una función naturalizada o forzada, mientras que el comienzo de un evento, si es creado o gestionado por los Principiantes, es sólo una función forzada.

Los Repartidores son aquellos seres que trabajan en el lado funcional del trabajo de los Principiantes y los Finalizadores. Su papel puede variar, y de hecho varía, en función de lo que tengan que hacer. Son multidisciplinares y no están especializados en ningún trabajo, función o responsabilidad en particular.

Los Creadores de Caminos son posiblemente uno de los grupos de seres más especializados con los que trabajaremos en este diálogo, con la excepción, por supuesto, de aquellos seres que trabajan en la funcionalidad ambiental de un ambiente o hábitat local (un planeta, por ejemplo). Garantizan que el trabajo de los Principiantes y los Finalizadores tenga un punto de inserción y retirada sin fisuras en relación con los efectos de todos los Espacios de Eventos y sus fractales. Esto significa que trabajan en cada condición paralela a medida que se crea o se descrea para garantizar que los cambios experimentados por los seres en estos espacios se minimizan hasta el punto de la incoherencia. Esto significa que los propios seres no son conscientes de los cambios que crean las nuevas condiciones paralelas a medida que se ven afectados por ellas.

Los Integradores hacen el trabajo de base de los Creadores de Caminos. Son los seres que entretejen los diferentes Eventos en un estado holográfico sin fisuras, de modo que cada Espacio de Evento está en contacto con otro Espacio de Evento, ya sea directa o indirectamente, a través del contacto directo e indirecto con otros Eventos.

Los Creadores de Semillas son los creadores de pequeños eventos, eventos muy pequeños, que son capaces de ser insertados o retirados de la totalidad del Espacio de Eventos sin afectar a aquellos seres que están trabajando dentro de las funciones normales de los propios Eventos. Se les llama Creadores de Semillas porque los eventos que insertan permiten la creación de Eventos mucho más grandes en lo que parece ser un nivel natural, es decir, como un fractal natural (más tarde fractales más grandes) de un Espacio de Eventos o de una serie de Espacios de Eventos.

Esta función también puede actuar a la inversa, donde la retirada de un Espacio de Eventos se considera la desaparición natural de un Espacio de Eventos que llega a su conclusión evolutiva natural.

Los Sembradores trabajan para los Hacedores de Semillas. Su papel es elegir hábilmente el/los Espacio/s de Evento en el/los que insertar o retirar el Espacio de Evento semilla. Si se quiere, eligen el momento de la inserción. Este papel no es fácil, ya que los Creadores de Semillas trabajan con escenarios "Y si..." creados trabajando con la memoria energética de La Fuente y eligiendo el momento óptimo de inserción o retirada.

Como todas las entidades que trabajan con el Espacio de Eventos, tienen la capacidad de manipularlo. A pesar de que el Espacio de Eventos es una energía inteligente pan-Origen por derecho propio, aquellas entidades que se absorben en su funcionalidad acaban siendo capaces de manipularlo.

Los Asediadores son un grupo especial de entidades porque son polifacéticos y son expertos en todas las funciones asociadas a las entidades descritas hasta ahora y que se describirán más adelante.

Examinan la carga total de trabajo para corregir problemas en términos del número total de Espacios de Eventos que podrían verse afectados si se utiliza un punto de inserción incorrecto, o si se interpreta incorrectamente la función de escenarios "Y si..." de la memoria energética de La Fuente. O, de hecho, cualquier cosa que haya respondido de un modo que no estaba previsto o planeado.

Los Asediadores son, u operan como, una función de extinción de incendios y/o limpieza cuando las cosas no salen según lo previsto. Actúan con independencia de todas las demás entidades y se encargan de las correcciones operativas necesarias para garantizar el mantenimiento de todos los Espacios de Eventos y sus coyunturas.

Los Grabadores son exactamente lo que su nombre indica: grabadores. Trabajan en los detalles que rodean el trabajo del que todas las demás entidades son responsables y asignan las acciones de aquellas entidades que trabajan en las tareas que están grabando y las subsiguientes respuestas de los componentes de los ambientes multiversales a los sectores apropiados de la memoria energética de La Fuente. Hay que decir que los Grabadores trabajan específicamente en el registro de la información asociada al trabajo de las entidades de mantenimiento de La Fuente y no de La Fuente en sí.

Los Creadores de Interfaz son un grupo de entidades que lo enlazan todo. Ven cómo encajar el trabajo de un grupo de entidades con el trabajo de otro grupo de entidades. Aunque podría argumentarse que todas las entidades son capaces de experimentar todas las cosas simultáneamente y, por lo tanto, comprender la funcionalidad que rodea al potencial de vincular una obra con otra; que no es necesario el trabajo de los Creadores de Interfaz. Sin embargo, cuando consideramos las complejidades que rodean el mantenimiento de cualquier parte del multiverso y aquellos ambientes paralelos que podrían, pueden y serán creados, existe la necesidad de que las entidades se especialicen. Entender las oportunidades, formas y métodos de vincular el trabajo de otras entidades es, por tanto, complicado en el mejor de los casos y requiere concentración para garantizar una integración sin fisuras.

Los Iniciadores (que no deben confundirse con los Principiantes) son las entidades que deciden qué modificaciones son necesarias para mantener la eficacia evolutiva de un ambiente o para crear modificaciones que introduzcan un conjunto completamente diferente de oportunidades evolutivas. Una forma de describirlos sería utilizar el término "generadores de ideas". En este papel, los Iniciadores crean, por tanto, las nuevas ideas que finalmente se concretan en nuevos ambientes, experiencias y oportunidades evolutivas.

Los Observadores (no confundir con los Grabadores) existen dentro de los ambientes que todas las entidades mantienen o crean. Su función es experimentar las creaciones de las entidades que crean la estructura, los ambientes que existen dentro de la estructura y los componentes de un ambiente. Los Observadores experimentan las creaciones de otras entidades observando el modo en que las entidades que están creando, crean y las entidades que eligieron experimentar esas creaciones las experimentan. Lo consiguen de varias maneras, pero la principal es situarse dentro

Los Curadores

de las energías de la entidad que experimenta y observar la experiencia del mismo modo que la entidad creadora o experimentadora, pero desde la ventaja de estar tanto dentro como fuera de la creación y/o la experiencia.

Los Productores crean las energías que permiten realizar pequeños cambios o creaciones. Sin embargo, no hay que ver esto como un papel pequeño, ya que los pequeños cambios son los que tienen que ver con los detalles minuciosos de los cambios o las creaciones. Son los pequeños cambios los que necesitan más atención a los detalles y, por tanto, las energías necesitan contener toda la información detallada basada en una plantilla para apoyar esos pequeños cambios. Como ejemplo de lo que quiero decir aquí, deberías considerar esto como las energías que apoyan la estructura que permite la generación de los componentes más pequeños dentro del universo físico, que en este caso es el Anu.

Los Generadores generan la "forma" a partir de las energías, la estructura que crean los Productores. En este caso, uno debería pensar que los Generadores están descendientemente de los Productores, ya que toman las energías creadas por los Productores y generan las plantillas para la creación y estabilidad de aquellos componentes utilizados en la creación de los ambientes de frecuencias más bajas. En este caso, serían todos los aspectos del universo físico representados por sus doce niveles frecuenciales.

Los Ambientalistas son las entidades que más les pueden interesar como seres humanos porque se ocupan de la creación, manipulación y mantenimiento de los aspectos ambientales de la estructura multiversal, es decir, los ambientes que utilizamos para evolucionar desde una perspectiva "inmersiva". Incluyen las siguientes roles:

Los Universalistas son aquellas entidades que mantienen, crean y apoyan la estructura local y el contenido general de las frecuencias que son capaces de sostener un ambiente universal, uno en el que pueden crearse muchas áreas de habitabilidad. Son los creadores de los componentes dentro de un universo particular que dan a las entidades titulares la oportunidad de crear dentro de los ambientes locales aquello que el universo permite crear con esos componentes. En esencia, crean los ambientes para que los

Los Curadores

Creadores de Habitabilidad trabajen con ellos, dándoles sus materias primas. Estas materias primas son galaxias, nebulosas, planetas y lunas desde la perspectiva del universo físico.

Los Ingenieros del Paralelismo trabajan con los resultados o los efectos de la interacción con el Espacio de Eventos. Trazan la línea entre los Espacios de Eventos de tamaño local, planetario, de sistema, galáctico y universal que son creados por las decisiones, las posibles decisiones, la posibilidad de posibles decisiones y la posibilidad de la posibilidad de posibles decisiones. La línea que trazan es la demarcación entre estos diferentes Espacios de Eventos y su ubicación entre sí en términos de su "potencial" para existir frente a su existencia real, que incluye la cercanía de la desviación del Espacio de Eventos de la línea principal y entre sí. Su función principal es, por tanto, garantizar que existe una separación adecuada entre estos Espacios de Eventos, asegurando que donde tiene que haber una simple separación, la hay, y cuando puede haber "cruce" entre Espacios de Eventos por parte de las entidades titulares, que esta función está en funcionamiento.

Los Ingenieros de Concurrencia son aquellas entidades que se ocupan de la relación entre cada uno de los universos creados dentro de las frecuencias del multiverso. Aseguran que se mantenga la funcionalidad de estos universos. Aseguran que estén dentro del mismo espacio y que, como resultado de estar en el mismo espacio, existan independientemente unos de otros. También garantizan que la progresión de un universo a otro sea sólida y razonable; la forma en que describo los universos creados para su uso dentro del multiverso es como "universos simultáneos autocontenidos". Así que, como se ha dicho antes, la "concurrencia" es una función de estar en el mismo espacio pero con la función añadida de estar en un flujo evolutivo, un flujo que todos los universos dentro del multiverso tienen —que es específico de la estructura estática del multiverso. Los Ingenieros de la Concurrencia pueden trabajar, y de hecho trabajan, con los Ingenieros de la Barrera Frecuencial [véase más abajo—GSN].

Hay que señalar aquí que los Ingenieros de Concurrencia no trabajan en aquellos universos que se crean en paralelo con los universos simultáneos autocontenidos. No trabajan en aquellos universos que se crean por interacciones del Espacio de Eventos porque están especializados para trabajar en un ambiente multiversal estable y no en uno transitorio.

Los Ingenieros de Barreras Frecuenciales trabajan conjuntamente con los Ingenieros de Concurrencia. Se aseguran de que haya una, a falta de una palabra mejor, "brecha" entre las frecuencias que permita una demarcación entre un universo simultáneo autocontenido y otro. Esto puede parecer fuera de sintonía con la comprensión actual de la "física", pero puede haber y hay brechas entre lo que yo llamo frecuencias principales, o para describirlo de una mejor manera, una brecha entre la parte superior del ancho de banda de una frecuencia principal y la parte inferior del ancho de banda de otra frecuencia principal superior. Estas brechas también forman parte de la estructura de soporte del multiverso y no de su aspecto funcional. Una manera de pensar en cómo funciona esto es considerar la colocación de un signo en un peldaño de una escalera, omitiendo el peldaño superior, y colocando otro signo "progresivo" en el peldaño dos peldaños por encima del primer peldaño donde se colocó el primer signo. Por lo tanto, la función de estas entidades es garantizar que se mantenga la separación de un peldaño de la escalera.

Los Atraccionistas tienen dos especialidades distintas. En la primera distinción, son entidades que se especializan en trabajar en los aspectos físicos del multiverso. Específicamente trabajan en la forma en que las energías que están asociadas con las frecuencias más bajas pueden y son utilizadas en conjunción unas con otras. En términos simples, trabajan en la "fuerza" o nivel de atracción entre sí, o dicho de otra manera, su gravedad. Los Atraccionistas trabajan en todos los niveles de "cuerpos físicos", desde la atracción entre Anu hasta la atracción mayor entre planetas, soles, sistemas solares y galaxias.

En la segunda especialidad, trabajan en la firma de energías que se utilizan para garantizar que los encarnados se atraigan entre sí con el fin de remover vínculos kármicos o trabajar juntos en un plan de vida común. Esto no es lo mismo que sentirse atraído desde una perspectiva romántica, porque es un aspecto funcional del proceso evolutivo interactivo de las entidades que están trabajando con el ciclo evolutivo.

Los Curadores

Los Cuidadores es el nombre general para aquellas entidades que trabajan dentro de las frecuencias del universo físico. Aquí es donde residen la mayoría de las entidades de las que la humanidad encarnada tiene conocimiento, como los Elementales (espíritus de la naturaleza) y los Ángeles. Incluye a los Atraccionistas de arriba y los siguientes roles de abajo.

Los Creadores de Vehículos son aquellas entidades que diseñan y crean los vehículos utilizados para experimentar las frecuencias más bajas del multiverso que llamamos universo físico en la forma en que se supone que debe ser experimentado. Eso significa que una entidad encarnada experimenta resistencia, falta de funcionalidad y conectividad. Estas son las entidades que describí en tu libro, La Historia de Dios, y pueden e incluyen miembros del género de energías de entidades que yo llamo humanidad encarnada. Hay un grupo de estas entidades que son la mente creativa colectiva, por así decirlo, para cada vehículo que permite alcanzar un nivel de interacción encarnada dentro del ambiente para el que fueron diseñadas. Esto incluye todas las doce frecuencias asociadas con el universo físico y las representaciones frecuenciales de los vehículos creados para esas frecuencias. Desde la perspectiva de la comprensión de la humanidad, todos los tipos de flora y fauna pueden utilizarse para la experiencia encarnada.

Antes de que tus lectores formulen la pregunta sobre los insectos, de la que hablaré en detalle más adelante, un solo Aspecto del VSE controlaría toda una colmena y no un insecto en específico.

Los Creadores de Habitabilidad se ocupan de la capacidad del ambiente para apoyar la perpetuación y reproducción de los vehículos encarnados creados para un ambiente o ambientes específicos. Por ejemplo, comprenden el trabajo de los Atmosferistas [ver más abajo—GSN] e introducen flora y fauna existentes o sugieren la creación de nueva flora y fauna a los Creadores de Vehículos según convenga, cuya mera existencia ayuda a mantener el equilibrio del ambiente de forma automática. Los Creadores de Habitabilidad también incluyen a los Especialistas en Habitabilidad.

Los Especialistas en Habitabilidad son esas entidades que la humanidad encarnada llama espíritus de la naturaleza. Ejercen una función especializada, hasta el punto de que pueden estar alineados con una sola planta o microbio. Hay que decir aquí que, aunque los animales y las plantas estén clasificados como vehículos encarnados para el uso de ciertos géneros del Aspecto del VSE o VSE no proyectados (aquellos VSE que o bien no tienen Aspectos actualmente proyectados o bien no han generado ningún Aspecto para proyectar), seguirían necesitando cuidados y atención por parte de los Especialistas en Habitabilidad. Además, y en algunos casos, los VSE que proyectan un Aspecto o Aspectos en el vehículo animal pueden estar trabajando directamente con, o bajo la dirección de, los Especialistas en Habitabilidad que son responsables de un vehículo animal o vegetal específico.

Los Atmosferistas son un grupo de entidades que trabajan con la estabilidad del ambiente en general, planetario o no, y cómo lo utiliza el vehículo encarnado y la infraestructura de apoyo para la que está diseñado. Modifican y manipulan las funciones de la atmósfera y sus periodos de cambio relevantes para la localización del planeta o ambiente. Un planeta no es la única ubicación en la que puede trabajar un vehículo encarnado, y tampoco es siempre necesaria la aspiración para garantizar la función corporal dentro de la ubicación y frecuencia en la que reside.

Los Poblacionistas son los ingenieros de la flora y la fauna. Tienen varios niveles de responsabilidad—cada uno especializado según el ambiente con el que trabajan. El ambiente puede ser universal, galáctico, sistemático, planetario—incluye lunas o nebulosas basadas como ambientes habitables. Trabajan en estrecha armonía con los Atmosferistas, que proporcionan los detalles de la atmósfera que están creando o que pueden crear con los materiales de que disponen. Los Poblacionistas crean entonces los vehículos mecánicos básicos que se utilizan para aquellas entidades que se encarnan con el propósito de ser un aspecto funcional "vivo" de la atmósfera, por así decirlo.

Los Guías y Ayudantes [se describen en Los Diálogos de Ana—GSN] no deben confundirse con las entidades descritas en el resumen anterior como relevantes para el mantenimiento del ambiente multiversal. Son específicos para la asistencia de aquellas entidades que entran en el ciclo evolutivo y utilizan las frecuencias más bajas del multiverso como acelerador evolutivo.

YO: Todo esto está muy bien en resumen. Y sé que vamos a describir estas entidades en detalle más adelante en este diálogo. Pero tengo una pregunta, una que muchos de mis lectores querrán saber.

EF1: ¿Cuál es?

YO: ¿Por qué nos referimos a algunos de estos seres como Ángeles? ¿De dónde procede la descripción, o debería decir, el uso de la palabra Ángel y sus funciones y responsabilidades?

EF1: Ya hemos hablado de esto en cierta medida al principio de este diálogo, pero voy a ver si puedo hacerlo más claro.

Cada una de las entidades descritas en tu breve valoración de la jerarquía actualmente entendida (y con un sesgo mayoritariamente cristiano, observo) de aquellas entidades que están más cerca de mí, son el resultado del conocimiento espiritual, la capacidad intelectual y la habilidad energética de los encarnados de aquellos periodos en los que fueron descritas. Observa también que, al leer tus pensamientos, aquellos encarnados que eran capaces de comprender lo que estaban viendo o a lo que estaban siendo expuestos "informativamente", recibieron la información de forma que pudieran trabajar con ella y seguir adelante. Cuando los encarnados con los que se comunicaban ofrecían una explicación o descripción que expresaban como un cierto nivel de comprensión de lo que se les había dado, se consideraba progresista y se les permitía utilizar esa información. La cuestión aquí es que esta comprensión era sólo para fines ilustrativos de una persona —la persona con la que se comunicaba— y no debería haberse utilizado para la educación de otras personas de menor o mayor conocimiento. Es la variación en la comprensión, o escuelas de pensamiento, y los desacuerdos subsiguientes lo que causa la creación de una forma frente a otra y la agresión entre estas escuelas de pensamiento, ya que todas las escuelas piensan que son correctas y las otras no. El hecho es que ninguna de ellas está en lo correcto hasta el punto de conocer la verdad absoluta sobre el tema que difunden, no pueden, porque no tienen la capacidad intelectual y educativa y tampoco el nivel frecuencial que sustente la capacidad de acceder a conocimientos superiores.

Los Curadores

Así que, llegando a la pregunta, la palabra Ángel es un descriptor para aquellas entidades que están desencarnadas y como resultado son "puras" desde la perspectiva del encarnado. Ha sido mal utilizada y usada como descripción de aquellas entidades que comunican asuntos de guía a ciertos encarnados— que por supuesto son los Guías y los Ayudantes de los Guías. Incluso el nombre dado ha sido mal utilizado y usado como un medio para describir el ambiente en el que existen, que es el Angélico, ya verás lo que quiero decir más adelante.

YO: ¿De dónde procede el uso de la palabra "Arc" en el descriptor "Arcángel"?

EF1: Esto es una función del uso de las lenguas humanas y del deseo de que exista una estructura. Basándome en esto, sugiero que mires la palabra "jerarquía" y la descompongas en dos palabras— Superior (Jer) y Arco (Arquía). A los encarnados les gusta ver las cosas de forma estructurada, así que, hasta que puedan ver de forma concurrente—es decir, todo existiendo al mismo tiempo y al mismo nivel de forma totalmente desestructurada y amorfa—, yo y aquellos que ayudan en la educación de los buscadores de la verdad les daremos estructura. Las palabras "Superior" y "Arco" juntas pueden utilizarse para describir las graduaciones en las frecuencias. "Más alto" significa por encima de la ubicación actual de una ubicación o entidad dentro de una ubicación, y "Arco" es una forma de describir un nivel frecuencial que está por encima del actual, como un arco o puente hacia el siguiente nivel.

"Arco" como descriptor de un individuo es una palabra griega y significa "líder, gobernante o jefe". En otras palabras, es un método para decir que un individuo está por encima o es superior a otro.

Ángel como descriptor de un individuo es una palabra griega y significa "mensajero". En otra forma es un método de decir que un individuo es un portador de noticias o es un educador.

Ninguno de estos descriptores debe utilizarse para describir a las entidades de mantenimiento si se utilizan en este contexto, pero pueden utilizarse para describir a los Guías y Ayudantes. Sin embargo, los Guías y Ayudantes no tienen las mismas funciones que las entidades que participan en el mantenimiento de la estructura multiversal, y los que lo hacen están clasificados como

Elementales y no están en posición de dar mensajes a la humanidad encarnada, o están involucrados a un nivel en el que nunca están en contacto con los encarnados.

YO: Basado en esto entonces, el uso de las palabras "Ángel" y "Arcángel" no puede ser usado como descriptor de ninguna entidad que esté involucrada en la guía de Aspectos del VSE o entidades de mantenimiento de ningún nivel.

EF1: Correcto. Sin embargo, hay un nivel de descripción en el que se puede utilizar, y en el que las descripciones visuales encajan con la historia, hasta cierto punto.

YO: Por favor, dime, ¡soy todo oídos!

EF1: Estás al tanto de la capacidad de un encarnado de frecuencia más alta de crear una encarnación secundaria, de modo que el Aspecto involucrado en la encarnación "primaria" y de frecuencia más alta pueda experimentar dos encarnaciones concurrentemente, una de frecuencia más alta y otra de frecuencia más baja.

YO: Lo estoy. Se describe en Los Diálogos de Ana.

EF1: Bueno, esto también puede ser usado para permitir que el encarnado de frecuencia más alta exista dentro de una civilización de frecuencia más baja y, cuando sea el momento adecuado, hacer cambios que mejorarán la educación, el conocimiento y la tecnología de la civilización encarnada de frecuencia más baja a través de la oportunidad comunicacional que es creada por el Aspecto encarnado de frecuencia más alta aconsejando a su Aspecto de frecuencia más baja qué hacer y cuándo hacerlo. Como son de una frecuencia más alta, normalmente serían invisibles para el Aspecto encarnado de frecuencia más baja. Sin embargo, serían capaces, mediante el uso de cierta tecnología energética, de hacerse "visibles" a su Aspecto encarnado de frecuencia más baja y darles instrucciones. Serían mensajeros para sí mismos—¡su propio Ángel o Arcángel! Esto debería servirte de explicación.

YO: Así es, y me sentía un poco incómodo por el uso de la palabra Ángel y las descripciones históricas de ellos. En estas breves frases, has disipado mis dudas. Muchas gracias.

EF1: Bien, este método es en realidad bastante común y es una explicación para los reportes de los mensajeros de "Dios" que remueve un vínculo con Guías, Ayudantes y entidades de mantenimiento multiversal porque todo se mantiene dentro del único ambiente universal.

El Diablo Está en Detalle

Tras haber resumido las funciones de los ayudantes de Dios, empezaba a sentir que iba a volver a contar la historia, por así decirlo. Me sentía un poco inseguro sobre este proceso y me preocupaban las expectativas de los lectores en cuanto a las expectativas religiosas de estas entidades frente a lo que he estado exponiendo en los últimos meses y semanas.

A quienes hayan leído mis libros anteriores les sorprenderá un poco que piense de este modo. Puede que haya dado la impresión de que tengo una confianza supina en mi capacidad para comunicarme con La/s Entidad/es Fuente y El Origen y en los detalles que rodean a los conceptos, ambientes y entidades de los que hablo. Por supuesto, tengo mucha confianza en este sentido y también soy consciente de que esto puede parecer arrogancia. Les aseguro que no lo es y que siempre me preocupa la mejor manera de validar la información a la que estoy expuesto. Dicho esto, que me digan que una de las descripciones más memorables de la traición a Dios, incluido el nombre del traidor, ilustrada dentro de los textos religiosos es básicamente una creación humana, va a hacer temblar unos cuantos árboles. En mi opinión, era una responsabilidad difícil y que sacudía al mundo.

Tras un tiempo de contemplación y la necesidad de despejar mi mente de un conflicto en cuanto a la nomenclatura utilizada, decidí poner mi dinero donde está mi boca y hacer una pregunta muy simple pero conmovedora: "¿puedo/podemos utilizar los nombres de la Biblia como descriptores útiles?".

EF1: ¡NO!
YO: Ha sido una respuesta rápida.
EF1: Querías y necesitabas una que fuera definitiva.
YO: Bueno, seguro que me has dado una. Aunque tengo otra pregunta.
EF1: Sí.
YO: Estaba pensando que tal vez podría colaborar contigo para proporcionar algún tipo de referencia o vínculo entre lo que me

aconseja y cómo se relaciona con los conocimientos religiosos y, a veces, espirituales actuales.

EF1: Eso no sería prudente.

YO: ¿Por qué no puedo/podemos usar los nombres de la Biblia?

EF1: Simplemente porque son incorrectos en términos de su descripción visual y funcional. La humanidad encarnada todavía piensa que es el único ser sintiente en el universo físico, por no hablar de la galaxia local en la que se encuentra la Tierra, y esta interpretación se ha trasplantado de los textos religiosos, por lo que, como resultado, los Ángeles tienen forma humana encarnada. Tu trabajo proporcionará una plataforma —como siempre— para permitir a los lectores desaprender esta constante necesidad de referirse a la forma humana encarnada como un factor de forma de talla única. Ahora, sin embargo, es el momento de conseguir lo mismo removiendo la referencia a los Ángeles y a su forma humana.

YO: ¿Por dónde empezamos entonces?

EF1: En la cima de la jerarquía, esas entidades que discutimos al principio. Ten en cuenta, sin embargo, que yo uso la palabra "jerarquía" vagamente aquí porque en términos reales, no hay tal cosa como una jerarquía de entidades que mantienen las funciones del multiverso.

YO: ¿Quieres decir que no existen o que son iguales?

EF1: Ambos. El foco de energía sintiente que es tu VSE y tú como un aspecto más pequeño de tu VSE trabajan en beneficio de la expansión acelerada del contenido evolutivo de esa sintiencia. Como tales, tú y tu VSE son pequeños, muy pequeñas unidades individualizadas y por lo tanto especializadas de El Origen. Por lo tanto, tú ERES El Origen, como lo soy yo desde una perspectiva mayor o más amplia. Mirando esto desde un ángulo diferente, tú y tu VSE son tan infinitesimalmente pequeños en comparación con El Origen en sus formas actuales y futuras, que no existes. En esencia, tú y yo no somos más que energía de El Origen con sintiencia—y nuestra existencia siendo una vaga función de la individualidad asignada a esa sintiencia que llamamos nosotros.

Este proceso de pensamiento puede y debe utilizarse también para aquellas entidades que ayudan a mantener la estructura del multiverso dentro de mi conjunto particular de energías sintientes individualizadas, porque todo es uno y todo es amorfo en funcionalidad. Por el momento, sin embargo, nos referiremos a estas individualizaciones específicas de energía sintiente como mis ayudantes, mis entidades de mantenimiento multiversal, y no como funciones de, digamos, "orden" dentro de lo que es sin orden y amorfo. Pero esto es para otro día, y para otra serie de diálogos, no específicamente conmigo, debo añadir. Puede que ni siquiera sea contigo, sino con otra persona que pueda llevar el trabajo más lejos.

YO: Sí, ya sé que otros, los que son más expansivos que yo, tomarán el relevo y ampliarán los límites. Antes de empezar, sin embargo, acabo de retomar una de las palabras que has utilizado.

EF1: ¿Sí?

YO: Has afirmado, y voy a generalizar aquí, que todo parece carecer de orden y ser amorfo. Seguramente, El Origen, esto es, sus energías sintientes, son o tienen orden y estructura.

EF1: En realidad, carecen en gran medida de estructura y de orden. Si tuvieran estructura, digamos con estructura suprema, entonces El Origen no podría funcionar de un modo lo suficientemente eficiente como para permitir su funcionalidad como ser Omnipresente y Omnisciente para ser Omnifuncional.

La presentación de "todo lo que es" como si tuviera una estructura es, en su mayor parte, en beneficio de la humanidad encarnada. Te alejarás de la necesidad de utilizar estos términos y procesos de pensamiento cuando estés cerca de poner fin a la necesidad de encarnar para acelerar tu progreso evolutivo.

YO: Así pues, sólo una cuestión de orden. ¿Por qué no simplemente dejamos de lado al intermediario que presenta las cosas de una manera ordenada, basada en una estructura, controlada y mantenida por una jerarquía de entidades, para pasar a una en la que tratamos con una condición amorfa sin estructura?

EF1: Porque la humanidad encarnada no sería capaz de comprender la mecánica y la funcionalidad de tal condición. Recuerda tus propias palabras a tus lectores: *"No se puede dar de comer filete a un bebé cuando se está alimentando de leche, y no se puede esperar que alguien que apenas entiende las tablas de multiplicar resuelva ecuaciones basadas en la multiplicación de matrices".*

Los Curadores

Hay que empezar por algún sitio y hay que educar, mientras se está en estado encarnado, de forma lógica y progresiva. Por lo tanto, continuaremos con el uso de las descripciones resumidas anteriormente como punto de partida para los niveles más profundos de detalle asociados con esas unidades individualizadas de energías sintientes que son mis entidades multiversales de mantenimiento.

YO: Gracias. Vamos a empezar desde el principio entonces.

Desde el Principio

Ahora que estamos entrando en el meollo de los detalles detrás de las entidades que se dedican a la funcionalidad del multiverso, siento que estoy entrando en el flujo de nuevo. Mi intención era empezar cada sección con el resumen de cada entidad que me proporcionó La Fuente, y sigo haciéndolo. Por alguna razón, sigo recibiendo en mi cabeza el formato estándar de presentación: "dile al público lo que le vas a decir, díselo al público y luego dile al público lo que le has dicho". Parece muy clínico, pero garantiza la comprensión de la información. No creo que vaya a llevarlo a su enésimo grado, pero quiero refrescarnos la memoria con lo básico antes de entrar en detalles sobre cada una de las entidades y sus funciones. De alguna manera lo siento necesario y es algo que no he sentido antes al canalizar la información.

Me detuve un momento para sumergirme en mí mismo y entender de dónde venía este sentimiento. Noté resistencia, no por mi parte, sino por parte de un público adoctrinado. En mi trabajo anterior he estado, en general, demasiado alejado de los caprichos de la religión como para preocuparme por ellos, ya que la física espiritual y la metafísica están muy alejadas en la mente de la mayoría de la gente. A mi entender, el espiritualismo y la metafísica son generalmente aceptados por las personas religiosas, sin prestar especial atención a los temas que se tratan bajo estos epígrafes, porque consideran que no les afectan. Aquí, sin embargo, me estaba adentrando en la periferia de la religión popular, independientemente de quién sea el maestro originario, ya que la mayoría de las religiones se refieren a los ayudantes de Dios de alguna manera.

Los Curadores

Como se ha dicho anteriormente, este nombre es un descriptor útil para todas las entidades que están involucradas en el mantenimiento y la funcionalidad del ambiente multiversal que nuestro creador, La Entidad Fuente, hizo para nosotros como unidades individualizadas

Los Curadores

más pequeñas de su energía sintiente para experimentarse a sí misma con mayor profundidad y detalle, evolucionando para, y en su nombre, en el proceso.

EF1: Pero eso no es todo.

YO: Supongo que tienes información adicional que compartir conmigo.

EF1: Sí, por supuesto. Tienes que ser consciente de que hay una serie de entidades que son supervisores, por así decirlo. Ellos cuidan de cada una de las dimensiones completas que son la base para el aspecto superior de la estructura multiversal, esa parte de mí que he reservado para mis creaciones, mis partes más pequeñas de mí, para experimentar.

YO: ¿Hay uno para cada una de las dimensiones completas? Lo que quiero decir es, ¿hay una entidad que es responsable de la primera dimensión completa y otra para la segunda dimensión completa?

EF1: No de la forma en que lo describes y no de la forma en que estás pensando. En esencia, son doce, así que tienes razón en una parte de tu pensamiento. Sin embargo, no son específicamente responsables de una dimensión completa en particular per se, es más, son colectivamente responsables de todas las dimensiones completas y sus subestructuras y funcionalidad.

YO: ¿Son lo que llamamos el Consejo de los Doce?

EF1: No, no, no. Los espiritualistas están tan obsesionados con este llamado Consejo, que se ha convertido en una distracción. En realidad, no existe tal formalidad, aunque en función se les pueda perdonar que piensen así. Verás, ellos trabajan como una función superior de los que están desde la perspectiva general clasificada como un Curador, como por ejemplo, el Curador del Curador.

YO: Espera un momento. Empiezo a entender a lo que estas aludiendo.

EF1: Todavía no he dicho mucho para que puedas establecer a qué estoy aludiendo. Basta decir, sin embargo, que estás captando la forma en que estas entidades funcionan y se distribuyen.

YO: ¿Qué quieres decir con que se distribuyen?

EF1: Adelante—describe lo que estás viendo en tu ojo mental.

Los Curadores

Lo hice. Lo que vi fue interesante. Pude ver que La Fuente había creado doce entidades. Cada una de estas doce estaba distribuida de una forma que ya había visto antes. No era una distribución en términos de estar esparcidas, sino más bien en términos de energías sintientes individualizadas. Cada uno de las doce estaba mostrando el método principal que un Verdadero Ser Energético o VSE (a veces llamado la Divinidad, Alma Superior o Yo Superior) utilizaría si estuviera proyectando parte o partes de sí mismo en las frecuencias más bajas del ambiente multiversal con fines experienciales y evolutivos. Estos doce Curadores o Curadores de Curadores no se proyectaron sólo parcialmente, sino que se proyectaron completamente en las ciento cuarenta y cuatro proyecciones posibles. Doce proyecciones con cada proyección o "Aspecto" teniendo doce proyecciones más pequeñas o "Esquirlas". ¿Acaso no eran más que otro VSE que desempeñaba otro papel, un papel diferente, uno que era tan ascendente como un aspecto individualizado de la energía sintiente de la Entidad Fuente podía ir sin estar en comunión con su Fuente? Empezaba a pensar que sí.

EF1: Muy bien hecho, y por supuesto que lo son. Todas mis individualizaciones, todas mis creaciones que están involucradas en el ciclo evolutivo y su estructura de apoyo a tu nivel—es decir, el nivel de la humanidad encarnada—son iguales en sintiencia, energía y estructura.

YO: Entonces, independientemente de si una entidad está en su nivel más alto, en el nivel VSE, en el ciclo evolutivo o en el sistema/estructura basada en el servicio—lo que sea—, ¿son la misma expresión básica de ti en individualidad?

EF1: Correcto. Estando en el ciclo evolutivo todos ustedes tienen ciertas maneras de usar su individualización y su habilidad para distribuir ciertos aspectos de esa individualidad que son relevantes para el trabajo que están haciendo. Cada una de las doce entidades basadas en el "Curador" opera en un estado de máxima distribución todo el tiempo. Esta es la forma más eficiente para que operen—esto siendo, todos trabajando colectivamente y todos trabajando totalmente distribuidos, o proyectados. Así que, si quieres entender por qué los llamé Los Curadores de Los Curadores, es porque sus proyecciones, y en última instancia las

Los Curadores

de los otros VSE individualizados que están trabajando con otros niveles de estructura y trabajo son Los Curadores "en general" y los VSE de los doce son Los Curadores de Los Curadores. Me gustaría señalar aquí que el hecho de que sus VSE sean descritos como Los Curadores de Los Curadores no es una expresión de mayor responsabilidad o estatus, es simplemente una forma de describir cómo están distribuidos y cómo trabajan de una manera que tú y tus lectores comprenderán.

YO: Una pregunta rápida más antes de pasar al tema de los Arquitectos.

EF1: Adelante.

YO: Cuando en el ciclo evolutivo nuestro VSE proyecta sus Aspectos, y los Aspectos proyectan Esquirlas para permitir la oportunidad de individualización diversificada, lo que resulta en experiencia múltiple y separada y crecimiento evolutivo del VSE concurrentemente, descontando, por supuesto, estas condiciones paralelas creadas por el Espacio de Eventos y nuestra invocación del mismo a través de la elección individual en ciertas coyunturas experienciales—¿no es así?

EF1: Sí, así es.

YO: ¿Es lo mismo para los VSE de Los Curadores de Los Curadores y sus proyecciones?

EF1: No, es un método diferente de funcionamiento. Cuando se proyectan los Aspectos del VSE de Los Curadores y las Esquirlas de los Aspectos para el VSE de Los Curadores, no están individualizados de la misma forma que los del ciclo evolutivo. En esencia, funcionan de forma colectiva con las mismas funciones entre sí, pero con responsabilidades multiversales diferentes, eso no quiere decir que tengan papeles diferentes. Los papeles no son responsabilidades y las responsabilidades no crean papeles. La proyección del VSE de Los Curadores es simplemente una forma de aumentar su capacidad de conectar con todo aquello con lo que necesitan conectar de forma eficiente.

Empezaba a hacerme una idea de cómo podría funcionar. Cada uno de estos doce Curadores de Curadores estaban conectados entre sí en una especie de matriz. Dentro de esta matriz, que por cierto estoy tomando como una versión humanizada de lo que era la funcionalidad

Los Curadores

real, cada Esquirla, Aspecto y VSE estaban interconectados de tal manera que cada uno de ellos era a la vez una representación de los demás en cada conexión entre sí y cada coyuntura dentro de la estructura multiversal. Estaba intentando visualizar cómo podría funcionar esto cuando La Fuente decidió que podría dar una descripción mejor.

EF1: Estás viendo la interconectividad de Los Curadores de Los Curadores de una manera de muy baja frecuencia, una manera muy básica; de una manera que desde la perspectiva de tus lectores es tridimensional. En realidad, no existe tal descripción, ya que están interconectados de una manera multiestructural que está por encima y más allá de la estructura de lo multiversal que se utiliza en el ciclo evolutivo.

YO: ¿Qué quiere decir con multiestructural?

EF1: A estas alturas ya deberías haber comprendido que lo que experimentas en tu existencia temporal de baja frecuencia no es lo que se experimenta en la Realidad Superior.

YO: Dame un poco de libertad, por favor. No hago las preguntas sólo para mí, sino también para los lectores. Entiendo que hay formas en las que trabajamos y experimentamos las cosas desde la perspectiva de un ser en el ciclo evolutivo y hay formas en las que trabajamos y experimentamos las cosas desde la perspectiva de un ser al servicio de aquellos en el ciclo evolutivo. También soy consciente de que mi/nuestra capacidad para comprender lo que se nos está dando se basa en nuestra experiencia y conocimientos actuales y que aquello a lo que estaremos expuestos más adelante es el resultado de nuestro crecimiento, fruto de niveles previos de exposición.

EF1: Perdóneme; estaba siendo crítico con tu línea de interrogatorio. Lo explicaré mejor.

YO: Gracias.

EF1: Verás, Los Curadores de Curadores tienen una función especial. No es sólo ser el punto más alto de la jerarquía desde una perspectiva de apoyo estructural, sino que ellos mismos crean las condiciones necesarias para permitir que exista la estructura multiversal.

Los Curadores

YO: ¿Estás diciendo que Los Curadores de Curadores son la estructura del multiverso?
EF1: No, lo que digo es que crean las condiciones necesarias para su existencia.
YO: Pero pensé, ¿debería decir que mi entendimiento era/es que hiciste el multiverso a partir de tus propias energías?
EF1: Y lo hice.
YO: Entonces, ¿por qué necesitas a estos seres para mantener su necesidad de existir?
EF1: En pocas palabras, para mantener su existencia continuada, siendo la principal fuerza motivadora detrás de mi deseo de evolucionar a través de la creación de aspectos individualizados más pequeños de mi sintiencia, que trabajarán sin interacción directa con la mayor parte de mi sintiencia que permanece intacta. Mi deseo de progresar y evolucionar es una función primordial de mi creación por mi creador, El Origen, y como tal este deseo de progresar y evolucionar está infundido en toda mi sintiencia, independientemente de si está entera, es parte restante del todo, o un aspecto individualizado de esa parte de mí que fue tomada del todo y dividida.
YO: Así que nuestro deseo de evolucionar está en función de tu deseo de evolucionar, que está en función del deseo de evolucionar de El Origen.
EF1: Correcto. Y, aunque la manifestación original del multiverso y de mi creación de aspectos individualizados más pequeños de mi sintiencia fue el resultado de mi deseo de acelerar mi evolución, este deseo de mantener un ambiente en el que evolucionar también está embebido en mis creaciones.
YO: Así que Los Curadores en general mantienen el deseo de la existencia del multiverso, y los seres que eligieron estar en el ciclo evolutivo mantienen su deseo de su uso del multiverso y su existencia continuada y el mantenimiento de su eficiencia evolutiva por Los Curadores. El que da el deseo de la existencia continuada del otro mantiene la existencia continuada de sí mismo en el proceso.
EF1: Correcto. Es un sistema autocontenido y autoperpetuante que ya no necesita mi deseo de que exista para continuar su existencia, porque el deseo de esas entidades que lo utilizan quiere que siga

Los Curadores

existiendo y, por lo tanto, crean su existencia continuada y, de hecho, la continuación de su individualización en el proceso.

YO: Y Los Curadores de Los Curadores están en la cima de la perpetuación de este deseo particular.

EF1: Sí, lo están. Para utilizar su lenguaje informático como descripción, son el sistema operativo interno del multiverso. No sólo mantienen la estructura general, sino que crean, a través del deseo de esos seres en el ciclo evolutivo, la intención general detrás de la continuación del multiverso al ser la estructura detrás del multiverso y su sistema operativo.

Estaba considerando la información que me acababa de dar y lo que significaba. No más de doce entidades, doce unidades individualizadas de la energía sintiente de las Entidades Fuente fueron utilizadas, o elegidas para ser el deseo creativo detrás de la estructura del multiverso. Los Curadores de Los Curadores no sólo eran el nivel más alto de entidad dentro de la jerarquía de aquellos seres que mantenían el multiverso y su eficiencia evolutiva desde la perspectiva de una entidad que estaba en el ciclo evolutivo, sino que a la vez creaban y eran el nivel más alto de la estructura del multiverso mismo. Esta comprensión dio lugar de repente a otra comprensión, la de que el propio multiverso era sintiente por defecto. La tercera toma de conciencia no se hizo esperar. Por supuesto que el multiverso era sintiente, formaba parte de La Fuente, que a su vez formaba parte de El Origen. Aunque lo sabía intrínsecamente, no lo había apreciado y, por tanto, reflexionado a nivel intelectual. Por qué nosotros, como seres humanos encarnados, somos incapaces de ver lo que tenemos adelante, incluso cuando se nos presenta con luces intermitentes, es asombroso, y en esta anterior falta de comprensión intelectual mía, me había asombrado a mí mismo. Ahora todo parecía tan lógico y llevar el proceso de pensamiento basado en mi reciente comprensión un poco más allá me hizo muy consciente de que nosotros, incluso como seres o entidades que estamos en el multiverso como unidades de energía sintiente individualizada con libre albedrío, también somos una parte y función fundamental de lo que es creado por La Fuente para ayudar en su progresión evolutiva. No sólo somos energía sintiente individualizada, sino que somos nuestra propia creación y la condición ambiental que apoya nuestra creación y creatividad.

De repente me paré en seco y me planteé una pregunta. Si realmente somos creados, creadores y ambiente de lo que puede ser creado, ¿qué sentido tiene hablar de los papeles, las responsabilidades y las funciones de esas entidades llamadas Los Curadores? Esencialmente, desde una perspectiva lógica, yo/nosotros somos ellos y ellos son yo/nosotros y, por lo tanto, considerando que podemos habernos creado mutuamente, no hay necesidad de que ninguna entidad gobierne lo que somos y hemos creado en un ambiente que también somos nosotros. Mi mente se tambaleó por un momento ante esta perspectiva. Hacía tiempo que había empezado a sentir que todo era amorfo, pero ahora tenía la prueba. Empezaba a preguntarme si debería saltar a un nivel diferente, uno en el que todo fuera amorfo e informar sobre ello, cuando La Fuente se apoderó de mis pensamientos y me dio una dirección.

EF1: Es demasiado pronto para un diálogo basado en un nivel superior de comprensión. Tienes que trabajar en lo que se está utilizando como un medio para la progresión evolutiva en lugar de la función suprema de quién y qué son todos ustedes.

YO: ¿Qué quieres decir?

EF1: Lo diré de una manera sencilla. Todo lo que conoces, con lo que trabajas y lo que creas es real; es parte de esta realidad y esto incluye la estructura del multiverso y las funciones de aquellas entidades que lo son, lo crean y operan dentro de él. También incluye la información que te fue dada por mis compañeros y El Origen. Sin embargo, también es cierto que todo es amorfo, pero lo amorfo ha decidido experimentar una estructura. Aquí es donde entran todos ustedes. Son lo amorfo que ha creado lo no amorfo— la estructura. Al querer experimentar la estructura, todos han creado una estructura dentro de una estructura que te he dado para que trabajes con ella.

YO: Pero creía que me habías dicho que creaste el multiverso y lo poblaste con versiones más pequeñas de ti mismo individualizando unidades de tus energías sintientes para poblarlo y que la estructura ya estaba ahí como una división de ti mismo.

Los Curadores

EF1: Es y fue. Tienes que saber esto. Mi división del sí-mismo* para crear todos los diferentes géneros de VSE es una declaración verdadera de lo que pasó, ha pasado y está pasando. Sin embargo, la estructura del multiverso se les dio a todos como una idea, un modelo base de lo que podría ser. Todos decidieron perpetuar esa idea y modificarla para adaptarla a tus propias ideas sobre lo que la estructura debería/podría ser y cómo debería apoyarse y cómo debería utilizarse al máximo de su capacidad como medio evolutivo. Y así es como, en pocas palabras, surgió la estructura del multiverso, su mantenimiento y su población.

YO: Todo es un escenario entonces, una creación de nosotros mismos para nosotros mismos en beneficio de nuestra progresión.

EF1: Correcto. No hay ningún enigma entre considerar la función superior de lo que todos ustedes son, amorfo y uno, y la condición de lo que son temporalmente, estructurado e individualizado.

YO: Tengo la sensación de que todo es un gigantesco juego en la creación y la experiencia.

EF1: Por supuesto que sí, pero el juego tiene un deseo o una razón de ser un resultado esperado—la progresión experiencial y evolutiva.

Ahora puedes avanzar en tu trabajo en este libro sabiendo que, aunque existe una comprensión más profunda de la razón de la estructura, el mantenimiento, la población y la función del multiverso, es necesario comprender su estado actual y utilizarlo como herramienta para la expansión personal antes de trabajar con lo amorfo en estado estructurado.

YO: ¿Supongo que éste será el tema de debate en futuros diálogos?

EF1: Sí, lo será, y cuando el tiempo, el Espacio de Eventos, esté en su lugar para que esto suceda, serás atraído a comunicarte con El Origen acerca de ello.

YO: Es hora de pasar al siguiente nivel de entidades, los Arquitectos.

EF1: Sí, así es.

Los Arquitectos

Mi mente se había tranquilizado. Ahora comprendía, por fin, que lo amorfo y lo estructurado existen juntos en función el uno del otro y no están separados ni en conflicto. Aquellos individuos encarnados conscientes y despiertos que recogen sólo lo amorfo o la estructura e informan sobre ello tampoco están en conflicto, pues ambos son correctos, ambos existen en el mismo espacio y ambos son una función el uno del otro. Dentro de lo amorfo, son esas unidades de energía sintiente individualizada, lo amorfo dado estructura, Las Entidades Fuente, y sus creaciones, las que, a su vez, han creado estructura a partir de lo amorfo para experimentar lo amorfo de una manera que no es estructura. El resultado de la colaboración entre el creador y lo creado, para crear dentro de lo creado, crea más creaciones y la necesidad última de gobernar esas creaciones que crearon la necesidad de más estructura y las entidades para gobernar esa estructura y esas entidades que tienen el deseo de usarla y profundizar en el más mínimo detalle. Aquí es donde surgió la necesidad de las funciones y responsabilidades de las entidades gobernantes y por qué estoy aquí esperando recibir la información para describir el siguiente nivel de entidades gobernantes—los Arquitectos.

YO: Ahora que he dado a los lectores y a mí mismo una comprensión más amplia de por qué el multiverso "es" una estructura dentro de una estructura (tú) dentro de lo que es amorfo pero que está adquiriendo estructura, de algún tipo (El Origen), confío en mi capacidad para comprender la información de la forma en que tú me la presentas y yo puedo presentarla a los lectores.

EF1: Bien, así debe ser. Llevas trabajando conmigo, con mis compañeros y con nuestro creador el tiempo suficiente como para tener la máxima confianza en esta información e incluso obtenerla directamente, en lugar de a través de un tercero como yo. Sé que has estado trabajando en un nivel personal superior y has tenido problemas para integrar la estructura con lo amorfo desde una perspectiva intelectual, y esto es comprensible. Mientras estás encarnado, la capacidad del Aspecto para trabajar en más de una forma conceptual es difícil en el mejor de los casos, especialmente cuando dos conceptos parecen estar en desacuerdo entre sí desde tu perspectiva humana.

YO: Gracias. Para ser honesto estaba empezando a pensar que lo estaba perdiendo un poco.

EF1: No lo estás perdiendo en lo más mínimo. Sólo estás pasando de un nivel de comprensión a otro en el que todo es posible y todo es real.

Pero volviendo al trabajo que nos ocupa. Te di un resumen en el que se afirmaba que los Arquitectos son los seres que trabajan para realizar los cambios ambientales necesarios para crear oportunidad/es evolutiva/s optimizada/s. Las funciones de estos seres son específicas para todos los aspectos del ambiente multiversal. También transmití que los Arquitectos trabajan en cuatro niveles: demanda evolutiva, causa y efecto, estructura y requisitos ambientales. Cuentan con una serie de entidades que les ayudan, de las que hablaremos por derecho propio más adelante.

Con los Arquitectos funcionando en cada uno de los cuatro niveles, el multiverso recibe una razón absoluta para su existencia, siendo la razón una función del deseo de aquellas entidades del ciclo evolutivo que quieren que continúe apoyando su trabajo de la manera más eficiente posible. Por lo tanto, los Arquitectos trabajan en las cuatro áreas de mayor influencia estructural desde una perspectiva de alto nivel, dejando el detalle a aquellas entidades que trabajan en su nombre. Dicho esto, son responsables en última instancia del trabajo de esas entidades de apoyo y, como resultado, crean el foco principal para el trabajo de sus entidades de apoyo asegurándose de que los cuatro niveles principales del multiverso con los que trabajan se mantengan desde una perspectiva estratégica que sea coherente con los requisitos de todas y cada una de esas entidades que están en el ciclo evolutivo.

YO: ¡Espera un momento! ¿Estás sugiriendo que el multiverso se modifica para adaptarse a los requisitos de cada una de las entidades individuales que se encuentran en el ciclo evolutivo?

EF1: Sí, por supuesto.

YO: Permíteme aclarar mi comentario aquí en beneficio de los lectores. Lo que quiero decir es que el multiverso se modifica

Los Curadores

realmente de acuerdo con los requisitos evolutivos de cada entidad en el ciclo evolutivo sobre una base individual y no sobre una base general, general o colectiva?

EF1: Correcto.

YO: Yo, y espero hablar por los lectores aquí, estaba bajo la suposición de que el multiverso era un ambiente general que nosotros, o debería decir nuestros VSE, experimentan, a través de sus Aspectos proyectados y/o Esquirlas para permitir un mayor nivel de comprensión del multiverso mediante el uso de una miríada de entidades que experimentan lo mismo. No vi que el multiverso se modificara para adaptarse a las necesidades del individuo.

EF1: Bueno, lo hace.

YO: Bueno, entonces, en mi limitada comprensión esto significa que cada uno de nosotros en el ciclo evolutivo tiene su propio multiverso con el que trabajar.

EF1: No puedes incluirte en esa afirmación porque no estás en el ciclo evolutivo.

YO: ¿Qué? Pensé que debía estarlo, simplemente porque estoy aquí, en tus energías, encarnado en la más baja de las frecuencias de tus energías.

EF1: No, no lo estás, y ahora no es el momento de entrar en este tipo de diálogo.

YO: ¿Cuándo tendré la oportunidad de discutirlo entonces?

EF1: En el libro que registra el diálogo que tendrás, has tenido, estás teniendo con el OM.

YO: ¿Y eso será en ... ?

EF1: Será dentro de dos libros, incluyendo este libro. Después de este diálogo necesitas ayudar a otros a sanarse a sí mismos e introducir una razón energética de por qué los seres humanos encarnados experimentan disfunciones físicas y psicológicas y cómo pueden ser sanadas. Esto tendrá que ser presentado a la fraternidad médica y psicológica como una modalidad de sanación alternativa, pero necesaria.

YO: Pero no necesito preocuparme por ese diálogo ni por el diálogo sobre el OM y yo estando fuera, como dices, del ciclo evolutivo en este momento.

EF1: No, todavía no. Ya sabrás cuándo—siempre lo sabes.

YO: OK, volviendo a este concepto que ...

Los Curadores

EF1: No es un concepto, es la actualidad.
YO: ... OooKaay—la función de...
EF1: Así está mejor.
YO: ¡De nada! ... Volviendo a la función del multiverso como un ambiente que se adapta o individualiza a las necesidades de la entidad individualizada entonces, ¿significa esto que, a todos los efectos y propósitos, las otras entidades que experimentamos y con las que interactuamos no existen realmente?
EF1: Sí y no.
YO: ¿Te importaría dar más detalles?
EF1: Por supuesto. El multiverso permite la creación de interacciones "temporales", las entidades y el/los ambiente/s para apoyarlo, y la interacción de otras entidades en el ciclo evolutivo y su aspecto individualizado del multiverso para trabajar juntos concurrentemente.
YO: ¿Es una función del Espacio de Eventos?
EF1: No, esto no es una función del Espacio de Eventos; es una función de fluidez y adaptabilidad multiversales. Sin embargo, y esto es un gran sin embargo, esto debe gestionarse y mantenerse a una escala del tamaño de todas las entidades que están en el ciclo evolutivo y ese es el papel colectivo de Los Curadores a todos los niveles de responsabilidad. Esas responsabilidades son las que estamos tratando de debatir ahora.

Mientras La Entidad Fuente hablaba, mi mente vagó de vuelta a un concepto que Dolores Cannon presentó en la Conferencia de Transformación 2014 de Ozark Mountain Publishing. Ella habló de la existencia de personas "Rezagadas". Yo había presentado el concepto de la gente "de Relleno" y ella estaba entusiasmada con el nombre utilizado. Parecía ser utilizado para describir el mismo advenimiento de individuos temporales o transitorios que fueron creados por todos nosotros para "llenar" los vacíos en el fondo de nuestra existencia y experiencia, al igual que la imagen pintada en la parte posterior de un escenario para representar una ubicación o lugar durante una obra de teatro. Resulta que los nombres se utilizaban para describir cosas totalmente distintas, pero ahora el concepto de "Rezagado" cobraba de repente un claro sentido.

EF1: Ahora lo estás entendiendo.
YO: ¡Pero parece increíble que cada VSE, cada Aspecto y cada Esquirla tengan su propio multiverso con el que trabajar!
EF1: Puede parecer increíble, pero desde mi punto de vista, por así decirlo, lo increíble es simplemente parte del aburrido detalle.
YO: Por eso me gusta este trabajo, siempre hay algo nuevo que me mantiene interesado, que me hace ir más allá de mi capacidad—y más.
EF1: Para eso viniste aquí, para experimentar ser estirado y transmitir las razones y el producto de ser estirado al público encarnado más amplio, por así decirlo.
Pero ya hemos divagado bastante. Tenemos que pasar a los cuatro niveles funcionales de los que son responsables los Arquitectos.

Demanda Evolutiva

EF1: Como ya sabea, el multiverso está hecho específicamente a la medida de las demandas de los requisitos evolutivos de todas y cada una de las entidades dentro del ciclo evolutivo.
YO: Así que ya veo, y sólo de pensar en la interconectividad de todas estas versiones individualizadas del multiverso junto con la complejidad añadida de los diferentes Espacios de Eventos que creamos como resultado de nuestras elecciones individuales y colectivas me duele la cabeza. ¡Esto se está volviendo más enrevesado a cada minuto!
EF1: Bueno, hay más por venir, pero, tiene que ser la coyuntura correcta en la existencia de la humanidad encarnada y tu habilidad y/o la de otros para asimilar la información.
YO: Eso se entiende muy bien. Una pregunta entonces, ¿cómo trabajan los Arquitectos en la demanda evolutiva del multiverso? O debería decir, ¿cómo se ocupan de las demandas de todos los multiversos colectivos individualizados?
EF1: La demanda evolutiva es una función del progreso y, como tal, también está sujeta a la individualización y a la colectivización. A medida que cada VSE/entidad progresa, su conciencia de su ambiente y su nivel de comprensión de ese ambiente cambian. Seguiré utilizando la palabra "entidad" para describir a un VSE

Los Curadores

(Divinidad, Alma Superior o Yo Superior), Aspecto (Alma) o Esquirla (subalma), ya que simplifica el diálogo.

Continuando, sin embargo, esto a su vez cambia la capacidad evolutiva del ambiente en el que la entidad está trabajando, su universo dentro de su multiverso. Y así, el resultado de esto es que la demanda evolutiva cambia de un estado, el que se ha experimentado, aprendido y comprendido hasta el punto de dominio, a otro en el que hay un mayor crecimiento, utilizando el nuevo nivel de dominio del ambiente como trampolín desde el que progresar, creándose por tanto la demanda evolutiva en función del progreso y crecimiento de la entidad.

Está a punto de hacerse una pregunta—¿cómo abordan los arquitectos este aumento de la demanda?—¿qué es lo que realmente hacen?

YO: Te me has adelantado.

EF1: Por supuesto. Sólo quería que supieras que te presto tanta atención a ti y a tus procesos de pensamiento como tú a mí.

YO: Gracias.

EF1: Bueno, no es una respuesta sencilla, aunque la haré lo más sencilla posible. Lo primero que hay que hacer es cambiar tu mentalidad de pensar en los pensamientos de un solo multiverso que todo lo abarca a uno que es en última instancia individualizado con la capacidad de interconectarse con todos los otros multiversos que se atribuyen a todas las entidades que he creado. Para ello, tienes que pensar que eres lo más importante del multiverso y que eres la única razón de su existencia. Si intentas considerar los "estados individualizados y colectivos del multiverso" [*Me han dicho que el plural de multiverso es multiverso; mi uso de multiverso(s) describe el punto de que un gran multiverso alberga varios multiversos. Cada multiverso por lo tanto alberga una serie de universos, todos los cuales están en un gran multiverso.*—GSN] entonces no podrás apreciar su función, ya sea en los niveles individuales o colectivos de manifestación.

YO: Gracias, ahora tengo un dato a partir del cual trabajar.

EF1: Bien, entonces está decidido. Ahora, para TI, el lector, esta es también una consideración muy importante porque cuando se considera el multiverso en su función individualizada, los conceptos se vuelven manejables, o debería decir, abiertos a la consideración dentro de las limitaciones de la mente humana encarnada y por lo tanto temporal.

Trabajando con esto en mente, los Arquitectos revisan la base de la condición ambiental, su localización (universo) y su globalización (multiverso) y cómo la entidad está trabajando con ella desde una perspectiva estructural, funcional y manipulativa. Como se acaba de decir, entonces consideran lo que llamaré el nivel de dificultad que la configuración actual del multiverso ofrece a la entidad y ajustan su dificultad de acuerdo con la capacidad de la entidad para trabajar, evolucionar y progresar con el nuevo nivel de dificultad.

La demanda evolutiva puede considerarse del mismo modo que estar en la escuela desde tu perspectiva. Un profesor enseña a su clase al nivel del que es capaz de enseñar y cuando el alumno ha dominado, hasta un nivel aceptable, el material que se le enseña, se introduce un nuevo profesor para desafiar aún más al alumno. El papel del nuevo profesor es elevar aún más los conocimientos del alumno hasta el nivel de dominio aceptable del nuevo nivel de material que se está enseñando, y así sucesivamente. Desde tu perspectiva encarnada, esto es lo mismo para el uso de un Guía y sus Ayudantes. Una vez que un Guía ha elevado a su pupilo, su Aspecto, que está trabajando dentro del ciclo evolutivo hasta el nivel de su propia competencia, y esto ha sucedido con todos los Aspectos creados y proyectados por el VSE, el VSE migra al siguiente nivel de su ambiente multiversal, y un nuevo Guía, de un nivel superior de experiencia y evolución, toma el control para ayudar en la eventual elevación del VSE y sus Aspectos hasta "su" nivel de competencia, y así sucesivamente. Esta progresión continúa hasta que el multiverso y todos sus niveles potenciales, estructuras, estados y capacidad de manipulación han sido plenamente utilizados.

En ambos ejemplos, y como he afirmado recientemente, la demanda evolutiva, o atracción, se hace patente cuando la entidad ha dominado, hasta un nivel aceptable, las capacidades evolutivas del ambiente, su estructura y manipulación, siendo ese nivel la elección de la entidad y la decisión de su/s Guía/s.

Los Curadores

La creación de la demanda evolutiva (atrae), sin embargo, no significa necesariamente que todo el multiverso tenga que ser modificado para adaptarse al nuevo nivel de dificultad o desafío atribuido a las elevadas necesidades progresivas de la entidad. Podría ser simplemente que un universo dentro del multiverso necesita ser manipulado, o incluso, un aspecto más pequeño de un universo dentro del multiverso necesita ser manipulado para ofrecer la mejor progresión evolutiva para una entidad en particular.

YO: Así que un multiverso no se modifica específicamente de una sola vez, por así decirlo.

EF1: No, puede modificarse globalmente (todo el multiverso) o muy localmente (un sector dentro de un universo dentro del multiverso). Un sector puede ser tan grande o pequeño como se desee; no hay reglas que rijan que tan grande o pequeña puede o debe ser la modificación para permitir la progresión de la entidad de la manera más eficiente.

YO: En pocas palabras, la demanda evolutiva es creada por una entidad que supera la capacidad del ambiente para proporcionarle progresión evolutiva, que lo ha dominado, y que necesita un mayor nivel de interacción con él para progresar. La necesidad de progresar en un ambiente que no proporciona más progresión crea la demanda y la necesidad de que los Arquitectos cambien el multiverso, o un aspecto de este, en consecuencia.

EF1: Correcto—buen resumen.

Causa y Efecto

EF1: Los Arquitectos trabajan sobre la función de "causa y efecto" del multiverso, individual y colectivo. Todo tiene una causa y un efecto; no hay nada que pueda considerarse que no tiene causa de ser o ningún efecto sobre otra cosa.

YO: ¿Significa esto que aunque la única explicación de que algo exista es "sólo porque sí"?

EF1: Correcto. Por ejemplo, la "nada" tiene una causa, siendo la causa la nada misma. Cuando algo sucede—sea lo que sea, por insignificante que sea y por pequeño que sea, comienza una reacción en cadena para cambiar el estatus quo del vacío a la intención latente, la intención latente está en su lugar simplemente porque es. Si la intención latente no fuera parte del estado de ser general de la nada, entonces el estatus quo no cambiaría. Porque aunque todo tiene potencial para ser algo, la intención latente es una función de la nada y como resultado lo que puede ser llamado vacío o caos es realmente algo como nada con el potencial o intención latente de ser algo. Ese algo se activa a partir de aquello que inclina la balanza y cambia el estatus quo en la nada. Puedes llamarlo intención latente como acabo de describirlo, pero ten en cuenta que esta latencia es una función del vacío o caos, para que algo pueda ser clasificado como vacío o caos debe "ser" algo.

YO: Esto me recuerda la discusión que tuve con un compañero buscador de la verdad, Tom Campbell [ver los libros My Big Toe, Lightning Strike Books (9 dic. 2007) —GSN]. No he leído los libros de Tom, pero un lector mío nos había hecho comprender algunas ligeras diferencias de nomenclatura que utilizamos para ver si había alguna desconexión. Después de unas cuantas comunicaciones, descubrimos que no había desconexión, sólo diferentes puntos de vista de la misma imagen y diferentes descripciones para los mismos puntos de vista de la misma imagen. Como pueden imaginar, tuvimos algunas discusiones complicadas.

EF1: Las discusiones eran necesarias para ambos; era una prueba física de lo no físico, lo cual es muy importante para ti cuando estás inmerso en lo físico. Y, también es importante para los lectores porque les da un dato con el que trabajar.

YO: Entonces, ahora que hemos comprendido que la causa y el efecto están en función del "ambiente" a cualquier nivel, ¿qué hacen exactamente los Arquitectos? Me parece que es automático.

EF1: En general es automático, pero los Arquitectos tienen la capacidad de amplificar y desamplificar tanto la causa como el efecto para garantizar que los deseos y expectativas de las entidades que crean la causa obtengan el efecto correcto. Se podría pensar que es un papel sencillo de desempeñar, pero cuando se observa el panorama más amplio a tratar con ambientes multiversales locales y colectivos, y la causa y el efecto que tienen unos sobre otros, se puede ver cómo podría ser un papel difícil del que ser responsable.

Los Curadores

Profundizando un poco más en el trabajo que realizan los Arquitectos, es importante señalar que también realizan una función estabilizadora en la que los extremos de efecto que resultan de causas extremas pueden crear problemas con aquellos otros multiversos locales que están interconectados con el multiverso que está experimentando los extremos de causa y efecto.

YO: ¿Por qué crean una función estabilizadora? Es decir, ¿cuál es la razón de esa necesidad?

EF1: Como acabo de decir, crean la estabilización entre los multiversos que están interconectados y que forman parte del multiverso colectivo. Sin embargo, puedo ver que quieres algo de carne en los huesos, por así decirlo.

YO: Sí, por favor.

EF1: De acuerdo. Como sabes, todo afecta a todo lo demás, ya sea el aire que se mueve al respirar o el agua que se utiliza y cuya composición cambia al lavarse. Lo que era una cosa se convierte en otra. El efecto de que el aire expirado contenga un 4 por ciento más de dióxido de carbono se debe a que lo respiras y a que los alvéolos de los pulmones intercambian sangre enriquecida en oxígeno por sangre pobre en oxígeno que contiene dióxido de carbono adicional, que es un producto de desecho del cuerpo que consume oxígeno para permitir el correcto funcionamiento de músculos, órganos y otros tejidos importantes. La magnitud de la cantidad de dióxido de carbono en el aire expirado está en función del trabajo realizado por el cuerpo y de la regularidad de la respiración para soportarlo. La presión atmosférica del ambiente y la altitud también influyen. El efecto del cambio de que el agua se ensucie y se llene de detergentes o jabones se debe a que, por ejemplo, mezclas agua limpia con jabón para quitarte la suciedad de la piel. La magnitud del cambio de la composición del agua más jabón/detergente y suciedad depende de lo sucio que estés y de la cantidad de jabón o detergente necesaria para remover la suciedad.

En el caso de los cambios en el ambiente multiversal local o colectivo, si la causa es importante y esa importancia puede afectar negativamente a otros multiversos interconectados, y/o a sus componentes universales, puede crear un problema con el equilibrio de causa y efecto frente a los deseos e intenciones de la entidad o entidades que crearon el multiverso interconectado, afectando a su eficacia evolutiva y dirección en el proceso.

Así que, en este caso, los Arquitectos actúan como un filtro, ya sea deteniendo el efecto o introduciendo los efectos del efecto de forma que puedan ser absorbidos por el multiverso afectado y no creen problemas con su eficacia y dirección evolutivas. Esto podría clasificarse como un efecto perjudicial.

En la otra cara de la moneda, los Arquitectos pueden amplificar la causa si se considera que tiene un efecto ventajoso en aquellos multiversos que están interconectados con el multiverso que está emitiendo el efecto de una causa. Los Arquitectos también pueden amplificar el efecto para que todos y cada uno de los multiversos interconectados experimenten el efecto al nivel más eficiente para ellos. Teniendo en cuenta que aquí estamos hablando de multiversos individuales y locales, el efecto más eficiente de la causa original será individualizado para cada uno de los multiversos interconectados. Es aquí donde los Arquitectos son más beneficiosos en su capacidad para cambiar la magnitud de las funciones asociadas a la causa y el efecto.

Sé que esto es de muy alto nivel y no la profundidad que querías, pero entrar en la mecánica de cómo cada Arquitecto realiza su función sería difícil de explicar de una manera que sea comprensible. Basta decir que realizan los cambios necesarios y se aseguran de que el efecto de las causas con las que trabajan se mantenga en un nivel óptimo de rendimiento evolutivo para cada multiverso y sus entidades, independientemente de quién o qué lo cree.

YO: Esto significa el multiverso de cada entidad individual, esos colectivos y el multiverso general.

EF1: Por supuesto. Hablemos de estructura.

Estructura

EF1: La estructura es una función de lo que se requiere experimentar para afectar la progresión evolutiva; no se trata sólo de los aspectos estructurales de las frecuencias, subdimensiones o dimensiones completas.

Los Curadores

YO: ¿Estás hablando del contenido dentro de cada uno de los universos contenidos dentro de los multiversos como siendo la estructura—o algo más?

EF1: La estructura de los multiversos locales o individualizados y del multiverso colectivo/completo, el que yo creé inicialmente, están fijados en un cierto punto. Ese punto es el punto común. Más allá del punto común puede haber manipulación tanto por parte de las entidades individuales como del colectivo. Como ves, tiene que haber una base, un dato del que partir y a partir del cual trabajar. Todo lo demás a su alrededor es susceptible de cambio, aunque no haya principio ni fin en términos reales.

YO: Y los Arquitectos hacen los cambios, asegurándose de que se mantiene el punto común.

EF1: Correcto. El punto común es lo que permite que los multiversos locales y colectivos sean uno y el mismo. Los Arquitectos garantizan que se cumplan los cambios solicitados y se mantenga la interactividad/interconectividad de todas las condiciones multiversales.

YO: ¿Quién solicita los cambios en la estructura?

EF1: Todos lo hacen. Todas las entidades que eligen trabajar dentro del ciclo evolutivo hacen cambios en su ambiente para permitirles experimentar, aprender y evolucionar a su manera particular. Como he dicho, la estructura no es necesariamente la estructura de nivel superior de frecuencia, subdimensión y dimensión completa; es el contenido, y todos ustedes cambian el contenido. O al menos creen que cambian el contenido.

YO: ¿Qué quieres decir con que creemos que cambiamos el contenido?

EF1: Lo que todos ven es el producto de lo que quieren ver a su alrededor. Esto se acopla junto con el punto común para permitir la interconectividad y la interacción con todos los ambientes multiversales. Pero es en el nivel experiencial donde deseas experimentar cosas diferentes y, como resultado, creas el ambiente para permitirte experimentar estas cosas. Los Arquitectos reconocen tu deseo de experimentar de la forma que deseas, y lo crean para ti. La estructura de nivel inferior, si quieres llamarla así; también puedes llamarla estructura operativa y el contenido asociado a ella, es el foco de los cambios "estructurales" de los Arquitectos.

YO: Lo que me cuesta entender es que, desde un punto de vista humano, esto es lo que pensamos que es.

EF1: No me refiero a lo que todos ustedes hacen en el día a día, sino a lo que les permite hacer en el día a día lo que hacen. Esta es la estructura oculta, la materia prima, si se quiere.

YO: Hemos hablado mucho del ambiente cuando hablábamos de la estructura. ¿Qué es primero, el ambiente o la estructura? Me estoy confundiendo.

EF1: La estructura crea las condiciones para que exista el ambiente. También crea el potencial de lo que ese ambiente puede lograr, cómo puede lograrlo y las leyes que rodean lo que pueden lograr las entidades que trabajan en él y, por lo tanto, lo manipulan según sus propios requisitos. La estructura es, en esencia, el bloque o bloques de construcción, aunque sean nanoscópicos, que permiten que la creación sea manifestada por aquellos que son capaces de manifestar. Tú deseas un efecto determinado y los Arquitectos utilizan la estructura para crear ese efecto. Los Arquitectos actúan en tu nombre incluso con el más mínimo pensamiento sobre tu ambiente.

YO: ¿Qué pasa cuando quiero un cambio determinado y no se produce? ¿Dónde están entonces los Arquitectos?

EF1: Siempre que tu deseo real de cambio sea lo suficientemente fuerte e incluso apropiado, habrán realizado los cambios necesarios para incluir tus requisitos en tu ambiente multiversal local. Sin embargo, la necesidad de mantener el punto común puede ser tal que los cambios que deseabas no sean tan efectivos en el esquema general de las cosas como esperabas. Y así, el cambio estará ahí, pero se diluirá hasta el punto de cumplir con el punto de homogeneidad.

Los arquitectos también tienen en cuenta otra cuestión. Se trata de los requisitos del propio ambiente.

Requisitos Ambientales

YO: Creía que creábamos el ambiente y que realizábamos los cambios asociados a él.

Los Curadores

EF1: Lo hacen, pero el ambiente que crea tiene un cierto nivel de autonomía y, como resultado, tiene sus propios requisitos que deben satisfacerse para que exista de esta manera autónoma.

YO: ¿Y cuáles serían?

EF1: Lo mejor sería que te los enumerara. Se basan en las necesidades del ambiente para apoyar las necesidades individuales de una sola entidad, siendo el ambiente una creación dentro del multiverso local/individualizado asignado a esa entidad.

Razón de ser o necesidad—es un requisito inmediato para el ambiente que se crea dentro del ambiente universal más amplio y, en última instancia, multiversal: su razón de ser es el motivo por el que existe en primer lugar. La razón de ser la crean los deseos evolutivos de la entidad creadora y la forma en que pueden manifestarse. A continuación, el ambiente es modificado por los Arquitectos para apoyar la razón de ser y crear un vínculo entre la entidad creadora dominante u original y el ambiente, de modo que puedan producirse cambios simpáticos de forma automática.

La capacidad de apoyar las necesidades de las entidades individuales es una función subyacente de la razón de ser. El ambiente tendrá un requisito mínimo de capacidad para permitir que las necesidades de la entidad que requiere su existencia apoyen su progresión evolutiva. Si un ambiente es capaz de soportar los requisitos de la entidad al tiempo que es capaz de cumplir con las leyes que rodean el punto común sin grandes modificaciones, entonces permanecerá como tal. Si el ambiente necesita modificaciones más adelante en su uso, los Arquitectos se encargarán de ello, o se establecerán funciones para la modificación automática, por lo que las entidades de mantenimiento que trabajan en el ambiente proporcionarán los ambientes.

La capacidad de soporte es la inversa de la capacidad del ambiente para cumplir los requisitos de las entidades que utilizan el ambiente. En esencia, es la capacidad del ambiente para ser compatible. Con esto quiero decir que no es tan complicado que los arquitectos no puedan mantenerlo.

YO: ¿Es posible que un ambiente universal o multiversal sea realmente insostenible, que sea tan complicado que no pueda mantenerse?

Los Curadores

EF1: Hasta la fecha nunca ha existido un ambiente tan complicado que no pueda ser soportado o mantenido eficientemente por los Arquitectos. Este es un requisito funcional para la creación de un ambiente. No tiene sentido tener un ambiente que no pueda realmente soportar los requerimientos evolutivos o de otro tipo de las entidades que desean, eligen, quieren o necesitan usar un ambiente en particular, y por lo tanto no tiene sentido que no pueda ser soportado.

Piénsalo en estos términos. En la actualidad, las comodidades modernas de la Tierra, como los automóviles, se fabrican con una calidad tal que nunca deberían necesitar reparaciones durante la vida útil diseñada del vehículo; lo mismo ocurre con el vehículo humano. Sin embargo, tanto los automóviles como el vehículo humano están diseñados para ser fabricados y fáciles de mantener—facilidad de mantenimiento. Es esta facilidad de mantenimiento la que permite a los Arquitectos trabajar en el mantenimiento del ambiente de la manera más eficiente posible.

Una de las formas de clasificar el grado de compatibilidad de un ambiente es en función del número de arquitectos y otras entidades que se necesitan en un momento dado para satisfacer las necesidades del ambiente y de las entidades que lo utilizan de la forma en que lo utilizan. Cuanto menor sea el número de arquitectos, mayor será la compatibilidad del ambiente, así como su facilidad de uso [*véase más adelante: GSN*].

Formulaste una pregunta—si existe un ambiente tan complicado que no pueda soportarse. Yo diría que no. Sin embargo, el ambiente universal en el que existe la humanidad encarnada es uno de esos ambientes que está más cerca de ser insostenible—pero no como resultado de la complejidad. El universo físico es muy difícil de soportar simplemente por el estado de baja frecuencia en el que existe, y aunque su nivel de complejidad es muy bajo como resultado de su baja frecuencia, las entidades de mantenimiento deben trabajar en todos los niveles de interactividad.

La sostenibilidad puede clasificarse como la capacidad de un ambiente para existir y apoyar las necesidades de su propia infraestructura ambiental y las necesidades de las entidades que lo componen de forma autónoma. Cuando se crea o modifica un ambiente para apoyar las necesidades de las entidades que lo utilizan, se tiene en cuenta su capacidad para mantenerse a sí mismo y es un requisito fundamental. Toda la ventaja del ambiente autocontenido es que no necesita ser soportado por ninguna entidad de mantenimiento. Sin embargo, esto sólo es correcto cuando las entidades que trabajan dentro del ambiente trabajan en armonía con él. Cualquier nivel de interacción desarmónica puede afectar al equilibrio del ambiente y crear la necesidad de que intervenga cualquier género de entidades de mantenimiento.

Utilizando el universo físico como ejemplo, es totalmente autónomo y autosuficiente. Sin embargo, hay algunas entidades encarnadas que operan de tal manera que se encuentran en estados casi constantes de desarmonía con el ambiente en el que se encuentran y, como tales, requieren un apoyo constante. La humanidad encarnada es una de esas entidades encarnadas que está en constante desarmonía con la funcionalidad autónoma del ambiente en el que existe, de ahí el elevado número de entidades de mantenimiento que se emplean y la necesidad de este diálogo para abrir los ojos a tus lectores sobre el nivel de ayuda necesario para mantener un ambiente. Si la humanidad existiera en un estado armonioso con su ambiente, no necesitaría el nivel de interacción que tiene con las entidades de mantenimiento que necesita actualmente. De hecho, ¡podría volver a su estado autónomo!

La facilidad de uso (capacidad de cambio) es una función que forma parte del nivel de sostenibilidad natural de un ambiente. A medida que evolucionan las entidades que forman parte del ambiente o que lo utilizan, aumenta la necesidad de que el ambiente cambie o se adapte a las necesidades nuevas y cambiantes de dichas entidades. Las entidades evolucionan o las necesidades evolutivas de su ambiente cambian de forma regular o aleatoria, junto con una base local y global, por lo que el ambiente necesita estar en una posición en la que pueda apoyar tanto a las entidades altamente evolucionadas como a las que evolucionan lentamente dentro de él al mismo tiempo. La facilidad de uso y capacidad de cambio es de vital importancia para garantizar que las entidades titulares experimenten un cambio sin fisuras si se cruzan en el lugar natural de existencia de la otra.

En este caso y por ejemplo, si una entidad altamente evolucionada viaja de un lugar a otro dentro del ambiente, debe poder acceder a la funcionalidad del ambiente que se espera de su nivel evolutivo en todos los puntos, incluso cuando se encuentra en una área que normalmente y/o de forma natural está soportando entidades que son de un nivel evolutivo inferior. Por lo tanto, el ambiente debe adaptarse multiversalmente a las demandas de todas las entidades de todos los niveles evolutivos, aunque todas existan en el mismo lugar, sin que ninguna entidad pueda acceder a un nivel de funcionalidad que no sea coherente con su nivel evolutivo.

La base de la existencia (no es lo mismo que la razón de ser o la necesidad) es una función de la posición estructural (ubicación) de un universo dentro del ambiente multiversal "en su totalidad." Aunque la base para la existencia del universo no es una razón o una necesidad para su existencia, la razón y la necesidad se construyen sobre el requisito fundamental de su base. En términos simplistas, es la base para el universo, con esa base proporcionando todas las materias primas y herramientas necesarias para crear la funcionalidad soportable de la razón o necesidad para que exista un universo de un cierto nivel y funcionalidad.

La diversificación actual desde el punto de lo común (para apoyar los requisitos locales y colectivos) es una métrica basada en el número de Espacios de Eventos empleados para crear las individualizaciones requeridas del ambiente frente al ambiente general dominante. En esencia, un ambiente multiversal o un ambiente universal dentro de un multiverso que se modifica para adaptarse a las necesidades y demandas de las entidades titulares tiene que permanecer vinculado al punto de lo común o individualizarse hasta el punto de convertirse en un ambiente no sostenido. El punto común es, por definición, el marco estructural en el que se basan todas las variaciones del tema multiversal y con el que deben alinearse.

Como la fracturalización del Espacio de Eventos experimentada por una entidad concreta se basa en el número de sus decisiones actualizadas cuando se considera el propio ambiente local de esa entidad, por lo que el número de diversificaciones del ambiente principal se basa en las necesidades y demandas generales de todas las entidades que lo utilizan. Cuando se crea un ambiente multiversal o universal, tiene que cumplir todos los requisitos necesarios para que sea beneficioso desde el punto de vista evolutivo. A medida que cambian las demandas de las entidades titulares, cambia la "armonía de ajuste" entre el ambiente inicial y generalizado y las demandas de las entidades que trabajan en él, y el beneficio evolutivo se reduce en consecuencia. Para recrear la armonía de ajuste, se permite que el ambiente se diversifique de su estructura y funcionalidad originales a una en la que "encaje" y vuelva a ser de beneficio evolutivo y experiencia con un aumento de la eficiencia evolutiva como resultado.

Aunque puede verse que un ambiente multiversal o universal tiene que generalizarse, las entidades titulares también crean versiones o diversificaciones a partir de la estructura y función originales que son relevantes para ellas mismas y, por supuesto, para aquellas entidades con las que interactúan. Por lo tanto, el Espacio de Eventos tiene aquí tres funciones:

1. para crear la diversificación general desde el punto de creación;
2. crear la conectividad con la diversificación general desde el punto común necesario para garantizar que todos los ambientes diversificados permanezcan conectados al tema común;
3. que los ambientes localizados más pequeños estén conectados con el punto común del ambiente diversificado general del que se diversifican localmente, y que esa diversificación está conectada con el punto común dentro de la creación original.

La diversificación máxima disponible desde el punto común puede expresarse en términos del número de Espacios de Eventos disponibles para la creación de un ambiente diversificado

Los Curadores

tanto a nivel de diversificación general como de diversificación local.

YO: Por alguna razón siento que esto es una función de la estructura de El Origen y que esta función está basada en el número doce y sus cuadrados [*múltiplos del mismo valor—i.e., 12 x 12 = 144— GSN*]. ¿Es esto cierto?

EF1: No de la forma en que lo estás expresando, pues el número máximo de diversificaciones depende del nivel inicial de dificultad, por así decirlo, del ambiente multiversal o universal originario.

El número máximo de diversificaciones desde el punto de lo común es el número de ambientes (Espacios de Eventos), generales o localizados, de un ambiente ya diversificado, que pueden crearse antes de que ese ambiente ya no tenga ningún nivel de lo común —por pequeño que sea— con la creación originaria. No olvides que el Espacio de Eventos es sólo el espacio de retención/creación de una versión particular del ambiente y no el ambiente en sí mismo. Como se discutió en diálogos previos contigo [*con otras Entidades Fuente y El Origen, etc.—GSN*] cuando los Espacios de Eventos han alcanzado su callejón sin salida evolutivo, convergen de vuelta al Espacio de Eventos principal. Esto es lo mismo para un multiverso o universo diversificado porque una vez que la diversificación ha jugado su papel en la progresión evolutiva de la entidad o entidades que están dentro de ella, o que han creado la diversificación, esa versión se remueve de la existencia permitiendo a la entidad o entidades moverse de nuevo al siguiente ambiente más cercano alineado con ellos y al punto de coincidencia.

El número de entidades de mantenimiento necesarias está en función de su autonomía y complejidad—es decir, cuanto más autónomo o sencillo sea un ambiente multiversal o universal, menor será el número de entidades necesarias para mantenerlo. Un factor para entender el número de entidades de mantenimiento necesarias es el número de entidades que han elegido utilizar ese ambiente como medio evolutivo y cuánta diversificación crean. Aunque es habitual que un ambiente multiversal tenga un número conocido de entidades de mantenimiento alineadas con él, y que también mantengan las diversificaciones, es común que estas diversificaciones necesiten entidades de mantenimiento adicionales para apoyar aquellas áreas de diversificación difusa que están tan lejos del punto de coincidencia que están cerca de no tener ninguna coincidencia en absoluto, mientras que todavía tienen suficiente estructura para mantenerla dentro de la necesidad de ser mantenida.

La especialización de las entidades de mantenimiento necesarias es el resultado del número de variantes básicas de diversificación que se crean/han creado. En esencia, son las entidades de mantenimiento que se ocupan de las diferencias más pequeñas y oscuras entre un ambiente multiversal/universal y su comunalidad con el ambiente que se creó originalmente. Evidentemente, hay entidades de mantenimiento que tienen funciones especializadas que desempeñar dentro de la creación original, pero esto no incluye a las entidades que son "únicas", por así decirlo.

Sólo por interés, el universo que proporciona un ambiente para la Tierra tiene un elevado número de entidades especialistas en mantenimiento y el mayor número de especialistas "puntuales". Establezco aquí una diferencia entre entidades especialistas y entidades especialistas "puntuales" porque es posible que las entidades se especialicen en el mantenimiento general —de las que hay un número incontable—, especialistas comunes, de las que hay un número menor, pero que sin embargo no son capaces de realizar funciones generales aunque su especialidad pueda abarcar varios ambientes, y verdaderos especialistas para el mantenimiento de funciones multiversales/universales que sólo se ven en una variante de diversificación ambiental.

Los requerimientos espaciales son la asignación de los aspectos de la estructura que dan a un ambiente la apariencia de tener espacio o volumen. Los requisitos espaciales son, por tanto, la identificación de qué frecuencias, componentes subdimensionales, dimensiones completas y zonas se van a utilizar para la creación del ambiente y el espacio o volumen que crea. Cuando se crea un ambiente multiversal, se calcula el número total de formas en que puede ser utilizado por el número de entidades que lo utilizarán y se tienen en cuenta los requisitos espaciales de cada entidad a lo largo de su ciclo evolutivo. También se tiene en cuenta la función del Espacio de Eventos y cómo aumentará los requisitos espaciales. Como el Espacio de Eventos no puede asignarse activamente a un ambiente porque es una función integrada y autónoma de la estructura de El Origen, las variables potenciales del Espacio de Eventos que pueden crearse dentro de los aspectos de estructura identificados sólo pueden entenderse añadiendo y sustrayendo componentes estructurales que los Arquitectos saben que son maleables o ajustables por ellos. Notarás que hace un momento se mencionaron las "zonas", e incluso puede que recuerdes que las zonas no forman parte del actual ambiente multiversal que he creado.

YO: Sí, me lo preguntaba. Sin embargo, vi una imagen en mi ojo mental que me mostró que el multiverso está construido dentro de una de las zonas asignadas como la estructura energética utilizada por la sintiencia que eres tú, la Entidad Fuente Uno. Entonces pensé que cómo podía funcionar esto, porque en uno de los primeros diálogos contigo, mencionaste que te dividiste en dos— una mitad eras tú y la otra mitad era una estructura ambiental para la experiencia evolutiva, y que esta estructura estaba poblada por todas las versiones individualizadas más pequeñas de ti, nuestros Verdaderos Seres Energéticos (VSE), que se crearon para experimentar los detalles minuciosos de ese ambiente. Dentro de este diálogo, ya bastante antiguo, pensé que esto incluiría una "mitad" completa de tú estructura, no lo que yo supondría que es una duodécima parte de tú estructura—¡una zona!

EF1: Era una suposición razonable pero incorrecta, que no estaba en el momento adecuado para corregir, ya que tú no lo habrías entendido entonces. Basta decir que la corregiré ahora. Aunque he asignado una mitad completa de mi energía sintiente y estructura a mi multiverso y sus habitantes, esta mitad completa está contenida dentro de una zona.

YO: ¿Cómo funciona eso, es decir, cómo puedes tener una mitad de ti residiendo dentro de una doceava parte de ti?

EF1: Esto es puramente una función de la mecánica espacial de cada nivel de estructura. Todo lo de cada componente de un nivel "propio" puede ser alojado en un componente de la estructura por encima de él, y así la mitad del volumen de mi estructura en la dimensión completa, componente subdimensional, y los niveles frecuenciales se encuentran dentro de una de mis zonas, las zonas son un nivel de mi estructura que no son parte del multiverso en el que existes, de hecho, son individualmente lo suficientemente grandes como para albergar toda la estructura del multiverso, así que ¿por qué utilizar seis zonas cuando puedo usar una para hacer lo mismo? Esto era un cálculo que hice al crear el multiverso y aunque desde el punto de vista de las dimensiones completas, el multiverso y todos ustedes son la mitad de mí, desde la perspectiva de las zonas, es una doceava parte. Piensa que es un espacio dentro del espacio ocupando el mismo espacio simultáneamente.

YO: ¿Y la necesidad de volumen es para qué?

EF1: Darles el espacio para crear, existir y evolucionar tanto individual como colectivamente sin interferir en el "espacio" de los demás, por así decirlo.

Los requisitos frecuenciales son la finitud necesaria para permitir la creación de estructura básica. En pocas palabras, cuanto más alta es la frecuencia, más contenido estructural básico puede contener. Cuanto más baja es la frecuencia, menos contenido estructural básico puede albergar. Dentro de la estructura de un ambiente —es decir, desde la perspectiva de este ambiente multiversal— es el estado de las frecuencias lo que permite establecer los bloques básicos de construcción de un ambiente. Hasta ahora, sólo he hablado de frecuencias en el "sentido general", pero cuando hablo de los requisitos frecuenciales en términos de la construcción de un ambiente multiversal y universal (dentro del multiverso), quiero que consideres lo siguiente:
• cuántas frecuencias
• qué tipos de frecuencia
• con qué energías están alineadas las frecuencias
• en qué nivel estructural existen estas frecuencias
• cuáles son las funciones de las frecuencias identificadas
• qué subestructura pueden crear
• qué bloques de construcción pueden crear y en qué nivel estructural se manifiestan

- qué profundidad de estructura pueden crear y a qué nivel se manifiesta esta profundidad
- qué frecuencias pueden enlazarse para crear una condición frecuencial mayor—la creación de ancho de banda.
- cómo puede utilizarse la creación de ancho de banda para unir ambientes
- lo que cada frecuencia puede crear en su totalidad
- la eficiencia de la creatividad experimentada por cada frecuencia
- qué frecuencias pueden existir unas dentro de otras
- qué frecuencias interfieren entre sí
- qué frecuencias son universalmente aceptables, las llamadas frecuencias áureas

YO: Aquí hay mucho que pensar. Supongo que la lista anterior no es exhaustiva.

EF1: No, por supuesto que hay mucho más para entender los requisitos frecuenciales de un ambiente multiversal, incluyendo cómo se pueden utilizar para apoyar la conectividad de los niveles superiores de la estructura también. Las frecuencias pueden crear puertas de entrada y salida de la estructura general y también pueden crear los atajos, por así decirlo, entre los niveles estructurales, específicamente cuando se consideran aquellas frecuencias que pueden existir unas dentro de otras y/o que son universalmente aceptables entre sí.

En resumen, sin embargo, el requisito básico se recoge en el siguiente proceso de pensamiento a la hora de crear un ambiente multiversal y/o universal—¿qué frecuencias necesito y cuántas de ellas necesito para permitir la creación de un ambiente evolutivamente eficiente?

Los Ilustradores

Tras terminar con los Arquitectos y dedicar un tiempo a reflexionar sobre lo que son y de lo que son responsables, soy muy consciente de que La Fuente me dio la más pequeña de las visiones generales. También fui tomando conciencia de que la mayoría, si no todas, las funciones y responsabilidades de las entidades sobre las que voy a dialogar trabajan efectivamente para los Arquitectos. También verás que trabajan unos para otros y que trabajan basándose en el trabajo de los demás. Por lo tanto, parece que en realidad tenemos una estructura jerárquica (en lugar de una sugerencia hecha por el hombre) de entidades que trabajan colectiva e individualmente para la eficiencia evolutiva de los ambientes multiversales/universales (principales y localizados) utilizados por aquellas entidades que han elegido estar en el ciclo evolutivo. En mi mente, por tanto, el trabajo de los Ilustradores inicia esta jerarquía de responsabilidad interactiva. Lo que no esperaba, sin embargo, era el uso de la memoria energética de La Fuente como herramienta para mantener el multiverso.

Como en el caso de todos los ayudantes de La Fuente (Dios), decidí introducir las bases de las funciones y responsabilidades de los Ilustradores utilizando parte del resumen ejecutivo utilizado al principio del libro como introducción a los conocimientos más profundos sobre ellos.

YO: Los Ilustradores son aquellas entidades que trabajan con la memoria energética general de La Fuente. Aunque en el resumen al comienzo de este diálogo se hacía referencia a esto como los registros Akáshicos, el Akáshico es sólo una pequeña parte de esta memoria energética y sólo es relativo al registro del trabajo de aquellas entidades reconocidas como humanidad energética. La memoria energética general abarca todo lo que nuestra Entidad Fuente ha experimentado a través de su propio trabajo y del trabajo con otras Entidades Fuente. Los Ilustradores utilizan la capacidad de interactuar con la memoria energética de La Fuente para describir (ilustrar) los diferentes escenarios de posibilidades que pueden crearse al hacer cambios en la estructura del multiverso o de sus áreas locales, ya sea nuevo o modificado.

EF1: Es un resumen razonable y casi idéntico al mío al principio de este diálogo.

YO: Se suponía que así fuera. Siento que estos diálogos son diferentes de mis diálogos anteriores, por lo que será una buena práctica recordar a los lectores el tema general antes de entrar en profundidad.

EF1: Empiezas a ser bueno en esto—cuidado con tu ego cuando te elogio.

YO: Lo haré, gracias.

EF1: Bien, continuaré.

Los Ilustradores son responsables de una de las funciones más importantes en la creación de un ambiente. Tienen la capacidad de "afinar" la eficacia evolutiva de cada aspecto de una estructura multiversal. Para ello, tienen que ser capaces de ver todas las posibilidades asociadas a una construcción multiversal o universal concreta y cómo afectan a ella las entidades titulares, garantizando que el ambiente sea robusto y responda a todas las posibilidades y eventualidades.

YO: Esto tiene toda la pinta de que los ilustradores están trabajando a nivel de entidad individual para conseguir su obra.

EF1: No sólo el nivel de entidad, los niveles de entidad, entidad colectiva, ambiental, ambiental y entidad y niveles de entidad colectiva.

YO: Supongo que eso incluye también los niveles de entidad colectiva en todas las ubicaciones en las que se unen las entidades, así que también serían colectivos de colectivos.

EF1: Sí, y los múltiplos y permutaciones de esos múltiplos de colectivos y entidades y ambientes. Te estoy mirando pensando.

YO: ¿En qué estoy pensando?

EF1: Que esto es sólo un entendimiento de alto nivel, uno que ve el multiverso como la condición ambiental que está siendo discutida y no los ambientes dentro de los ambientes así como los ambientes creados por entidades individuales como variaciones del ambiente estándar.

YO: Así es. Me gustaría entrar en más detalles más adelante, pero ahora quiero preguntarte por el uso que haces de dos palabras. Has dicho que los ilustradores se fijan en la robustez y la capacidad de respuesta de un ambiente en términos de sus posibilidades y eventualidades. Creo que el lector conoce la descripción de diccionario de estas dos palabras, al igual que yo, pero creo que tienen un significado más profundo.

Posibilidades, Probabilidades, Eventualidades e Inevitabilidades.

EF1: Tienes razón. Verás, el trabajo de los Ilustradores, como ya se mencionó, trabaja con la capacidad de mi memoria energética. Mi memoria energética es realmente mi sintiencia ocupando un cierto tipo de energía que es particularmente buena para contener (grabar) todo lo que mis creaciones y yo hemos experimentado y creado. Utilizan esta energía para trabajar con todo lo que ha existido, existe y podría existir en relación con las influencias internas (basadas en la entidad—individuales y colectivas) y externas (preferencia del Arquitecto) de un ambiente en particular. Utilizando esta energía, pueden crear modelos de posibles condiciones ambientales cambiando la combinación de influencias internas y externas e identificando qué combinación de influencias creó las posibilidades más fuertes y débiles.

Una cosa sí te voy a aconsejar y es que las posibilidades no son condiciones paralelas. Aunque estén completamente separadas entre sí, son interdependientes.

YO: ¿Qué quieres decir con que están separados pero son interdependientes?

EF1: Las posibilidades son una condición de elección fracturalizada. La elección fracturalizada es función de las influencias ascendentes y descendentes y de los cambios creados como consecuencia de la adopción de esos cambios por las entidades titulares del ambiente. Por tanto, son las posibilidades, creados por la elección fracturalizada que crea condiciones alternativas— ambientes paralelos. Los ambientes paralelos, sin embargo, se manifiestan (se traen a la realidad) por una función de una energía semisintiente llamada Espacio de Eventos que impregna todo lo

Los Curadores

que es—El Origen, y por tanto me impregna a mí, a todo mi ambiente y a todas mis creaciones. [Ver El Origen Habla —GSN].

EF1: Las eventualidades son condiciones creadas por una serie de posibilidades interactivas que crean una línea de eventos lo suficientemente fuerte como para arrastrar todas las demás posibilidades hacia un único evento: una eventualidad.

YO: ¿No es una función normal del Espacio de Eventos?

EF1: Esto no es lo mismo que los Espacios de Eventos reconvirtiéndose de nuevo en un Espacio de Eventos principal, porque un Espacio de Eventos principal es una condición que permanece como resultado de los callejones sin salida evolutivos que terminan con los fractales de posibilidad, mientras que una eventualidad es una condición en la que una serie de posibilidades interactivas son lo suficientemente fuertes como para anular el Espacio de Eventos principal creando una eventualidad.

YO: Entonces, un Espacio de Eventos principal no es un Espacio de Eventos robusto y singular del que se derivan todas las posibilidades. ¿Es simplemente una posibilidad más fuerte que las posibilidades fracturadas?

EF1: Correcto. Cada evento es una posibilidad, sólo que algunos son más posibles que otros y un Espacio de Eventos principal es el resultado más posible, no el resultado eventual, sino el más probable basado en la distribución normalizada de posibilidades fractales creadas por las entidades titulares de un ambiente particular. Las eventualidades son creadas por, a falta de una palabra mejor, la distribución sesgada de posibilidades fractales que están sesgadas hasta el punto de dominación en lugar de consecuencia. Una vez en el punto de dominio, surge un nuevo Espacio de Eventos principal, y todos los demás Espacios de Eventos acaban convergiendo en él.

YO: ¿Es posible entonces contar con una serie de posibles Espacios de Eventos convencionales?

EF1: Es más probable que sea un paralelo de los principales Espacios de Eventos. [risita]

YO: Entiendo el chiste, gracias. Entonces, ¿es posible tener "varios" Espacios de Eventos?

EF1: En el evento... [risita de nuevo]

YO: ¡Realmente estás disfrutando esto, verdad!

Los Curadores

EF1: Sí, me gusta el juego de palabras. Continuando entonces. En el caso de que la distribución sesgada de posibilidades fractales sea en sí misma creada por distribuciones sesgadas de posibilidades fractales, tenemos la posibilidad de un número de posibles Espacios de Eventos de la corriente principal que tienen el mismo potencial para convertirse en el Espacio de Eventos de la corriente principal. En este caso, ninguno de ellos se clasifica como eventualidad porque todos son de la corriente principal.

Sin embargo, en el caso "más lejano" de que haya una serie de posibilidades interactivas lo suficientemente fuertes como para anular la distribución sesgada de Espacios de Eventos principal sesgados, crearán una eventualidad que logrará ser el Espacio de Eventos principal por encima y más allá de esos otros Espacios de Eventos principales.

YO: Entonces, ¿qué son las eventualidades? ¡Yo las veo como algo inevitable en ese caso!

EF1: No. La inevitabilidad es algo totalmente distinto.

YO: ¿Qué? ¿Me estás diciendo que existen cosas inevitables en el Espacio de Eventos?

EF1: Claro que las hay—¿por qué te sorprende tanto?

YO: Uno pensaría que a estas alturas no debería sorprenderme nada de lo que canalizo.

EF1: Que te sigas sorprendiendo es algo inevitable. No hace falta que escribas "reírse" entre paréntesis, los lectores habrán entendido el chiste fácilmente.

YO: Gracias por su confianza. Dime lo que es una inevitabilidad en términos de Espacio de Eventos.

EF1: Una inevitabilidad es el resultado de una serie de distribuciones sesgadas de Espacios de Eventos principales sesgados que acaban reforzando el Espacio de Eventos principal original. Un Espacio de Eventos inevitable es, por lo tanto, aquel que nunca puede ser suplantado, modificado, cambiado o borrado como resultado de cualquier influencia externa o interna de entidad, ambiente o espacio.

YO: Quizá deberías haber dicho que esto es lo que es en realidad un Espacio de Eventos principal.

EF1: Sin embargo, un Espacio de Eventos principal no es una inevitabilidad. Sólo puede llamarse así cuando nada puede afectar al resultado de que ese Espacio de Eventos sea el Espacio de Eventos restante en un ciclo evolutivo específico. Esto significa que el Espacio de Eventos es lo suficientemente robusto como para sobrevivir intacto a través de cada eventualidad y las probabilidades asociadas a ella que puedan manifestarse como resultado de la interacción de las entidades titulares y/o sus diversos niveles de ambiente —local, global, galáctico, universal o multiversal.

YO: Probabilidades, ¡nos hemos olvidado de las probabilidades!

EF1: No, no nos hemos olvidado.

YO: Pero yo pensaba que las probabilidades se discutirían después de las posibilidades.

EF1: No es necesario.

YO: ¿Por qué no?

EF1: Porque no forman parte de la procesión asociada a la posibilidad—eventualidad—inevitabilidad.

YO: Sigo sin entenderlo.

EF1: Eso es porque en términos de la creación del Espacio de Eventos una probabilidad es aplicable a las tres condiciones. Puede haber posibilidades probables, eventualidades e inevitabilidades probables.

YO: Puedo ver que el aspecto de "probabilidad" del Espacio de Eventos podría ser una especie de "comodín". Incluso puedo verlo como una condición más afirmativa de posibilidad y eventualidad. Lo que no veo es cómo una inevitabilidad puede ser probable. Es decir, una inevitabilidad es inevitable.

EF1: No es verdad. Verás, cuando los Ilustradores están usando mi memoria energética, están mirando todo desde un punto de ventaja muy alto. Están "ilustrando" cuáles son los resultados de ciertas interacciones internas y externas—incluyendo lo que ellos, en función de Los Curadores, pueden, deben, podrían o harán al ambiente con el que están trabajando. Basándose en esto, y desde su punto de ventaja superior, pueden ver que ciertas inevitabilidades son probables —son probabilidades— si permiten que lo sean.

YO: Lo que estás diciendo entonces es que, en mi interpretación, una inevitabilidad es algo que es una condición que ocurre naturalmente y que un Espacio de Eventos puede alcanzar. Un

Los Curadores

Espacio de Eventos probablemente inevitable es una condición tan ascendente en el esquema de las cosas que sólo es probable que un determinado Espacio de Eventos se convierta en inevitable, y que sea capaz de soportar todas las eventualidades y las probabilidades asociadas a ellas. No es, por definición, una conclusión inevitable—todavía.

EF1: Eso es. Ya lo tienes. Aquí es donde los Ilustradores entran en acción. Ellos pueden ver todo esto y manipular las condiciones internas y externas en consecuencia para observar todos, y me refiero a todos, los resultados que pueden ser creados, en todas y cada una de las eventualidades.

YO: ¿Cuál es entonces la razón de todo esto? Quiero decir, si tenemos libre albedrío para poder trabajar con el ambiente que está en el ciclo evolutivo, debe haber miles de millones de escenarios diferentes que los Ilustradores miran. ¿Qué sentido tiene?

EF1: De lo que se trata es de crear un ambiente eficaz para la progresión evolutiva y que ese ambiente sea robusto y resistente a todas las fuerzas. No tiene sentido construir una casa sobre arena movediza—se derrumbará, así que ¡para qué construirla! Si hay que construir una casa, hay que crear unos cimientos sólidos sobre roca sólida. Sólo entonces resistirá la prueba de la variabilidad de un ambiente infinitamente variable.

Era una línea de pensamiento que no esperaba, aunque debería haberlo hecho. La posibilidad de tantas variables era difícil de comprender, a pesar de que he pasado gran parte de los últimos quince años expuesto a tales conceptos. Sin embargo, lo más difícil de comprender para el lector sería la enorme variación sobre el tema multiversal que podríamos experimentar todos y cada uno de nosotros individual y/o colectivamente. Además, el hecho de que toda esta variabilidad no sólo estuviera siendo controlada por un grupo de entidades dedicadas, sino que fuera comprendida, gestionada y manipulada por ellas antes de que, presumiblemente, se permitiera el acceso a cualquiera de nosotros era, como mínimo, asombroso. Cuanto más descubrimos sobre nuestro ambiente, pienso, más descubrimos que está controlado por un poder superior, uno que también fue creado, y que este ambiente es enrevesado, más allá de la creencia y la comprensión.

Los Curadores

Sé muy bien que sueno como si acabara de empezar a comprender lo que es la Realidad Superior, y que esto es una dicotomía si se tiene en cuenta que éste es mi séptimo libro sobre el tema. O, que el nivel de mi aceptación inquebrantable del detalle que fue transmitido por mi estilo de escritura y pensamientos en los seis libros anteriores a este sugirió conocimiento previo o un profundo nivel de comprensión se está disolviendo, sugiere invención de mi parte. Pues bien, mi respuesta a estos pensamientos es simplemente ésta. Todo lo que he recibido hasta la fecha es real, es verdad, y no es inventado. He hecho suficiente búsqueda del alma, comprobación, calibración, y doble búsqueda, comprobación y calibración para asegurar esto. Así es el ingeniero que hay en mí. Probar, volver a probar y volver a probar por tercera vez antes de publicar.

Me senté en mi silla, mi "tumbona". Estaba sentado en el jardín trasero de mi casa del Reino Unido. Me gusta trabajar al aire libre cuando puedo; despeja la mente. Me preguntaba por qué había escrito estas palabras de discusión ociosa cuando me dijeron por qué. ¡La Fuente decidió intervenir!

EF1: Siempre estás comprobando si te estás volviendo loco o si estás delirando, ¿verdad?

YO: Sí. Por alguna razón creo que estoy retrocediendo. Originalmente me resultaba fácil comunicarme contigo y con El Origen. Incluso me resultó más fácil cuando me comuniqué con las otras Entidades Fuente, EF del 2 al 12. Pero parece que este libro me está costando. Parece que es el mismo material, por así decirlo, pero es más difícil de conseguir mi cabeza alrededor de él.

EF1: Hasta ahora, todo te ha sido dado a un nivel y a una velocidad de flujo con los que podías lidiar. Cuando te comunicaste por primera vez con mis pares, las otras Entidades Fuente, sentiste la diferencia y tuviste que concentrarte mucho. Desde entonces has crecido hasta ser capaz de asimilar un nivel de comprensión y transmitirlo de forma que pudiera ser entendido por aquellos buscadores de la verdad que estuvieran preparados. Aunque parecía "profunda", en realidad era información superficial. La humanidad encarnada no está ni siquiera en la etapa de jardín de infancia de la conectividad consigo misma, el ambiente, o la capacidad de pensamiento para ser capaz de tomar información mucho más profunda, y tu no es diferente, especialmente en tu recipiente actual. La exposición constante a tal material puede crear dos condiciones principales de pensamiento. Una, puede crear un ego y la subsiguiente pérdida de perspectiva y necesidad de validar lo que uno recibe, especialmente cuando los lectores te ponen en un pedestal. En segundo lugar, puede crear dudas sobre uno mismo al recibir niveles de información cada vez más profundos que, a su vez, requieren un nivel de comprensión más profundo, que no siempre se alcanza. Ello se debe a la sobrecarga que supone la plétora de posibles pensamientos, orientaciones y preguntas subsiguientes.

Si no te cuestionas a ti mismo, a tu ambiente, a aquello a lo que estás expuesto como aspectos superiores de ese ambiente y a las entidades o seres dentro de él que vienen con tal exposición, entonces uno no es capaz de trabajar con tal profundidad de una manera equilibrada y robusta.

Existe una delgada línea entre la aceptación ciega, la comprensión y el cuestionamiento previo a la aceptación. La aceptación ciega puede ser coercitiva en términos de falta de comprensión considerada como comprensión que conduce al engaño. La verdadera comprensión es reconocida por el individuo como niveles de comprensión y niveles de ninguna o poca comprensión, lo cual sólo se logra observándose a uno mismo desde la distancia —cuestionándose a uno mismo siendo honesto consigo mismo. Que tú, después de tanta exposición a Mí, a mis pares y a El Origen puedas cuestionarte a ti mismo, a tu conocimiento, a tu comprensión de ese conocimiento, significa que estás manteniendo tu integridad.

YO: ¡¡¡Parece que estos pensamientos fueron mi... "gran" comprobación de la realidad!!!

EF1: Lo son. Es importante que las expreses y que tus lectores experimenten cómo las expresas. Valida quién y qué eres y qué estás haciendo. Estarás en este "barco" en particular por el resto de tu/esta existencia encarnada y, sí, úsalo como tú "gran" comprobación de la realidad. Y no te preocupes por los sentimientos de duda acerca de tu capacidad para comprender niveles de conocimiento que antes creías comprender. Puede que los detalles no parezcan mucho más profundos que los que has

Los Curadores

transmitido en libros anteriores, y puede que así lo perciban los lectores, pero las energías asociadas a los detalles son diferentes. Están experimentando una sensación más precisa del nivel de energía asociado a ciertos conocimientos que antes, incluso con el de El Origen y las demás Entidades Fuente, porque no están tan escudados. Sé que pensaste, y se te dijo, que el escudo se había retirado hace algún tiempo, pero eso era para darte confianza para continuar. Ahora estás llegando al punto en el que puedes defenderte por ti mismo, por así decirlo. Pasa ahora al siguiente tema y vuelve a tener confianza... ¡confianza tranquila!

Los Planificadores

Todavía me tambaleaba un poco; todavía me daba un poco de miedo parecer que retrocedía en mi capacidad de comprensión, especialmente en la mente de mis lectores. Sabía que esto no era más que el ego, mi ego, haciendo todo lo posible por aprovecharse de mi confianza en cuestiones espirituales/metafísicas para hacerme bajar las frecuencias y perpetuar su propia existencia. Lo hacía creando un exceso de confianza y luego dudas sobre sí mismo. [Véase el artículo sobre el ego en el apéndice de Los diálogos de Ana.— GSN] Me estremecí. Debo tener más cuidado, pensé. Nadie está a salvo de su ego, nadie.

Volví a sintonizar un diálogo con La Fuente para ver qué papel tenían los Planificadores en el mantenimiento/control del multiverso y todas sus variantes.

EF1: Los Planificadores trabajan para introducir a tiempo las decisiones tomadas como resultado del trabajo de los Ilustradores. Para ello, se aseguran de que el escenario elegido se aplique en la "realidad" elegida. Garantizan que los cambios se introduzcan de forma fluida.

YO: Creo que eso lo resume todo. No hace falta que me explaye más. Mis lectores entenderán ese párrafo de un tirón.

EF1: Lo harán, pero como ocurre con todos los resúmenes ejecutivos, está diseñado para ofrecer una visión general del tema, una que incite al lector a querer conocer la profundidad y los detalles que se esconden tras las palabras del resumen.

YO: Estás a punto de decirme que este es otro tema enrevesado que parece fácil, ¿verdad?

EF1: Podría ser. Nada es tan sencillo como parece.

YO: Sí, lo sé. Vale, ¿qué pasa con los Planificadores?

EF1: Los Planificadores trabajan con los Ilustradores pero a un nivel diferente de estructura interactiva que los propios ilustradores.

Cuando los Ilustradores trabajan con los ambientes multiversales y sus variantes debidas a la probabilidad, la posibilidad, la eventualidad y la inevitabilidad, contemplan la función del ambiente desde la perspectiva del ciclo evolutivo completo. Aunque utilizan mi memoria energética para trabajar con las distintas variaciones de dirección estática, fractal y paralela del ambiente, se trata de una visión de muy alto nivel.

YO: Veo lo que ellos ven. Los planificadores me muestran lo que ven los ilustradores. Obviamente es una versión humanizada, pero es muy interesante. Me han dicho que ésta es sólo una de las formas en que ven la fractalización del ambiente multiversal que utilizan. Veo una línea simple, el Espacio de Eventos de la corriente principal. Esta línea se extiende delante de mí; la sigo. Mientras la sigo, la veo fractalizarse y duplicarse/triplicarse/cuadruplicarse, etc., etc. No veo un multiverso, sólo veo una representación de una Corriente de Eventos en todas las localizaciones y estados frecuenciales y otros componentes estructurales asociados con el ambiente multiversal.

Esto es difícil, pensé. En mi mente espero ver un multiverso y la división o paralelización de otros ambientes multiversales a partir del multiverso principal. Tengo que mantener en mi cabeza el proceso de pensamiento de que no estoy viendo un multiverso. Estoy viendo una representación de una Corriente de Eventos, los eventos creados por las entidades/seres que utilizarán este ambiente multiversal en particular. "La Corriente de Eventos; ¡ésta es la Corriente de Eventos!, pensé nuevamente.

A medida que avanzaba, me di cuenta de que podía elevarme por encima de la corriente y moverme dentro y fuera de ella mientras avanzaba y se fractalizaba. Entonces, de repente, todo se volvió borroso, todo parecía estar duplicado, no, triplicado.

Cada Corriente de Eventos, cada Espacio de Eventos parecía haberse duplicado. Al volver a enfocar la vista, vi que, desde el punto de separación de la serie principal de eventos, cada Corriente de Eventos parecía ser exactamente la misma, pero sólo hasta cierto nivel. A partir de ese nivel, los cambios en la Corriente de Eventos variaban en función del potencial de cambio. Desde esta perspectiva, los cambios parecían inexistentes cuando se comparaba una Corriente de Eventos con otra, pero cuando miré

Los Curadores

más de cerca me di cuenta de que lo que sólo puedo describir como "el color de la frecuencia" cambiaba. Había fractales obvios que se creaban como resultado de cambios que a su vez se creaban como resultado de lo que ahora se me dice que se atribuye a las funciones de elecciones colectivas. Estas elecciones se produjeron cuando grupos enteros de entidades eligieron un cambio o una dirección alternativa o una forma diferente de experimentar el ambiente en el que se encontraban, pero que resultó en una dicotomía, tricotomía, o cuadrocotomía, etc., etc., donde se hizo una elección tras la exposición a una serie de posibilidades o probabilidades. Sin embargo, los cambios que estaban representados por los colores de la frecuencia describían los cambios localizados en la Corriente de Eventos que estaba afectando a entidades o seres a nivel individual o de pequeños grupos. Los colores que se me dicen son lo que puede llamarse interferencia a las corrientes principal y fractal de eventos que fueron experimentados por el individuo o pequeños grupos de entidades/seres pero que no fueron lo suficientemente significativos como para afectar a la Corriente de Eventos general, principal, estática, paralela o fractalizada.

Los Planificadores me dicen que los Ilustradores trabajan en estas Corrientes de Eventos generales. Los cambian según sea necesario, tanto a nivel fractal como paralelo, para mantener el nivel de estabilidad necesario para permitir que los niveles locales de las Corrientes de Eventos funcionen de forma interactiva y aislada de estas grandes Corrientes de Eventos. Pueden ver todo el ciclo evolutivo desde esta posición y pueden hacer los cambios necesarios sin involucrarse profundamente en el detalle de las interacciones individuales de entidades, seres, o el propio ambiente si sólo afecta al ambiente y no es lo suficientemente significativo como para hacer una Corriente de Eventos paralela o fractal.

Al ver el panorama general y todas sus probabilidades, potenciales, eventualidades o inevitabilidades, los Ilustradores trabajan en los cambios necesarios para lograr un resultado experiencial deseado y, por tanto, evolutivo. Los Ilustradores muestran (ilustran) los resultados generales y las rutas a esos resultados en función de los cambios en las Corrientes de Eventos, o no, según el caso.

Al parecer —me dicen— este es el único método a través del cual yo (y la humanidad encarnada) seríamos capaces de digerir o comprender esta información.

EF1: Así es. Tendrás que esperar un momento para ver cómo funciona la Corriente de Eventos con la paralelización y fractalización de los propios ambientes multiversales.

Para ayudar a continuar el flujo de la descripción que empezaste, y lo hiciste muy bien, continuaré diciendo de nuevo que los Planificadores trabajan dentro del detalle individual, y en pequeños grupos, de las Corrientes de Eventos, aquellos que no hacen que las Corrientes de Eventos se fractalicen o paralelicen. Trabajando dentro de la llamada resistencia, ven cuál es la mejor manera de situar el resultado de las entidades/seres que interactúan con su ambiente y con esas otras entidades/seres, asegurándose de que los escenarios elegidos se ponen en acción en la "realidad" elegida para que exista dentro de ella. Esto significa que entretejen una serie de líneas tentativas y estables de ambiente y Corrientes de Eventos para crear lo que se puede llamar una realidad. Las funciones de interacción individual, local y entre la gran entidad y el ambiente se clasifican como "escenario". Por tanto, una realidad puede definirse como la fusión del ambiente y la Corriente de Eventos.

YO: Todo el tiempo que veo esta información, se representa de manera lineal. Yo sé muy bien que esto no es lineal en la Realidad Superior y que es concurrente—esto es, todo sucede en el mismo evento general, el mismo espacio, el mismo Espacio de Evento.

EF1: Correcto.

YO: Entonces, ¿por qué lo veo todo de forma lineal?

EF1: Porque, como tú mismo afirmas tantas veces, esta es la única manera en que puedes entenderlo y observar las funciones de lo que se te está presentando. Más importante aún, esta es la única manera en que la humanidad encarnada puede entenderlo también. Es más importante para ti comprender el concepto que la mecánica que hay detrás del concepto. Comprender la mecánica requiere una interconectividad de frecuencia más alta con tu VSE, que en la posición de baja frecuencia en la que te encuentras es casi imposible de conectar a un nivel lo suficientemente alto como para permitir una comprensión correcta a nivel experiencial.

YO: ¿Debería continuar explicando lo que veo entonces? ¿Sería beneficioso para la humanidad encarnada transmitir la información de la manera que está, francamente, limitada a nuestra condición encarnada?

EF1: Sí, por supuesto. Por algún lado hay que empezar. Y lo mismo ocurre con la humanidad encarnada, por muy educada o informada que se sienta.

YO: OK. Creo que me estás entreteniendo un poco porque estoy viendo otra representación de la Corriente de Eventos, una en la que cada evento es una burbuja de interacción entre la entidad/ser y el ambiente en el que está trabajando.

EF1: Te estoy ofreciendo una visualización alternativa, una que aunque menos lineal en su representación, es sin embargo comprensible para ti y para la humanidad encarnada.

YO: Gracias, continuaré. Las burbujas (eventos) crecen y explotan en otra burbuja o se encogen e implosionan en la nada. Esas burbujas que están creciendo a veces explotan en otra burbuja que está cerca creando una burbuja nueva pero combinada. Otras veces explotan en una nueva burbuja más grande que les permite hacer frente a una expansión de fractales de eventos que todavía están combinados juntos en el espacio, el Espacio de Eventos, que fue creado para la Corriente de Eventos original y estática.

Esas burbujas de eventos que se encogen e implosionan o bien desaparecen totalmente, representando así el fin de esa Corriente de Eventos en particular, o bien implosionan y reaparecen dentro de otro evento. Me acaban de decir que cuando esto sucede, es porque la burbuja originaria de la Corriente de Eventos se fractalizó para crear una nueva burbuja de eventos y cuando esa burbuja ha terminado naturalmente su utilidad, implosiona de nuevo en su burbuja originaria de la Corriente de Eventos.

EF1: Bien, ahora sigue con lo que puedes ver.

YO: Me siento obligado a describir, de manera limitada, la función de la burbuja. La burbuja captura todos los eventos, la Corriente de Eventos y la interferencia localizada. Los cambios que estaban representados por los colores de la frecuencia describían los cambios localizados en la Corriente de Eventos. Estos cambios estaban afectando a entidades o seres a nivel individual o de pequeños grupos en la descripción más lineal de la Corriente de Eventos descrita anteriormente. La interferencia localizada está representada en este caso por la creación de diminutas burbujas locales que parecían ser como espuma que fluía y refluía dentro de la burbuja. De nuevo, esta es la interferencia en las corrientes principal y fractal de eventos que fueron experimentados por el individuo o pequeños grupos de entidades/seres pero que no fueron lo suficientemente significativos como para afectar a la Corriente de Eventos general, principal, estática, paralela o fractalizada dentro de esa burbuja. Dicho todo esto, todo sucede de manera concurrente, de manera instantánea, y eso incluye la creación y destrucción de Corrientes de Eventos fractalizadas y sus espacios dentro y fuera de sus burbujas de Corrientes de Eventos originarias.

EF1: Muy bien. Los Planificadores usan una versión de—esta, observación de la Corriente de Eventos real [*tiempo real en nuestro lenguaje—GSN*] para trabajar en cómo pueden hacer cambios en las Corrientes de Eventos y sus ambientes para asegurar que no haya duplicación innecesaria de los eventos que están presenciando. Como se ha dicho antes, utilizan las energías asociadas con mi llamada función de memoria para aislar todas estas Corrientes de Eventos en un Espacio de Eventos temporal, pero no obstante plenamente funcional, y establecer los criterios que crean la duplicación y, por tanto, una interacción ser/entidad ineficiente. Una vez comprendido esto, los Planificadores colocan en su lugar Corrientes de Eventos alternativas que anulan las posibilidades y, por supuesto, todas las variaciones de probabilidad, eventualidad e inevitabilidad para garantizar que los eventos y sus corrientes se optimicen.

En cuanto a tus observaciones personales, las describiré de dos maneras. En la versión lineal de tu descripción, utilizaste líneas para representar las Corrientes de Eventos que se dividían de manera fractal. Esto sería como una Corriente de Eventos que pareciera venir en dirección inversa de la Corriente de Eventos ineficiente y anularla en el punto de fractalización, en efecto haciendo parecer que no existe en primera instancia. En la versión burbuja, la burbuja de eventos parece expandirse y contraerse, deteniéndose la expansión en el punto de ineficiencia y contrayéndose de nuevo hasta el punto de eficiencia. En el caso de las burbujas de Corriente de Eventos que implosionan, no se produce ningún cambio.

YO: ¿Por qué no hay cambios?

EF1: Simplemente porque hay una desaparición natural de la burbuja de Corriente de Eventos ineficiente y, por lo tanto, los Planificadores no necesitan trabajar con ella. Es decir, si se considera que esa burbuja de Corriente de Eventos no es necesaria.

YO: Un momento. ¿Estás a punto de decir que una burbuja de Corriente de Eventos o, de hecho, su versión lineal que es ineficiente todavía puede ser utilizada por los Planificadores de alguna manera?

EF1: Ya lo tienes. Hay momentos en que una burbuja de Corriente de Eventos o una representación lineal de un evento de forma aislada son útiles.

YO: ¿Por qué aislada? Yo habría pensado que si la burbuja de la Corriente de Eventos que habría implosionado se consideraba lo suficientemente útil como para permitir su desaparición natural y ponerla en estasis, ¿se le debería permitir interactuar con las demás burbujas de Corriente de Eventos que hay en ella y a su alrededor?

EF1: No. Esta es la belleza del papel de los Planificadores, ya que pueden hacer lo que tú dices o aislar la Corriente de Eventos o dejar que desaparezca de forma natural. En general, sin embargo, prefieren mantener aquellas burbujas de Corriente de Eventos que desaparecen de forma natural pero que se consideran útiles de forma aislada como casos individuales y por mérito propio.

Has de saber esto. Las Corrientes de Eventos son una condición experiencial que es una función necesaria de la necesidad, es decir, mi necesidad y la necesidad de todas mis creaciones de evolucionar y, en última instancia, progresar. Si aquellos que están en extinción son vistos como una oportunidad para aumentar nuestra/mi evolución y progresión, entonces los Planificadores mantienen su existencia como una Corriente de Eventos que será utilizada tanto por los Planificadores en la creación de la realidad que será expresada por su trabajo como por las entidades que existen y trabajan dentro de esa realidad.

YO: ¡Ah! Has hablado momentáneamente de lo que es una realidad, que es la fusión del ambiente y la Corriente de Eventos. ¿Cómo trabajan los Planificadores con el ambiente multiversal? Seguramente la observación de la Corriente de Eventos, lineal o basada en burbujas desde mi punto de vista, también incluye la observación del ambiente multiversal, universal o local asociado a la Corriente de Eventos. Digo esto porque no pueden excluirse mutuamente en la observación.

EF1: Desde su posición, estaría de acuerdo en que éste sería un proceso de pensamiento razonable. Además, desde la perspectiva de los procesos de pensamiento lineal que tienes en la Tierra, esto tendría mucho sentido. Sin embargo, los Planificadores, junto con los Ilustradores, tienen la capacidad de observar el evento, la Corriente de Eventos, el Espacio de Eventos y el ambiente de forma colectiva y aislada, por lo que son capaces de realizar cambios en cualquier manifestación de estas observaciones, hacer cambios individualizados y ver el efecto en cualquier aspecto de la realidad creada colectivamente por ellos.

El/los ambiente/s multiversal/es proporcionan la base para que existan los eventos y las Corrientes de Eventos, principalmente porque son el fundamento para la creación de eventos. Incluso si no hay base para un ambiente que pueda clasificarse como universo o como un universo existente como parte de una condición multiversal, mientras un "espacio" sea capaz de soportar la existencia de entidades o seres, o esté permitiendo realmente la existencia de entidades en su interior, entonces puede clasificarse como un ambiente, y se invoca automáticamente una Corriente de Eventos. El Espacio de Eventos, por supuesto, ya ha sido invocado para delimitar la diferencia entre el potencial para ser una Corriente de Eventos y una Corriente de Eventos activa en sí misma.

YO: ¿Qué es primero entonces, la Corriente de Eventos o el ambiente, universal o multiversal? ¿Reconociendo que antes de todos ellos está el Espacio de Eventos, que siempre existe?

EF1: El espacio, si quieres llamarlo así, tiene que estar poblado de alguna manera antes de que pueda ser llamado o clasificado como un ambiente. Una vez clasificado como ambiente, es necesario clasificarlo como monoversal (ambiente local), universal (más de una localidad que puede clasificarse como monoversal, pero dentro del espacio que es universal), o multiversal (más de un ambiente universal).

YO: ¿Quieres decir poblado de entidades o seres (de cualquier tipo)— energéticos o encarnados?

EF1: No necesariamente. Se puede poblar con cualquier cosa que pueda crear un evento, una serie de eventos (Corriente de Eventos), o el potencial o la posibilidad de la creación de un evento o serie de eventos. Tampoco necesita tener energías sintientes involucradas, sólo evolución o progresión de cualquier tipo.

YO: Entonces, ¿un ambiente, de cualquier demarcación, es un "espacio" para cualquier tipo de cambio, siendo el cambio el evento?

EF1: Simplificando, es correcto.

YO: ¿Entiendo que es una función automática?

EF1: Sí y no. Depende de si un ambiente es objeto de una evolución progresiva natural, lo que podríamos llamar evolución darwiniana, o si es objeto de una evolución basada en la intervención. La evolución basada en la intervención es una función de la planificación deliberada en nombre de Los Curadores por parte de los Planificadores.

Al considerar los ambientes multiversales, los Planificadores pueden trabajar en cualquier punto del detalle, desde el área más minúscula de un ambiente hasta el área ambiental más grande o total.

YO: ¿Te gustaría ampliar un poco esa información, porque acabo de ver una imagen que sugiere que pueden trabajar, y de hecho trabajan, en un ambiente multiversal? ¿No es eso un omniverso?

EF1: No, un ambiente omniversal es un descriptor de la función de la estructura de El Origen. Un ambiente omniversal es una función estructural, creada o no, que existe dentro de una Entidad Origen. Dicho esto, el Espacio de Eventos creará la apariencia de una condición omniversal simplemente debido a los ambientes múltiples pero paralelos creados por la elección de las entidades dentro de ese ambiente multiversal, como sabes.

Lo que estás viendo es la capacidad de los Planificadores para trasladar eficazmente una parte o incluso un universo entero de un multiverso a otro. Esta es una función importante, especialmente si una o varias de las realidades creadas en un multiverso no son totalmente armoniosas con el tema general del ambiente multiversal del que formaban parte originalmente.

YO: ¿Estás sugiriendo que los planificadores pueden mezclar y combinar los universos dentro de un multiverso específico a los de otro multiverso?

EF1: Sí, por supuesto. Cuando toman todo en consideración, bien puede ser que el ambiente y la Corriente de Eventos asociada con un universo, o parte de un universo, esté mejor situada en otra ubicación ambiental, una que esté en armonía general con la serie de eventos que crean la Corriente de Eventos general.

YO: ¿Cómo funciona eso? Es decir, yo habría esperado que los Planificadores trabajaran en un multiverso en particular y que se ocuparan de mantener la integridad de ese multiverso, no de tomar partes de un multiverso o universo y colocarlas en otro.

EF1: Recuerda que el multiverso en el que existes y evolucionas es esa parte de mí que está reservada para que partes más pequeñas de mi sintiencia descubran, trabajen y manipulen los detalles más finos de lo que soy. Esto crea ambientes multiversales que son específicos para las acciones, pensamientos y comportamientos de un individuo o un grupo de entidades individuales. Es en estos niveles donde los Planificadores ven dónde un aspecto de un ambiente multiversal/universal se adapta mejor a otro. Es más, lo hacen antes de que el propio ambiente se active, por así decirlo.

¿Qué es una realidad?

YO: Hace un momento has hablado de los componentes de la realidad, es decir, del ambiente y de la Corriente de Eventos que crea la realidad. Realmente quiero que elabores esto un poco porque, como estoy seguro de que puedes sentir, tanto yo como mis lectores nos encantaría entender un poco más qué es una realidad y cómo la afectamos.

EF1: Intentaré describirlo de forma sencilla y luego podremos profundizar un poco más en cada uno de ellos.

En esencia, existen varios tipos de realidad en función del ambiente y de la Corriente de Eventos. A partir de ahora me limitaré a utilizar la palabra Corriente de Eventos y no usaré las imágenes basadas en burbujas o líneas como descriptor. Éstas son:
- La Realidad General (lo que llamas la Realidad Superior)
- La Realidad Multiversal
- La Realidad Universal
- La Realidad Global
- La Realidad Local
- La Realidad Local Individualizada
- La Realidad Individualizada

La Realidad general es la condición experiencial creada por la existencia de la sintiencia que es El Origen. Contiene todas sus experiencias personales, crecimiento, realizaciones, creaciones y exploraciones del yo. Es la única realidad que puede considerarse estática en función y observación, con las posibles variaciones debidas al propio crecimiento evolutivo y progresivo de El Origen, que crea un mayor conocimiento de sí mismo y de su capacidad. La realidad general abarca todo lo que es, fue y será, teniendo en cuenta que ¡todo existe AHORA! Por favor, ten en cuenta que El Origen es la única conciencia que tiene la capacidad de operar más allá de la función del Espacio de Eventos, por lo que la variación de la realidad de El Origen no está en función de la creación de Espacios de Eventos debido a sus propias oportunidades o posibilidades, etc., de elección. Es decir, si decide operar por encima de ellos.

La Realidad Multiversal es la condición experiencial creada por las entidades gobernantes responsables de un ambiente multiversal específico dentro de una Entidad Fuente específica. Teniendo en cuenta que sólo estamos discutiendo el multiverso que he creado, representa la configuración final del ambiente en todos sus detalles y escenario de eventos —la Corriente de Eventos— elegida por Los Curadores como el ambiente óptimo para la progresión evolutiva en esta coyuntura particular de mi existencia. Es una función generalizada de la realidad y está sujeta a cambios tanto por parte de los Planificadores, como de otras funciones del Curador, y de las interacciones de las entidades/seres titulares que están trabajando dentro de ese ambiente.

La Realidad Universal es una representación más pequeña de la realidad multiversal en la medida en que empieza a serlo cuando se introduce por primera vez un multiverso y sus componentes universales como medio para la progresión evolutiva. En los ambientes universales es donde empiezan a surgir las complejidades de la realidad como resultado de la interacción de las entidades con las entidades y su ambiente. A partir de este punto, la realidad se convierte, a falta de una palabra mejor, en una interacción enrevesada de condiciones jerárquicas que son variaciones del tema original, pero que tienen el potencial de volverse en total desacuerdo con él mientras están dentro de un tema general de la realidad. La realidad universal sólo puede cambiarse como resultado de que todas las entidades de ese ambiente elijan cambiar la realidad como colectivo total.

La Realidad Global es una disección más del tema general de la realidad. Sin embargo, en este caso, es relativa a un área dentro de una realidad universal que afecta a un número grande pero no significativo de entidades dentro del ambiente universal. Por tanto, la realidad global puede describirse en términos universales como algo parecido a un área del tamaño de una galaxia [un descriptor útil cuando se considera el universo físico—nuestro universo—GSN] y las entidades que trabajan dentro de la ubicación de esa galaxia. Un grupo de entidades dentro del ambiente universal puede cambiar la realidad universal dentro de su ambiente galáctico si trabajan colectivamente juntos y eligen trabajar en desacuerdo con la realidad universal gobernante en la que se encuentra. En este punto, ahora empezamos a ver realidades elegidas activamente dentro de una realidad.

La Realidad Local es el inicio oficial de la circunvolución dentro de las realidades. Es una realidad dentro de una realidad dentro de la realidad universal. Las realidades locales pueden variar en tamaño y número de entidades interactivas. Un ejemplo de realidad local es aquella que puede ser tan grande como un sector dentro de una galaxia y hasta ser tan pequeña como la población de un planeta dentro del universo físico. Las realidades

Los Curadores

locales se crean normalmente cuando un grupo de entidades opta no sólo por cambiar la función de su interacción con la realidad general, sino que elige activamente desvincularse de cualquier conocimiento previo de la realidad anterior.

La Realidad Localmente Individualizada es relativa a pequeños grupos de entidades dentro de una realidad local, como los que viven dentro de un determinado país. En este caso, son conscientes de la realidad local pero son incapaces, por la razón que sea pero normalmente debido a la falta de inercia colectiva, de cambiar la realidad que ha sido cambiada para ellos por entidades más influyentes que desean crear una realidad que sea para su propio beneficio general y tienen el poder de crear la inercia necesaria para hacer una realidad individualizada localizada.

La Realidad Individualizada es lo que las entidades con libre albedrío individualizado eligen crear a su alrededor. Aunque conoces inherentemente la realidad local y localmente individualizada en la que existen, eligen tejer una realidad que se adapte a ustedes mismos—tú personalidad, amigos cercanos y parientes, necesidades, deseos y carencias. En algunos casos, la realidad totalmente individualizada puede crear una separación total de la razón de la encarnación y de la visión de los niveles de realidad que le rodean. Incluso como humanidad encarnada, son capaces de cambiar y manipular tú propia realidad individual poniendo en juego cualquier combinación posible de interpretaciones de lo que la realidad es, podría ser, debería ser y lo que les gustaría que fuera, creando así sus propios multiversos individualizados.

YO: Viendo esto, ¡una realidad es realmente lo que hacemos de ella!

EF1: Así es. Es más, una entidad puede crear una "realidad sustituta".

YO: ¿Qué es una realidad sustituta? Nunca había oído hablar de esa descripción.

EF1: No tendrías. Una realidad sustituta es aquella que se superpone a la realidad individual mediante la aceptación de una realidad creada por otra entidad durante un breve periodo de experiencia.

YO: ¿Aceptamos la realidad de otro en lugar de la nuestra?

EF1: Sí. De hecho, le sorprendería comprobar que se trata de una práctica bastante habitual.

Los Curadores

YO: OK, OK, ¿cómo funciona entonces la realidad sustituta? Supongo que es una en la que la entidad decide que su propia realidad no es lo suficientemente buena o deseable y decide utilizar la realidad de otro como sustituto.

EF1: Casi. Verás, como mencioné hace un momento, la realidad sustituta se superpone a la realidad del individuo en función del deseo y la falta de propiedad de la realidad en la que realmente existe.

En efecto, todas las realidades son una subsección o diversificación de la realidad original, la realidad general, y cada subsección se crea en función de las entidades/seres que trabajan en el ambiente multiversal en el que se encuentran. Lo modifican para adaptarlo a sus necesidades, ya sean multiversales, universales, globales o individuales. Nosotros/tú creamos tu realidad basándonos en tu interacción con el ambiente y sus entidades titulares, esto ya lo he mencionado. En el caso de la realidad sustituta, es creada por otra entidad o grupo/colectivo de entidades en función de lo que quieren experimentar. La entidad o entidades que están insatisfechas con su realidad actual pueden desear existir en otra realidad, pero en realidad no pueden debido a las limitaciones de sus propias interacciones dentro de su ambiente. Simplemente no son capaces de manifestar o crear las condiciones que les permitan cambiar su propia realidad a una que sea similar o igual a la que desean. Como resultado, viven en la realidad que tienen y que pueden crear, pero entran y salen de una realidad que no es la suya, representando los papeles que habrían tenido si hubieran podido cambiar su realidad actual por la realidad que desean. En efecto, existen en dos realidades, una que es su verdadera realidad y otra que es la realidad de otra persona.

Te daré un ejemplo de una entidad que ha asumido una realidad sustituta utilizando la condición humana.

YO: Gracias. Ya puedo sentir cómo me llegan las palabras y conocer la explicación del ejemplo.

EF1: Bueno, sí crees que ya lo sabes, te dejaré que describas el ejemplo.

YO: Bueno, haré lo que pueda. Por lo que puedo ver aquí, y usando como dijiste, la condición humana como ejemplo, es como cuando alguien vive a la sombra de otro y hace todo lo que puede para emular la realidad de esa otra persona. Como resultado, pueden vestirse, comportarse y actuar como lo harían si estuvieran en la realidad de esa persona, pero pueden no tener la capacidad de sostenerse a sí mismos y a sus acciones cuando intentan estar en esa realidad. Como resultado, el uso de esa realidad como sustituta puede crear en realidad una degradación de su propia realidad al hacerlos incapaces de mantenerse a sí mismos como, digamos, la sobreindulgencia financiera. De hecho, tengo la sensación de que puede producirse un rechazo de las consecuencias por no formar parte de su realidad. Este rechazo se produce porque no pueden creer la degradación, es decir, un cambio de circunstancias que dificulta la existencia, pero en el que uno no es capaz de "ver" realmente cómo y por qué se han producido esos cambios. Por lo tanto, crean una realidad ficticia que sirve de puente entre su verdadera realidad individual, la realidad individual sustituta deseada y la verdadera realidad individual degradada. Esto borra la razón y la memoria de las acciones de la entidad basadas en sus deseos de existir en la realidad sustituta el 100% del tiempo, aunque no tenga la capacidad de hacerlo.

Yo lo llamaría incredulidad.

Basándonos en esto, el uso de la realidad sustituta tiene un efecto perjudicial sobre la verdadera realidad individual, lo que provoca la falta de control de esa realidad y una mayor insatisfacción. La realidad sustituta, al ser ajena, no puede verse afectada por su usuario, por lo que se experimenta una sensación de falta de control tanto en la verdadera realidad individual como en la realidad sustituta en sus estados combinados por la entidad, que pierde el contacto con la realidad en la que se encuentra. ¿Qué? ¡¿Acabo de darme cuenta de que esto lleva a la psicosis?!

EF1: Sí, así es. Una forma de observar cómo te mueves hacia una realidad alternativa es notar que estás insatisfecho contigo mismo y con tu ambiente hasta el punto de soñar despierto con estar en esa otra realidad y planear cosas como si estuvieras en esa realidad de verdad.

YO: Todos lo hacemos en cierta medida. Quiero decir, ¡yo lo hago!

EF1: Sí, lo haces, pero en tu caso estás usando la visualización para crear la siguiente fase de tu realidad, estás mirando hacia adelante

Los Curadores

en lugar de sólo querer estar en una realidad alternativa, una realidad sustituta.

YO: ¿Y eso es una diferencia significativa?

EF1: Sí, lo es. En efecto, quienes utilizan una realidad sustituta tienen los mismos procesos mentales de quien "desea" estar en esa realidad, en lugar de trabajar en la creación de esa realidad.

YO: OK, mencionaste que la realidad sustituta es una condición temporal. ¿Por qué?

EF1: Eventualmente, las condiciones que permiten la capacidad de trabajar con la realidad sustituta como una superposición a la verdadera realidad individual no pueden mantenerse y la entidad cae de nuevo en su verdadera realidad individual, ya sea que se mantenga como la misma que era cuando la entidad superpuso la realidad sustituta o si es una versión degradada pero nueva de la verdadera realidad individual. En este caso, se podría argumentar que la interacción con la realidad sustituta era una función de la verdadera realidad individual desde la perspectiva de que era una herramienta necesaria para realizar los cambios en la verdadera realidad individual que son un requisito experiencial necesario que la entidad eligió hacer antes, en este ejemplo humano, de la encarnación.

YO: Pero eso significa que la realidad sustituta era una realidad verdadera.

EF1: Sí, en esencia, pero no en la realidad.

YO: Creo que es hora de seguir adelante.

EF1: Sí, deberíamos.

YO: Espera un momento. Tenemos que describir la función de los ambientes multiversales dentro de las Corrientes de Eventos. ¿Qué les ocurre, cómo se ven afectados y afectan al propio Corriente de Eventos?

EF1: ¡Es interesante que hayas decidido hacer esta pregunta justo antes de que pasáramos a los orquestadores!

YO: ¿Por qué?

EF1: Porque casi te lo pierdes, y porque tienen que trabajar con los cambios en el/los ambiente/s multiversal/es que surgen de los cambios en la Corriente de Eventos a la que están alineados.

YO: Un momento. Esto sugiere que la afirmación que hiciste antes, de que *"El/los ambiente/s multiversal/es proporcionan la base*

Los Curadores

para que existan los eventos y las Corrientes de Eventos, principalmente porque son la base para la creación de evento/s" es incorrecta. Esto sugiere que son las entidades dentro del ambiente multiversal las que crean los cambios en los eventos. El Espacio de Eventos es creado por un proceso de decisión y una Corriente de Eventos es por tanto una serie de eventos que no son específicamente, pero no ignoran, una progresión lineal.

EF1: Creo que has perdido el hilo de nuestra discusión.

YO: Es muy posible.

EF1: Si recuerdas, son las decisiones tomadas por las entidades dentro de un multiverso las que crean la necesidad de invocar un nuevo Espacio de Eventos. Es la creación de un nuevo Espacio de Eventos lo que resulta en el comienzo de una Corriente de Eventos y la posibilidad de una Corriente de Eventos subsiguiente que es, en última instancia, una función del Espacio de Eventos primario u originario y de la Corriente de Eventos como una "rama" del Espacio de Eventos y de la Corriente de Eventos originarios. Los cambios en el ambiente multiversal que crea esta nueva rama de eventos y espacio para apoyar esos eventos, los Espacios de Eventos y las Corrientes de Eventos, también tienen un efecto inverso en el multiverso al que están alineados. Esto significa que cualesquiera que sean las decisiones tomadas en el multiverso que crean nuevos Espacios de Eventos y Corrientes de Eventos, también crean nuevas condiciones multiversales. En efecto, las entidades afectan al multiverso, que afecta al Espacio de Eventos, que afecta a la Corriente de Eventos, que a su vez afecta al multiverso, y así sucesivamente.

YO: Esa es una forma un poco prolija de decir que el que afecta a ¡la otra!

EF1: Sí, lo fue, pero fue necesario describir el proceso, incluso en su estado más simple, varias veces para asegurarse de que se asimilaba.

YO: Bueno, vamos a continuar y trazar una línea bajo este tema. ¡Me está empezando a doler la cabeza!

EF1: Te enviaré energías sanadoras.

YO: Gracias.

EF1: Has preguntado por la función de los ambientes multiversales dentro de las Corrientes de Eventos. ¿Qué ocurre con ellos, cómo se ven afectados, y afectan a la propia Corriente de Eventos?

YO: Sí, lo hice.

EF1: Como he dicho antes, la función de un multiverso es crear la base para las condiciones de posibilidad, probabilidad, inevitabilidad o eventualidad necesarias para la invocación de un Espacio de Eventos y sus ramas de corriente asociadas. Afectan a las Corrientes de Eventos al ser la base para que se invoquen nuevos Espacios de Eventos. Cada nuevo Espacio de Eventos tiene la capacidad de crear una nueva Corriente de Eventos como producto natural de su propia creación, diluyendo así las Condiciones de Eventos y cambiándolas de posibilidad a probabilidad o de inevitabilidad a eventualidad, por poner un ejemplo. Los cambios en las Corrientes de Eventos, creados por los nuevos Espacios de Eventos dentro del/los ambiente/s multiversal/es, crean un cambio en el ambiente multiversal en función del cambio en la interacción de las entidades titulares entre sí y con el multiverso en el que están trabajando una y otra y otra vez.

Ya está, he vuelto a explicar el proceso pero de manera diferente.

YO: Pensé que habría mucho más en la pregunta.

EF1: Sólo en la medida en que ha añadido unas seiscientas palabras al libro que quizá no eran del todo necesarias.

YO: OK, me has atrapado.

EF1: Sólo hay ciertas formas y profundidades en las que se puede transmitir esta información. Todo lo que tú y tus lectores necesitan saber en este caso es que todo se afecta mutuamente. Pero a veces tengo que repetirlo para que lo entiendan.

YO: ¿Eso no crea una espiral de cambio que se autoperpetúa?

EF1: No, y ésa es la belleza de esta discusión. La espiral puede ser cambiada o terminada por las acciones de las entidades dentro del ambiente multiversal.

YO: Y en el caso de que una espiral se termine por las acciones de las entidades titulares, todo volvería de nuevo al Espacio de Eventos y a la Corriente de Eventos de origen.

EF1: Desde tu particular punto de origen, sí.

YO: ¿Y hay muchos puntos de origen?

EF1: Sí. PERO, al final todos conducen al Espacio del Evento Principal y a la Corriente del Evento Principal.

YO: ¿Es eso posible?

EF1: ¡Por supuesto! Es inevitable.

YO: ¿Por qué?

EF1: Porque al final del día, el ciclo evolutivo llega a su fin y yo/nosotros empezamos de nuevo. Para que comencemos de nuevo, necesitamos haber experimentado todo lo que se puede experimentar, en toda su diversidad en mi ubicación particular actual dentro de El Origen, y, cuando eso sucede, todos los Eventos, Espacios, Corrientes, condiciones y ambientes se convierten en uno.

YO: ¡Lo tengo!

EF1: Es hora de que los orquestadores pasen a primer plano.

Los Orquestadores

Estaba empezando a notar algo, no, no algo, dos cosas sobre la información que estaba canalizando. Primero, que hay mucha información periférica en torno a los temas que estoy tratando y que no siempre está relacionada con el título del tema. Tenía la impresión de que nos desviábamos del tema con frecuencia. En segundo lugar, que esta información, aunque al principio no tiene ninguna relevancia, sí la tiene más adelante en la línea de discusión. Esto, estoy estableciendo, es una función de oportunidad subjetiva en nombre de la Entidad Fuente, que sabe dónde el momento que rodea la introducción de una idea específica, concepto o descripción es incorrecto para el diálogo inicial, pero en última instancia es correcto en relación temporal con la información que va a seguir. En pocas palabras, EF1 sabe cuándo introducir una o dos pepitas de oro ahora para ayudar en futuros temas de discusión.

Pero estoy seguro de que tú, querido lector, ya lo habrás adivinado y te preguntarás por qué he tardado tanto en darme cuenta. Pues bien, te diré que a veces es muy difícil distinguir el bosque de los árboles y, desde mi punto de vista, ¡hay muchísimos árboles y muchísima madera! Dicho esto, todas estas digresiones forman parte de un cuadro más amplio. Sería aburrido concentrarse en una pequeña parte de la imagen sin sentarse de vez en cuando para echar un vistazo a algunas partes de la imagen más grande, especialmente cuando estos vistazos nos ayudan a entender la pequeña parte de la imagen que estamos trabajando en comprender.

Al pensar así, me alegré de las digresiones, sabiendo que, en última instancia, son tan importantes como la información relacionada con el título del tema. Sentí la necesidad de seguir adelante, ¡rápidamente!

YO: ¿Quieres resumir el trabajo de los Orquestadores?
EF1: Pensé que te dejaría hacerlo.
YO: Intentaré no limitarme a cortar y pegar la información que has resumido.

Los Curadores

Los orquestadores son como gestores: controlan el trabajo especificado por los planificadores. Los organizadores actúan en todos los niveles relacionados con el trabajo y las actividades de los planificadores, aplicando un enfoque de arriba abajo a la gestión de los cambios/creaciones que deben llevarse a cabo. Intervienen desde el principio hasta el final de cualquiera de las acciones iniciadas por los Planificadores.

EF1: Buen comienzo. Yo no podría haberlo hecho mejor.

YO: Bueno, era tu resumen.

EF1: Sí, así es. Sin embargo, como sabes, esto es sólo una pequeña visión general y no da ninguna indicación de los detalles en los que trabajan los Orquestadores.

La Individualidad: Una Función Natural del Crecimiento de la Sintiencia (Digresión Informativa)

Mientras La Fuente me hablaba, empecé a sentirme un poco perdido en el tema. Empecé a obtener cierta información que, desde mi punto de vista, casi anulaba la necesidad de este extenso diálogo y, en última instancia, de este libro. Lo que quiero decir es que todo y cada una de las entidades que controlan ciertos aspectos del multiverso o multiversos estaban más que vinculadas entre sí. Pude ver que, aunque trabajaban para y en apoyo unos de otros, eran, además, todos el mismo ser. Además, que los seres de los que acababa de empezar a hablar, es decir, todos los seres sobre los que habíamos escrito hasta ahora en el libro, que incluían todos los que estaban por venir, no eran más que expresiones humanas de funcionalidad, de individualidad. Tenía la sensación de que estos seres no eran más que facetas de una funcionalidad especializada dentro de La Fuente, diseñadas para mantener y manipular el área o el volumen de su estructura —su yo—, que era un área de especialización mucho mayor utilizada como ambiente, especializada por razones de crecimiento automático evolutivo. Todo ello nos incluía a nosotros, o debería decir a nuestro VSE y a nosotros como aspectos proyectados del VSE.

Todo es uno, todo es una función de La Fuente, y no hay individualización real. La individualización es una función del proceso de pensamiento de la humanidad encarnada, que en sí mismo es una función del aislamiento casi total del Aspecto del VSE

Los Curadores

resultante de la inserción en las frecuencias más bajas del multiverso y un vehículo para experimentarlas. No somos más que quarks en la estructura atómica de La Fuente, quarks con un propósito. Eso me hizo empezar a pensar más cuando La Fuente intervino.

EF1: Sí, por supuesto que todo es uno. Así como los seres encarnados son funciones especializadas más pequeñas de mí, yo soy una función especializada más pequeña de El Origen. Todo es uno, todas las funciones se repiten arriba y abajo, adelante y atrás, a la izquierda y a la derecha de la escala, por así decirlo.

YO: Es que empecé a pensar que intentar explicarlo todo en términos de entidades separadas, aisladas e individualizadas es inútil cuando pensamos en el proceso de pensamiento "todo es uno".

EF1: Podrías y puedes argumentar eso, pero te daré un ejemplo de por qué es beneficioso pensar también en el camino de la individualidad.

Esto va a ser un espectáculo, pensé. Sabía en el fondo de mi mente que el proceso de pensamiento espiritual superior aceptado reside en el apoyo a lo informe y al concepto, la verdad última, de que "todo es uno". Esto va a ser difícil de explicar a los pensadores superiores porque la individualidad, en sus/nuestras mentes, es un paso atrás.

EF1: ¿Por qué es un retroceso cuando forma parte de la Verdad Superior que rodea a la Realidad Superior?
YO: ¿Qué? ¿Qué quieres decir?

Este no es el comienzo del capítulo del libro en el que estaba pensando. ¿Por qué tenemos que considerar la individualidad en el contexto de la Verdad Superior y la Realidad Superior?

EF1: Porque es una función de lo que es. Escucha, voy a explicar esto de nuevo para ti y tus lectores.
    El Origen es una función individualizada de la sintiencia dentro de una vasta e insondable área o volumen de "todo lo que hay"—es "todo lo que hay" como resultado. Como función individualizada de la sintiencia, ésta puede crecer y crece. A medida que crece, crece también la necesidad de especialización

de esa sintiencia. La necesidad de aspectos especializados de la sintiencia es, por tanto, una condición evolutiva natural que se produjo como resultado del deseo de El Origen de experimentar y expresarse. Cuando la sintiencia desea experimentar, se ve limitada por su propia individualidad, así que divide su sintiencia en áreas especializadas de sintiencia, asignándole "un cuerpo de energía" [algo de energía con la que trabajar—GSN]. Estas áreas de sintiencia, a través de la especialización, adquieren individualidad, una personalidad si se quiere, permitiendo que el área o volumen mayor experimente cosas diferentes simultáneamente en lugar de individualmente. Así, la individualidad da lugar a la simultaneidad en función de la individualidad colectiva, que es una función de la sinergia.

Sin aspectos especializados de la sintiencia, no puede haber progreso ni crecimiento evolutivo, no puede haber Origen, ni Entidades de Origen, ni Om, ni VSE, ni Aspectos de VSE, ni Esquirlas de Aspectos de VSE.

Sí, todo es uno, pero el uno, siendo "todo lo que hay", está lleno de áreas de unidades individualizadas y especializadas de sintiencia, y la sintiencia recibe un cuerpo de energía para expresarse, experimentar, aprender y evolucionar. PERO —dicen todos— la individualidad no existe en la Realidad Superior. La individualidad es una ilusión temporal. Diré esto: la individualidad es el mantenimiento de la ilusión de la individualidad, y como tal existe, porque la ilusión no puede existir sin las condiciones previas que le permiten existir en primer lugar. En este caso, el prerrequisito es la creación de la individualidad o la especialización de la sintiencia, que en sí misma crea la individualidad.

Así que, en resumen, esas pequeñas áreas o volúmenes de sintiencia individualizada, que reciben un cuerpo de energía, al especializarse también adquieren personalidad en función de la firma que la sintiencia obtiene a través de la especialización. Esa firma es una función que puede usarse como nombre, y el nombre también describe la función creando una función el bucle de especialización —de la individualidad. Por lo tanto, esto justifica la demarcación de la energía sintiente especializada como "seres" individualizados por derecho propio y, en tu caso, la necesidad de describirlos, su función y su correspondiente firma o nombre; de ahí la necesidad de este libro.

YO: ¡Estabas leyendo mi mente otra vez!

EF1: Por supuesto y siempre. Así es como me comunico contigo. Así es como todos nosotros, que es todo, nos comunicamos en la Realidad Superior.

Habiendo justificado la necesidad de individualización/especialización de la sintiencia dado un cuerpo de energía y la razón de los nombres para describir la función y la firma de esa sintiencia, me sentí mucho más feliz. Todo puede individualizarse o especializarse sin dejar de ser una función de "todo lo que hay" y, por lo tanto, ser uno. Todo tenía sentido.

¡Y de Vuelta a los Orquestadores!

YO: Los Orquestadores—parece que el nombre describe bien la función.

EF1: Todos los nombres utilizados en este diálogo están pensados para ser informativos y descriptivos en el sentido humano, y éste no es una excepción. No tendría sentido describir algo de una forma que no tuviera relación con el nivel actual de conocimiento de la humanidad encarnada; aunque sea de vanguardia, necesita tener un dato común. Los Orquestadores como descriptor no son una excepción.

YO: Me vuelves a enviar una imagen en la que veo a los Orquestadores volando literalmente de un sitio a otro, dirigiendo el trabajo de los Planificadores.

EF1: Esa es una forma de verlo. Los Orquestadores son, a falta de una palabra mejor, los gestores del multiverso.

Antes de continuar, sin embargo, he llegado a una conclusión sobre la profundidad de la información con la que necesitamos trabajar aquí. Sé que la mayor parte del diálogo hasta la fecha ha girado en torno al ambiente más amplio, incluidas las funciones más diversas del Espacio de Eventos y las Corrientes de Eventos y su efecto en el multiverso en todos los niveles de interacción, desde el colectivo hasta el local y el individualizado. Esto creo que está bien por ahora, y que a partir de este punto, siento que

Los Curadores

tenemos que enfocarnos en el multiverso desde una perspectiva estática, una que se basa en la estructura dominante del multiverso y no en las variaciones y causas de las variaciones que se pueden observar, manipular y experimentar como resultado de la interacción de las entidades titulares. Aunque, a pesar de que diga esto, es posible que tengamos que hacer referencia al tema más amplio si es necesario.

YO: Entiendo, pero creo que la humanidad encarnada puede lidiar con este nivel de detalle. No es tan profundo, ¿verdad? Y no quisiera pensar que estamos ocultando algo a los lectores.

EF1: Podemos ahondar en la profundidad según convenga. Es sólo que, al menos de momento, quiero enfocarme en la gestión básica del multiverso. Como pides, profundizaremos en los detalles si es apropiado para la comprensión general de lo que se está describiendo.

YO: Bien. Todos te lo agradecemos. Sin embargo, quiero entender ¿por qué querías limitar la profundidad de la información, es decir, la verdadera razón?

EF1: Es simplemente una cuestión de comprensión popular. Hasta la fecha, y esto incluye el texto de este diálogo, la información que tú, yo, las entidades con las que has creado un diálogo, incluyendo las otras Entidades Fuente y El Origen, ha sido difícil de entender para la mayoría de la gente. El hecho de ser difícil la hace menos popular y sólo está disponible para aquellos que son capaces de trabajar a este nivel. Quería asegurarme de que, a partir de ahora, podamos hacerlo más accesible. Sin embargo, veo que, pensándolo bien, ya hemos perdido ese tren, y editar este texto para hacerlo más fácil de entender iría en detrimento del tema. Propongo, una vez más, que lo mantengamos sencillo y tengamos en cuenta que, como siempre afirman las personas espirituales, será útil para quienes necesiten saberlo y puedan utilizarlo para su propia progresión. Mi otra reflexión es que la mayoría de los lectores verán esto sólo desde la perspectiva del universo físico y no del ambiente multiversal general.

Me sentí un poco confundido, ya que La Fuente suele ser decisiva. Esto mostraba un elemento de indecisión y, para mí, un cierto motivo de preocupación. Afortunadamente, La Fuente se apresuró a defender la decisión.

EF1: Lo que no se ve es el nivel de detalle en el que podemos entrar y que va más allá del título de este libro. Siempre es importante dar lo que se espera del título y no divagar. Dicho esto, una pequeña digresión es un buen entretenimiento, sobre todo cuando la información es difícil de comprender. Permite que la información se asimile lentamente.

Ahora bien, los Orquestadores te parecieron estar aquí, ahí y en todas partes porque trabajan en todos los aspectos de la estructura del ambiente multiversal, desde la dimensión completa hasta la subfrecuencia, lo que incluye el contenido dentro de los niveles subfrecuencia. Los Orquestadores son el primer nivel de Curadores que se ocupan del contenido del ambiente multiversal y no sólo de la estructura o del efecto sobre la estructura del que se apropian las entidades que trabajan dentro de la estructura para evolucionar.

YO: ¿Quieres decir que trabajan tanto en el mantenimiento estructural como en el de contenidos?

EF1: Sí. Podemos desglosarlo en funciones más adelante, y tal vez se describan mejor en términos de los capítulos que se centran en el universo físico, pero debido a que en términos reales trabajan por encima de las frecuencias de lo físico, se describen mejor aquí.

Los Orquestadores reparten grupos de entidades que se dedican sólo a hacer el trabajo y no a áreas de trabajo especializadas.

YO: Espera, ¿estás sugiriendo que hay entidades no especializadas?

EF1: Yo las llamaría Entidades Generales. Su especialidad si se quiere es ser inespecíficos con una tarea en particular. Aceptan la oportunidad trabajar con cualquier aspecto del mantenimiento del multiverso y se deleitan haciéndolo. Disfrutan de la diversificación asociada al hecho de no estar especializados y obtienen una gran progresión individualizada del hecho de ser de uso general. En algunos aspectos, estas entidades—entidades que no tienen especialización y por lo tanto no tienen nombre, y hasta ahora, ningún lugar en este diálogo/libro—son las entidades más capaces dentro de las funciones y responsabilidades de Los

Los Curadores

Curadores. Creo que deberíamos tratarlas después de la descripción de los Orquestadores y darles el reconocimiento que merecen.

YO: Estoy de acuerdo.

EF1: Volviendo al tema que nos ocupa. Los Orquestadores utilizan las entidades generalizadas de mantenimiento para trabajar tanto en las funciones estructurales del ambiente multiversal como en el contenido dentro de él. Esas entidades trabajan en paralelo con las entidades especializadas que son necesarias para las áreas de foco operacional.

Esto es importante porque las entidades especializadas son tal y como se describen, especializadas, y se ocupan de los detalles que subyacen a su especialidad, mientras que las entidades generalizadas pueden trabajar tanto en los niveles superiores de las áreas especializadas de enfoque como en los vínculos entre ellas. Por tanto, las entidades generalizadas se mueven entre las especialidades creando una representación homogénea de los deseos de los Orquestadores dentro de las diferentes áreas de estructura y contenido con las que trabajan.

YO: Perdona que te lo diga, ¡pero esto parece como si las entidades generalizadas hicieran todo el trabajo y los Orquestadores no hicieran nada más que gestionar el trabajo requerido y las entidades que se asignan para hacer ese trabajo!

EF1: Por eso se les llama los Orquestadores.

YO: Supongo que esta descripción en particular será breve porque su función es bastante obvia.

EF1: ¿Lo es?

YO: Mmm ... Siento que estás jugando conmigo un poco, como, su papel es algo más grande.

EF1: Por supuesto que sí. Como empecé a decir, los Orquestadores son los primeros, o debería decir, los más altos de Los Curadores, teniendo en cuenta la descripción descendente que hemos tenido hasta la fecha, que están involucrados tanto con la estructura como con el contenido dentro de esa estructura.

Cuando intervienen en la estructura del ambiente multiversal, se aseguran de que la corriente principal, o a falta de una palabra mejor, los aspectos estáticos inmutables de lo que es el multiverso, desde una perspectiva evolutiva, se mantengan como tales, en un estado inalterado. Tiene que haber una estructura dominante, una estructura principal a través de la cual evolucionar, y el papel de los Orquestadores es garantizar que esta estructura dominante se mantenga.

YO: Ya hemos hablado de esto antes, cuando hablamos de las Corrientes de Eventos principales y de que todo lo que se crea a través de la elección es una variación de la Corriente de Eventos principal y del Espacio de Eventos principal. También hemos hablado de todos los diferentes niveles del ambiente multiversal que son creados por las entidades titulares y las elecciones que hacen, así que, ¿qué tiene de especial que los Orquestadores mantengan una estructura multiversal estática?

EF1: El requisito general para todas mis creaciones es experimentar todo aquello que he dado para ser experimentado. Cómo lo experimenten depende de ustedes. Por lo tanto, la serie de elecciones que ustedes hacen mientras progresan a través de la estructura de mi creación es individualizada. Creé una segmentación de mi propia estructura para ser utilizada con fines experienciales y evolutivos, y a través de los cambios provocados por todas tus decisiones individuales y colectivas, lo que soy yo cambia por lo tanto a lo que ustedes desean experimentar.

Al igual que con la creación de diferentes Espacios de Eventos y Corrientes de Eventos, el multiverso tiene un gran número de variantes ambientales multiversales y, por tanto, universales, que encajan con los cambios en los eventos que se crean a través de la elección, cada una de ellas es una desviación de la estructura originaria multiversal y universal, y por tanto, estructura dominante. Los Orquestadores garantizan que esta estructura dominante, original o primaria y el contenido asociado a ella se mantengan como tales. Ellos, junto con las entidades que trabajan con ellos, trabajan en todos los niveles de la estructura y el contenido multiversal/universal, haciendo modificaciones a los cambios creados por las entidades titulares para asegurarse de que el contenido y la estructura originarios se mantienen como tales. No puede haber cambios en la estructura original y su contenido, ya que éste es el dato con el que se compara todo lo que se experimenta y se crea. Todo lo demás no es más que una ilusión, una condición temporal basada en la elección última. [*Después de escribir este texto, La Fuente me dijo que una ilusión que se experimenta también puede clasificarse como realidad, aunque sea temporal.]*

YO: Entonces, ¿los orquestadores sólo se ocupan de mantener la estructura y el contenido de origen?

EF1: Principalmente, sí, pero en última instancia, no. Mantienen la estructura multiversal originaria y su contenido tal como era en su estado recién nacido, por así decirlo, tal como era cuando yo la creé, o debería decir, la segmenté. Todo está inalterado, todo es puro, todo es perfecto. Los Orquestadores trabajan a todos los niveles para mantenerlo así.

YO: Entonces, cuando en los talleres de Atravesando las Frecuencias proyectamos nuestra conciencia en los ambientes universales simultáneos autocontenidos que están dentro de la estructura multiversal, ¿visitamos los ambientes multiversales originarios o visitamos las variaciones que creamos individual y colectivamente a través de la elección?

EF1: Te mueves a los ambientes multiversales/universales originarios, mientras que tu aspecto encarnado permanece en la variante individual y colectivamente creada del multiverso y sus ambientes universales.

YO: ¿Entonces estamos en dos sitios?

EF1: No, tú estás en tantos lugares como decisiones hayas tenido tanto de un Aspecto de tu VSE como de tu VSE mismo. Tú, como Aspecto, estás en la variante universal resultante de las elecciones individuales y colectivas mientras tu VSE permanece dentro del ambiente universal originario dentro del multiverso al que está asociado como resultado de su nivel evolutivo.

YO: Entonces, ¿nuestro VSE no se ve afectado por la elección, o por las diferentes Corrientes de Eventos y Espacios de Eventos que creamos como Aspectos de nuestro TES?

EF1: Indirectamente, sí, porque tú como proyección de tu VSE estás trabajando dentro de una variante universal y su contenido de los ambientes multiversales/universales originarios que han sido/están siendo creados y modificados a través de la elección individual y colectiva dentro de la ubicación de tu Aspecto. Sin embargo, desde la perspectiva de la progresión evolutiva del VSE, esta es una función estructural estable y estática y como tal sigue siendo como era cuando la creé.

Por lo tanto, los Orquestadores trabajan para mantener el multiverso originario, sus estructuras universales simultáneas autocontenidas y su contenido. Esto se consigue en términos de lo que hay dentro de los ambientes universales simultáneos autocontenidos como herramienta para la progresión evolutiva del VSE. Los Orquestadores también trabajan para mantener las variaciones de estos ambientes universales simultáneos autocontenidos y su contenido, que se crea a través de la elección individual y colectiva.

Garantizar que los ambientes multiversales/universales originales y su contenido no cambien es un reto, pero sólo requiere un grupo de entidades en una realidad, una Corriente de Eventos y un Espacio de Eventos, por así decirlo. Trabajar en hacer los cambios que aseguren que la eficiencia estructural y evolutiva de los ambientes multiversales y universales y su contenido estén en línea con las decisiones resultantes de la elección individual y colectiva en todos los Espacios de Eventos y Corrientes de Eventos es un reto mayor, que requiere que los Orquestadores trabajen dentro de un ambiente y su contenido pero dentro de todas las variantes que se hacen a través de la elección.

YO: Hablabas de que los orquestadores trabajan con dos tipos de entidades, especialistas y generalistas, y de que los generalistas son las entidades más útiles porque pueden utilizarse en todo una gama de especialidades, pero no con la misma profundidad que los propios especialistas.

EF1: Lo hice.

YO: ¿Incluye esto a las entidades que mantienen el contenido, como las nebulosas, galaxias y planetas en el universo físico y las áreas equivalentes de densidad local en los otros ambientes universales?

EF1: Sí, así es, aunque aquellas entidades que trabajan justo en el detalle de las áreas locales de densidad que ustedes llaman planetas son las entidades más especializadas dentro de Los Curadores.

YO: ¿Qué quieres decir?

EF1: Piénsalo un momento. Las entidades de las que estás hablando trabajan en cosas como el suelo, la hierba, las bacterias, un determinado género de árbol o planta, o incluso el sistema meteorológico. Están en primera línea del mantenimiento del ambiente. Es más, estas entidades sólo trabajan en su especialidad en un planeta de una parte de la galaxia en una parte del ambiente universal al que están asignadas. No sólo están especializadas, sino que están altamente especializadas y, como resultado, hay muy pocas entidades generalistas que trabajen a estos niveles.

YO: Entonces, ¿los orquestadores no utilizarían generalistas en estos niveles?

EF1: No, a menos que haya mucho trabajo por hacer que necesite ayuda extra.

YO: ¿Cuándo necesitaría ayuda extra un Curador de este nivel?

EF1: Cuando las entidades que están en el ciclo evolutivo en los niveles encarnados desordenan el ambiente de una manera importante.

YO: Supongo que la Tierra ya está cerca de necesitar ayuda.

EF1: No en las áreas que cabría pensar. Todos ustedes se centran en la contaminación, pero el mayor problema es la pérdida de componentes del ecosistema, como árboles y animales más pequeños y peces. La contaminación puede solucionarse de la noche a la mañana deteniendo los procesos que la generan, pero la regeneración del ecosistema debe hacerse en consonancia con la corriente local de eventos, que en tu terminología significa tiempo real, así que basándonos en esto, un ecosistema puede tardar décadas en recuperarse, incluso con ayuda.

YO: Esto me dice que en los niveles más bajos los Orquestadores necesitan tener una entidad para un trabajo, por así decirlo.

EF1: Cerca. Para cada ambiente universal y su contenido dentro del multiverso hay un grupo de entidades comunes pero asignadas específicamente a un universo. Esto significa que el número de entidades que trabajan en el mantenimiento del ambiente se multiplica por el número de universos, como mínimo.

YO: Acabo de ver una imagen general del número de entidades de mantenimiento necesarias en los niveles físicos del multiverso, es casi infinito, como si hubiera más, muchas más trabajando en el mantenimiento de las que realmente participan en el ciclo evolutivo, el número de entidades que trabajan en los aspectos físicos del multiverso, el universo físico, requiriendo más que otras.

EF1: Sí, eso es correcto. Aunque hay duplicaciones en términos del número de entidades especializadas y generalizadas que trabajan para los Orquestadores cuando uno mira a cada universo simultáneo autocontenido, es decir, que sólo trabajan en un ambiente específico dentro de un universo específico. Hay más oportunidades para que estas entidades trabajen a través de ambientes universales, o sean más generalizadas cuando se les asigna a aquellos ambientes universales simultáneos autocontenidos que están contenidos dentro de las frecuencias más altas del multiverso.

YO: Yo habría pensado que cuanto más altas son las frecuencias, más entidades se necesitan porque la resolución de las frecuencias es mayor y, por tanto, el ambiente puede soportar más contenidos.

EF1: No es así. Verás, a medida que aumenta la frecuencia, también aumentan las capacidades o funcionalidades de la entidad de mantenimiento. Como resultado, el consiguiente aumento de la carga de trabajo se equilibra con el aumento de las funciones y capacidades disponibles para la entidad en ese nivel aumentado.

YO: Eso es una sorpresa.

EF1: ¿Por qué?

YO: No esperaba oír que Los Curadores, a cualquier nivel, están restringidos en otro sentido que no sea el de la especialidad.

EF1: Como sabes, la falta de funcionalidad y conectividad es una función de las frecuencias más bajas y todo y cada entidad se ve afectada.

YO: Yo pensaba que sólo eran entidades encarnadas las que se veían afectadas por las frecuencias más bajas.

EF1: No, afecta a todas las entidades, y es particularmente difícil para aquellas entidades que están trabajando en las frecuencias asociadas con el universo físico. Discutiremos esto más a fondo cuando trabajemos en la descripción de las funciones y responsabilidades de las entidades que trabajan con la Tierra.

Esto era nuevo para mí. De hecho, me sorprendió mucho. Creía totalmente que las entidades que trabajaban en el mantenimiento del multiverso serían inmunes o estarían fuera de las reglas o funciones del multiverso tal y como nosotros, como entidades encarnadas, lo experimentaríamos. Descubrir que no era así fue una auténtica revelación. Los Curadores estaban sujetos a las mismas reglas que las entidades a las que servían. No me lo esperaba, y supongo que ninguno de mis lectores u otros metafísicos o líderes espirituales tampoco. Pero, por otro lado, tenía sentido y me ayudaría a forjar preguntas más profundas más adelante en este diálogo.

¿Qué Significa el Mantenimiento de un Ambiente para una Entidad de Mantenimiento?

Esta pensamiento me ha hecho detenerme a reflexionar. ¿Qué significa el mantenimiento de un ambiente para una entidad? Sobre todo, cuando las entidades que mantienen el ambiente se ven afectadas por la propia naturaleza de su estado frecuencial. Sé que me estoy repitiendo con este proceso de reflexión, pero es bueno hacerlo. Aclara las cosas en la mente. Me senté y consideré este proceso de pensamiento por un momento. Uno: Para cada ambiente universal y su contenido dentro del multiverso hay un grupo de entidades común pero asignado de forma única —específicamente asignado a un universo. Esto significa que el número de grupos se multiplica por el número de universos. Dos: Estas entidades están separadas para trabajar esencialmente en dos versiones del ambiente al que están asignadas, el ambiente estático original, y aquellos que son creados en paralelo por el Espacio de Eventos a través de las elecciones de las entidades que están en el ciclo evolutivo dentro de los ambientes. Tres: Estas entidades tienen que trabajar dentro de las limitaciones del ambiente al que están asignadas, aunque sean capaces de trabajar fuera del propio ambiente. Los dos primeros pensamientos tenían sentido, era un proceso con el que podía trabajar, simplemente tenía sentido. Este último (tercer) pensamiento me hizo pensar más profundamente y pedir orientación. En primer lugar, me vino a la mente un recuerdo que tuve en 2003 cuando meditaba junto a los árboles del jardín por las mañanas con Anne antes de ir a trabajar. Vi un espíritu de la naturaleza, un Elemental. Era una bola de energía que cambiaba de forma, una forma bastante puntiaguda, para poder trabajar sobre las plantas de nuestro jardín. Las notas que tomé estaban destinadas a convertirse en La Historia

Los Curadores

de Dios, pero no tenía ni idea de que resucitarían en este texto. Al concentrarme en este recuerdo, recuerdo que pensé que esta entidad estaba muy próxima a las frecuencias del Físico Grueso, pero no tuve más pensamientos sobre este hecho. Tampoco noté que debían ser vistos por otras entidades encarnadas que existen en la cuarta frecuencia hacia arriba, así que ¿qué significa el mantenimiento de un ambiente desde el punto de vista de la entidad?

EF1: Puedo responderte a eso. Como sabrás por el diálogo que hemos mantenido en los últimos meses [*11 meses— GSN*], hemos hablado de la estructura dentro de la estructura del multiverso y sus ambientes y de que las entidades que mantienen estos ambientes utilizan esta estructura tanto para moverse por el ambiente como para trabajar dentro de él.

YO: Sí, lo hicimos, estoy trabajando en recordarlo ahora mismo.

EF1: Bien. Te enviaré una imagen y algunos datos para apoyar la imagen.

YO: Lo estoy recibiendo. Puedo ver más de la escena asociada con el recuerdo que tengo del espíritu de la naturaleza/Elemental en 2003. Hay más de lo que recuerdo.

EF1: También hay más de lo que has visto.

YO: ¡Vamos, explícate!

EF1: Lo que estás viendo en esta imagen es lo que TÚ viste y lo que REALMENTE sucedió. Lo que viste fue sólo la entidad trabajando en las plantas de tu jardín, atendiendo a sus necesidades energéticas vinculándolas, momentáneamente, al vórtice de energía que está en tu jardín para impulsar sus energías.

YO: Sí, eso es lo que vi.

EF1: El resto de la imagen es ahora lo que ocurrió antes y después de la imagen que viste. La entidad claramente estaba trabajando en la cuarta frecuencia, lo que llamas el bajo astral. En este nivel, la entidad tiene que obedecer las leyes del multiverso atribuidas a este estado frecuencial y por eso está limitada como tal. Sin embargo, lo que no sabes es que estas entidades pueden sortear las limitaciones proyectando una envoltura energética a su alrededor que mantiene su estado frecuencial natural y, por tanto, su funcionalidad. Por lo tanto, se ven afectados por las frecuencias de los ambientes con los que trabajan, pero pueden trabajar alrededor de ellos. La cuestión aquí, sin embargo, es que al mantener el estado frecuencial de la entidad, esta envoltura detiene efectivamente la interacción correcta con las frecuencias del ambiente. Por lo tanto, la entidad está atrapada en un palo hendido: interactuar con el ambiente y perder funcionalidad, o blindarse y perder la capacidad de interactuar con ese ambiente. En los ambientes universales superiores, esto es un problema menor, pero en la más baja de las frecuencias, el universo físico, esto es un verdadero problema.

YO: ¿Cómo lo evitan entonces?

EF1: Permiten que una parte de sí mismos esté fuera de la envoltura energética, mientras que la mayor parte de ellos permanece dentro de la envoltura energética. De esta forma, tienen la capacidad de trabajar con las energías del ambiente universal de la forma en que se supone que deben hacerlo, la única manera de poder realizar sus modificaciones manteniendo su funcionalidad. Si observas detenidamente la imagen que te he enviado, podrás comprenderlo.

Cuando me enfoqué en la imagen que me dio La Fuente, me encontré con un fenómeno interesante. La entidad que vi en 2003 sirvió de ejemplo. La entidad era como la vi hace tantos años, una bola de energía puntiaguda flotando sobre la hierba. Sin embargo, al mirar más de cerca, me di cuenta de que la imagen estaba ligeramente borrosa. Tardé mucho en ver este estado borroso, ya que la imagen era casi clara y nítida. Al mirar más de cerca, me di cuenta de que había una diferencia en la nitidez local de la imagen. Estaba ligeramente borrosa hasta el punto de interacción con la planta con la que trabajaba. En el punto de interacción con la planta, la imagen se volvió clara y nítida, sin rastro de borrosidad. También me di cuenta de que en la interfaz de esta área borrosa, había un cambio apenas perceptible en el color de la imagen; era un color rosa o rosa transparente. Pensé que debía tratarse de la interfaz entre el estado frecuencial normal de la entidad elemental y el estado frecuencial del aspecto de la planta representado por la cuarta frecuencia. En este estado, la entidad elemental o espíritu de la naturaleza podía seguir funcionando según su estado frecuencial natural y ocuparse de su carga de trabajo en las frecuencias asociadas a sus áreas de responsabilidad. Era fascinante ver los detalles que se escondían tras

Los Curadores

esta antigua imagen basada en la memoria. En las frecuencias más bajas, uno tiene que trabajar como un buceador de aguas profundas que utiliza un traje seco y que, cuando está a gran profundidad, se quita los guantes para trabajar con más destreza en los detalles de su trabajo que no puede tratar mientras lleva los guantes puestos. El cuerpo del buceador se encuentra en un ambiente basado en el aire, mientras que sus manos están en un ambiente basado en el agua, y un manguito de sellado mantiene el agua fuera del cuerpo principal del traje seco, mientras que las manos están en el agua para realizar el trabajo; por lo tanto, el buceador se encuentra en dos ambientes simultáneamente.

YO: Ahora lo entiendo. Una entidad de mantenimiento no sólo tiene que ocuparse de sus propias responsabilidades y carga de trabajo, sino también de los caprichos del ambiente en el que trabaja, manteniendo al mismo tiempo su propia integridad frecuencial. ¡Es un trabajo frecuencial duro!

EF1: Correcto. Y ahora ya sabes, en resumen, lo que significa para una entidad mantener un ambiente, porque una entidad de mantenimiento necesita mantener también su propio ambiente local. De esta manera, mantiene, en este ejemplo, su propia invisibilidad con aquellos otros vehículos encarnados que existen en el nivel de cuarta frecuencia, permitiéndole completar su trabajo de una manera desapercibida y sin obstáculos.

Las Entidades de Mantenimiento General

He decidido apartarme del debate general sobre las funciones y responsabilidades de las entidades de mantenimiento que se me planteó al inicio de este diálogo y dar un pequeño rodeo para enfocarme en las entidades de mantenimiento general de las que se me informó durante una de mis recientes comunicaciones con La Fuente, las Entidades de Mantenimiento General. Sé que ya he hablado antes en cierta medida de las funciones de estas entidades y pido paciencia al lector al respecto. Tengo la sensación de que hay algo muy importante y único en ellas, algo que no se desprende de la información que he recibido hasta ahora. Su papel parece demasiado simple.

EF1: Cada vez ves mejor las pistas que te doy.
YO: ¡Oh, me siento como si acabara de aprobar un examen o algo así!
EF1: No es una prueba, sólo la capacidad de ver las posibilidades que se te presentan cuando se te presentan.
YO: ¡Era una prueba entonces!
EF1: Llámalo como quieras, te mantiene alerta y mantiene fresca tu capacidad de cuestionar.
YO: Bueno, ahora entiendo. Vayamos directamente al grano. ¿Qué pasa con las Entidades de Mantenimiento General que me dan ganas de volver sobre este terreno?
EF1: Hemos hablado con brevedad de que posiblemente sean la clasificación de Entidad más importante en la jerarquía de Los Curadores, ¿no?
YO: Sí, lo hicimos.
EF1: Entonces merecen ser representados adecuadamente.
YO: Bueno, eso es realmente lo que estoy pidiendo.
EF1: Lo sé, estoy jugando contigo.
YO: ¡Otra vez!
EF1: Otra vez. Tienes que relajarte un poco y disfrutar de este papel.
YO: Lo sé, lo sé.

Los Curadores

EF1: Bien, veo que te has levantado un poco el ánimo y ahora que eso ha ocurrido podemos empezar. Las Entidades de Mantenimiento General son un recurso universal. Utilizo esta afirmación porque estas entidades no sólo pueden ser utilizadas por cualquiera de las jerarquías de entidades con nombre previamente discutidas y que deben ser discutidas, sino que también pueden ocupar el lugar de cualquiera de estas entidades.

YO: ¿Quieres decir que pueden ser orquestadores, arquitectos o cualquiera de las otras especialidades dominantes?

EF1: Correcto. Verás, no son sólo, cómo lo llamarías, "servidores", "recaderos" o "trabajadores", son entidades que son totalmente capaces de asumir cualquiera de los roles y responsabilidades en la estructura y jerarquía de las entidades llamadas Los Curadores.

YO: Realmente son totalmente universales.

EF1: Sí, así es. Las Entidades de Mantenimiento General no necesitan instrucción ni formación en cuanto al trabajo que se les encomienda, simplemente lo toman.

YO: ¿Qué quieres decir con que lo toma?

EF1: Me explicaré mejor. Mientras que las otras entidades, en todos los niveles, están especializadas para y por el trabajo que eligieron hacer y/o para el que fueron elegidas, estas entidades eligen ser generalizadas, por así decirlo.

YO: ¡Generalizado! ¿Qué quieres decir con generalizado?

EF1: Tienen la capacidad de "programarse", si se quiere. Cambian su especialidad de ser general a ser la especialidad que se requiere para la función que se les pide que desempeñen a corto plazo.

YO: Ah, ¿así que su papel sólo se considera una condición a corto plazo cuando se les pide que desempeñen un papel?

EF1: Sí, siempre se trata de una función de corta duración para la que se les contrata.

YO: Así que lo que sugieres es que están en blanco, como neutrales, en cuanto al papel, hasta que se les pide que desempeñen el papel que se les pide.

EF1: Es una forma de decirlo, sí.

YO: Entonces, ¿hacen el papel y luego se quedan en blanco hasta que pasan al siguiente?

EF1: En cierto modo, sí. Cuando han terminado un papel, tienen una opción. De hecho, tienen varias opciones.

YO: ¿Quieres decir que pueden elegir qué hacer a continuación, cuál va a ser su próximo papel?

EF1: Sí y no. Me explayaré. En cualquier momento de su función, se les puede pedir que dejen el trabajo que están haciendo, que cambien de función o que vuelvan a un área del ambiente donde puedan esperar a su siguiente función. Además, pueden optar por permanecer en una función si se necesitan recursos adicionales continuos o pueden buscar una nueva función. Las oportunidades que tienen son, por tanto, las siguientes:

Paralizar las obras: En este caso, la entidad encargada del mantenimiento general tiene dos opciones. Una, se les pide que dejen de trabajar porque la necesidad de ellos como recurso ya no es aplicable para el papel que desempeñan actualmente. Después, volverán a la generalización. Dos, ¿sienten que su contribución ya no es necesaria y que si permanecen en el papel que desempeñan actualmente crearán ineficacia? Una vez tomada esta decisión, la entidad vuelve a la generalización.

Cambiar de rol: Es una función de la entidad, ya sea solicitando un rol de cualquiera de las otras entidades dentro de la jerarquía especializada de Los Curadores, o viendo un rol y eligiendo individualmente entrar en ese rol de forma permanente. En esta y todas las instancias de activación de rol, la generalización de la entidad es rescindida y la entidad se vuelve especializada. Ten en cuenta que esto sólo ocurre cuando se reconoce que hay una necesidad de un recurso más especializado, por así decirlo, dentro de una determinada función dentro del ambiente multiversal en el que la Entidad de Mantenimiento General estaba trabajando.

Intercambio de rol: Es posible que una entidad de mantenimiento general intercambie activamente funciones con una entidad especializada. En este caso, la entidad de mantenimiento general renuncia a su "generalización" y se "fija" en la permanencia, por así decirlo, en el papel que ha tomado de la entidad especializada con la que ha llegado a un acuerdo de intercambio. La entidad anteriormente especializada se convierte así en la Entidad de Mantenimiento General heredando activamente todas las funciones y experiencias de la Entidad de Mantenimiento General anterior. La entidad previamente generalizada también hereda las funciones, experiencias y vivencias de la entidad previamente especializada. En este caso, el proceso de intercambio no es reversible desde la perspectiva de la entidad que era la Entidad de Mantenimiento General porque ya no está generalizada. De hecho, la única forma de que vuelva a ser generalizada es que la entidad con la que se intercambió solicite que se invierta el proceso de intercambio mediante un intercambio activo con la entidad con la que se intercambió en primer lugar. Alternativamente, la Entidad de Mantenimiento General anterior, ahora especializada, puede volver a la especialización si otra Entidad de Mantenimiento General decide intercambiar el rol con ella. En este caso, hereda las funciones y experiencias de la entidad de mantenimiento general con la que intercambia y no las que tenía en su estado generalizado anterior.

Permanencia en el rol: La permanencia en un rol suele ser a petición de una entidad especializada si ésta ve la necesidad de que la Entidad de Mantenimiento General continúe en el rol actual en el que está siendo empleada. Esto suele solicitarse si hay una cantidad significativa de trabajo por hacer en relación con el estado temporal de especialización que no se comprendía previamente.

Vuelta a la neutralidad (generalización): El retorno a la neutralidad o generalización es la decisión normal que toma una Entidad de Mantenimiento General cuando el rol ya no es necesario o está próximo a dejar de serlo. La decisión de volver a la generalización puede ser tomada tanto por la entidad especializada empleadora como por la propia Entidad de Mantenimiento General, aunque es una función natural perteneciente a la función existente que ya no es necesaria. Cuando una entidad vuelve a la generalización, pasa a una área de ineficacia dentro de la estructura del multiverso, una especie de "reserva de empleo", utilizando su lenguaje, donde simplemente "está" en un estado de ser y no de actividad.

Solicitar un rol (pedir un rol a entidades especializadas): La Entidad de Mantenimiento General puede solicitar activamente un rol a cualquiera de las entidades especializadas definidas en la jerarquía de Curadores si así lo desea. La rol ofrecido, basada en la necesidad de recursos adicionales en la especialidad de la entidad que la ofrece, será de naturaleza temporal y, como se ha dicho anteriormente, sólo estará disponible mientras haya un déficit de recursos frente a la carga de trabajo necesaria para apoyar la función del multiverso que necesita apoyo. Obsérvese que no es habitual que una Entidad de Mantenimiento General solicite un rol, ya que la mayoría de las veces la solicitud de apoyo de una Entidad de Mantenimiento General dentro de una función de especialización del Curador proviene de la propia función de especialización, negando la necesidad de la solicitud.

Elegir estar en un rol (decisión individualizada): En este caso, la Entidad de Mantenimiento General puede decidir que ya no desea ser generalizada o neutral y busca un papel de forma permanente. No es lo mismo que una solicitud de intercambio de roles y, por tanto, no implica a otra entidad especializada. En este caso, la Entidad de Mantenimiento General busca un rol permanente dentro de las especializaciones de la jerarquía de Curadores mediante una solicitud de rol a través de las entidades especializadas. La elección de un rol puede adoptar dos formas. La primera manera es que la Entidad de Mantenimiento General solicite un rol y acepte el que esté disponible en el momento de la solicitud, si lo hay. O, si hay varias funciones, la entidad de mantenimiento general solicitante toma una decisión basada en la conveniencia del papel para ella. La segunda manera es cuando la Entidad de Mantenimiento General solicita un rol en específico y está preparada para esperar a que ese rol esté disponible. En este caso, la entidad tendrá que permanecer generalizada dentro del área de ineficacia y no entrar en un papel especializado temporal porque si la entidad entrara en especialización temporal, no podría aprovechar el papel que deseaba debido a estar empleada activamente en una función necesaria dentro de las especializaciones de la jerarquía de Curador.

YO: ¿Cómo cambian de un rol o especialidad a otra? ¿Cuál es el proceso que siguen? Parece que aún no hemos hablado de eso.

EF1: No, no lo hemos hecho. He dejado deliberadamente para el final la descripción del proceso de cambio e intercambio.

Los Curadores

YO: ¡Oh, OK!

EF1: Así que allá vamos. Describiré el proceso de intercambio y los procesos de cambio individualmente, aunque son similares en su función.

El proceso de intercambio es una función de mover la sintiencia de la entidad de un "cuerpo" de energía a otro. Es la energía asociada con la sintiencia la que es clave aquí, porque la función de ser generalizado se atribuye a la energía que se asigna a la sintiencia y no a la sintiencia en sí misma. Si recuerdas los diálogos anteriores con El Origen [ver El Origen Habla—GSN], es la sintiencia la que define a la entidad y no la energía que se asigna a la sintiencia o que la sintiencia requisa. Así, cuando la sintiencia de una Entidad de Mantenimiento General se mueve desde su cuerpo de energía, es sólo la sintiencia la que se mueve y no la funcionalidad de la energía que la sintiencia puede animar. Del mismo modo, cuando la entidad especialista mueve su sintiencia desde su cuerpo de energía especializado, sólo mueve su sintiencia y no la función especializada del cuerpo de energía al que estaba asociada. Así, cada entidad "Sintiente", al mover su sintiencia a su nuevo cuerpo de energía, hereda la funcionalidad y las experiencias de esa energía cuando se asigna a sí misma a ese cuerpo de energía. El intercambio de vuelta es un proceso inverso al proceso de intercambio inicial. La permanencia en una especialidad es simplemente una función de no volver a cambiar.

El proceso de cambio es una variación del proceso de intercambio que no requiere que la sintiencia de la Entidad de Mantenimiento General se traslade de su cuerpo de energía generalizado a un cuerpo de energía con la funcionalidad de la especialidad al que se asociará temporalmente. En este caso, un porcentaje de energía especializada de una entidad especializada donante, hasta el 30 por ciento, es absorbido por la Entidad de Mantenimiento General para permitirle trabajar de la manera, y con las funciones, de la energía especializada cuyo papel le ha sido asignado, o con la que ha solicitado trabajar. Una vez finalizado el trabajo, la energía especializada se libera de su estado de absorción de la Entidad de Mantenimiento General y es reabsorbida por la entidad especializada donante.

Los Curadores

Una Cuestión de Responsabilidad Directa

YO: ¿Hay algo más que puedas decirme sobre las Entidades de Mantenimiento General?

EF1: Siempre hay algo más que contar. Simplemente no te queda vida suficiente para poder repasarlo todo.

YO: ¿Qué quieres decir con eso?

EF1: Simplemente que nunca tendrás tiempo suficiente para poder trabajar en todo lo que está disponible para saber. Por eso tengo tantas encarnaciones entregando la información. Cada uno trabaja en una pequeña pieza del rompecabezas. Cada uno se solapa con el otro de una forma u otra.

YO: Sí, de acuerdo. Pero ¿qué pasa con las entidades que acabamos de discutir?

EF1: Es suficiente por el momento; tienes todo lo que necesitas.

YO: OK. ¿Puedo hacer una última pregunta sobre las Entidades de Mantenimiento General?

EF1: OK. Continúa.

YO: Hemos discutido el proceso de estar cerca de las frecuencias más bajas del multiverso y que una entidad necesita crear un escudo protector a su alrededor que le permita funcionar a su propio nivel mientras está en estas frecuencias más bajas.

EF1: Sí, lo hemos hecho.

YO: Bueno, mi pregunta es la siguiente: ¿Alguna de las Entidades de Mantenimiento General trabaja en los niveles de frecuencia Física Gruesa? Si es así, ¿manifiestan un cuerpo Físico Grueso para trabajar en ese nivel? Y, ¿todavía son capaces de funcionar correctamente en este nivel?

EF1: Sí, pero es poco frecuente.

YO: ¿Qué tan raro?

EF1: Muy raro.

YO: ¿Qué les hace necesitar materializar un cuerpo Físico Grueso?

EF1: Hay momentos en que se requiere la intervención directa, el tipo de intervención con el Físico Grueso que no puede ser actuado por el género de Curadores que ustedes llaman Elementales y sólo puede ser actuado por una entidad que puede cambiarse a sí misma de la manera que se acaba de describir. En realidad, no materializan un cuerpo.

Los Curadores

YO: ¿Estás diciendo que pueden hacer trabajos que los Elementales no pueden realizar?

EF1: Sí. Más adelante entraremos en el tema del género de Los Curadores llamados Elementales o espíritus de la naturaleza, pero para ir al grano, sí. Verás, los Elementales sólo pueden trabajar en las frecuencias atribuidas al astral; no pueden trabajar en la tercera frecuencia e inferiores.

Esto me hizo pensar un momento. Si una Entidad de Mantenimiento General no puede materializar un cuerpo y un Elemental no puede trabajar en el ambiente asociado a la tercera frecuencia, entonces la única manera de trabajar directamente con la tercera frecuencia es requisando un cuerpo Físico Grueso. Un momento, creía que los guías podían manifestar un cuerpo Físico Grueso, ¿por qué no un Curador? Ahora tenía curiosidad.

YO: OK, esto significa que tendrían que intercambiar con una entidad que se encarnó?

EF1: Sí, así es. Significa que la Entidad de Mantenimiento General tiene que invocar un walk-in.

YO: Pero si un Guía puede manifestar un cuerpo Físico Grueso, ¿por qué no puede hacerlo un Curador?

EF1: Porque tiene que permanecer con el género de frecuencias asociadas con su función, es decir, existe en un estado subfrecuencial que le permite trabajar dentro, fuera, en y alrededor de la estructura del multiverso y sus ambientes universales locales. Pueden afectar a los cambios del multiverso y a su estructura/eficiencia evolutiva, pero no pueden operar dentro de la función del multiverso que está asociada con el ciclo evolutivo per se.

YO: Sigo sin entenderlo. Ni un Guía ni sus Ayudantes están en el ciclo evolutivo, pero el Guía puede manifestar un cuerpo Físico Grueso.

EF1: De acuerdo, pero hay una diferencia.

YO: ¿Y esa diferencia es?

EF1: No están en el ciclo evolutivo, pero trabajan con entidades que sí están en el ciclo evolutivo.

Los Curadores

YO: Pero también lo hacen Los Curadores. Apoyan el mantenimiento del ambiente que permite la capacidad de evolución de las entidades en el ciclo evolutivo.

EF1: Sí, así es. La diferencia es que el Guía y los Ayudantes son, aunque no estén en el ciclo evolutivo, directamente responsables de la progresión evolutiva de esas entidades en el ciclo evolutivo. Los Curadores no son directamente responsables, por lo que no tienen acceso a las energías que permiten la intervención directa desde la perspectiva de las entidades dentro del ciclo evolutivo y están utilizando el proceso de encarnación para aumentar su progresión evolutiva.

YO: Así que, desde mi punto de vista, hay tres géneros de energía que se utilizan en el multiverso con los que las entidades están alineadas: estructural, evolutiva, y una energía que es una mezcla de estructura y evolutiva.

EF1: Es una descripción razonable, pero ten en cuenta que hay muchos más géneros que esos tres.

YO: Supongo que sí.

EF1: Volviendo a su pregunta, sin embargo, la Entidad de Mantenimiento General tiene que invocar un walk-in para permitir la intervención física gruesa directa.

YO: Si la Entidad General de Mantenimiento está en efecto "encarnada", ¿cómo puede utilizar su funcionalidad, teniendo en cuenta, por supuesto, que las frecuencias más bajas del multiverso restringen efectivamente la comunicación y el rendimiento funcional de una entidad?

EF1: La Entidad de Mantenimiento General, al invocar un walk-in, también invoca un aumento temporal del ancho de banda comunicativo y funcional, que está protegido. Esto requiere mucha energía, sin embargo, y como tal el walk-in sólo puede ser afectado por un período limitado antes de que la entidad tenga que devolver el cuerpo a su Aspecto primario (Alma).

YO: ¿Qué hace la Entidad General de Mantenimiento cuando está en el interior de un vehículo? ¿Cómo reconocemos un vehículo encarnado que ha sido requisado por una Entidad de Mantenimiento General?

EF1: Primero, el cuerpo Físico Grueso tiene la apariencia de desprenderse de sus deberes y responsabilidades normales y se desempeña de una manera fuera de lo normal. Cosas normales de un walk-in. En este caso, sin embargo, la Entidad de Mantenimiento General dirigirá el cuerpo que ha requisado a un lugar, usando la Tierra como ejemplo, donde sea necesario. El cuerpo Físico Grueso es entonces utilizado como un punto de anclaje para las energías que necesita utilizar para hacer que la intervención directa funcione.

YO: ¿Qué es la intervención directa en este caso?

EF1: La intervención directa puede ser invocar un sistema meteorológico, un cambio en la magnetosfera, o el uso de un volcán o terremoto para estabilizar las energías del planeta. También puede ser cualquier otra cosa asociada con un cambio ambiental mayor o localizado.

YO: ¿Sabría el Aspecto primario que están haciendo estos cambios a esta escala?

EF1: El Aspecto sí, pero el ego creado como resultado del proceso de encarnación no, y por eso, cuando el cuerpo Físico Grueso se libera, puede sentir que estuvo en una neblina durante unos días o semanas o que tuvo sueños extraños, sueños de tener un poder inmenso. Otra forma en la que el ego puede registrar una experiencia anormal puede ser por la pérdida de memoria durante la duración del walk-in o por despertarse de repente en un lugar diferente al experimentado y recordado previamente.

YO: ¿De qué otras formas puede una Entidad de Mantenimiento General utilizar un walk-in como medio para efectuar cambios en el ambiente, ya sea la Tierra o cualquier otro?

EF1: Hay momentos en que es necesaria la interacción con la población encarnada.

YO: ¿Cuándo ocurriría eso?

EF1: Si hay una necesidad de cambiar la forma en que la población encarnada está interactuando con el ambiente y que si la forma en que la población interactúa es tal que cualquier cambio realizado por la Entidad de Mantenimiento General se niega en un corto período de tiempo, también tendrán que cambiar los procesos de pensamiento de los encarnados. En este caso, se elige a un encarnado que se encuentre en el lugar adecuado y tal vez tenga el nivel de influencia adecuado para cambiar las mentes y los

Los Curadores

corazones de la población hasta el punto de que el trabajo de las Entidades de Mantenimiento General no se deshaga.

YO: Entonces, ¿quién sería una persona susceptible de ser contratada como pasante por una Entidad de Mantenimiento General?

EF1: Eso depende del trabajo a ser realizado. Sin embargo, la forma de ver si el vehículo de un encarnado ha sido requisado por una Entidad de Mantenimiento General es si el encarnado hace un cambio significativo y fuera de lo común en su forma de interactuar con los demás y en la dirección que decide tomar con su carrera o aficiones/pasatiempos. Los individuos habituales son aquellos que están en una posición de algún tipo de influencia sobre los demás, o podrían estarlo. Un individuo que puede considerarse un defensor de la causa.

YO: Supongo que eso describiría a políticos o industriales o famosos que de repente se convierten en Ambientalistas.

EF1: Depende. No sólo se eligen individuos destacados. Lo más importante es la ubicación principal y las propiedades interactivas del individuo.

YO: Tengo que admitir que me sorprende que las Entidades de Mantenimiento General utilicen un walk-in como medio para efectuar cambios en el ambiente local.

EF1: Cuando están trabajando en las frecuencias más bajas del multiverso y necesitan asegurarse de que los cambios que deben hacer van a ser introducidos permanentemente de forma que sean apoyados por la población encarnada, tienen la capacidad de utilizar cualquier medio que les sea posible.

YO: Es decir, si se les exige que trabajen en ese ambiente.

EF1: Naturalmente.

Estaba a punto de poner punto final al tema de las Entidades de Mantenimiento General cuando tuve la sensación de que aún no habíamos terminado, al menos no del todo. Había algo más sobre estas entidades que necesitaba ser transmitido antes de que siguiéramos adelante. Algo bastante singular —¡otra vez!

YO: Iba a terminar aquí pero creo que tienes algo más que contar sobre estas entidades.

EF1: Sí. Hay una cosa que te vendría bien saber.

YO: Soy todo oídos.
EF1: Las Entidades de Mantenimiento General no suelen abundar.
YO: ¿A qué se refiere?
EF1: Aunque hay un número nominal de Entidades de Mantenimiento General, y éstas son en su mayoría suficientes para hacer el trabajo desde una perspectiva multiversal, también pueden ser creadas por algunas de Los Curadores.
YO: ¿Tienen que ser Los Curadores de un determinado nivel, función o autoridad para poder crear o manifestar una Entidad de Mantenimiento General?
EF1: Sí, sólo el Curador de más alto nivel puede invocar la creación de una Entidad de Mantenimiento General. Además, también es sólo el Curador de más alto nivel el que puede deshacer o disolver una Entidad de Mantenimiento General.
YO: ¿Cuándo se crearía una Entidad de Mantenimiento General? ¿Cuáles son los criterios para tal función? ¿Cuándo se crearía una Entidad de Mantenimiento General? ¿Cuáles son los criterios para dicha función?
EF1: En ambos casos tiene que haber una necesidad abrumadora de que existan o dejen de existir Entidades de Mantenimiento General adicionales. Esto se debe a que hay un número óptimo necesario para ayudar en la funcionalidad del multiverso. En épocas de intensa actividad se necesitan más. La disolución de las Entidades de Mantenimiento General adicionales es necesaria en tiempos de actividad normal. Son un bien o recurso prescindible.
YO: ¿Por qué Los Curadores no dejan que sigan existiendo? ¿Qué necesidad hay de disolverlos?
EF1: Como acabo de decir, hay un número óptimo y este número debe mantenerse en su mayor parte. Hay un número óptimo de todos Los Curadores necesarios para gestionar y mantener la estructura y la eficiencia evolutiva del multiverso. Dejar que existan las Entidades de Mantenimiento General adicionales altera este equilibrio.
YO: ¿Qué quieres decir con equilibrio?
EF1: Como acabo de afirmar, existe un número óptimo de Curadores necesarios para mantener el multiverso y que éste se encuentra en equilibrio. El equilibrio, sin embargo, no es una función del género Curador contra el género Curador, es más una función del

número de Curadores, aquellas entidades en servicio, frente al número de entidades dentro del ambiente multiversal que están en el ciclo evolutivo. Este equilibrio tiene que mantenerse, pero puede haber una serie de casos en los que éste sea el caso, siempre y cuando sólo sea un estado temporal.

YO: ¿Por qué es importante que haya un equilibrio entre las entidades que están en servicio y las que están en ciclo evolutivo?

EF1: Tiene que haber una proporción de doce a la potencia de doce entidades más comprometidas en estar al servicio del mantenimiento del multiverso que las que están en el ciclo evolutivo.

YO: Es una cifra interesante.

EF1: Sí, se basa en la función principal de expansión estructural de un nivel estructural de El Origen a otro. También es una función de mi expansión estructural y, antes de que preguntes, no incluye el paso de la dimensión completa a la subdimensión, que se basaría en doce a la potencia de tres desde una perspectiva espacial.

YO: ¿Por qué la proporción entre las entidades de mantenimiento al servicio del multiverso y las que están en el ciclo evolutivo se basa en una función de la estructura de El Origen/tú?

EF1: Bien puedes preguntar.

YO: ¡Lo hago y lo estoy haciendo!

EF1: Bueno, tiene que ver con la cantidad de cambios, o correcciones al ambiente individual, local, universal y multiversal que realizan todas aquellas entidades que están en el ciclo evolutivo, a través de su capacidad de tomar decisiones individuales y/o colectivas, en todas sus variantes. Como se puede apreciar, hay una enorme cantidad de trabajo que hay que hacer cuando se considera los fractales ambientales que se crean y, por tanto, deben mantenerse como resultado de los caprichos de las entidades dentro del ciclo evolutivo y la posterior creación de Espacios de Eventos y Corrientes de Eventos nuevas o diversificadas, por no mencionar el mantenimiento del ambiente o ambientes principales. Como resultado, tiene que haber un equilibrio o proporción óptima entre las entidades que crean nuevas condiciones ambientales y las que las arreglan o mantienen. Como habrás adivinado por nuestro reciente diálogo, esta proporción, aunque aparentemente masiva, a veces no es suficiente, de ahí la creación transitoria de las Entidades de Mantenimiento General.

Me sorprendió un poco el tamaño de esta proporción. Era inimaginablemente grande. Sin embargo, cuando me senté en mi silla y pensé en ello por un momento, tenía sentido. Nosotros, como entidades encarnadas o en lo energético, podemos hacer un verdadero desastre de las cosas, y ese desastre necesita ser mantenido o corregido. El hecho de que hubiera tantas, tantas otras entidades limpiando después de nosotros fue, como mínimo, esclarecedor. Hice balance de esto por un momento y pensé en cómo nosotros, como entidades que estamos tanto en el ciclo evolutivo como encarnados, podríamos ayudar a Los Curadores y llegué a la conclusión de que la única manera era ser eficientes en nuestra interacción con nuestro ambiente y con esas otras entidades que también están interactuando con nosotros y con el ambiente.

¿Cómo podemos aumentar nuestra eficacia? pregunto. Todo lo que puedo decir es que la mejor manera de ser eficaz y eficiente es renunciar a ser egoísta, pensar en los demás y trabajar en beneficio de los demás (al hacerlo esto beneficia al sí-mismo), reduciendo la propia deuda kármica, y ver más allá de lo que todos hacemos. Saber que una experiencia es una lección que hay que aprender o una vivencia que hay que experimentar, ayudar a los demás a experimentar lo necesario con amor en nuestro corazón y con el objetivo de ayudarles/ayudarnos a experimentarlo una vez, y no múltiples veces. Es lo más simple y lo más difícil de hacer, pero si podemos trabajar de esta manera, reduciremos el número de fractales ambientales y kármicos, removiendo nuestras atracciones y adicciones a las frecuencias más bajas y la necesidad de encarnar. En el proceso, reduciremos la cantidad de trabajo correctivo que Los Curadores tendrán que hacer. También podemos acelerar nuestra progresión evolutiva y la progresión de este ciclo evolutivo en particular. Tenemos posibilidades ilimitadas, pensé. Todo lo que tenemos que hacer es trabajar con esta idea, y como resultado nos ahorraremos tanto dolor y sufrimiento. Seguramente se trata de una tentación irreflexiva, una decisión que no tiene alternativa. No entiendo por qué a la mayoría de nosotros se nos escapa. Me quedé pensando en estas palabras un momento, absorbiendo la energía

asociada a ellas. Tenemos libre albedrío para elegir tomar estas decisiones/acciones. Tenemos la capacidad de elegir el camino largo o el corto. Es la ignorancia, la ignorancia nacida de la falta de verdadera educación, la que nos hace tomar el camino largo. Suspiré.

EF1: Es hora de pasar al siguiente género de Curador.
YO: OK, vamos.

Los Principiantes

Tengo que confesar algo. A veces me encuentro en otras áreas del mundo, ya sea por mi trabajo o por un año sabático. Ahora estoy de año sabático (Navidad de 2016) y con Celia en un crucero de un día desde Mandalay en Myanmar (Birmania) hasta Bagan por el río Irrawaddy. Las últimas tres mil palabras se han escrito en ruta o in situ en Myanmar. El paisaje es asombroso, al igual que la historia, la gente, la religión que lo sustenta (el budismo) y la arquitectura. Al igual que con el viaje a Perú que hice a principios de año, he tomado algunas notas (mentales y escritas) para utilizar parte de esta experiencia en uno de mis futuros trabajos, uno que vincule las religiones y mi trabajo, donde hay puntos en común. Myanmar es, al menos en mi mente, otra versión de la India. Las ciudades están llenas de azar, ajetreo y bullicio, y el país es virgen, sereno y lleno de pura energía terrestre. Me empapé de las energías puras asociadas al campo de Myanmar. Era hermoso y puro, y el aura de los árboles y arbustos de la ribera brillaba con una energía blanca y dorada. Era tranquilizador, tanto que cuando La Fuente intervino para recordarme que tenía que seguir trabajando un poco más, me hizo dar un respingo.

EF1: ¿Continuamos?
YO: Sí, lo siento. Sólo estaba admirando la vista.
EF1: Ya veo. Vamos a terminar la introducción de este capítulo y luego puedes descansar y seguir disfrutando del paisaje.
YO: ¿Vas a resumir?
EF1: Sí. Voy a ampliar un poco el resumen original. Los Principiantes no deben ser confundidos con la comprensión humana de un comienzo o inicio. Son un grupo de seres que trabajan con las funciones del Espacio de Eventos permitiendo que cualquier cambio tenga su propio "inicio de evento", incluso cuando parece que no hay un comienzo real. Todo existe en términos de eventos y no en términos de tiempo; un inicio o comienzo no es, por tanto, una posición temporal, es simplemente una función de un cambio

de dirección experiencial. Es tarea de los Principiantes asegurarse de que la calidad del comienzo del evento se mantiene en su nivel óptimo cuando se introduce en el esquema general de los espacios de Espacio de Eventos existentes, o en una Corriente de Eventos. Ten en cuenta que su inserción de cambio crea todo un nuevo conjunto de posibilidades y, como tal, el número de nuevos Espacios de Eventos y Corrientes de Eventos. Los fractales y los efectos sobre los seres dentro de estos espacios necesitan ser conocidos y gestionados por estas entidades.

Llegados a este punto, empecé a preocuparme e interesarme un poco al mismo tiempo. Todos sabemos, espero, que todo sucede simultáneamente, al mismo tiempo en el lenguaje humano, así que, basándonos en esto, no hay principio ni fin de nada. Esto es simplemente porque todo lo que ha sucedido, sucederá, está sucediendo, incluyendo todas las permutaciones de posibilidad, inevitabilidad, etc., está sucediendo simultáneamente. La comprensión basada en el tiempo es un concepto humano (únicamente), por lo que decir que el Espacio de Eventos tiene un inicio de evento y, por tanto, un final de evento (véanse los Finalizadores más abajo) es ir un poco a contracorriente, ¡si no mucho! Decidí hacer una pregunta sobre esto antes de continuar con el resto del diálogo. Quería ver si estas palabras eran sólo para consumo humano o si realmente había un principio, y en última instancia un final, de un Espacio de Eventos o Corriente de Eventos. Sin embargo, antes de continuar, me detuve en seco. ¿Por qué no me lo había planteado antes? Es decir, ya habíamos hablado antes de Espacio de Eventos y Corrientes de Eventos, tanto en este diálogo como en los diálogos que precedieron a este libro. ¿Por qué no me había planteado el principio y el final de un Espacio de Eventos o de una Corriente de Eventos?

EF1: Porque no era el momento adecuado para discutirlo y cuestionarlo. Necesitas tener una comprensión básica de los conceptos que rodean un tema antes de estar en la verdadera posición de poder criticar la información y hacer preguntas que, en última instancia, ampliarán los límites de tu comprensión, que, por supuesto, incluye a la humanidad encarnada. Cuando

Los Curadores

trabajamos con nuevos conceptos, estás en el modo de aceptación y confianza totales. Es sólo un tiempo considerable, por así decirlo, después de que el evento que son capaces de sentarse y pensar en lo que se ha dicho. Esto no significa que todo lo que nosotros, tú, yo, El Origen y las otras Entidades Fuente hemos discutido esté equivocado, se humaniza un poco para ayudar a tu comprensión. Dicho esto, tendrás que entender exactamente qué es el inicio o el final de un evento antes de que podamos continuar con la descripción de lo que hacen los Principiantes e incluso los Finalizadores. Me reservaré lo que es el final de un Espacio de Eventos o de una Corriente de Eventos cuando hablemos del papel de los Finalizadores.

YO: OK, eso suena como un plan para mí y creo que voy a empezar las preguntas en este momento con una muy básica. Qué es exactamente el inicio o comienzo de un Evento y cómo se crea un nuevo Espacio de Eventos y una Corriente de Eventos?

EF1: A ti no te gusta esperar, ¿verdad?

YO: ¡Eh, no! Me gusta hacer preguntas anidadas.

EF1: Ya veo. Entonces las contestaré en el orden en que se creó el nido.

YO: Por favor, hazlo.

Estaba sonriendo. Sabía que La Fuente estaba jugando un poco conmigo y que estaba haciendo todo lo posible para relajarme, ya que cuando estoy relajado soy un mejor canal y más capaz de trabajar con los conceptos y la información que La Fuente iba a enviarme. También estaba diseñado para hacerme menos suspicaz y más tolerante. Algo difícil de conseguir cuando uno ha pasado la mayor parte de su vida como ingeniero. Decidí dejar que La Fuente siguiera adelante como mejor le pareciera.

EF1: No está mal un poco de autodiscusión, creo. Lo apruebo.

YO: Gracias.

EF1: El Comienzo o inicio de un Evento puede crearse de una o dos maneras.

La primera es cuando un grupo o colectivo de entidades trabajan activamente juntas para cambiar la dirección esperada de una serie de eventos naturales que se identifican como una

Corriente de Eventos principal. En este caso, cuando la(s) acción(es) del colectivo apoyada(s) por el deseo, la intención y el pensamiento crea(n) suficiente inercia inicial en torno al potencial de cambio como para iniciar el cambio, entonces ese punto se considera el comienzo o inicio del nuevo Espacio de Eventos. Este nuevo Espacio de Eventos puede ser de cualquier tamaño. De hecho, la creación de un nuevo Espacio de Eventos no está dictada en absoluto por el tamaño del Espacio de Eventos y los espacios dentro del Espacio de Eventos, porque el espacio y el evento asociado con el Espacio de Eventos se expande y contrae según sea necesario dentro de su propio espacio. Esta creación de un nuevo Espacio de Eventos, como resultado de un deseo colectivo, suele ser una de una serie de posibilidades o probabilidades que están alineadas con el Espacio de Eventos y la Corriente de Eventos actuales.

La segunda manera es cuando una entidad individual, de nuevo a través de sus deseos, intenciones, pensamientos y acciones, hace algo por lo que otras entidades se sienten atraídas o influenciadas. En este caso, las acciones de la entidad, por sí solas, pueden no ser suficientes para invocar un nuevo Espacio de Eventos global y sólo pueden ser capaces de crear un Espacio de Eventos local, lo que sería normal. Sin embargo, en el caso de que las acciones de la entidad sean suficientes para hacer que otras entidades cambien sus propias ideas, deseos, intenciones, pensamientos, comportamientos y acciones, entonces puede ser un cambio tan efectivo como la invocación de un nuevo Espacio de Eventos a través del deseo colectivo. Esto puede clasificarse como un llamado comodín, un seguimiento basado en la moda o el fanatismo, porque la creación global de un nuevo Espacio de Eventos no sería posible sin que esa única entidad hiciera la elección que decidió hacer.

YO: ¿Puedes darme un ejemplo de cómo una sola entidad puede afectar la vida de los demás hasta el punto de crear un nuevo Espacio de Eventos?

EF1: Tienes muchos ejemplos en la Tierra; piensa en una persona que consideras un nombre familiar. Uno en el que la gente piense, se comporte y actúe en función de la influencia de esa persona, uno en el que los pensamientos, comportamientos y acciones de los

Los Curadores

influenciados se extiendan más allá de los confines de la ubicación y el tiempo.

YO: OK. Entiendo. Se me ocurren unas cuantas personas que podrían considerarse "grandes influencias" para la población en general. Algunos de ellos son lo que llamaríamos una influencia negativa en términos de la creación de una forma de pensar, comportarse y actuar de baja frecuencia. Sólo hay unos pocos que se clasificarían como una gran influencia "mundial".

EF1: Estoy de acuerdo. Pero hay mucha gente que puede clasificarse como una influencia menor. Estas personas son capaces de interactuar con personas de ideas afines y cambiar su forma de pensar introduciendo una nueva idea o concepto de forma localizada. Lo local puede clasificarse como limitado a los que tienen la misma mentalidad y pensamiento en el ambiente más amplio de un solo país o ciudad a sólo aquellos individuos que interactúan con la persona de influencia a título personal.

YO: Así que, basándonos en esto, tenemos una acumulación de áreas de influencia mundiales, locales más amplias y locales localizadas que pueden crear un nuevo o el comienzo de un Espacio de Eventos y una nueva Corriente de Eventos. Esto resultaría en burbujas, a falta de una palabra mejor, de Espacio de Eventos dentro de burbujas de Espacio de Eventos junto con las Corrientes de Eventos correspondientes.

EF1: Correcto.

YO: Estoy pensando aquí, sin embargo, que todo esto debería ser una función automática del Espacio de Eventos y sus Corrientes de Eventos y no una función que requiera un Curador, un Principiante, para trabajar con ella. ¿Qué hacen exactamente?

EF1: Los Principiantes tienen la habilidad de manipular el Espacio de Eventos.

YO: Continúa.

EF1: Generalmente, la creación del Espacio de Eventos y sus Corrientes de Eventos son, como tú dices, una función automática del Espacio de Eventos como ambiente inteligente autocontenido dentro de El Origen. Sin embargo, dentro de mis energías, las que están reservadas para el ambiente llamado el multiverso, los Principiantes tienen la capacidad de afinar las funciones del Espacio de Eventos hasta el punto de que pueden introducir un nuevo Espacio de Eventos exactamente en el punto en el que sienten que una nueva serie de eventos tiene el potencial de empezar. De esta manera, separan los Eventos que componen un Espacio de Eventos conocido y ya establecido y sus Corrientes de Eventos para crear un nuevo Espacio de Eventos que tiene un punto de partida conocido. O, a falta de una palabra mejor, crean el inicio o punto de partida desde el que progresan estos eventos.

YO: Me cuesta entender cómo funciona esto. Puedes explicármelo mejor?

EF1: Piensa que tienes la habilidad y la autoridad de influenciar a un número de seres y su ambiente, a través de una serie de pequeños o mini cambios en los eventos dentro del Espacio de Eventos con el que están asociados, lo que resulta en la necesidad de un nuevo Espacio de Eventos, este Espacio de Eventos tiene un punto de inicio conocido y calculable; un punto de inicio que sólo podría haber ocurrido a través de una intervención externa, es decir, las interacciones normales dentro de la Corriente de Eventos no habrían resultado en un nuevo Espacio de Eventos y Corriente de Eventos por sí mismos.

YO: ¿Puedes darme un ejemplo de una de esas puestas en marcha del Espacio de Eventos y Corriente de Eventos?

EF1: Por supuesto. Hay uno que ocurrió en la Tierra no hace mucho tiempo.

YO: ¿En serio? ¿Cuándo fue esto?

EF1: Los Principiantes trabajaron con los Finalizadores [*ver siguiente sección— GSN*] para crear el comienzo o inicio de un nuevo Espacio de Eventos que resultó en la caída de la civilización a la que ustedes se refieren como Atlántida.

El anterior Espacio de Eventos no iba en la dirección correcta desde el punto de vista evolutivo, por lo que era necesario introducir uno nuevo.

YO: Estás a punto de decirme que la introducción de la civilización egipcia fue el resultado de la introducción de un nuevo Espacio de Eventos por parte de los Principiantes, ¿verdad?

EF1: Te me has adelantado, sí. Si te fijas en la historia egipcia, verás que su civilización simplemente apareció, surgió de repente.

YO: Sí, creo que ya hemos hablado de esto antes, en un diálogo anterior.

Los Curadores

EF1: Sí, lo hemos hecho, pero no hemos discutido la razón que rodea esta introducción "espontánea" de una nueva civilización en ningún detalle real.

YO: Tienes razón, no lo hemos hecho. Simplemente pensé que era el resultado de la caída de la Atlántida y el deseo de aquellos encarnados de frecuencia superior que previeron la caída de la Atlántida y trabajaron duro para reintroducir una civilización encarnada con suficiente tecnología y habilidad para darles una ventaja. Para verlo de otra manera, sería una deuda que se paga en lugar de permitir que el fracaso de la Atlántida ocurra realmente.

EF1: Bueno, puedes verlo de esa manera si lo deseas, pero la introducción de la civilización egipcia fue el comienzo de un nuevo Espacio de Eventos local y de las Corrientes de Eventos asociadas a él. De este modo, los Principiantes se aseguraron de que la calidad del comienzo del evento se mantuviera en su nivel óptimo cuando se introdujo en el esquema general del Espacio de Eventos y la Corriente de Eventos más amplios existentes. Desde entonces, han estado gestionando el nuevo conjunto de posibilidades y el número de nuevos Espacios de Eventos y Corrientes de Eventos, sus Espacios de Eventos fractales y los efectos sobre los seres que se encuentran dentro de estos espacios.

YO: ¿El comienzo o inicio de un nuevo Espacio de Eventos es normalmente tan obvio desde el punto de vista de un observador, digamos, distante?

EF1: No, no siempre, porque el comienzo o inicio de un nuevo Espacio de Eventos puede ser un Espacio de Eventos dentro de otro Espacio de Eventos.

YO: Dame otro ejemplo con el que trabajar.

EF1: Desde la perspectiva de la Tierra, eso sería el descubrimiento repentino de una nueva ciencia o tecnología o proceso [*un proceso de fabricación para crear un nuevo material—GSN*]. Uno que sería imposible descubrir normalmente, pero que simplemente aparece en la mente de un individuo. En este caso, el Espacio de Eventos general no se ve afectado, sino que se crea un nuevo Espacio de Eventos y una Corriente de Eventos dentro de él, teniendo la creación del Espacio de Eventos un punto de inicio conocido.

YO: OK, ahora entiendo. La mayor parte del trabajo de los Principiantes es por tanto, basado en la influencia de los encarnados clave de entonces.

EF1: Desde la perspectiva del universo físico, eso explicaría parte del trabajo que hacen, tal vez el 40 por ciento. Pero, en su mayor parte, el trabajo que hacen se basa en trabajar con el ambiente más amplio antes de que se vea afectado por esas entidades o seres que lo ocupan.

YO: ¿Está sugiriendo que preparen el ambiente más amplio para un cambio en el Espacio de Eventos y la Corriente de Eventos?

EF1: Sí. Verás, cuando un nuevo Espacio de Eventos es creado por la función natural del Espacio de Eventos a través de la interacción de las decisiones y las variaciones de las posibilidades en las que podrían entrar, se crea todo un nuevo ambiente paralelo, completo con las entidades actuando sus roles dentro de ese ambiente. Esto ocurre instantáneamente. La función de los Principiantes es también suavizar el flujo de la Corriente de Eventos dominante para permitir una transición gradual desde el Espacio de Eventos y la Corriente de Eventos principales al nuevo.

YO: ¿Por qué habría que suavizar el flujo principal de eventos?

EF1: Hasta ahora, todo lo que has discutido conmigo es la creación total de un nuevo Espacio de Eventos y Corriente de Eventos incluyendo la duplicación de las entidades dentro de ese espacio y corriente creados como una función natural del Espacio de Eventos respondiendo a las energías que rodean el punto de decisión, y/o las variaciones de posibilidades, certezas y probabilidades, etc., etc., etc., que crean ese punto de decisión. No hemos discutido la creación de un Espacio de Eventos y una Corriente de Eventos donde hay una migración de entidades de un Espacio de Eventos y una Corriente de Eventos a otra versión más apropiada. Es de la creación de este tipo de Espacio de Eventos de lo que los Principiantes son mayormente responsables y como tal, el flujo necesita ser gestionado o suavizado como resultado.

YO: ¿Cómo funciona eso, es decir, cómo pueden migrar las entidades de un Espacio de Eventos y Corriente de Eventos a otro sin duplicarse, triplicarse, cuadruplicarse, etc.? Seguramente las echarían de menos las que se quedan y con las que solían interactuar en el Espacio de Eventos y Corriente de Eventos precedente.

EF1: En el ejemplo de migración de un Espacio de Eventos y Corriente de Eventos a otro, los Principiantes trabajan en la creación del ambiente y del punto de introducción del nuevo Espacio de Eventos. También identifican aquellas entidades que lo ocuparán desde una perspectiva de migración y desde una perspectiva de duplicación o paralelización.

YO: Así que este nuevo Espacio de Eventos y Corriente de Eventos no sólo está poblado con entidades migradas, también está poblado con entidades duplicadas.

EF1: Correcto. Es un Espacio Paralelo que está poblado por ocupantes paralelos y no paralelos.

Al planificar la creación de un nuevo Espacio de Eventos, su Corriente de Eventos y su ambiente o ambientes, los principiantes observan el panorama completo. Buscan:

- la necesidad de un nuevo El Espacio de Eventos y Corriente de Eventos en contraposición a la creación natural de un Espacio de Eventos y Corriente de Eventos por el propio Espacio de Eventos;
- cuál es el punto de introducción del nuevo Espacio de Eventos y Corriente de Eventos en comparación con el Espacio de Eventos y Corriente de Eventos dominantes;
- sí Espacio de Eventos y Corriente de Eventos estarán dentro del Espacio de Eventos y Corriente de Eventos dominantes o serán externos a ellos;
- qué decisión de la entidad resultaría a que se paralelizaran y cuál daría lugar a que se singularizaran;
- el método de traducción de entidades singulares al nuevo Espacio de Eventos y Corriente de Eventos;
- los puntos de introducción de las entidades singularizadas desde la perspectiva global (de todo el universo);
- los puntos de introducción de las entidades singularizadas desde la perspectiva individual;
- el resultado de remover entidades singularizadas del Espacio de Eventos y la Corriente de Eventos descendentes desde la perspectiva de los eventos posteriores, las interacciones entre entidades y la progresión evolutiva;

Los Curadores

Estos Espacios pueden ser tanto un Espacio de Eventos y una Corriente de Eventos totalmente independientes como un Espacio de Eventos y una Corriente de Eventos dentro de un Espacio de Eventos y una Corriente de Eventos dominantes.

YO: Hablaste brevemente sobre trasplantar entidades de un Espacio de Eventos y Corriente de Eventos a otro y pregunté si las entidades en el Espacio de Eventos y Corriente de Eventos precedente las echarían de menos, que notarían que ya no están interactuando con ellas. ¿No causa esto un problema?

EF1: No. Desde la perspectiva de la entidad trasplantada y de quienes interactúan con ella, ocurren tres cosas.

En primer lugar, las entidades que permanecen en el Espacio de Eventos y en la Corriente de Eventos precedentes experimentan lo que les parece un final natural de la interacción o de la relación. En esencia, su memoria encarnada se altera para sugerir que la entidad que ha sido trasplantada simplemente se ha movido fuera de la esfera de existencia de las entidades restantes y ya no está disponible para interactuar con ellas. Un ejemplo que se puede utilizar sería que la entidad restante pensara que la entidad trasplantada ha emigrado a otro país o a una distancia que anula la posibilidad de una interacción continuada. Incluso se les puede dar el recuerdo de que esa entidad ha terminado su encarnación. Como resultado, la entidad trasplantada ya no está en sus mentes.

En segundo lugar, desde la perspectiva de la entidad trasplantada, ésta no ve otro cambio que la decisión que tomó o el estado de existencia que está experimentando no tiene alternativa. Es decir, no podría crearse una versión paralela de ella y su ambiente como resultado del cambio en su dirección, ambiente o interacción.

En tercer lugar, desde la perspectiva de las entidades paralelizadas, nada ha cambiado. Todo es normal. Todas las interacciones, ambientes y experiencias son como eran, como son y como serán. Es una existencia paralela en todos los sentidos en comparación con el Espacio de Eventos y la Corriente de Eventos precedentes.

En el nuevo Espacio de Eventos y Corriente de Eventos, las entidades paralelizadas son, a falta de una palabra mejor, el atrezo de fondo para el ambiente y la interacción con las entidades trasplantadas. Esto permite a las entidades trasplantadas experimentar, aprender y evolucionar en la dirección no paralelizada en la que iban. La paralelización de estas entidades es, por tanto, puramente en beneficio de las entidades trasplantadas.

YO: ¿Qué crea la necesidad de que una entidad se trasplante en primer lugar?

EF1: Una certeza muerta basada en la inevitabilidad de que una decisión tomada por esa entidad resulte en un Espacio de Eventos y Corriente de Eventos y no en otro.

YO: ¿Pero no podría ocurrir otro punto de decisión más adelante en la Corriente de Eventos que resultara en la invocación de un nuevo Espacio de Eventos y Corriente de Eventos?

EF1: Este tipo de Espacio de Eventos y Corriente de Eventos se crea específicamente para aquellas entidades que tienen un flujo de certezas e inevitabilidades muertas y como tal permanece estable.

YO: ¿Pero no podrían crearlas las entidades paralelas dentro de ese Espacio de Eventos?

EF1: Sí, pero no afectarían a las entidades trasplantadas. En ese caso, aunque las entidades trasplantadas se paralelizarían, se convertirían en el atrezo de fondo para aquellas entidades que están creando el nuevo Espacio de Eventos y Corriente de Eventos. Simplemente serían parte del escenario y no tendrían interacciones válidas que crearan un nuevo Espacio de Eventos y Corriente de Eventos. Su habilidad para interactuar con el ambiente y sus ocupantes y hacer interacciones válidas permanecería en el Espacio de Eventos y Corriente de Eventos que fue creado inicialmente para ellos.

Me senté y me pregunté por un momento. La creación de un Espacio de Eventos y una Corriente de Eventos no es algo sencillo de considerar, especialmente el punto dentro de un Espacio de Eventos y una Corriente de Eventos existentes en el que se inserta un nuevo Espacio de Eventos y una Corriente de Eventos, creando el "inicio" de Evento y Corriente. Incluso la creación de un nuevo Espacio de Eventos y una Nueva Corriente de Eventos autocontenidos externos a un Espacio de Eventos y una Corriente de Eventos existentes es difícil

Los Curadores

porque el número de posibilidades de decisiones que podrían, deberían o podrían crear el Espacio de Eventos y la Corriente de Eventos creados automáticamente puede anular la necesidad de que intervengan los Principiantes.

Estaba a punto de ponerme en contacto con La Fuente e iniciar el diálogo sobre el género de entidades Curadoras llamadas los Finalizadores cuando empecé a pensar en las palabras "principio" y "fin"—de nuevo. Perdóname, querido lector, por volver sobre este tema tan antiguo (¡y otra vez!), pero todo lo que me/nos han dicho hasta la fecha es que no existe tal cosa como un comienzo y un final, que todo está operando concurrentemente en el mismo espacio y que el tiempo fue una construcción hecha por aquellas entidades que encarnan como seres humanos. Basado en esto, no tener tiempo, tener concurrencia, y también tener un punto de inicio y final para describir la manifestación y disolución de un Espacio de Eventos y una Corriente de Eventos parecía ridículo, por decir lo menos. Decidí poner fin a esto de una vez por todas con La Fuente antes de pasar a los Finalizadores.

EF1: ¿Para qué molestarse con esas preguntas si ya conoces la respuesta?

YO: Sé que me lo has dicho en el pasado, pero es que parece una dicotomía.

EF1: Todo en las bajas frecuencias del universo físico es una dicotomía. Por eso las entidades encarnan en él, para experimentar dicotomías, dualidades y linealidad. Es sólo que es difícil ver por qué es así.

Empezaré de nuevo con la misma descripción que Byron les dio hace tantos años. El Espacio de Eventos es como una pelota de goma elástica, en la que cada evento está representado por una sola goma. Cada goma elástica está en contacto entre sí, ya sea por contacto directo con una goma elástica o por contacto indirecto con una goma elástica a través de otra goma elástica. El Espacio de Eventos es, por tanto, una colección de eventos que ocupan el mismo espacio; la Corriente de Eventos es la función de los eventos del Espacio de Eventos que se conectan entre sí de un modo lógico, que permite la continuidad del Espacio de Eventos general en su espacio, al tiempo que permite individualizar los eventos del Espacio de Eventos. Así pues, utilizando la pelota de goma elástica como ilustración, la Corriente de Eventos es el vínculo de conexión entre los diversos eventos que están colocados juntos de forma lógica, de manera que un evento lleva a otro. De este modo, los eventos enlazados por la Corriente de Eventos no tienen por qué estar uno al lado del otro. En esencia, el evento número uno puede estar directamente relacionado con el evento número cuarenta y dos aunque haya otros cuarenta eventos entre ellos. Esto sólo es posible porque todos ocupan el mismo Espacio de Eventos. Es la función de la Corriente de Eventos la que permite que el comienzo o inicio de un evento esté conectado con el final de un evento independientemente de su ubicación dentro del Espacio de Eventos e independientemente de su estado de paralelización simplemente porque está en el mismo espacio. Del mismo modo, el hecho de que todos los eventos se encuentren en el mismo Espacio de Eventos es la razón por la que es posible recorrer los eventos, avanzar o retroceder en el tiempo en términos humanos. Salvo que no se avanza ni se retrocede en el tiempo, sino que se va de un evento a otro, que pueden o no ser anteriores o posteriores entre sí.

El principio/inicio o final de un evento es un cambio automático en la dirección experiencial y evolutiva, provocado bien por las elecciones hechas por las entidades dentro de los eventos "dentro" del Espacio de Eventos, bien por los Principiantes o los Finalizadores, si existe la necesidad de un nuevo Espacio de Eventos que sólo puede ser invocado por una intervención externa. Por tanto, intenta pensar en términos de cambios en la dirección experiencial y evolutiva más que en el principio o el final de una experiencia u oportunidad evolutiva, aunque las entidades descritas y a punto de ser descritas se llamen Principiantes y Finalizadores.

Otra forma de verlo es como la rama de un árbol termina dividiéndose de forma fractal. El punto en el que se crean las nuevas ramas puede considerarse tanto el final del Espacio de Eventos anterior como el principio del nuevo Espacio de Eventos. Nótese, sin embargo, que esto supone que hay un Espacio de Eventos precedente a partir del cual crear un nuevo Espacio de

Eventos. Hablaré de ello más adelante. Sin embargo, si la rama del árbol sigue siendo la rama dominante después de que se haya creado una nueva rama, entonces ésta se considera el Espacio de Eventos principal y la rama pequeña un Espacio de Eventos menor, o un Espacio de Eventos dentro de un Espacio de Eventos.

Esperaba con impaciencia a que La Fuente hablara de la creación de un Espacio de Eventos sin un Espacio de Eventos anterior a partir del cual crearlo. ¿Por qué? Porque es un punto de partida real.

EF1: Pensé que te gustaría esta parte.

YO: Por supuesto. Para mí este es todo el punto y uno en el que cruzamos al punto de la creación inmaculada de El Origen.

EF1: Esa no es una afirmación estrictamente cierta porque el propio Espacio de Eventos permitió que la creación de El Origen tuviera prioridad sobre su propia sintiencia. Así que hubo intervención, aunque fuera del propio Espacio de Eventos. Basta decir que la creación de un Espacio de Eventos que no tiene un Espacio de Eventos precedente y una Corriente de Eventos a partir de los cuales trabajar es responsabilidad última de los Principiantes.

YO: ¿Cómo puede ser? Quiero decir que tiene que haber una serie de eventos que precedan al momento en que los Principiantes decidan crear un nuevo Espacio de Eventos, uno que no tenga un espacio precedente, para que puedan llegar a la conclusión de que existe la necesidad de un nuevo Espacio de Eventos.

EF1: Correcto. Sin embargo, el Espacio de Eventos precedente es el Espacio de Eventos en el que existen los Principiantes y no un Espacio de Eventos con el que estén trabajando o manteniendo.

YO: ¡Ah! Así que en este caso entonces, pueden crear un Espacio de Eventos nuevo y totalmente independiente sin ningún Espacio de Eventos precedente específicamente porque están fuera del Espacio de Eventos con el que están trabajando o que están manteniendo. Lo están creando para crear un ambiente nuevo y único para que sus entidades trabajen con él.

EF1: Ahora lo tienes.

YO: Es como descubrir una nueva tierra y aventurarse a poblarla.

EF1: Esa es una forma de describirlo, sí. Ahora tenemos que pasar a los Finalizadores.

Los Finalizadores

Con el nivel de debate que tuvimos en el capítulo anterior sobre los Principiantes, casi me pareció innecesario trabajar en la descripción de las funciones y responsabilidades de los Finalizadores. Creía que ya habíamos hablado de ellos, que serían el recíproco de los Principiantes. Estaba pensando en lo que podría ofrecer el texto adicional y la discusión cuando La Fuente volvió a saltar con la breve descripción y me tranquilizó con el inicio de información nueva y adicional.

EF1: Continuando entonces. Los Finalizadores son el grupo de seres que trabajan con las funciones del Espacio de Eventos permitiendo que cualquier cambio en el evento se mantenga en su nivel óptimo cuando se retira del esquema general de espacios de Espacios de Eventos existentes reconociendo que la retirada de un Espacio de Eventos y sus Corrientes de Eventos crea todo un nuevo conjunto de posibilidades. Además, la falta de creación del número de nuevos Espacios de Eventos potenciales, sus fractales y los efectos sobre los seres desde una perspectiva experiencial y evolutiva dentro de estos espacios necesita ser conocida y gestionada por estas entidades.

A diferencia de la función "forzada" de los Principiantes, el fin del evento puede crearse como función naturalizada o forzada.

YO: ¿Pensaba que habíamos dicho con los Principiantes que el comienzo o inicio de un nuevo Espacio de Eventos puede ser creado como una función naturalizada?

EF1: No. Aunque puede haber creaciones naturales de Espacio de Eventos y Corrientes de Eventos, los Principiantes en realidad no invocan un comienzo o inicio naturalizado, sólo crean un nuevo Espacio de Eventos por la fuerza. Fuerza significa que deciden usar cualquier habilidad que tengan para invocar la creación de un nuevo Espacio de Eventos basados en un deseo o necesidad de hacerlo y si el nuevo Espacio de Eventos o Corriente de Eventos no se crearía como una función natural del Espacio de Eventos.

YO: Mirando esto entonces, los Finalizadores tienen un trabajo más fácil que hacer porque todo lo que están haciendo es forzar o crear una terminación natural de un Espacio de Eventos.

EF1: Parece sencillo, ¿verdad?

YO: No lo habría dicho si no lo creyera.

EF1: Pero no es cierto. Verás, los Finalizadores tienen que considerar todas las funciones descendentes del Espacio de Eventos y de la Corriente de Eventos. Lo que esto significa es que tienen que mirar los efectos de remover los Espacios de Eventos Paralelizados y las Corrientes de Eventos de la productividad general del Espacio de Eventos que están eligiendo terminar.

YO: ¿Qué criterios son necesarios para que los Finalizadores puedan tomar la decisión de que un Espacio de Eventos debe ser finalizado o terminado antes de que llegue a su fin natural y automático?

EF1: Hay muchos criterios. No se trata sólo de detener en seco una secuencia de eventos, un Espacio de Eventos y su Corriente de Eventos. Se trata de ver la eficiencia evolutiva de un Espacio de Eventos y, en algunos casos, la racionalización del número de espacios de eventos que están en acción.

YO: ¿Puedes informarme de las diferencias de criterio para la disolución de un Espacio de Eventos y si se trata o no de una disolución natural o de una disolución forzosa?

EF1: Sí, por supuesto.

Hay cuatro criterios o etapas principales que deben tenerse en cuenta antes de que un Espacio de Eventos y su Corriente de Eventos puedan disolverse. Ten en cuenta que un callejón sin salida evolutivo también es un Espacio de Eventos:

1. ¿Cuál es la duplicación de experiencia y evolución con respecto a otros Espacios de Eventos? ¿La duplicación es tan grande que la continuación de este Espacio de Eventos no aporta gran cosa, o hay suficiente diferencia como para permitir que siga existiendo?

2. ¿Cuántos callejones sin salida evolutivos está creando este Espacio de Eventos? ¿Alguno de los callejones sin salida da lugar realmente a un nivel de aprendizaje y, por tanto, a un elemento de evolución limitada? Si algún callejón sin

salida evolutivo resulta en una experiencia de aprendizaje única, entonces tiene que seguir existiendo.
3. ¿El Espacio de Eventos es capaz de crear otros Espacios de Eventos? Hay Espacios de Eventos que no crean fractales de sí mismos debido a la naturaleza de las funciones de las entidades que trabajan en ellos. Si hay experiencia y aprendizaje únicos, el Espacio de Eventos sigue existiendo. Si, por el contrario, el Espacio de Eventos no muestra ningún crecimiento experiencial o evolutivo, y la experiencia de las entidades es por tanto estática y mundana, entonces el Espacio de Eventos se disuelve.
4. ¿Es capaz el Espacio de Eventos de llegar a un final natural por sí mismo, o habrá que forzar su disolución? El funcionamiento normal y automático de un Espacio de Eventos es tal que se disuelve de forma natural cuando llega a un callejón sin salida evolutivo. Sin embargo, como en el tercer ejemplo, no siempre es así y un Espacio de Eventos puede seguir existiendo en un estado estático y estancado. Un Espacio de Eventos que permanece en un estado estático y estancado no es beneficioso para las entidades que lo componen, tanto si está paralelizado, y las entidades que lo componen están paralelizadas, como si no. Un Espacio de Eventos así también puede detener la disolución natural de otros Espacios de Eventos si acaba convirtiéndose en el Espacio de Eventos principal o principal y, por tanto, debe disolverse.

YO: Todo esto se basa en la necesidad de disolver un Espacio de Eventos y en los criterios que apoyan tal decisión. ¿Qué pasa con la disolución natural de un Espacio de Eventos? Es decir, ¿en qué trabajan los Finalizadores para apoyar las funciones naturales del Espacio de Eventos en este caso?

EF1: Todo lo que acabamos de discutir gira en torno a la necesidad de cambiar las funciones naturales del Espacio de Eventos y no dejar las cosas como están. La necesidad de cambiar una función natural es la razón de ser del género de entidades de Curador para optimizar las funciones naturales del ambiente multiversal y sus interacciones con sus entidades titulares y el espacio en el que existe y sin él. Acelerar la naturaleza es una función abarcadora de Los Curadores y los Finalizadores son clave para ello. En general, las funciones que rodean la necesidad de disolver un Espacio de Eventos son la mayor parte del contenido de las responsabilidades de los Finalizadores. Saber cuándo dejar que un Espacio de Eventos funcione por sí mismo es otra de sus habilidades.

YO: En general, entonces, ¿puede asumirse que los Finalizadores son como jardineros, que podan los fractales de Espacios de Eventos muertos o moribundos lejos de los Espacios de Eventos sanos o dominantes, permitiendo que continúe el rendimiento óptimo de los Espacios de Eventos dentro de los lugares en los que se crean? Esto se consigue o bien no haciendo nada, porque la disolución natural del Espacio de Eventos es en sí misma la más eficiente, o bien ayudando a su disolución.

EF1: Es una sinopsis razonable. Sin embargo, tenemos un área más en la que trabajan los Finalizadores que discutir.

YO: ¿Cuál es?

EF1: A la que hemos aludido en dos ocasiones, pero de la que no hemos hablado.

YO: ¿Y eso es?

EF1: Reconocer que la retirada de un Espacio de Eventos y sus Corrientes de Eventos dentro del Espacio de Eventos general crea todo un nuevo conjunto de posibilidades. Y, además, que un evento dentro de un Espacio de Eventos puede ser retirado manteniendo el espacio en el que existe.

YO: Creía que habíamos discutido la primera parte de esa afirmación.

EF1: No. Vuelve a leer el texto.

Lo hice, y entendí a qué aludía La Fuente.

YO: ¡Ah! Ahora entiendo. Hemos estado hablando de la disolución de un Espacio de Eventos, no de la retirada de uno. Se trata de la retirada de un Espacio de Eventos. La retirada no es disolución; es reubicación.

EF1: Sí, y el movimiento de un evento de un Espacio de Eventos activo a otro.

YO: Así que tenemos dos cosas que discutir, el mantenimiento de un evento cuando se retira de un Espacio de Eventos, y el movimiento de un evento de un Espacio de Eventos a otro.
EF1: Correcto.

El Mantenimiento de un Evento

EF1: Los Finalizadores tienen la capacidad de poner fin a los efectos descendentes de un determinado evento, removiéndolo del Espacio de Eventos abarcador dentro del que se expresa. La remoción de un evento puede ser creada por la manipulación de los eventos precedentes, de manera que el evento que necesita ser removido es, en efecto, terminado. O, a falta de una palabra mejor, que nunca llegue a existir. Como resultado, los eventos descendentes que se habrían creado ya no se crean y los eventos que ya existían, que se habrían visto afectados por el propio evento o sus fractales, ya no deben verse afectados.

YO: Pero es lo mismo que acabamos de discutir, ¿no?

EF1: Sí, por supuesto. Sin embargo, lo inteligente aquí es que los Finalizadores tienen la capacidad de darse cuenta de la oportunidad individualizada de evolución que tendrá mantener un evento en particular aislado de los demás, si realmente se aísla y se le permite desempeñar sus funciones naturales dentro de este estado aislado.

YO: Entonces, ¿ya no se ve afectado por ninguna influencia externa?

EF1: No, se mantiene en estado puro. Para permitir que el aislamiento y la remoción de un evento tengan éxito, los Finalizadores necesitan interceptar el evento en su concepción, ese punto en el que es un nuevo evento y no ha existido el tiempo suficiente para afectar a otros eventos dentro de su Espacio de Eventos y Corriente de Eventos.

YO: Estaba a punto de preguntar cómo saben cuándo se va a producir la concepción de un evento, pero siendo los seres que son, con las capacidades que tienen, más o menos lo explica.

EF1: Sí, así es. Al igual que los Principiantes, los Finalizadores existen fuera de la estructura del multiverso que creé dentro de mí y por eso son capaces de ver las funciones de forma concurrente.

YO: ¿Cómo funciona eso? Estoy pensando en voz alta (¡o a máquina!) que el Espacio de Eventos es una función mucho mayor, que te incluye a ti y es un componente fundamental de El Origen. Si el Espacio de Eventos es una función mucho mayor, ¿cómo es que los Principiantes y los Finalizadores tienen la capacidad de trabajar con el Espacio de Eventos de la forma en que lo hacen?

EF1: Trabajan dentro del Espacio de Eventos general, y sus fractales, en el que yo estoy trabajando, todo ello, por supuesto, dentro de la estructura general de El Origen. Es porque están trabajando fuera del Espacio de Eventos abarcador que contiene el multiverso y sus Espacios de Eventos localizados, mientras están dentro del mío, que pueden ver las rutas que hacen las entidades que resultan en la creación de un nuevo evento y sacarlo del Espacio de Eventos en el que estaba destinado a manifestarse antes del punto de manifestación.

YO: ¿Entonces nunca se manifiesta en primer lugar?

EF1: Sí, lo hace, pero simplemente se remueve y se coloca en aislamiento. Aunque esas entidades que habrían sido las creadoras clave de las condiciones que crearon el evento no se ven afectadas y continúan con el siguiente evento sin perturbaciones, si el evento se aísla, se paralelizan para permitir que el evento se desarrolle en su espacio aislado.

YO: ¿Qué es un espacio aislado?

EF1: Es un área de Espacio de Evento benigno que es creado por los Finalizadores para permitir que el evento que es removido exista dentro, trabaje a través de él y llegue a un final natural.

YO: Un Espacio de Eventos que no va a ninguna parte.

EF1: Sí. Es un tramo del Espacio de Eventos que no está conectado a ninguna otra posible creación del Espacio de Eventos que no sea ella misma, y por lo tanto está aislada.

YO: ¿Cómo es posible? Quiero decir que el Espacio de Eventos es una función autónoma de El Origen, que crea versiones paralelas de sí mismo como resultado de nuestras decisiones, y que se expanden y contraen sobre una base fractal. ¿No conozco ningún Espacio de Eventos que sea autocontenido del propio Espacio de Eventos?

EF1: Así es, no lo es. No existe como función natural del Espacio de Eventos; lo crean los Finalizadores.

Los Curadores

YO: Siento no haber hecho esta pregunta antes, pero ¿cómo crean los Finalizadores un tramo del Espacio de Eventos que sea autónomo del Espacio de Eventos general y abarcador?

EF1: Como entidades, todos ustedes son creados a partir de mis energías y mi estructura y yo, a mi vez, soy creado a partir de las energías de El Origen; eso ya lo sabes.

YO: Sí, así es.

EF1: Dentro de todas estas energías hay, por supuesto, un aspecto de sintiencia o inteligencia asociado a estas energías. ¿Reconoces esto?

YO: Sí, así es.

EF1: Entonces reconoce también que es posible asignar aspectos de la energía y de su sintiencia o inteligencia asociada a otros aspectos de la energía y de la sintiencia o inteligencia.

YO: ¡Lo tengo!

EF1: Todavía no, no lo tienes.

YO: OK.

EF1: Pero lo harás pronto, porque aún no he terminado. Teniendo en cuenta que tú y todas las demás entidades creadas por El Origen o por mí mismo también pueden ser clasificadas como energía y su sintiencia asociada, o sintiencia dada a un cuerpo de energía, puede entonces observarse que un aspecto de la energía y la inteligencia asociadas al Espacio de Eventos puede asignarse a la energía de otra entidad.

YO: Eso haría que una entidad fuera parte de ti y parte del Espacio de Eventos y no sólo una unidad individualizada de ti.

EF1: Correcto.

YO: Y esto significa que tal entidad podría comandar y manipular aquellas energías que están dentro de ella, que son parte de ella.

EF1: Sí, y también significa que tal entidad podría atraer más de esas energías hacia ella y manipularlas también.

YO: ¿Y de esto están hechos los Finalizadores?

EF1: Sí, así es.

YO: Los Finalizadores son, por tanto, una parte tuya, una parte Curador del género Finalizador y una parte Espacio de Eventos.

EF1: Sí, lo son.

YO: ¿Y también los Principiantes?

EF1: Correcto otra vez. Ahora lo estás entendiendo.

YO: Pues casi. Por lo tanto, debido a que las energías que se utilizan para crear los Finalizadores (y los Principiantes) también tienen un porcentaje de Espacio de Eventos dentro de ellos, son capaces de recoger, comandar y controlar las energías asociadas con el Espacio de Eventos y crear un nuevo tramo de Espacio de Eventos.

EF1: Sí, y lo que es más, debido a que los Finalizadores han sido bendecidos con la individualidad, también tienen la capacidad de transmitir la esencia de la individualidad a las energías con las que trabajan, incluyendo el Espacio de Eventos.

YO: Y esta esencia de la individualidad es lo que se requiere para permitir la creación de un tramo autónomo y autocontenido del Espacio de Eventos, uno que nunca cree fractales o versiones paralelas del mismo.

EF1: Correcto.

YO: ¿Y creaste a los Finalizadores (y a los Principiantes) con esta habilidad añadiendo las energías asociadas con el Espacio de Eventos?

EF1: Por supuesto. Los Principiantes y los Finalizadores no son los únicos Curadores que tienen esta habilidad, los Arquitectos también la tienen [*no discutido previamente—GSN*], pero tienden a no usar esta habilidad porque los Principiantes y los Finalizadores tienen los roles que demandan el uso de tal función, los Arquitectos no como tal.

YO: Estoy pensando en esto por un momento—un Espacio de Eventos que es autónomo y autocontenido sin influencias externas con las que relacionarse como parte de una paralelización o un fractal de una paralelización y sin ninguna decisión interna que pueda hacer que se paralelice a sí mismo. Esto es casi como el ambiente en el que la humanidad encarnada inmersa cree que existe. Un momento; ¿es esto en lo que estamos trabajando realmente, un tramo aislado e individualizado del Espacio de Eventos?

EF1: No, no es en lo que existe la humanidad encarnada. Aunque a veces pienso que sería una buena idea. No, hay demasiadas oportunidades evolutivas paralelas creadas por todos ustedes como para que yo quiera, a través de los Finalizadores, retirar el espacio que todos ustedes ocupan y aislarlo. Sin embargo, ha habido casos en los que los Finalizadores han movido un fractal de Espacio de Eventos creado por la humanidad encarnada inmersa a otro Espacio de Eventos.

Movimiento de Eventos de Un Espacio a Otro

Mi cabeza zumbaba ahora. Alguna parte de lo que todos hemos creado colectivamente como una función paralela debido a alguna forma de lo que sólo puedo suponer que es un proceso de decisión colectiva, ha dado lugar a que los Finalizadores trasladen ese Espacio de Eventos a otro. Me senté un momento y me pregunté cuándo había sido y por qué había sucedido. Estaba a punto de esperar y discutir esto con La Fuente al final de esta discusión, cuando La Fuente decidió que era necesario responder primero.

EF1: Hay dos momentos dignos de mención. Uno reciente y otro en lo que podríamos llamar la prehistoria. El primer Espacio de Eventos derivado de la humanidad que se trasladó a otro Espacio de Eventos general estaba basado en la época en la que el uso de la forma humana permitía a los Aspectos de VSE pasar de un vehículo encarnado a otro de forma regular, dejando parte de su firma energética en la forma humana, lo que resultaba en un efecto desarmónico con los propios Aspectos, ya que absorbían la firma energética de los usuarios anteriores de la forma humana a la que acababan de pasar, perdiendo de forma efectiva su propia firma energética, y por lo tanto la dominante, con el tiempo [ver La Historia de Dios—GSN]. En la versión del Espacio de Eventos en la que estás trabajando actualmente, la función de la encarnación se cambió para evitar que esto sucediera. Esto se consiguió deteniendo la capacidad de los Aspectos encarnados de pasar de una forma humana a otra y reduciendo la capacidad del Aspecto encarnado de recordar tales funciones mientras está encarnado. En el Espacio de Eventos que se removió, se permitió que esta función continuara para ver qué sucedía. Reconociendo que en última instancia causaría una pérdida de la individualidad inicial, este Espacio de Eventos se duplicó, colocando un duplicado en un tramo de Espacio de Eventos autónomo, y otro en un fractal de un Espacio de Eventos similar. En el primer caso, los Aspectos experimentaron un retorno a la comunión y, por tanto, una pérdida

Los Curadores

completa de individualidad, pero sólo afectó a la Tierra como ubicación. En el segundo caso, la desarmonía se extendió por todos los vehículos encarnados en todo el universo físico, en todos los lugares y en todas las frecuencias. Fue desastroso, a la vez que interesante de observar.

En estas dos acciones, Los Curadores observaron cómo pueden cambiar los resultados generales en función de la reubicación del Espacio de Eventos o la terminación efectiva de su capacidad de paralelización.

La segunda vez que se trasladó un Espacio de Eventos a otro fue durante lo que ustedes llaman la Segunda Guerra Mundial.

YO: ¿La Segunda Guerra Mundial? Pero eso es reciente, muy reciente. ¿Qué ocurrió en ese momento que requirió la necesidad de mover el Espacio de Eventos principal? ¿Qué ocurrió con las entidades que trabajaban en ese Espacio de Eventos?

EF1: Responderé primero a la última pregunta.

YO: OK.

EF1: Hubo una paralelización de todas esas entidades y los ambientes que estaban en ese Espacio de Eventos, una que sólo sería una paralelización singular, es decir, no se crearían otros Espacios de Eventos ni se paralelizarían entidades. Esto se hizo para permitir que este Espacio de Eventos se desarrollara de forma autónoma.

YO: ¿Y se sigue reproduciendo hoy en día?

EF1: Sí, por supuesto. Sigue siendo local desde tu perspectiva. Aquellas entidades que fueron paralelizadas autónomamente continuaron interactuando con aquellas entidades que también son paralelizadas autónomamente dentro del ambiente creado.

YO: ¿Y qué ocurrió? ¿Qué causó la necesidad de remover esa serie de eventos del Espacio de Eventos abarcador general?

EF1: La posibilidad de contaminación.

YO: ¿Cómo dices? ¿Qué significa eso?

EF1: El uso de lo que tú llamas armamento atómico fue desarrollado por todos los actores principales en esta versión de la Segunda Guerra Mundial simultáneamente, y fue usado simultáneamente. Esto fue previsto por los Finalizadores y, como resultado, el Espacio de Eventos que mostraba esta serie de escenarios fue removido del Espacio de Eventos general y abarcador y se permitió que se desarrollara por sí mismo. El efecto fue horrible, por no decir otra cosa. Todas las grandes ciudades y áreas densamente pobladas fueron destruidas y la población encarnada se vio profundamente afectada por la radiación resultante del uso de tales armas.

Basta decir que los VSE que habían proyectado Aspectos/Esquirlas en ese ambiente acordaron que esos Aspectos/Esquirlas se paralelizaran y aislaran para permitir que los efectos energéticos de las experiencias se filtraran y para que los VSE sólo experimentaran los efectos resultantes y no los compartieran, al menos no inicialmente, con aquellas otras partes de los Aspectos/Esquirlas que se paralelizaron en otros Espacios de Eventos. La experiencia de tan vastos niveles de destrucción y la ascensión de tantos encarnados de vuelta a lo energético en una serie de eventos habría sido demasiado para los otros Aspectos/Esquirlas paralelizados para hacerle frente. Estaba más allá de lo que podría ilustrar incluso la desaparición de la civilización llamada Atlántida.

Además, el deseo de lograr tal acto de destrucción se había extendido por todo el mundo, no sólo entre los que lo instigaron, sino también entre la población en general. La necesidad de destruir se sentiría a nivel de la población encarnada en general en los otros Espacios de Eventos si no hubiera sido filtrada por el VSE y colocada en un tramo aislado, individualizado y autónomo del Espacio de Eventos. En este punto de la evolución de la humanidad encarnada, se habría extendido a todos los Espacios de Eventos en un nivel de intensidad u otro, dando lugar a la reproducción de Corrientes de Eventos similares y a una espiral general descendente de las frecuencias. Esta era la contaminación a la que me refería.

Las entidades en ese Espacio de Eventos están experimentando ahora lo que podrías llamar un estado de ser involucionado en el que todas las formas de civilización han desaparecido. La enfermedad está muy extendida y, como resultado, la longevidad del vehículo encarnado es limitada. De hecho, todos los vehículos encarnados, excepto unos pocos, están esterilizados por la radiación y, como resultado, no pueden reproducirse. En este Espacio de Eventos, la Tierra está a punto

Los Curadores

de ver el amanecer de la pérdida del cuerpo humano como vehículo encarnado.

YO: Me alegro de que este Espacio de Eventos no haya experimentado una corriente tan horrenda de Espacio de Eventos y Eventos. Espera, sin embargo; ¡lo que acabas de describir es la remoción de un Espacio de Eventos y su posicionamiento en un Espacio de Eventos autónomo!

EF1: Sí, lo es. Sin embargo, este no es el final de la historia. Una vez que se creó ese Espacio de Eventos, y se reubicó el Espacio de Eventos del que acabamos de hablar, se necesitaron otros Espacios de Eventos más locales para posicionarlos en este Espacio de Eventos y permitir un cambio de dirección hacia uno en el que tenemos el Espacio de Eventos y la Corriente de Eventos actuales. Para hacer esto, aquellos eventos que resultaron en un callejón sin salida evolutivo en otros Espacios de Eventos fueron insertados en este Espacio de Eventos para detener la creación general de eventos que llevaron a todas las partes a ser capaces de usar armas atómicas concurrentemente. Explicaré el proceso resumidamente en breve, pero basta decir que tuvo éxito.

YO: ¿Que un país causara la devastación y no otro fue entonces un éxito?

EF1: Sí.

YO: ¿Por qué? Yo habría pensado que el resultado óptimo habría sido remover por completo del evento el escenario del uso de armas atómicas...

EF1: No. Era necesario que hubiera un país que fuera el primer usuario de esa tecnología y no la mayoría de ellos. Esto era necesario porque la población de aquella época, y de hecho de la actual, necesitaba ver cuál sería el resultado desde una perspectiva local que les permitiera establecer cuál sería el efecto a nivel mundial. El uso de la tecnología atómica por parte de un país fue diseñado para abrir los ojos, no como una amenaza, sino para permitir pensar con claridad. Los Aspectos/Esquirlas que se encontraban en Hiroshima acordaron a nivel del alma, por así decirlo, sacrificar sus encarnaciones por el bien supremo.

YO: Sin embargo, no parece un bien mejor.

EF1: No, no en el nivel humano en el que todos ustedes están trabajando, pero era la única forma de impedir que se produjeran los eventos alternativos.

YO: ¡Pero ahora tenemos un enfrentamiento nuclear con muchos países!

EF1: Sí, la humanidad encarnada lo hace, pero no es probable que cree el resultado no deseado. La humanidad encarnada evolucionará mentalmente pronto hasta el punto en que esta tecnología podrá ser utilizada de forma mucho mejor y más benigna.

YO: Espero ese día con gran expectación.

EF1: Todos lo harán, de eso estoy seguro.

Mencioné que iba a explicar cómo se traslada un Espacio de Eventos de un Espacio de Eventos general a otro porque, como mencionaste, lo que acabo de describir es el movimiento a un Espacio de Eventos autónomo, y una forma bastante elevada en la que se puede cambiar un Espacio de Eventos introduciendo Eventos que den lugar a callejones sin salida evolutivos. Una vez hecho esto, podemos pasar al siguiente género de Curador.

Moviendo de Un Espacio de Eventos a Otro

YO: ¿Y el proceso de traslado de un Espacio de Eventos a otro?

EF1: Se trata de un proceso muy difícil y que requiere mucho trabajo de planificación y análisis previo que está por encima del necesario para mover un Espacio de Eventos de su espacio general o abarcador a un Espacio de Eventos autónomo y aislado.

YO: ¿Por qué? Quiero decir, debe ser igual de difícil ver cómo se terminan o disuelven correctamente ciertas Corrientes de Eventos sin afectar negativamente a los requisitos o beneficios evolutivos que habrían experimentado esas entidades en los eventos descendentes.

EF1: El trabajo adicional reside en la inserción del Espacio de Eventos en su nuevo Espacio de Eventos general o abarcador. Cuando se trasplanta un Espacio de Eventos, el trabajo necesario para removerlo es idéntico al que se requiere cuando se remueve un Espacio de Eventos de su Espacio de Eventos general o abarcador y se mueve al Espacio de Eventos autónomo. Sin embargo, cuando se está colocando un Espacio de Eventos en un Espacio de

Eventos general o abarcador que tiene otros Espacios de Eventos que están dentro y fuera de él, junto con sus propias series de posibilidades y posibilidad de posibles posibilidades para que se creen versiones paralelas, es necesario analizar la inserción de otro Espacio de Eventos y la relación de todas sus posibilidades descendentes y posibilidad de posibles posibilidades junto con los efectos de estas posibilidades dentro y fuera de las Corrientes de Eventos y fractales descendentes existentes. En esencia, un Espacio de Eventos sólo puede insertarse en otro Espacio de Eventos si las Corrientes de Eventos existentes pueden dejarse en un estado sin cambios o si la inserción crea algún nivel de aumento o beneficio evolutivo para el Espacio de Eventos y la Corriente de Eventos originales.

YO: Sé que estas describiendo los efectos, y que sigues haciéndolo, ya que debes proporcionar algún nivel de comprensión básica, pero sólo estoy ávido por ver el proceso utilizado en la inserción real.

EF1: De acuerdo, te enviaré una serie de imágenes y podrás describirlas a tus lectores.

La Fuente me envió las imágenes y era, cuando menos, interesante. Parecía una serie gigante de líneas, cada una entrelazada, expandiéndose y contrayéndose, duplicándose y paralelizándose y disolviéndose. Es...

EF1: No sólo lo pienses. Dilo en voz alta y escríbelo.

YO: Sí, por supuesto. Lo siento, querido lector, estaba tan inmerso en la imagen que olvidé grabarla de la forma habitual.

Como decía, yo veía el Espacio de Eventos inicialmente como una serie de Corrientes de Eventos relacionadas. Líneas de eventos o actividades que se dividen en fractales y luego se disuelven en una corriente principal de eventos a medida que se completan, terminan o se unen a otra Corriente de Eventos. Pero sólo se trataba de los eventos en sí, no del Espacio de Eventos. Cuando miré desde una perspectiva diferente, me di cuenta de que todas estas líneas estaban dentro y fuera, y por fuera quiero decir externas pero no disociadas de una esfera amorfa y ondulante que cambiaba constantemente de forma. Decir que era una esfera sería un error; lo mejor sería describirla como una burbuja de agua jabonosa que se hace pasar por un aro de metal o plástico. Al tirar más rápido del aro, el aire entra en él y lo estira. Lo mismo ocurre si se sopla aire a través del aro; sin embargo, si se tira rápidamente del aro a través del aire y se cambia la dirección del aro, la burbuja adopta la forma de la dirección del aro mientras intenta conservar una forma de tipo esférico. Un Espacio de Eventos que está contenido en un tramo autocontenido de Espacio de Eventos general sería esférico por naturaleza, pero uno que tiene Corrientes de Eventos activas que están en contacto unas con otras, y otros Espacios de Eventos tienen la apariencia de ser una burbuja de agua jabonosa alargada o estirada que se ha fusionado con otra.

Cuando un Espacio de Eventos es removido de su Espacio de Eventos general, la burbuja tiene que ser desconectada de otras burbujas así como de las líneas de Corrientes de Eventos mientras se permite a las burbujas y Corrientes de Eventos que estaban en conexión entre sí, a través del Espacio de Eventos y Corrientes de Eventos removidos. Para ser conectados entre sí de nuevo de una manera que no se ve afectada por la pérdida del Espacio de Eventos y Corrientes de Eventos removidos, es decir, están en conectividad directa entre sí. Considéralo como tener tres burbujas unidas por la burbuja del medio o segunda burbuja, y cuando la burbuja del medio o segunda burbuja es removida, la primera y tercera burbuja se fusionan para crear una burbuja total pero esa única burbuja es en realidad dos burbujas co-unidas. Lo mismo puede observarse con las líneas que representan las Corrientes de Eventos que se reconectan en los puntos donde las Corrientes de Eventos se habrían conectado a través del segundo o medio conjunto de Corrientes de Eventos.

De este modo, los Espacios de Eventos, sus eventos y Corrientes de Eventos se conectan directamente y sin fisuras de un modo que, para el observador externo, parece como si no hubiera ningún Espacio de Eventos y Corriente de Eventos interconectados en primer lugar. Cada evento se convierte en el precursor y predecesor de los Espacios de Eventos anteriores y posteriores en lugar de ese Espacio de Eventos y Corriente de Eventos que fue removido.

YO: ¿Pero esto no significa que las áreas donde se conectan los Espacios de Eventos y las Corrientes de Eventos deben modificarse de alguna manera para permitir que las conexiones sean coherentes con lo que debería preceder a los eventos antes de las conexiones?

EF1: Sí, pero esto sólo es necesario en los eventos precedentes y no en los eventos resultantes. Vi por un momento que pensabas que los eventos resultantes de la conexión necesitarían ser modificados también.

YO: Admito que estaba a punto de hacer esa pregunta, pero luego lo miré desde otro ángulo y me di cuenta de que mientras los eventos precedentes se modificaran para adaptarse al resultado esperado de los eventos receptores, entonces la conexión estaría en armonía.

Sin embargo, tengo otra pregunta. ¿Cuánta modificación es necesaria y cómo afecta eso a las funciones naturales de los eventos que rodean el Espacio de Eventos precedente?

EF1: Los resultados de los eventos y Corrientes de Eventos dentro del Espacio de Eventos precedente conducen naturalmente al evento final que lleva al siguiente o resultante Espacio de Eventos. Por lo tanto, es una simple acción que los Finalizadores realizan para atajar al comienzo del siguiente o resultante Espacio de Eventos creando una serie de consecuencias alternativas, pero naturales, que conducen a un evento que conecta con el primer evento y la Corriente de Eventos dentro del siguiente Espacio de Eventos. Piensa en ello como si estuvieras jugando al juego de mesa "Serpientes y Escaleras", en el que se lanzan los dados y el resultado es que el marcador de un jugador cae en la parte inferior de una escalera que termina en la última casilla, atajando la mayoría de las casillas del tablero. El resultado final es el mismo en términos de que el marcador debe caer en la última casilla para terminar el juego, sólo que el jugador no necesita colocar el marcador en las casillas entre la casilla donde comienza la escalera y la casilla que termina el juego. Es que no se ha experimentado el contenido de los Eventos y de las Corrientes de Eventos.

YO: ¿No significa esto que el evento precedente, la última casilla del tablero de Serpientes y Escaleras, carece de contenido experiencial y evolutivo, contenido que habría acumulado de haber sido experimentado?

EF1: Sí, así es, y en última instancia tiene que ser recuperado en algún momento en un evento descendente, pero en esencia esto se clasifica como una posición deseable para estar en lugar de estar en la posición en la que los eventos estarían, si el Espacio de Eventos y sus Corrientes de Eventos no hubieran sido removidos.

YO: ¿Son conscientes las entidades dentro del Espacio de Eventos y la Corriente de Eventos resultantes de que el Espacio de Eventos original precedente ha sido removido y que están en deuda evolutiva y carentes de contenido experiencial?

EF1: Sí y no. Todo depende de en qué nivel evolutivo se encuentren y si los cambios están ocurriendo o no dentro de las frecuencias más bajas del multiverso como el universo Físico Grueso, o el energético como en el multiverso. Aquellos de ustedes en el aspecto Físico Grueso del multiverso, el universo físico en los niveles 1, 2, 3, 4, 5, 6, 7 y 8 no sabrían si algo hubiera sucedido a su Espacio de Eventos particular o Corrientes de Eventos. Los de los niveles 9, 10, 11 y 12 reconocerían un cambio, pero no conocerían los detalles. Basta decir que tendrían la sensación de que los eventos se han acelerado.

Curiosamente, la sensación de que el tiempo se ha acelerado es algo que ustedes en la Tierra han experimentado y están experimentando. Esto es un resultado directo y una función de la remoción del Espacio de Eventos del que hablamos antes. Digo que es interesante porque en sus niveles de frecuencia, no deberías notar nada. Dicho esto, sin embargo, hay un gran número de ustedes que están en un nivel evolutivo más alto de lo normal encarnados en este momento y eso tendrá un efecto en las habilidades espirituales superiores de todos ustedes, especialmente aquellos que están avanzados y liderando el camino espiritual y metafísico.

YO: Bueno, hemos hablado del proceso de remover un Espacio de Eventos y conectar los Espacios de Eventos precedentes y resultantes (siguientes) y sus Corrientes de Eventos, pero ¿cuál es el proceso de insertar un Espacio de Eventos y Corrientes de Eventos no relacionados en un Espacio de Eventos?

EF1: Es un proceso similar al que acabo de describir. La única diferencia es que hay trabajo que hacer en todos los puntos de conexión con los Espacios de Eventos y Corrientes de Eventos precedentes y resultantes. Como el nuevo Espacio de Eventos es diferente, tiene que haber una modificación en el final del Espacio de Eventos precedente para introducir eventos que estén en armonía con el resultante o inicio del Espacio de Eventos que se va a introducir. De este modo, el nuevo Espacio de Eventos, aunque no esté en verdadera armonía, aparecería como un conjunto lógico de eventos resultantes. El final del último evento del Espacio de Eventos que se va a introducir también tendría que modificarse para adaptarse al inicio del evento del Espacio de Eventos resultante o siguiente, de modo que no se produjera ningún efecto de influencia del Espacio de Eventos y la Corriente de Eventos que se va a introducir. Desde la perspectiva del mantenimiento de los Espacios de Eventos y Corrientes de Eventos existentes que se consideran los eventos, Espacios de Eventos y Corrientes de Eventos resultantes, siguientes o descendentes, es imperativo que los resultados descendentes no se vean afectados, que los resultados esperados y existentes del evento no se modifiquen. Es decir, siempre que el deseo sea introducir un Espacio de Eventos diferente en una serie existente de Espacios de Eventos con pocos o, mejor aún, ningún cambio general en los eventos descendentes resultantes.

YO: ¿Qué quieres decir?

EF1: Lo que quiero decir es que puede haber ocasiones en las que todo el sentido de mover un Espacio de Eventos a otro puede ser cambiar algún Espacio de Eventos y evento o Corriente de Eventos indeseable en última instancia. Esto también apoya el requisito multiversal de cambiar o manipular universos sólo si antes se investiga y analiza a fondo.

En ambos casos, existe el deseo de mantener los eventos descendentes o cambiar el origen de esos eventos para apoyar los Eventos existentes. Basándose en esto, se puede ver que es importante analizar todas las entradas y salidas al considerar dónde introducir el Espacio de Eventos dentro de los otros eventos que preceden al Espacio de Eventos.

YO: En resumen entonces, los eventos dentro de los Espacios de Eventos que están conectados entre sí necesitan ser modificados para asegurar que haya alguna forma de continuidad de la Corriente de Eventos de manera que los Espacios de Eventos en sí mismos sean lógicos en términos de los eventos precedentes y resultantes. Sin las progresiones lógicas, no pueden conectarse entre sí y causarían un error de continuidad del Espacio de Eventos de algún tipo.

EF1: Correcto, y es función de los Principiantes y de los Finalizadores asegurarse de que no haya errores de continuidad entre los Espacios de Eventos a los que se les ha removido un Espacio de Eventos intermedio o se les ha introducido un nuevo Espacio de Eventos.

YO: Bien. Siento que ahora entiendo.

EF1: Entiendes lo suficiente por el momento; lo suficiente para permitirte acceder a información más detallada.

YO: Gracias.

Los Repartidores

Habiendo terminado con los Finalizadores, era una progresión natural hablar de las entidades que trabajan con ambos. Los Repartidores eran, por tanto, los siguientes de Los Curadores en la lista de entidades de mantenimiento de La Fuente sobre las que hablar. Aunque me pregunté un poco de qué podríamos hablar, ya que la mayor parte de lo que habíamos discutido debía abarcar el trabajo que los Repartidores realizan para los Principiantes y los Finalizadores. Me senté frente a la computadora pensando que éste iba a ser un capítulo muy corto, no es que haya nada malo en un capítulo corto, es sólo que uno se acostumbra a veces a capítulos largos y el viejo y astuto ego se interpone queriendo que los capítulos también sean largos. La parte espiritual de mí sabe que las cosas son lo que se supone que deben ser y que esto también incluye la longitud de un capítulo en un libro. Dejé a un lado todos los pensamientos descabellados que rodeaban este tema y me permití conectar con La Fuente. Como de costumbre, estaba feliz de conectar y sentí el torrente de energía cálida y amorosa fluir sobre mí, removiendo mis preocupaciones y calmándome. La Fuente resumió las funciones de los Repartidores y continuó con los diálogos en profundidad a los que estaba acostumbrada.

EF1: Los Repartidores son aquellos seres que trabajan en el lado funcional del trabajo de los Principiantes y de los Finalizadores. Su papel es multidisciplinar y varía en lo que sea necesario para permitir que el trabajo asociado de los Principiantes y Finalizadores sea implementado. No están especializados en ningún trabajo, función o responsabilidad en particular, aunque sí lo están en trabajar con las funciones de las entidades a las que sirven.

YO: Ha sido un final de frase interesante, sugiriendo que los Repartidores sirven a los Principiantes y a los Finalizadores.

EF1: Todas las entidades que son Curadores son de servicio. La declaración es de ningún otro significado.

Los Curadores

Dicho esto, los Repartidores sí se dedican al trabajo de los Principiantes y los Finalizadores, por lo que prestan un servicio especializado, aunque son multidisciplinares y, como tales, no están verdaderamente especializados en el sentido de limitarse a una función concreta dentro de una serie de funciones posibles cuando trabajan al servicio de otra entidad.

Puedo ver cómo se te ponen los ojos en blanco.

YO: Me has atrapado.

EF1: Voy a explicar las funciones de los Repartidores en un intento de hacer que tus ojos vuelvan a la parte frontal de su cabeza entonces.

En el esquema del trabajo que realizan los Principiantes y los Finalizadores, los Repartidores trabajan en el detalle minucioso que se requiere para implementar el trabajo que los Principiantes y los Finalizadores desean lograr para realizar los cambios discutidos en los diálogos anteriores.

YO: Sé que será un comentario lógico, pero parece que las funciones de los Principiantes y los Finalizadores es crear la estrategia y el proceso que hay detrás del trabajo que realizan, y los Repartidores hacen el trabajo real necesario para que esas estrategias y procesos den sus frutos.

EF1: Has recorrido un largo camino para llegar a esa conclusión, pero, sí, los Repartidores trabajan en los detalles que rodean el trabajo que los Principiantes y los Finalizadores consideran necesario para asegurar que los Espacios de Eventos y las Corrientes de Eventos estén en continuidad.

YO: Mientras estás hablando, estoy recibiendo una imagen de parte del trabajo que están haciendo. Se ocupan de los detalles absolutamente minuciosos de la forma en que los eventos interactúan y se interconectan. Es como si trabajaran como bordadores, pero no están bordando tela o hilo, están bordando lo que sólo puedo describir como cables de fibra óptica. Cada uno de los cables es una Corriente de Eventos dentro de un Espacio de Eventos. Los tejen unos dentro de otros y por fuera de otros, moviéndolos de un lugar lógico a otro lugar lógico. Cada uno de las Corrientes de Eventos representa una serie de eventos interconectados e interactuantes dentro del Espacio de Eventos general o abarcador. Pero hay más. Es como si la llamada fibra óptica que representa las Corrientes de Eventos tuviera lo que sólo puedo llamar programas viajando a través de ellas como puntos y rayas en una transmisión digital de luz. Cada uno de estos puntos y rayas representa los propios eventos dentro de las Corrientes de Eventos. Los puntos representan un evento corto y los guiones un evento largo. Sin embargo, cuando miro más de cerca, veo que los puntos y las rayas también tienen un tamaño. El tamaño de los puntos representa el impacto de un evento específico en la dirección de la Corriente de Eventos. El tamaño y la longitud de los guiones indican la duración del evento dentro de la Corriente de Eventos, así como su impacto o influencia dentro de la Corriente de Eventos. Dicho de otro modo, un evento puede ser corto pero de impacto e importancia alta, media o baja, y un evento también puede ser de duración más larga o larga y al mismo tiempo de impacto o importancia baja, media o alta. Cuanto más largo sea el guión, mayor será la duración del evento y, por tanto, mayor será la duración de su influencia general en la Corriente de Eventos. Cuanto mayor sea el tamaño o el diámetro del punto y/o el cuerpo de la raya, mayor será el impacto en la Corriente de Eventos general.

Todo esto es, por supuesto, con fines ilustrativos, pero la relevancia se siente increíblemente cerca de la verdad. Volví a sentirme lleno de energía.

Pero yo veo algo más. Veo entidades que se mueven dentro y alrededor de estos puntos y rayas. Una de las entidades se acerca a un punto y crea una barrera o un escudo a su alrededor. El punto cambia de aspecto. Antes tenía, o mejor dicho, parecía tener, un color que estaba en armonía con los colores de los puntos y rayas anteriores y posteriores. Ahora parece ser un color neutro, uno que sería aceptable para cualquier área dentro de la Corriente de Eventos. La entidad parece que está removiendo el punto—¡lo está haciendo! Mueve el punto a otro lugar dentro de la Corriente de Eventos y lo inserta. La apariencia cambia a una que está de acuerdo con la apariencia del, en este caso, punto antes del evento movido y un guión detrás del evento. Inicialmente, sin embargo, antes de que el color del evento insertado cambie a uno que sea el mismo que el del evento precedente y el resultante, los tres cambian de color a un tono ligeramente rojizo. Este cambio de color es temporal, y en unos segundos, el color se estabiliza al color natural de la serie total de puntos y rayas en el área local de la inserción.

En el ámbito del traslado del evento, se produce un proceso similar. Antes de que el evento sea reubicado, se mantiene en estasis y se consigue su aspecto o color neutro. Los dos eventos que estaban antes y después del evento removido, dos guiones, se unen como eventos interconectados, o se convierten en los eventos lógicos predecesores y resultantes. Al convertirse en los eventos predecesores y resultantes, también cambian temporalmente de apariencia a una de color azul claro. También cambian de nuevo a una apariencia o color que está en armonía con los eventos locales en la Corriente de Eventos. Cuando observé este proceso más de cerca, me di cuenta de que estas entidades que trabajaban en nombre de los Principiantes y los Finalizadores eran extremadamente eficientes moviendo eventos de un lado a otro. Además, el movimiento de eventos de un lugar a otro parecía ser una práctica asombrosamente regular. Al parecer, los eventos se movían o reubicaban, se trasplantaban o simplemente se removían en rápida sucesión. Entonces tuve la impresión de que había mucho trabajo por hacer aquí y que había una cola de eventos que necesitaban ser movidos, trasplantados o reubicados de alguna manera.

Empecé a cuestionarme lo que estaba viendo aquí y como resultado me senté un momento. Cada vez que he hablado de Espacios de Eventos y Corrientes de Eventos, me han hecho creer que creamos los Espacios de Eventos mediante las decisiones y elecciones que hacemos y que se multiplican (expanden) o reducen (contraen) como resultado de sus beneficios evolutivos. Este diálogo me ha hecho comprender que los Espacios de Eventos y las Corrientes de Eventos pueden moverse y modificarse para adaptarse a nuevas ubicaciones en el Espacio de Eventos o en la Corriente de Eventos general/abarcadora. Lo que estoy viendo aquí es que los Repartidores, bajo la dirección de los Principiantes y los Finalizadores, están moviendo las ubicaciones de los Espacios de Eventos, y modificándolos para que se adapten o no, según sea el caso, todo el tiempo, sobre una base súper regular. ¿Significa esto que tenemos aún menos idea de los eventos dentro de los Espacios de Eventos y sus Corrientes de Eventos? Estaba empezando a pensar también que la mayor parte de Los Curadores se ocupan de la gestión y manipulación de los Espacios de Eventos y las Corrientes de Eventos y no del minucioso detalle de mantener un ambiente en el que podamos existir. Sabía que esto no era correcto, por supuesto, porque he recibido los resúmenes de cada género de Curador, pero, no obstante, daba que pensar.

EF1: Esto te está haciendo pensar un poco, ¿verdad?
YO: Claro que sí.
EF1: Entonces me explayaré. Los Repartidores trabajan sobre las directivas dadas por los Principiantes y los Finalizadores, y son muy buenos en ello. La cuestión para ti aquí es que tus paradigmas se están rompiendo de nuevo. Esperabas que una función fundamental de la estructura de El Origen, el Espacio de Eventos, fuera totalmente autónoma y se mantuviera por sí misma. Puede serlo, pero también puede ser manipulada por entidades con los niveles correctos de funcionalidad. También esperabas que todo fuera totalmente lineal en cuanto al funcionamiento del Espacio de Eventos y la Corriente de Eventos. Puede serlo, pero también puede ser manipulado y, como resultado, convertirse en no lineal en su funcionamiento, siendo al mismo tiempo lineal en su función— siendo el funcionamiento y la función dos formas distintas de trabajar. Lo que te confunde es que "todo" necesita mantenerse a un cierto nivel para permitir que se mantenga la eficiencia evolutiva de su función general.
YO: Sí, lo entiendo, pero lo que a mí me parece es que nada se deja al azar; no hay azar, no hay verdadera aleatoriedad en el multiverso. Todo parece como si estuviera dirigido y que nada se hace por elección.
EF1: Las elecciones que hacen aquellas entidades/seres que aprovechan la oportunidad de acelerar su progresión evolutiva mediante el uso de la encarnación son el aspecto de aleatoriedad de una máquina multiversal bien engrasada y mantenida. Esto se debe a la inmersión experimentada dentro del Espacio de Eventos. Son los llamados errores que se cometen individual y colectivamente los que crean un Espacio de Eventos que está fuera de armonía con el Espacio de Eventos esperado, o para usar una palabra mejor, "deseado" que es gestionado por Los Curadores, y

en este caso los Repartidores, que actúan en nombre de los Principiantes y los Finalizadores.

YO: ¿Así que todo está manipulado?

EF1: No. Aunque parezca que lo está desde tu punto de vista, la mayor manipulación desde la perspectiva de Los Curadores en general es a la ubicación posicional óptima o a la existencia de un Espacio de Eventos o de una Corriente de Eventos.

YO: Entonces, desde la perspectiva de aquellas entidades que están trabajando dentro del Espacio de Eventos que está siendo reubicado o manipulado para permitir la reubicación, ¿no hay ninguna diferencia o ninguna diferencia que pueda ser detectada?

EF1: Ya hemos recorrido este camino antes, pero la respuesta es la misma. Algunas entidades perciben una diferencia; otras no. Rara vez algunas saben lo que es/ha sucedido y trabajan dentro de su nuevo Espacio de Eventos y el ambiente dentro de él que se crea como resultado de ese Espacio de Eventos que se ha creado.

YO: OK. Entendido.

EF1: Podría ser útil volver a mirar las razones de los puntos y rayas que representan un Espacio de Evento siendo movido, trasplantado o removido.

Mover, Trasplantar, Reemplazar o Remover: El Mantenimiento de una Corriente de Eventos

EF1: Es muy importante saber por qué un Espacio de Eventos y su ambiente necesitan ser movidos, trasplantados, reemplazados o removidos dentro de una Corriente de Eventos para poder entender cómo se mantiene la integridad de una Corriente de Eventos.

YO: ¿Por qué? Quiero decir, la mayor parte de la humanidad encarnada no presta atención al planeta en el que está. ¿Por qué tendrían que entender por qué se mueve un Espacio de Eventos?

EF1: Simplemente porque proporciona algunos conocimientos sobre cómo funciona la Realidad Superior en la que existen. También da a los físicos teóricos, que están en la frontera del espiritualismo en su pensamiento, un marcador de camino, si deciden profundizar en tu trabajo y el trabajo de otros como tú. Como siempre dices, el espiritualismo y la metafísica de hoy es la ciencia de mañana.

YO: OK. Entendido. Me has hecho cambiar el título de esta sección para incluir las palabras *"Mantenimiento de una Corriente de Eventos"*. ¿No es esto lo que hemos estado discutiendo todo el tiempo?

EF1: Sí, por supuesto, pero esta es una función específica de los Repartidores y aunque trabajan en nombre de los Principiantes y de los Finalizadores, también tienen que trabajar con su propia comprensión de las demandas de los Principiantes y de los Finalizadores.

YO: Bueno, supongo que tiene sentido entender por qué uno hace lo que se le pide antes de hacerlo ciegamente.

EF1: Correcto. En primer lugar, sin embargo, vamos a discutir esto desde la perspectiva de una sola Corriente de Eventos, reconociendo que las decisiones que se toman aquí pueden afectar el movimiento, trasplante, sustitución o remoción de un Espacio de Eventos de una Corriente de Eventos a otra también. Es sólo un nivel más profundo de comprensión, uno que funciona dentro de una Corriente de Eventos y entre Corrientes de Eventos.

YO: Ya hemos hablado del movimiento de los Espacios de Eventos de una Corriente de Eventos a otra, y estoy seguro de que volveremos a hacerlo con el próximo género de Curadores. Pero como dices, se trata en esencia de un nivel más profundo de comprensión.

EF1: Sí, lo es, y es muy importante repasar este "viejo terreno" unas cuantas veces para que se asimile, por así decirlo. Sigamos con las descripciones.

Moviendo un Espacio de Eventos

Un Espacio de Eventos sólo se puede mover si sus resultados, es decir, la conectividad con el Espacio de Eventos resultante que se crea a partir de él se vuelve desarmónico localmente con ese Espacio de Eventos resultante. Esto significa que el propio Espacio de Eventos está en desarmonía con la tendencia general de la Corriente de Eventos cuando se encuentra en la posición en la que está.

Los Espacios de Eventos sólo son desarmónicos localmente si las entidades y seres que trabajan en ellos lo hacen así como resultado de sus decisiones. La desarmonía, sin embargo, no debería ser tan grande como para necesitar remover el Espacio de Eventos de la Corriente de Eventos y ponerlo en cuarentena. En este caso, puede ser movido a una posición dentro de la Corriente de Eventos que esté más en consonancia con la conectividad resultante del Espacio de Eventos, o puede ser colocado en paralelo con la Corriente de Eventos modificado donde los Espacios de Eventos precedentes y resultantes están unidos. Esto permite que el Espacio de Eventos continúe dentro de la Corriente de Eventos, pero sin afectar al Espacio de Eventos resultante. Las entidades y seres dentro del Espacio de Eventos movido también se mueven con ese Espacio de Eventos.

Trasplantando un Espacio de Eventos

Un Espacio de Eventos sólo debe trasplantarse de una ubicación dentro de la Corriente de Eventos a otra si el rendimiento experiencial y evolutivo del Espacio de Eventos se beneficia de que esté en una ubicación en la que un Espacio de Eventos funcional, experiencial o evolutivamente similar no esté proporcionando la conectividad deseada al Espacio de Eventos resultante. La posibilidad recíproca también es necesaria con el Espacio de Eventos que está siendo reemplazado (no es lo mismo que ser reemplazado en la sección posterior) está mejor situado en la ubicación del primer Espacio de Eventos. Podrías llamar a esto "intercambiar localizaciones" dentro de la Corriente de Eventos si lo deseas, pero trasplante es una palabra más apropiada en este caso porque las entidades y seres dentro de los Espacios de Eventos que se mueven se mueven al Espacio de Eventos trasplantado y no se mueven con su Espacio de Eventos primario.

Reemplazando un Espacio de Eventos

Un Espacio de Eventos se reemplaza por un nuevo Espacio de Eventos cuando es necesaria la perpetuación de un Espacio de Eventos en esa ubicación, pero el Espacio de Eventos primario en sí no está en armonía en su conectividad con el Espacio de Eventos precedente y el Espacio de Eventos resultante. En esencia, la necesidad de un Espacio de Eventos en esta ubicación es un componente clave necesario de una serie de Espacios de Eventos dentro de la Corriente de Eventos. No puede ser trasplantado o movido debido al nivel de desarmonía y el impacto de la desarmonía con los Espacios de Eventos descendentes y el efecto que tiene en la capacidad de conexión de los Espacios de Eventos ascendentes, debido a que causa errores de continuidad.

En este caso, se introduce un Espacio de Eventos totalmente nuevo, totalmente vacío de eventos creados por entidades, aunque en realidad esté desprovisto de entidades, para garantizar que no haya desarmonía entre el Espacio de Eventos precedente y el resultante. Este Espacio de Eventos está en efecto proporcionando una conexión entre los dos Espacios de Eventos con una serie de microeventos estáticos en su lugar para asegurar que hay una progresión lógica entre el Espacio de Eventos precedente y el resultante. Se utiliza cuando la simple remoción del Espacio de Eventos desarmónico y la unión de los Espacios de Eventos precedente y resultante es ineficaz.

En el caso de que se requiera un Espacio de Eventos completamente funcional y poblado para llenar el vacío de conectividad entre los Espacios de Eventos precedentes y resultantes, entonces se puede introducir un Espacio de Eventos recién creado y poblado sin las desarmonías. Además, si ya existe un Espacio de Eventos similar y paralelo y se puede mover sin detrimento de su Corriente de Eventos, también se puede utilizar. Sin embargo, en ambas situaciones esto se clasificaría como trasplante.

Remoción de un Espacio de Eventos

Un Espacio de Eventos puede ser removido en su totalidad y no sustituido si su funcionalidad experiencial y evolutiva es discordante y el final del anterior y el inicio de los Espacios de Eventos resultantes pueden modificarse para permitir un nivel de conectividad sin fisuras, negando efectivamente la necesidad de que el Espacio de Eventos permanezca en su lugar o de que se introduzca un sustituto.

El Espacio de Eventos que se remueve se somete entonces (se fuerza) a la función normalmente automática de fusión. Esto es para que las experiencias de las entidades y seres paralelizados se reintegren dentro del Espacio de Eventos y la Corriente de Eventos en la posición en la que normalmente se habrían reintegrado cuando la acumulación de contenido experiencial y evolutivo llega a un punto muerto. Dentro de este proceso, se disuelven todas las desarmonías.

YO: ¿Supongo que esto es sólo una descripción de alto nivel de las razones por las que los Repartidores manipulan los Espacios de Eventos?

EF1: Lo es, pero aunque sea de alto nivel, constituye la base de las razones por las que los Espacios de Eventos se mueven, trasplantan, sustituyen y remueven.

Pasemos a los Creadores de Caminos. También se ocupan del Espacio de Eventos, ¡al igual que los cuatro géneros de Curador después!

YO: ¡Bien, estoy empezando a ponerme espaciado!

Los Creadores de Caminos

Mi comentario en el último capítulo me pareció pertinente. Para ser sincero, yo también me estaba exasperando un poco. Parecía haber una serie interminable de entidades que trabajaban con el ambiente multiversal desde la perspectiva del Espacio de Eventos y la Corriente de Eventos. Me preocupaba mucho que tú, querido lector, pensaras lo mismo y estuvieras a punto de dejar el libro y utilizarlo como tope para la puerta. Por eso me alegró recibir la noticia de que sólo quedaban cuatro Curadores, después de los Creadores de Caminos, que se ocupan de la manipulación del Espacio de Eventos y sus Corrientes de Eventos. Necesitaba un cambio de rumbo, y presentía que mis lectores también lo necesitarían. Al ver que esto no iba a ocurrir en los próximos capítulos, decidí dirigir mi esfuerzo y poner manos a la obra. De todos modos, pensé, estamos recibiendo una profundidad de detalles sobre el uso del Espacio de Eventos por parte de Los Curadores que no habíamos tenido antes.

EF1: Correcto. Tú, es decir, la humanidad encarnada, no ha experimentado este nivel de detalle y es sólo a través del diálogo conmigo sobre las funciones y responsabilidades de los diferentes géneros de Curador que esta profundidad se hace disponible. Si te estás aburriendo con este tema, hazlo más interesante haciéndome más preguntas.

YO: No me aburro; sólo me preocupa el nivel de detalle y si resultará atractivo para mis lectores.

EF1: Es el detalle lo que atraerá a tus lectores, no si TÚ crees o no que se aburrirán con él. Recuerda, al tratar de manipular el nivel de detalle que estás entregando al público metafísico, estás deteniendo a aquellos que son capaces de asimilar ese detalle y entender los conceptos que los rodean.

YO: Touché. Sigamos entonces, y trataré de ser más inventivo y rebuscado con mis preguntas.

EF1: Allá vamos. **Los Creadores de Caminos** son posiblemente uno de los grupos de seres más especializados dentro de Los

Los Curadores

Curadores. La única excepción son aquellas entidades que trabajan en la funcionalidad ambiental de un ambiente o hábitat local (un planeta, por ejemplo). Garantizan que el trabajo de los Principiantes y los Finalizadores tenga un punto de inserción y retirada sin fisuras en relación con los efectos de todos los Espacios de Eventos y sus fractales. Trabajan en cada condición paralela a medida que se crea o se descrea para garantizar que los cambios experimentados por los seres en estos Espacios se minimizan hasta el punto de la incoherencia, lo que significa que los propios seres no son conscientes de los cambios que crean las nuevas condiciones paralelas a medida que se ven afectados por ellas.

YO: Estos seres parecen hacer el trabajo de los Repartidores.

EF1: A primera vista estaría de acuerdo contigo, pero es el detalle detrás de lo que hacen lo que hace que su especialización sea diferente a la de los Repartidores.

Una forma de ver el trabajo de los Creadores de Caminos es considerarlo como centrado en asegurar que haya continuidad con los eventos, el ambiente y las interacciones que experimentan aquellos seres/entidades que están dentro de los eventos y sus paralelizaciones, pero que estas paralelizaciones son una función del trabajo de los Principiantes, los Finalizadores y los Repartidores.

YO: Ahora tengo una imagen con la que trabajar y compartir. El trabajo de estos seres es realmente detallado. Ellos ven los cambios que son necesarios en el punto actual de la experiencia de un ser o entidad para asegurarse de que realmente no tienen ningún error de continuidad en su experiencia cuando se crea un Espacio de Eventos paralelo o fractal.

EF1: Correcto. Ellos ven los efectos generales de los Principiantes, Finalizadores y Repartidores en las decisiones descendentes individualizadas y colectivas de los seres o entidades dentro de su Espacio de Eventos y cómo interactúan con los Espacios de Eventos que se les proponen para interactuar con su Espacio de Eventos. Identifican las áreas de posible error de continuidad y trabajan para reducir esos errores al mínimo o incluso a cero.

YO: Un momento. Lo que puedo ver aquí es que se mueven a lo largo de la progresión natural de los eventos dentro de los Espacios de

Eventos interconectados, viendo dónde hay brechas o cambios direccionales dentro de las líneas de continuidad. Me acaban de decir que este es un trabajo muy importante porque un Espacio de Eventos tiene un propósito que es único para él y sólo para él y que ese propósito en términos de su inicio y cumplimiento no debe cambiar, de lo contrario niega su existencia. Estas conexiones entre eventos precedentes y resultantes de Espacios de Eventos que están siendo movidos, reubicados, trasplantados, o de otra manera, es por lo tanto de suprema importancia porque el objetivo es hacer que esos aspectos interconectados de los eventos dentro de los Espacios de Eventos funcionen de una manera que sea consistente con las líneas de continuidad hasta el punto de no ver ninguna diferencia perceptible.

EF1: Ahora lo entiendes. Los Creadores de Caminos hacen justo lo que su nombre describe: crean los caminos que aseguran que no haya pérdida de continuidad. En esencia, son los ingenieros de las formas de mantener la continuidad, incluso cuando no hay ninguna, o el resultado podría ser que no hubiera continuidad más adelante. Si se desciende hasta el nivel de detalle en el que tienen que trabajar, verás que tienen la capacidad de cambiar las formas en que las entidades o seres individuales responden a su ambiente y cómo interactúan con otras entidades o seres dentro de ese ambiente para garantizar que se mantenga la continuidad.

YO: Pero en realidad no lo hacen ellos mismos, ¿verdad?

EF1: No. Identifican lo que hay que hacer y cómo hacerlo. Es responsabilidad de los Integradores realizar el trabajo "práctico", por así decirlo. Sin embargo, realizan su trabajo en varios pasos. Primero "prueban" lo que proponen antes de transmitir a los Integradores los métodos de modificación y la profundidad de las modificaciones necesarias. Para ello, se mueven a lo largo de las líneas de continuidad realizando varios niveles de pruebas para ver qué modificación crea las líneas de continuidad más armoniosas.

Para ello, se desplazan fuera de los Espacios de Eventos en los que se está trabajando, los que se insertan, remueven, trasplantan o paralelizan, y observan hasta el más mínimo detalle en cuanto a la exactitud de la continuidad de los eventos que abarcan toda la duración del evento o eventos dentro de los

Espacios de Eventos. Sólo cuando están convencidos de que las líneas de continuidad son armoniosas, comunican a los Integradores el trabajo que deben realizar.

YO: Tengo la sensación de que los Creadores de Caminos prestan mucha atención a los detalles, hasta el punto de realizar gran parte del trabajo que realiza el siguiente género de Curadores, los Integradores.

EF1: Sí que trabajan duro. De hecho, me alegro de que hayas mencionado que realizan gran parte del trabajo que realizan los Integradores. No es que hagan el trabajo por ellos (es al revés), sino que crean la necesidad general del trabajo que realizan los Integradores.

Observará que hay mucha interacción con cada uno de los géneros de Curador.

YO: Sí, así es. Casi parece que sean una masa amorfa de entidades de mantenimiento.

EF1: Quizá sea un proceso de pensamiento razonable, pero yo me fijaba más en la convolución y la interdependencia interactiva de lo que hacen que en que puedan sentir que hacen el trabajo de los demás y que, por lo que veo en tu mente, no haya una necesidad real de los distintos géneros de Curador.

YO: Sí, bueno, eso me rondaba por la cabeza.

EF1: Dicho esto entonces, la siguiente descripción puede reforzar ese proceso de pensamiento de forma incorrecta, simplemente porque la descripción del trabajo que hacen sonará similar a otras descripciones.

YO: Intentaré mantener la mente abierta y buscar el significado más profundo.

EF1: Bien.

La función más importante que realizan los Creadores de Caminos es trabajar para cambiar la mente de las entidades, sus decisiones y la forma en que interactúan con su ambiente y con otras entidades dentro de ese ambiente.

YO: Espera un momento. ¿Pensé que era el papel de los Guías y Ayudantes cambiar las mentes, las direcciones de una entidad encarnada?

EF1: Normalmente eso es correcto, pero las instrucciones dadas por los Guías y Ayudantes son relevantes para el plan de vida de la entidad encarnada de la que son responsables. Cuando los Creadores de Caminos trabajan en cambiar las mentes de una entidad encarnada, están trabajando en los detalles que rodean el hacer que los eventos entre dos o más Espacios de Eventos se enlacen.

YO: ¿Cómo hacen que una entidad cambie de opinión o de proceso de pensamiento o de dirección?

EF1: En primer lugar, necesitan trabajar con el Guía y los Ayudantes de los encarnados con los que necesitan trabajar para asegurar que el plan de vida general del encarnado no se vea comprometido. Recordando, por supuesto, que un plan de vida es sólo una serie de logros que una entidad encarnada ha elegido; cómo experimenta o completa esos logros es fluido y puede cambiarse. El único requisito es que el logro se cumpla de alguna manera.

YO: ¿Pero no hay logros dentro del plan de vida que sobran, que son extras que se pueden invocar en caso de que la entidad encarnada complete su, digamos, requisito mínimo de logros?

EF1: Sí, por supuesto. Lo que usted no sabe es que el número total de logros dentro de un plan de vida puede ser mezclado y combinado dentro de lo razonable. Como resultado, esto hace que el plan de vida sea más alcanzable y, lo que es más importante, más adaptable a los caprichos de las interacciones de las entidades encarnadas con su ambiente y otros encarnados dentro de ese ambiente.

YO: Entonces, ¿hay un núcleo de logros dentro de un plan de vida que debe cumplirse, que el Guía y los Ayudantes deben ayudar a la entidad encarnada a experimentar por encima de todos los demás y que, por lo tanto, los Creadores de Caminos no pueden efectuar?

EF1: Sí. Hay logros principales que una entidad encarnada debe cumplir, pero el nivel de experiencia obtenido con ese logro también es variable. Mientras el logro sea alcanzado, cuán grande sea no es importante. Aunque, hay quienes desde la perspectiva terrestre dirían que si el logro fuera ser médico entonces ser un cirujano famoso o un consultor importante sugiere que el logro es más exitoso que ser un médico general o simplemente un médico general dentro de un hospital. En este ejemplo, ser médico es el logro alcanzado. El nivel de experiencia se designa por la profundidad del logro, independientemente del estatus o la fama que se deriven de él.

YO: ¿Así que mientras se cumpla el núcleo de logros, todo lo demás en el plan de vida, en cuanto a logros, puede ser manipulado por el Guía y los Ayudantes o por los Creadores de Caminos?

EF1: Así es.

YO: Entonces, ¿cómo cambia un Creador de Caminos las mentes, los pensamientos y las direcciones y, por tanto, en última instancia, las experiencias y los logros de una entidad encarnada o de otro tipo?

EF1: Esto puede sonar demasiado simple, pero funcionan de la misma manera que el Guía y los Ayudantes, de ahí la necesidad de interactuar con el Guía y los Ayudantes de las entidades con las que están trabajando para afectar los cambios requeridos para hacer necesarios los niveles de interconectividad entre los Espacios de Eventos que antes eran incompatibles.

YO: ¿Así que en realidad no interactúan con las entidades encarnadas y/o con otras entidades directamente?

EF1: En raras ocasiones, sí. Sin embargo, en el caso de que hayan identificado entidades clave con las que hay que trabajar, cuyas direcciones, pensamientos y logros hay que manipular para garantizar la continuidad del Espacio de Eventos en el que se está trabajando es coherente con la continuidad del Espacio de Eventos al que se está vinculando, necesitan trabajar con las entidades expertas en conocer a la entidad encarnada y sus formas de trabajo. Esas entidades son el Guía y los Ayudantes. ¿Por qué te ríes?

YO: Bueno, es sólo que estoy viendo una imagen de un Creador de Caminos susurrando al oído de una entidad, tratando de persuadirla para que cambie de opinión de la dirección actual en la que va a una que está a favor de la dirección en la que el Creador de Caminos quiere que vaya.

EF1: Ah, ya veo. Bueno, ese es el trabajo del Guía y de los Ayudantes, si quieres verlo de esa manera. Como acabo de decir, es sólo en muy raras ocasiones cuando un Creador de Caminos intervendrá directamente, teniendo una importancia superior a la del Guía y los Ayudantes, para cambiar la mente y la dirección de una entidad clave si esa entidad es el nexo de un nido de cambios y que la

Los Curadores

importancia del cambio de dirección es mayor que la del plan de vida en sus niveles de logro actuales y esperados/predichos. En este caso, el plan de vida previsto puede modificarse con los logros ya experimentados, registrados, y los logros previstos o aún en el núcleo de logros modificados para adaptarse a la mayor necesidad. Se compensa a la entidad afectada por cualquier logro evolutivo que se haya perdido.

YO: Si los Creadores de Caminos trabajan a este bajo nivel para asegurar que las entidades que trabajan dentro del Espacio de Eventos cumplen experiencialmente con las necesidades de la continuidad local de los Espacios de Eventos que se están uniendo, ¿quién trabaja con los cambios ambientales a este nivel para apoyar a las entidades que se han hecho cambiar de dirección?

EF1: ¡Los Integradores!

Los Integradores

Acababa de volver de unos días de descanso de trabajar en este libro y me di cuenta de que en el primer resumen al comienzo de este diálogo La Fuente afirmaba que los Integradores realizaban el trabajo de base de los Creadores de Caminos. Que son los seres que entretejen los diferentes eventos en un estado holográfico sin fisuras, de manera que cada Espacio de Eventos está en contacto con otro Espacio de Eventos, ya sea directa o indirectamente, a través del contacto directo e indirecto con otros eventos.

Después de haber asimilado la información de los diálogos con La Fuente sobre el trabajo de los Principiantes, los Finalizadores y los Creadores de Caminos, me sentí un poco preocupado. No veía qué trabajo adicional podían realizar que fuera más allá de lo que ya habíamos hablado. Me senté frente a la computadora y esperé a que mi vínculo con La Fuente se estableciera conmigo, para permitir que La Fuente me explicara en qué se diferenciaba la afirmación sobre el trabajo que realizan los Integradores de lo que ya habíamos hablado y de lo que yo ya sabía. Como de costumbre, La Fuente tenía una explicación para ello, y mis inquietudes y preocupaciones quedaron a un lado.

EF1: Posiblemente sea un poco difícil para ti ver las diferencias en el trabajo que hacen algunos géneros de Curador cuando trabajan tan estrechamente. Para mí y para aquellas entidades que no están encarnadas, es fácil ver las diferencias porque ellas, como tú cuando desencarnas, tienen firmas energéticas específicas.

YO: Gracias. Entonces, ¿qué trabajo hacen para entretejer los diferentes eventos juntos en un estado holográfico sin fisuras para que cada Espacio de Evento esté en contacto con los demás?

EF1: En primer lugar, tienes que darte cuenta de que los integradores, al igual que los Creadores de Caminos, trabajan en el lado de la entrega de las funciones que Los Curadores deben realizar para mantener la funcionalidad general del multiverso. Esto significa

Los Curadores

que trabajan en detalles más finos, mucho más finos, que Los Curadores de los que hemos hablado anteriormente.

Permíteme continuar entonces restableciendo un proceso mental para que lo utilices. Normalmente, el Espacio de Eventos y las Corrientes de Eventos funcionan, es decir, se multiplican (expanden) y se dividen (contraen), de forma automática, creando nuevos Espacios de Eventos y Corrientes de Eventos resultantes de las interacciones entre entidades y el ambiente con el que están trabajando dentro del Espacio de Eventos y la Corriente de Eventos, incluyendo las posibilidades asociadas a ellos. El trabajo del género de Curadores que trabajan con el Espacio de Eventos es manipularlo desde lo que funciona automáticamente, hasta lo que es deseado o necesitado por Los Curadores, para asegurar que la eficiencia evolutiva del multiverso y sus ambientes se mantiene a un nivel óptimo en todo momento. Esto significa que la estrategia funcional general del multiverso se está afinando continuamente, por así decirlo.

YO: Sí. Recuerdo que me avisaste de esto, más de una o dos veces.

EF1: Es una buena práctica recordarte y a tus lectores los procesos y formas de trabajo de Los Curadores, porque todo puede volverse difuso.

YO: De acuerdo.

EF1: Bien. Volviendo a tu pregunta entonces, los Integradores miran todos los cambios que se están haciendo desde el nivel más alto hacia abajo, y trabajan en la integración de aquellos Espacios de Eventos que están a punto de cambiar como resultado del trabajo de los Creadores de Caminos. Logran esto desde la perspectiva de entender cómo las "mentes cambiadas" de aquellas entidades que se consideran clave para introducir continuidad entre los Espacios de Eventos afectan realmente a esos Espacios de Eventos y actúan en consecuencia.

En diálogos anteriores sobre la manipulación del Espacio de Eventos y sus Corrientes de Eventos, lo hemos considerado desde la posición del Espacio de Eventos general o abarcador. El trabajo de los Integradores, siendo una colaboración con el trabajo de los Creadores de Caminos, y de alguna manera alimentando el trabajo de los Creadores de Semillas [*véase el capítulo siguiente— GSN*],

se centra en aquellos Espacios de Eventos que son locales a las entidades o seres que los crean.
YO: Sólo estoy recibiendo una imagen de lo que hacen. Te lo explicaré.
EF1: Adelante.
YO: Conectan entre sí los Espacios de Eventos que son locales a las entidades individuales. Es un poco como la cohesión o el empalme moleculares. Para garantizar que los Espacios de Eventos generales o generales que se conectan entre sí están totalmente conectados y que se mantiene la continuidad en el punto de interfaz de cualquier Espacio de Eventos interconectado, trabajan a nivel de entidad. Trabajan en la conexión de aquellos Espacios de Eventos localizados a una entidad particular o entidad clave colocándolos en el evento de interconexión correcto. El Espacio de Eventos Localizado es una versión individualizada del Espacio de Eventos general o abarcador y, como tal, crea también una realidad localizada.

Los Integradores trabajan para mantener la cohesión entre los Espacios de Eventos locales existentes o para crear una interfaz entre esos Espacios de Eventos locales, los que están en la interfaz de conexión entre dos Espacios de Eventos generales o abarcadores que se están enlazando. El trabajo de los Creadores de Caminos es cambiar las mentes o pensamientos direccionales de las entidades y entidades clave que son los eventos de interfaz dentro de los dos Espacios de Eventos. Sin embargo, los Integradores manipulan las realidades creadas por los Espacios de Eventos localizados a nivel de entidad para asegurar que esas realidades creadas por los Espacios de Eventos locales se apoyan mutuamente en su existencia creando continuidad, plausibilidad y, por tanto, contexto.

Veo que la creación y manipulación de realidades aquí es la clave porque a nivel de entidad, y ciertamente a nivel de entidad encarnada, es la interdependencia de realidades creadas por los Espacios de Eventos localizados lo que mantiene la cohesión entre los Espacios de Eventos generales o abarcadores. Es el contexto lo que mantiene coherente la interacción entre realidades porque cuando realidades que están fuera de contexto se vinculan entre sí, las entidades que han creado las realidades empiezan a

Los Curadores

cuestionarlas, rompiendo la cohesión entre las realidades y, por tanto, los Espacios de Eventos locales.
EF1: Muy bien. Y esta atención al detalle es la razón por la que lo llamé holográfico.
YO: Esto está bien en términos de la explicación general, pero ¿cómo cambian la relación entre el Espacio de Eventos localizado de un individuo y su realidad relativa? ¿Cómo los unen?
EF1: Trabajan en las relaciones entre los Espacios de Eventos locales, las Corrientes de Eventos locales, y las realidades resultantes de individuos y colectivos de individuos que interactúan o podrían interactuar con los Espacios de Eventos que necesitan estar vinculados entre sí. Utilizando los espacios de eventos locales que están vinculados de forma normal o natural como plantilla para el contexto, ven qué cambios hay que hacer para permitir la plausibilidad de que un Espacio de Eventos local esté vinculado con otro con el que no está vinculado actualmente.
YO: ¿No es lo mismo cohesión que contexto?
EF1: No. La cohesión es la que resulta de la plausibilidad de que un Espacio de Eventos esté vinculado a otro de forma natural o, si no es natural, compatible. El contexto es el tema general a partir del cual se crea el Espacio de Eventos. La verosimilitud es, por tanto, el nivel de probabilidad de que dos Espacios de Eventos no relacionados entre sí puedan vincularse.
YO: ¡No lo entiendo!
EF1: Piénsalo en estos términos. Si vieras un teléfono celular en manos de una persona vestida con ropas medievales en un ambiente medieval, pensaría que ambos están fuera de contexto, que la persona vestida con ropas medievales en el mismo ambiente no podría tener un dispositivo de este tipo porque esa tecnología y su infraestructura no estaban disponibles en aquella época.
YO: Así es. Empecé a preguntarme si el teléfono celular existía de verdad. También me preguntaba si estaba alucinando.
EF1: Por supuesto que sí, y eso es porque los dos están fuera de contexto y por lo tanto los dos Espacios de Eventos que están vinculados entre sí y que permitieron que esa imagen existiera no podrían coexistir y por lo tanto no están cohesionados y que los

dos estén vinculados entre sí no es plausible. Por lo tanto no hay relación.

Por otra parte, si la persona vestida con ropa medieval no está realmente en un Espacio de Eventos medieval, sino en una representación de un Espacio de Eventos medieval en un Espacio de Eventos en el que existe la tecnología del teléfono celular, como en una recreación medieval, entonces los dos juntos, aunque estén fuera de contexto, son sin embargo plausibles. En este caso, puede haber cohesión entre los dos Espacios de Eventos y se pueden vincular entre sí. Existe una relación.

En el caso de dos Espacios de Eventos locales que no estén vinculados entre sí, los Integradores crean un evento de interconexión que permite la plausibilidad entre los eventos dentro de los dos Espacios de Eventos locales que se van a vincular entre sí, creando así cohesión entre ambos y una relación.

YO: ¿Y esto funciona incluso si están fuera de contexto?

EF1: Sí, así es. Verás, si en las mentes de las entidades afectadas por, o que crearon, los Espacios de Eventos locales, se puede ver que los dos eventos dentro de los Espacios de Eventos vinculados son plausibles, entonces ese nivel de plausibilidad se refuerza y se vuelve cohesivo.

¿Eres consciente de que los Espacios de Eventos pueden crearse y se crean a través de la posibilidad de que algo suceda o se produzca?

YO: Sí, lo soy.

EF1: ¿Y también eres consciente de que un Espacio de Eventos también puede crearse si existe la más remota posibilidad de la posibilidad de la posibilidad de las posibles posibilidades?

YO: Sí, lo soy.

EF1: Entonces reconocerás que las variaciones sobre las posibilidades también pueden ser utilizadas por los Integradores para crear los eventos de interconexión requeridos para crear verosimilitud entre dos eventos y, por tanto, dos Espacios de Eventos, creando una relación.

YO: Supongo que deben de poder si me aconsejas como tal.

EF1: Sí, así es y, sí, pueden hacerlo y lo hacen. También mencionaré que no sólo utilizan todas las variaciones de la posibilidad de la posibilidad de la posibilidad de las posibles posibilidades para

crear el evento de interconexión, sino que también necesitan trabajar en ellas.
YO: ¿Por qué? ¡Ah! No me lo digas. Es porque las diferentes variaciones de la posibilidad de la posibilidad de la posibilidad de las posibles posibilidades cambian con la introducción del nuevo evento.
EF1: Así es.
YO: Increíble. Lo que estoy viendo ahora es una imagen de todos los Espacios de Eventos que son creados o que necesitan ser trabajados por los Integradores. Está basada en una imagen que he visto y descrito antes.
EF1: Adelante, explícalo.
YO: Bueno. Cada Espacio de Eventos que se crea, crea la posibilidad de un nuevo fractal de Espacio de Eventos. Lo mismo ocurre con los Espacios de Eventos que son enlazados por los Integradores cuando antes no existía ningún enlace. Pero lo que yo no había apreciado era que no se trata de una representación 2D, como había visto y descrito en el pasado, sino que es 3D [lo que los humanos llamamos 3D, es decir—GSN]. La mejor manera de describirlo es como ver un árbol, como ver cómo las ramas de un árbol crecen y se dividen y crecen y se dividen. No, es más como ver una serie de árboles en los que los troncos de los árboles se oponen entre sí y los propios árboles se unen en las puntas de los extremos de las ramas. Es como si un árbol estuviera encima de otro y el de arriba estuviera al revés. Pero hay más. La imagen que veo ahora es que hay muchos árboles unidos por las puntas de las ramas. Es como una gran bola de copas de árboles unidas con los troncos sobresaliendo de la bola de copas. Las ramas son los fractales y los Espacios de Eventos que se unen, y el tronco es el Espacio de Eventos principal resultante.

Sin embargo, de nuevo hay más. Justo cuando pensaba que los troncos indicaban que éste era el final evolutivo de un Espacio de Eventos y sus Corrientes de Eventos, el tronco comienza a fractalizarse de nuevo. Este flujo y reflujo de creación y disolución de Espacios de Eventos no tiene fin. Al hacer un alejamiento también veo que el tamaño de esta imagen no tiene fin. Ha acabado pareciendo una enorme y esponjosa bola arbórea

Los Curadores

de Espacios de Eventos que llena todos los aspectos del espacio dentro del multiverso.

EF1: También llena todos los aspectos del espacio dentro de El Origen.

YO: ¿Apuesto a que Los Curadores se alegran de no tener que trabajar con la estructura y los Espacios de Eventos dentro del ambiente más amplio de El Origen?

EF1: De eso están muy satisfechos. Vamos a pasar a los Creadores de Semillas. Estos Curadores trabajan en detalles del Espacio de Eventos aún más pequeños que los Integradores. También pueden crear la posibilidad de verosimilitud y, por tanto, las relaciones entre los eventos.

Los Creadores de Semillas

Miré el resumen anterior de este género de Curador y me emocioné. Me senté un momento a pensar en lo que acababa de decir. ¿Por qué estoy tan emocionado, pensarán? ¡Mmmm! Después de reflexionar, decidí que era mejor dejar que tú, querido lector, leas el resumen antes de expresar por qué estoy tan emocionado. La Entidad Fuente había mencionado que los Creadores de Semillas son los creadores de eventos pequeños, muy pequeños, y que son capaces de ser insertados o retirados de la totalidad del Espacio de Eventos sin afectar a aquellos seres que están trabajando dentro de las funciones normales de los propios eventos. La razón por la que se les llama Creadores de Semillas es porque los eventos que insertan permiten la creación de eventos mucho más grandes en lo que parece ser un nivel natural, es decir, como un fractal natural (más tarde fractales más grandes) de un Espacio de Eventos o serie de Espacios de Eventos o Corrientes de Eventos. Aparentemente, esta función también puede actuar a la inversa, ya que la retirada de un evento también puede verse como la desaparición natural de un Espacio de Eventos que llega a su conclusión evolutiva natural en el punto de retirada de dicho evento. Sabiendo lo que sé/sabemos sobre cómo el Espacio de Eventos puede ser manipulado y es manipulado por varios géneros de Curadores, me hace pensar que un evento que se retira sin que se lleve a cabo el trabajo correcto para remediarlo puede resultar y resulta en la desaparición natural del Espacio de Eventos del que ese evento es una función. Pero, ¿es esto realmente cierto? La Fuente decidió aclararme las cosas antes de entrar en el debate y la descripción de los Creadores de Semillas.

EF1: Estoy volviendo sobre terreno viejo aquí, pero en el orden natural de la funcionalidad del Espacio de Eventos, es decir, cuando no hay manipulación externa por uno de mis Curadores, un evento no puede ser removido como resultado de la función natural del Espacio de Eventos. Remoción de un Espacio de Eventos, por pequeño o intrascendente que sea, no forma parte de su función normal, aunque el propio Espacio de Eventos sea inteligente. Si un Espacio de Eventos se deja a su libre albedrío, los eventos dentro de él se crean y/o fractalizan naturalmente por las decisiones de aquellas entidades que existen dentro de él. También son naturalmente disueltos/defractalizados por las decisiones de aquellas entidades que existen dentro de él. Los Eventos y los Espacios de Eventos dentro del Espacio de Eventos abarcador siempre fluyen y refluyen de esta manera. Esta es una función natural que ocurre incluso si no hay entidades dentro de un Espacio de Eventos porque el ambiente dentro del Espacio de Eventos también cambia como resultado de las fuerzas y energías dentro de ese ambiente creando una miríada de posibilidades para el cambio ambiental.

YO: Así que la remoción, inserción o desplazamiento de un Espacio de Eventos, por pequeño que sea, es una función que sólo es posible como resultado de una intervención externa (del Curador).

EF1: Correcto.

YO: Lo que me fascina, sin embargo, son los Espacios de Eventos con los que trabajan los Creadores de Semillas, lo que yo llamaría Espacios de Eventos microscópicos, e introducirlos o removerlos sin mayor efecto en el resto del Espacio de Eventos general o abarcador.

EF1: Es más que eso. Los Espacios de Eventos microscópicos que los Creadores de Semillas crean son capaces de ser introducidos y/o removidos de Espacios de Eventos que son locales a una entidad o ser individual sin detrimento también. De hecho, esto es lo que hacen.

YO: ¿Puedes ser más explícito?

EF1: Los Creadores de Semillas no se llaman así por nada. Lo que hacen es crear Espacios de Eventos microscópicamente pequeños que son específicos para las necesidades de una entidad individual, un ser o un ambiente. Trabajan con la forma en que la entidad o ser interactúa con el ambiente o cómo el ambiente interactúa con las acciones de la entidad o seres dentro del ambiente.

En esencia, lo que hacen es crear una serie de nuevas microposibilidades que pueden insertarse en un colectivo local, colectivo más amplio o en un Espacio de Eventos general o abarcador con el fin de crear un cambio en el ambiente más amplio del espacio de eventos desde una perspectiva una en la que el micro Espacio de Eventos insertado sea el inicio del cambio, el catalizador. El cambio puede ser el resultado de una discusión con el Guía y los Ayudantes de una entidad para ayudar a la entidad a cambiar su dirección dentro de su plan de vida. El cambio puede ser el resultado de una discusión con el Guía y los Ayudantes de una entidad para ayudar a la entidad a cambiar su dirección dentro de su plan de vida o, en la mayoría de los casos, puede ser una necesidad de cambiar la dirección de una entidad, grupo de entidades o el ambiente para crear una experiencia evolutivamente más eficiente. En cualquier caso, el micro Espacio de Eventos insertado no debería ser perceptible como catalizador hasta que se observe desde más abajo en la Corriente de Eventos. Lo que quiero decir es que el micro Espacio de Eventos no debería ser monumental en su impacto inmediato, por así decirlo, sino que debería ser sutil y crear un lento pero seguro efecto dominó a los cambios esperados como resultado de la inserción.

YO: Entonces, ¿un micro Espacio de Eventos es realmente un evento?

EF1: No, es un Espacio de Eventos en sí mismo.

YO: No entiendo lo que quieres decir entonces.

EF1: Considera el Espacio de Eventos como una burbuja y te enviaré una imagen para ayudarle a entenderlo.

De repente me vi suspendido en un ambiente que sabía que era un Espacio de Eventos, un Espacio de Eventos general o abarcador. Luego pasé a una Corriente de Eventos y me inserté en un Espacio de Eventos que estaba localizado en una entidad. No sabía qué o dónde estaba la entidad o el ser, pero eso no parecía importar, era el Espacio de Eventos lo que estaba en juego y no la entidad que estaba creando el Espacio de Eventos local. Dentro del Espacio de Eventos local podía sentir, y podría haber experimentado si hubiera tenido tiempo, cualquier evento del que esta entidad hubiera formado parte o hubiera creado dentro de su Espacio de Eventos local. La Fuente estaba utilizando claramente esta entidad y su Espacio de Eventos como ejemplo, porque podría haber sido fácilmente un Espacio de Eventos más grande o colectivo. Se me dijo que tuviera en cuenta que los Creadores de Semillas crean una serie de micro Espacios de

Los Curadores

Eventos para resolver un problema o satisfacer una necesidad (véanse los Creadores de Semillas en el capítulo siguiente) lo que estaba a punto de presenciar era específico de un micro Espacio de Eventos "elegido" y su inserción.

Desde mi perspectiva en el Espacio de Eventos local de esta entidad, vi que se introducía una pequeña esfera. Este era el micro Espacio de Eventos, y su papel era afectar a la entidad de cierta manera, una en la que podría desear cambiar su dirección y que esa dirección también pudiera influir y cambiar la dirección de otras entidades o seres. Al principio, el detalle dentro del Espacio de Eventos se observaba como un pensamiento transitorio salvaje y luego se descartaba. Los Creadores de Semillas lo reubicaron, dando la oportunidad de que fuera observado por segunda vez. Esta vez se observó y la entidad decidió utilizarlo. A medida que este microscópico Espacio de Eventos se hizo más dominante en la existencia de la entidad, comenzó a ser más influyente y creció como resultado, haciéndose más y más grande. A medida que crecía, tocaba otros Espacios de Eventos locales, vinculándolos entre sí. Siguió creciendo y se convirtió en un Espacio de Eventos colectivo que, más tarde, afectó a otros Espacios de Eventos colectivos, creando un Espacio de Eventos colectivo mayor. Continuó de la misma manera hasta que tocó y engulló el Espacio de Eventos general o abarcador, convirtiéndose en el Espacio de Eventos general o abarcador por derecho propio. Era la imagen de una burbuja creciendo, tocando otras burbujas o grupos de burbujas y creciendo, y, como resultado, convirtiéndose en la burbuja más grande que engloba a todas las demás burbujas. Era asombroso observarlo.

YO: Así que esto es lo que quieres decir sobre lo que hacen los Creadores de Semillas; crean la posibilidad de cambio creando un Espacio de Eventos tan pequeño que no altera el flujo natural de eventos, sino que acaba absorbiendo a todos los demás y convirtiéndose en el flujo de eventos.

EF1: Así es.

YO: ¿Cómo funciona entonces la remoción de un micro Espacio de Eventos?

EF1: La remoción de un micro Espacio de Eventos puede considerarse como el proceso inverso al utilizado en la inserción de un micro Espacio de Eventos.
YO: Entonces es fácil.
EF1: No, no exactamente. Verás, cuando se inserta un micro Espacio de Eventos, crea el efecto dominó que se acaba de describir si esa es la intención detrás de la inserción del micro Espacio de Eventos. La remoción de un micro Espacio de Eventos puede crear tanto un efecto dominó como una implosión o disolución de Espacios de Eventos. Si quieres, puedes llamarlo efecto dominó inverso.
YO: Yo habría pensado que simplemente habría detenido lo que se esperaba que se creara, en lo que respecta al Espacio de Eventos, desde su punto de, digamos, ¿inserción?
EF1: Puede hacerlo, pero eso es sólo un escenario. Verás, la remoción de un micro Espacio de Eventos es más complicada que la inserción de uno.

La inserción de un micro Espacio de Eventos se entiende para crear otros Espacios de Eventos, cambiar paradigmas o cambiar la dirección en el plan de vida de una entidad o ser. La remoción de un micro Espacio de Eventos se utiliza para remover otros Espacios de Eventos, cambiar paradigmas, o cambiar la dirección del plan de vida de una entidad o ser. La única supuesta diferencia es la creación/reducción de los llamados Espacios de Eventos descendentes, pero removiéndolos, cuando están en un Espacio de Eventos y una Corriente de Eventos existentes, requiere más atención a los detalles.
YO: ¿Existen micro Espacios de Eventos que no creen eventos y Espacios de Eventos descendentes?
EF1: Sí, hay un número incontable de ellos. Lo que necesitas saber es esto, sin embargo, que los Creadores de Semillas pueden ver lo que "crece" desde una perspectiva de Espacio de Eventos, lo que crece desde el punto de inserción de un micro Espacio de Eventos, lo que se disuelve desde el punto de remoción o inserción de un micro Espacio de Eventos, y lo que simplemente no sucede en absoluto.
YO: ¿Puedes explicarlo con más detalle?

EF1: Sí, los separaré. Ten en cuenta que ya hemos descrito con cierto detalle la función del crecimiento del Espacio de Eventos debido a la inserción de un micro Espacio de Eventos, por lo que sólo lo describiré de nuevo brevemente.

El crecimiento del Espacio de Eventos debido a la inserción de un micro Espacio de Eventos se debe a la inserción de un evento clave que invoca una cascada de eventos que afectan a otros eventos y a sus espacios de eventos, vinculándolos entre sí para crear nuevos espacios de eventos localizados y la posibilidad de un nuevo Espacio de Eventos general o abarcador.

El crecimiento del Espacio de Eventos debido a la remoción de un micro Espacio de Eventos se crea como resultado de la remoción de un punto clave, pero sin embargo importante, en un Espacio de Eventos o Corriente de Eventos que inhibe o desvía la dirección del crecimiento esperado o deseado del evento. Normalmente se atribuye al proceso de pensamiento de una entidad o ser y a su habilidad para vincularse a los eventos con los que se requiere trabajar para permitir el crecimiento descendente de la dirección de un evento.

Para pensar en ello en términos terrenales, intenta considerar la remoción de una entidad que se resiste a un cierto nivel de cambio al que está siendo expuesta o la capacidad de seguir un proceso de pensamiento o una oportunidad. Otra forma de considerarlo sería pensar en un inventor, digamos Thomas Edison, que se da por vencido después de su segundo o tercer fracaso en la fabricación de una bombilla eléctrica utilizable. La remoción del proceso de pensamiento del fracaso como inhibidor del éxito le permitió continuar su trabajo y la miríada de experimentos necesarios para llegar a la fase de creación del material adecuado para fabricar un filamento robusto y el ambiente necesario para que ese filamento exista y le permita alcanzar una longevidad utilizable.

La disolución del Espacio de Eventos debido a la inserción de un micro Espacio de Eventos se crea como resultado de la introducción de un evento que actúa como inhibidor del crecimiento inicial, existente o continuo de una serie de eventos en un Espacio de Eventos, resultando finalmente en el colapso del crecimiento y disolución de los eventos dentro del Espacio de Eventos y posteriormente del propio Espacio de Eventos.

Otro buen ejemplo terrestre de ello es la pérdida de inercia en torno al uso de una modalidad de transporte en favor de otra. Un buen ejemplo de ello es la adopción de canales frente al uso de carreteras para transportar mercancías pesadas por países relativamente llanos. La inserción de un micro Espacio de Eventos basado en un paradigma a través de un individuo respetado provocó un cambio en la dirección de la mejor manera de transportar grandes cantidades de carga por todo un país de usar lo que iba a ser una progresión natural de usar carreteras a una en la que se requería la creación de vías fluviales. Sin embargo, como esto no disolvió completamente el Espacio de Eventos del transporte por carretera, se insertó más tarde un micro Espacio de Eventos para cambiar esa dirección de nuevo a la que era una progresión natural y disolver el Espacio de Eventos que apoyaba el paradigma del transporte por vías navegables artificiales—pero no fluviales ni marítimas.

La disolución del Espacio de Eventos debido a la remoción de un micro Espacio de Eventos se utiliza para crear activamente una disolución natural de un Espacio de Eventos descendente esperado debido a la falta de deseo de apoyo para progresar o mantener el paradigma asociado con ese Espacio de Eventos.

Un buen ejemplo de ello en la Tierra sería la supresión del "El Espacio de Eventos" en torno al uso del motor HOTAL, cuyo concepto se desarrolló a finales de los años ochenta. Se pretendía que permitiera el uso de un motor a reacción modificado para remover la necesidad de los cohetes utilizados en los vuelos espaciales o en el transporte aéreo de órbita baja. Se removió el deseo necesario de apoyar un paradigma de individuos interesados en posiciones de autoridad y respeto para alimentar su crecimiento, como experimento para comprender la fragilidad de los Espacios de Eventos basados en la tecnología y su capacidad de cambio. Los eventos posteriores y el Espacio de Eventos en torno a esta tecnología son ahora pobres recuerdos que sólo se mantienen en un pequeño número de personas interesadas. Esta oportunidad, sin embargo, puede ser introducida más tarde mediante la inserción de un nuevo micro Espacio de Eventos que cree el deseo de dicha tecnología, cuando los materiales de apoyo, los diseños y los simpatizantes financieros estén en su lugar y la humanidad encarnada sea más madura espiritualmente.

El estancamiento del Espacio de Eventos debido a la remoción de un micro Espacio de Eventos se crea para detener activamente el punto de inicio clave de un Espacio de Eventos descendente esperado. Una forma de considerar esto es la remoción de la confianza que rodea a una invención por parte del inventor que elige la estabilidad de los ingresos si se encuentra en una carrera a tiempo completo y establecida en lugar de la incertidumbre financiera inicial y la necesidad de asumir riesgos, o el miedo a un cambio en el estilo de vida. En términos de la humanidad encarnada, esto podría considerarse como una oportunidad perdida donde el micro Espacio de Eventos que rodea el inicio de un nuevo Espacio de Eventos enmascara el potencial asociado al nuevo Espacio de Eventos, lo que provoca su disolución en el punto de creación o incluso su crecimiento estático. El crecimiento estático de un Espacio de Eventos puede considerarse como un Espacio de Eventos que no crea fractales debido a la falta de oportunidades que creen puntos de decisión.

EF1: Hay otra función de la inserción o remoción de un micro Espacio de Eventos.

YO: ¿Y eso es?

EF1: Que la inserción o supresión de un micro Espacio de Eventos es la forma más eficaz de cambiar el proyecto de vida de un ser.

YO: Pero si ya lo hemos mencionado. ¿Por qué mencionarlo de nuevo?

EF1: He mencionado que el plan de vida de un ser puede ser cambiado antes pero eso era relativo a la necesidad de cambiar un plan de vida en beneficio de la creación de un cambio sin fisuras que permita un cambio en un Espacio de Eventos general o abarcador. Esto es relativo al plan de vida de un ser que ha sido solicitado para ser cambiado por el Aspecto desde los niveles energéticos. Normalmente es su Guía quien ha identificado la necesidad de un cambio como resultado de que el Aspecto desee activamente un cambio, o que el Guía y los Ayudantes puedan ver un potencial para que el Aspecto encarnado sea incapaz de reconducirse a sí mismo en la dirección principal del plan de vida si está fuera de curso, por así decirlo.

YO: Así que de nuevo, ¿Los Curadores están involucrados no sólo con el mantenimiento del ambiente multiversal, sino que también pueden estar al servicio de aquellas entidades o seres que encarnan? Espera, pensé que era difícil cambiar el plan de vida individual de un encarnado?

EF1: Los Curadores pueden interactuar, y de hecho lo hacen, con el Guía y los Ayudantes de una entidad encarnada. Sin embargo, si la necesidad de cambiar el plan de vida de una entidad encarnada está en función de la necesidad de cambiar el Espacio de Eventos en el que existe mediante la inserción o remoción de un micro Espacio de Eventos relevante para su plan de vida, entonces eso se acepta como parte de un orden superior. Si es a petición del Aspecto, entonces tiene que haber una buena justificación para el cambio en el plan de vida que requiere la inserción o remoción de un micro Espacio de Eventos. De todos modos, tiene que haber una justificación sólida como una roca para hacer un cambio en el plan de vida de una entidad encarnada, incluso si no necesita la inserción o remoción de un micro Espacio de Eventos.

YO: Entonces, ¿por qué es necesaria la inserción o la remoción?

EF1: Sencillamente porque permite la capacidad ascendente de cambiar los eventos descendentes en un plan de vida de una manera más fácil. Esto crea la condición en la que la entidad siente que está en control de su encarnación en lugar de ser dirigida por alguna fuerza desconocida y la sensación de que no tienen control de su encarnación.

YO: ¿Lo que estás diciendo entonces es que, a nivel de la entidad/ser encarnado, la inserción o remoción de un micro Espacio de Eventos es para invocar la posibilidad de que el encarnado haga las elecciones y decisiones que resulten en que vaya en la nueva y deseada dirección del plan de vida y no los cambios en sí mismos?

EF1: Correcto. Esto crea el mejor escenario posible sin fisuras y remueve cualquier desarmonía o irregularidad descendente. Es la forma más eficaz de cambiar un plan de vida, pero requiere una planificación de trastienda importante, por así decirlo, de ahí la necesidad de justificaciones sólidas como una roca. Dicho esto, reitero que los cambios en un plan de vida no son normales y se

Los Curadores

evitan porque el Aspecto (VSE), el Guía y los Ayudantes acordaron el plan de vida antes de que se diera la autoridad para encarnar, por lo que el plan de vida debe haber sido realizable por ese Aspecto. Cambiar un plan de vida es, por tanto, una desviación importante del plan acordado.

Ya hemos hablado bastante de los Creadores de Semillas. Pasemos ahora a los Sembradores.

YO: OK.

Los Sembradores

EF1: **Los Sembradores** son un grupo de Curadores que trabajan para los Creadores de Semillas. Tienen un papel bastante interesante en la medida en que tienen la autoridad y la capacidad de elegir hábilmente el micro Espacio/s de Evento en el que insertar o retirar dentro del Espacio de Evento semilla [*el que se va a cambiar—GSN*]. Piensa en ello en términos de un número de micro Espacios de Eventos disponibles, como resultado de haber sido creados por los Creadores de Semillas, con cada uno de ellos creando el cambio deseado en el Espacio de Eventos general o abarcador. Pueden elegir el mejor microespacio de evento y el momento de inserción. Para conseguirlo, los Creadores de Semillas trabajan con escenarios "qué pasaría si" creados trabajando con la memoria energética de La Fuente y eligiendo el momento óptimo de inserción o retirada.

Como todas las entidades que trabajan con el Espacio de Eventos, tienen la capacidad de manipularlo. Aunque el Espacio de Eventos es una energía inteligente pan-Origen por derecho propio, aquellas entidades que se absorben en su funcionalidad acaban siendo capaces de manipularlo.

YO: Lo que estás sugiriendo aquí entonces es que, incluso a este nivel de entidad, no tienen absolutamente claro cómo funciona el Espacio de Eventos y tienen que realizar una serie de comprobaciones para ver qué micro Espacio de Eventos insertado o removido consigue el mejor resultado?

EF1: Sí, es divertido, ¿verdad?

YO: Lo siento, ¡no lo entiendo!

EF1: El Espacio de Eventos es muy adaptable y cuando se realiza un cambio, todo un nuevo conjunto de posibilidades, la posibilidad de posibilidades, y la posibilidad de posibles posibilidades pasa a estar disponible. Aunque, el diálogo que estamos manteniendo ahora sugiere que la manipulación del Espacio de Eventos es una ciencia exacta desde la perspectiva de seres como Los Curadores, no lo es.

Los Curadores

YO: Sólo me estoy haciendo una idea de lo que sugieres.

EF1: Continúa.

YO: Bueno, lo que estoy viendo es que para dirigir realmente el Espacio de Eventos a un Espacio de Eventos y Corriente de Eventos deseado o requerido, tiene que haber cambios constantes en los detalles finos a través de la inserción o remoción del micro Espacio de Eventos para permitir que el Espacio de Eventos deseado/requerido sea invocado. Esta es la razón de la capacidad de elegir entre una serie de micro Espacios de Eventos y al mismo tiempo tener la capacidad de elegir cuál es adecuado para cada punto de inserción/remoción dentro de la Corriente de Eventos. Desde la perspectiva de los Creadores de Semillas y otros Curadores, todo parece como si el Espacio de Eventos en el que se está trabajando estuviera constantemente bajo recalibración o manipulación, pero desde la perspectiva de esas entidades o seres en el ambiente creado por el Espacio de Eventos general o abarcador, se siente y funciona como si todo estuviera en una progresión lógica.

Lo que ahora veo es que los Creadores de Semillas, junto con el uso de su memoria energética y la capacidad de crear escenarios "qué pasaría si", y observar sus funciones desde el comienzo del evento hasta el final del evento, son capaces de crear una cartera, a falta de una palabra mejor, de micro Espacios de Eventos óptimos para insertar y/o remover en varios puntos de la Corriente de Eventos del Espacio de Eventos general o abarcador para crear el Espacio de Eventos óptimo que permita que lo que se requiere de ese Espacio de Eventos desde una perspectiva interactiva y evolutiva llegue a buen término.

EF1: Y todo esto incluye también los fractales, no lo olvides.

YO: Sí, ¿cómo iba a olvidarme de los fractales? Espera, estaba siendo frívolo, ¡por supuesto! La cantidad de trabajo que tienen que hacer incluye también todos los Espacios de Eventos fractales, de ahí la necesidad de elegir entre varios microespacios de eventos y varios puntos de inserción/extracción dentro de la Corriente de Eventos. Así que cuando pensaba en un solo Espacio de Eventos y una Corriente de Eventos en los que trabajan, también trabajan en el detalle oculto de todas las versiones paralelas que se están creando.

Los Curadores

EF1: Sí, por supuesto.

YO: ¿Por qué tienen que trabajar en el fractal Espacios de Eventos y Corrientes de Eventos?

EF1: Porque, como he mencionado muchas veces, estos fractales también proporcionan oportunidades paralelas para experimentar el aprendizaje y la evolución, duplicando, triplicando y cuadruplicando, etc., etc., etc., la capacidad de acumular el máximo contenido evolutivo posible que una entidad o ser encarnado o desencarnado pueda, dentro de una experiencia y sus fractales.

YO: Sí, soy consciente de ello, pero eso no me impide hacer las mismas preguntas una y otra vez. Soy consciente de que los Guías y muchos de Los Curadores tienen la capacidad de trabajar en múltiples Espacios de Eventos, que son los fractales creados y disueltos a través de las elecciones realizadas por las entidades o seres del ambiente en el que trabajan. También soy consciente de que los diferentes géneros de Curador trabajan en torno a los fractales de diferentes maneras. Sólo intento comprender cómo trabajan los Sembradores con los diferentes fractales de los micro Espacios de Eventos que planifican y eligen utilizar en su función.

Pero antes tengo otra pregunta que no está del todo relacionada a Los Curadores per se, sino a la nomenclatura utilizada.

EF1: Continúa.

YO: Bueno, es un poco básico, pero creo que será importante para los lectores.

EF1: Como he dicho, continúa.

YO: ¿Cuál es la diferencia entre un ser y una entidad? Quiero decir, ambos los hemos utilizado en el mismo contexto a lo largo de este diálogo, pero si ese fuera el caso, ¿por qué utilizar palabras diferentes?

EF1: Sería incorrecto decir que son la misma cosa, porque no lo son. Me explayaré.

Todo tiene que ver con la sintiencia. Un ser es una pequeña unidad individualizada de mí, que tiene un nivel nominal de sintiencia que se le asigna a un cuerpo de energía por mí. Puede tratarse de un VSE, un Aspecto de un VSE o una Esquirla de un Aspecto. También puede referirse al creador de esa individualización, que puede usarse para describir la relación entre El Origen y yo. La demarcación aquí es que es creado por otro ser de sintiencia superior o similar.

A través de la atracción natural de energías similares o simpáticas se crea una entidad que desarrolla su propia inteligencia como resultado de grupos de energías que se unen para crear un grupo mayor de energías inteligentes. Una vez que la inteligencia crece hasta el punto de ser capaz de tomar decisiones deliberadas sobre la atracción de otras energías, y esas energías que son atraídas también tienen suficiente inteligencia para elegir entrar en un estado atraído o comunal, la inteligencia está en el camino de cambiar su estado a la conciencia y más tarde a la creatividad, con la sintiencia mucho más adelante [ver El Origen Habla—GSN].

YO: Así que para resumir, un ser se crea a través de la separación/individualización de la sintiencia y/o energía existente, y una entidad se crea a través de la atracción inteligente de energía que conduce a la sintiencia.

EF1: Eso es bastante razonable. Verás, un ser ya es sintiente, mientras que una entidad puede estar en cualquier punto a lo largo del camino hacia la sintiencia, incluyendo estar en el punto de baja inteligencia pero, sin embargo, de toma de decisiones, o, de hecho, totalmente sintiente. Uno es creado sintiente, mientras que el otro evoluciona hasta el punto de ser sintiente—ambos pueden tomar decisiones que resulten en la creación de un nuevo Espacio de Eventos.

YO: Me alegro mucho de que nos hayamos quitado eso de encima. Además, es muy bueno saber que hay razones para el uso de estas palabras y que no estamos simplemente duplicando la descripción.

EF1: Yo nunca haría eso. No es una forma eficaz de describir un concepto. Deberíamos volver a la primera pregunta sobre cómo trabajan los Sembradores con los diferentes fractales de los microespacios de eventos que planifican y deciden utilizar en su rol.

Quiero que consideres que los Sembradores tienen la capacidad de vincularse con los micro Espacios de Eventos que están planeando utilizar e insertar en los diversos escenarios que estudian antes de elegirlos como micro Espacios de Eventos "vivos". Cuando utilizan mi memoria energética, son capaces de ser a la vez el observador y el participante de las funciones y acciones resultantes de la inserción del micro Espacio de Eventos con el que están trabajando y del punto de inserción o retirada que esperan utilizar. Te enviaré una imagen de cómo trabajan para que puedas describirlo.

YO: Gracias. Puedo ver la imagen de un único Sembrador. Parece estar en lo que sólo puedo describir como un portal de visión. El portal de visión es el acceso a tu memoria energética. Este portal de visión no está en lo que la humanidad encarnada llamaría despliegue bidimensional o tridimensional; está alineado como una función de experiencias de eventos, cuyo alineamiento está en la progresión lógica de los eventos a medida que se desarrollan.

Un Sembrador, visto como una bola de pura energía sintiente, elige entre una selección de micro Espacios de Eventos que también están representados por una bola, una bola de Espacio de Eventos. Esta bola se inserta en un punto determinado de una Corriente de Eventos, uno donde hay una probabilidad fractal conocida y donde se ven los fractales de esta probabilidad, y se crean nuevos Espacios de Eventos de varios tamaños y divisiones fractales. Como resultado, también se crean Corrientes de Eventos. Estas son las direcciones en las que van los fractales y en las que pueden crearse y se crean nuevos fractales. Observo que el Sembrador se encuentra en dos posiciones; una en la que es el observador de la creación o disolución de Espacios de Eventos y/o Corrientes de Eventos, y otra en la que partes de ella se toman con el micro Espacio de Eventos que ha insertado. Parece como si el Sembrador proyectara o tirara de muchas pequeñas líneas. Son trozos de sí mismo siguiendo el micro Espacio de Eventos en su punto de inserción y siguiendo todos los fractales de la Corriente de Eventos y del Espacio de Eventos. El Sembrador está tanto dentro como fuera de los Espacios de Eventos y de las Corrientes de Eventos. De este modo, puede observar y experimentar todos los posibles eventos creados, o no según el caso, y todas sus posibilidades concurrentemente. Sabe cuándo su nivel de comprensión del resultado final deseado desde el punto de inserción está asegurado y termina el escenario. Elección del siguiente micro Espacio de Eventos y tal vez un nuevo punto de inserción, vuelve a ser a la vez observador y participante, y se crea un nuevo conjunto de fractales.

YO: ¿Tener todos esos hilos fluyendo desde ellos a cada micro Espacio de Eventos y a otros espacios de eventos resultantes no es una carga para ellos en términos de su capacidad para procesar toda la información que están recibiendo?

EF1: Hay un punto en el que pueden arreglárselas solos, por así decirlo, pero cuando la cantidad de trabajo que tienen que hacer para seguir todos los Eventos y Corrientes de Eventos se vuelve difícil de seguir eficientemente, el Sembrador puede espejearse para desempeñar este papel en paralelo.

YO: ¿Así que tienen una limitación en la cantidad de fractales con los que pueden trabajar?

EF1: En realidad, no. Se trata más bien de trabajar de la forma más eficiente y eficaz posible para que puedan tomar una decisión informada sobre qué micro Espacios de Eventos utilizar y dónde insertarlos o removerlos. La duplicación les permite trabajar en paralelo de todas las formas posibles para hacer su trabajo.

YO: Colocarse en un procesamiento paralelo o en espejo les permite observar muchos Espacios de Eventos y sus fractales, pero ¿qué les permite hacer la elección detallada sobre qué micro Espacio de Eventos es apropiado en cada punto de inserción o de remoción?

EF1: Desde la perspectiva de tu mente humana encarnada todo parece lineal y así la función de espejearse que usan los Sembradores parece estar linealizada cuando miran los Espacios de Eventos y las acciones y reacciones que sus inserciones o remociones de micro Espacios de Eventos y sus ubicaciones crean, pero esto no es del todo correcto.

YO: ¿Qué quieres decir? Habría pensado que el Sembrador tendría que ser capaz de acelerar la experiencia de observar los efectos de insertar o remover micro Espacios de Eventos.

EF1: Puede y lo hace de dos maneras. Una es observacional y la otra es experiencial.

YO: No me lo digas, puedo verlo. Un Sembrador utiliza tu función de memoria energética para permitirle crear los diferentes escenarios "qué pasaría si" para permitirle ver los diferentes Espacios de Eventos que se crean como resultado de su trabajo. El Sembrador

Los Curadores

también necesita experimentar los cambios en los Espacios de Eventos que su trabajo realiza desde la perspectiva de la entidad o ser que está experimentando los Espacios de Eventos y las Corrientes de Eventos moviéndose dentro de esos Espacios de Eventos, micro, local, global, etc., y sus fractales, y acercándose y alejándose de ellos mediante el proceso de espejeo o paralelismo. De este modo, pueden acercarse a los distintos eventos—y mirar hacia atrás, hacia delante, hacia arriba y hacia abajo, por así decirlo. Mientras está en este estado de "inmersión", puede lograr y crear cosas que no puede hacer mientras está en el modo de observación de usar su memoria energética. Mientras está inmerso, mientras está en todos los Espacios de Eventos que están vinculados al Sembrador, a través de las líneas desde el Sembrador a los diferentes fractales, puede moverse en esas líneas individuales con su sintiencia espejeada, observar su trabajo en todos los fractales de Espacios de Eventos y Corrientes de Eventos a través de tu memoria energética y experimentar todos los fractales de Espacios de Eventos y Corrientes de Eventos a través de la función reflejada, simultáneamente. De esta manera, puede hacer modificaciones menores dentro de un escenario "qué pasaría si" para aumentar la eficiencia de un resultado deseado si el mejor micro Espacio de Eventos no es del todo perfecto o aceptable en su entrega de la manera más rápida y eficiente posible. En esencia, puede observar tanto en "tiempo real" como en "avance/retroceso rápido" todos los Espacios de Eventos y Corrientes de Eventos y sus fractales creados en función de la inserción o remoción de las micro Corrientes de Eventos elegidas, y seleccionar el/los micro Espacio/s de Eventos óptimo/s y sus puntos de inserción/remoción. Pueden llegar a una decisión sobre qué micro Espacio/s de Eventos utilizar y sus puntos óptimos de inserción o remoción en un nanosegundo desde nuestra perspectiva encarnada.

Esto es asombroso. Desde el punto de vista del humano encarnado, todo esto sucede en un instante. Es como si los Sembradores miraran una serie de líneas temporales, insertaran y/o removieran algunos cambios, se sumergieran en los escenarios y sus fractales, y pasaran al siguiente trabajo que tuvieran que hacer.

Los Curadores

EF1: Sí. Sucede en un instante y es instantáneamente efectivo. Todo lo que experimentarías es el producto final, por así decirlo, y ese producto final es un cambio instantáneo que generalmente no percibes.

YO: Sí, comprendo. Hemos discutido antes la capacidad de las entidades y seres que existen o trabajan en un Espacio de Eventos y Corriente de Eventos particular para percibir cualquier cambio. Sería imperceptible para ellos darse cuenta a menos que estén altamente evolucionados.

Ahora me interesa nuestro próximo género de Curador, los Asediadores. Por el resumen que has hecho, parece casi imposible que sean necesarios. Además, parece que su funcionalidad es muy similar a la de Los Curadores con talento universal que trabajan en cualquiera de las especialidades de Los Curadores especializados con/para los que trabajan.

EF1: Hasta cierto punto, sí, pero estos Curadores son a todos los efectos y propósitos la brigada de limpieza, corrigiendo los resultados de las malas interpretaciones de aquellas entidades que manipulan el Espacio de Eventos en cualquiera de sus condiciones volumétricas, por así decirlo.

YO: ¿Estás diciendo que se cometen errores?

EF1: No tanto errores, más bien errores que crecen como resultado de la selección de un micro Espacio de Eventos que es adecuado para un propósito en comparación con otros, pero que no es totalmente compatible con todos los fractales descendentes que pueden manifestarse.

Los Asediadores

Tengo que admitir que la idea de un grupo de Curadores que estuvieran ahí para barrer cualquier error, a falta de una palabra mejor, sonaba a la vez improbable y absurda, sobre todo teniendo en cuenta que La Fuente tenía un grupo de entidades que velaban por el mantenimiento de esa parte de ella que había separado de sí misma, eso que llamamos el multiverso, y que eran infinitamente más capaces que esas entidades, en mi opinión, que están en el ciclo evolutivo. De hecho, desde mi perspectiva, la posibilidad de la necesidad de corregir lo que voy a insistir en llamar equivocaciones o errores no retrataba la comprensión humana de nuestra Fuente, nuestro Dios, nuestro Creador. Tener entidades capaces de ser algo menos que precisas, no perfectas, o incluso de crear problemas, era un dilema. Nada de esto tenía sentido para mí y decidí guardarme unas cuantas preguntas para La Fuente en el bolsillo trasero para hacer una doble comprobación. Un Dios imperfecto, !Mmmm!

EF1: Antes de responder a tus preguntas, repasaré de nuevo la descripción de los Asediadores. Estas entidades son un grupo especial de entidades porque son multifacéticas y están capacitadas en todas las funciones asociadas con las entidades descritas hasta ahora y que serán descritas. Las entidades anteriores difieren en la medida en que son polifacéticas dentro del conjunto de habilidades de aquellos Los Curadores superiores con/para los que trabajan. Aunque los Asediadores son realmente polifacéticos, tienden a trabajar principalmente en la carga total de trabajo para corregir problemas en términos del número total de Espacios de Eventos que podrían verse afectados si se utiliza el punto de inserción equivocado, o si se interpreta incorrectamente la función de escenario "qué pasaría si" de la memoria energética de La Fuente, lo que incluye cualquier cosa que haya respondido de una manera que no se esperaba o no estaba planeada.

Los Curadores

Así que, como has aludido, los Asediadores son, u operan como, una función de extinción de incendios y/o de limpieza cuando las cosas no salen según lo previsto. Funcionan con independencia de todas las demás entidades y se encargan de las correcciones operativas necesarias para garantizar el mantenimiento de todos los espacios de eventos y sus conexiones.

YO: Dime, ¿cómo es posible que tus Curadores cometan errores? Yo habría pensado que Los Curadores al menos actuaría y trabajaría en un estado de perfección para que aquellas entidades y seres que están en el ciclo evolutivo tengan la mejor oportunidad de evolucionar de una manera eficiente y eficaz.

EF1: Primero, respóndeme a estas preguntas sobre ti. ¿No cometes errores?

YO: Sí, así es.

EF1: ¿No se crea karma al perder la oportunidad de negarlo?

YO: Sí, lo sé, todos lo sabemos.

EF1: ¿No encuentras formas diferentes de hacer las cosas?

YO: Sí, claro, así son las cosas.

EF1: ¿Y no te gustaría haber hecho las cosas mejor?

YO: Sí, ese es mi ego y el beneficio de la autorreflexión.

EF1: ¿Y les permito a todos ustedes hacer estas cosas y ser ineficaces e ineficientes a veces?

YO: Debes hacerlo, porque lo somos.

EF1: Entonces te darás cuenta de que hay una cierta ventaja para mí al permitir que mis creaciones se equivoquen o sean menos que perfectas.

YO: Eso sería la profundidad de la experiencia y esa profundidad de la experiencia es una función de la experiencia, el aprendizaje y la evolución.

EF1: Correcto. Es la profundidad de la experiencia lo que permite acumular progresión evolutiva de forma más acelerada. Por eso me parece bien que aparezcan errores.

YO: ¿No se llamarían errores sino simplemente una función de la entropía?

EF1: ¿Quiere decir que...?

YO: ¿Quiere decir que el equipo de gestión del multiverso desde la perspectiva del Espacio de Eventos es una pésima función en la que el intento de crear una condición más perfecta crea, en efecto, una condición menos que perfecta?

EF1: Es un proceso de pensamiento interesante. También es uno del que tengo que alejarte.

YO: ¿Por qué?

EF1: Simplemente porque ya te veo yendo por el camino de pensar que aliento la posibilidad de buscar activamente el trabajo de mis Curadores en el error y que lo hago para ver qué hacen Los Curadores para salirse del paso, por así decirlo.

YO: Bueno, me pasó por la cabeza.

EF1: Lo sé. Lo he visto.

YO: Volviendo al proceso de pensamiento de que los Asediadores existen para corregir errores en el improbable caso de que se produzcan errores en las modificaciones de los espacios de eventos, pequeños y grandes, ¿cómo realizan los cambios? Es decir, cuando vemos la cantidad de trabajo y el nivel de detalle que tienen que hacer los Creadores de Semillas y Sembradores, la comprobación que tienen que hacer a partir de un escenario de "qué pasaría si", ampliando el Espacio de Eventos y la Corriente de Eventos, comprobando los efectos y resultados, incluso antes de insertar un micro Espacio de Eventos en un Espacio de Eventos o Corriente de Eventos general/abarcador, ¿los asediadores deben tener que hacer el mismo nivel de trabajo o comprobación antes de efectuar una corrección?

EF1: Ha sido un largo camino para hacer una pregunta.

YO: Fue bastante, ¿no?

EF1: Sí, lo fue. Sin embargo, proporcionaste un preámbulo necesario para tu proceso de pensamiento y en realidad tenía mucho sentido.

YO: Gracias.

EF1: La respuesta a tu pregunta es que no.

YO: Entonces, ¿qué pasa?

EF1: Antes de responder a la pregunta quiero recalibrar un poco tus pensamientos. Los Asediadores trabajan corrigiendo los efectos de la inserción o remoción de un micro Espacio de Eventos dentro de un Espacio de Eventos general o abarcador y su Corriente de Eventos. Rara vez introducen un nuevo Espacio de Eventos, de cualquier tamaño.

YO: ¿Qué hacen entonces?

EF1: Hacer pequeños ajustes a los Eventos existentes dentro del Espacio de Eventos. Como ves, es importante no alterar demasiado lo que está "aprobado" para su uso desde la perspectiva del Espacio de Eventos y las Corrientes de Eventos.

YO: ¿Qué quieres decir?

EF1: El trabajo que los Creadores de Semillas y los Sembradores hacen es, en general, preciso, pero hay las raras ocasiones en que esas entidades y seres que están dentro del Espacio de Eventos que ha sido modificado hacen algo que no se vio en los escenarios "qué pasaría si". Si esto afecta a la dirección general en la que el Espacio de Eventos y la Corriente de Eventos han sido modificados para ir, en términos de creación y disolución fractal del Espacio de Eventos, entonces se requieren pequeñas modificaciones a las modificaciones.

YO: ¿Y entonces los Asediadores hacen estas modificaciones como afinamiento supongo?

EF1: Sí. De hecho, ése es el objetivo de su trabajo. Aunque los hayas identificado como bomberos, no están rescatando los Espacios de Eventos con los que trabajan de una situación de fatalidad inminente, sino que están cambiando los llamados eventos naturales que se crearon como resultado de una entidad imprevista o de una actividad de vuelta a lo deseado y acordado.

YO: Cuando hablamos del trabajo de los otros Curadores que manipulan el Espacio de Eventos, ¿los cambios que se realizan no son perceptibles para las entidades y seres que están dentro del Espacio de Eventos? ¿Ocurre lo mismo con el trabajo de los Asediadores?

EF1: No. Aunque son polivalentes y pueden realizar cualquier ajuste fino necesario en cualquiera de las habilidades de Los Curadores, ellos prefieren no recrear el trabajo de ninguno de Los Curadores con los que están trabajando.

YO: ¿Prefieren repararlo entonces?

EF1: Ésa sería una forma mejor de describir el trabajo que realizan, mucho mejor que ser llamado afinador o bombero.

YO: Acabas de aludir a la cuestión de que no consiguen un cambio sin fisuras en el Espacio de Eventos y la Corriente de Eventos que están reparando.

EF1: Sí, eso he dicho.

Los Curadores

YO: ¿Qué pasa entonces cuando hacen un cambio?

EF1: Algunas de las entidades y seres dentro del Espacio de Eventos ven algún cambio que, o bien es un cambio específico para ellos, o bien es un pequeño ajuste en su experiencia general de alguna pequeña manera.

YO: ¿Puedes explicarlo con más detalle?

EF1: Te daré un ejemplo práctico. ¿Has experimentado un futuro conocido o esperado una serie de eventos que parecían ser una "certeza", por así decirlo?

YO: Sí, en varias ocasiones he sentido que el futuro es seguro y que comprendo y conozco los eventos que conducen a, y progresan desde, un evento esperado que se consideraría un hito. Es más, he podido ver qué ocurriría sin falta.

EF1: Bueno, ¿y has visto eventos en los que la certeza no se da por alguna razón?

YO: Sí, lo he hecho.

EF1: ¿Y ha visto eventos que de repente surgen de la nada?

YO: Sí, lo he hecho.

EF1: Bueno, ambos son momentos en los que se están realizando cambios como resultado del trabajo de los Asediadores. Ellos han reparado la Corriente de Eventos dentro del Espacio de Eventos general o abarcador, devolviéndolos a la corriente o secuencia de eventos en la que estaban o en la que se supone que deberían estar.

Mi mente volvió a un par de ocasiones en las que no ocurrió lo que se esperaba. En el primer ejemplo, mi difunta esposa, Anne, trabajaba en la Universidad de Birmingham (Reino Unido) y luchaba por encontrar financiación para su investigación. Un miembro de una empresa farmacéutica de "remedios naturales" tenía una larga amistad con mi suegro, el padre de Anne. Esta empresa había financiado la investigación metafísica de mi suegro durante varios años y había afirmado que financiaría a Anne. Anne era investigadora principal en estudios de microbiología médica e investigación genética del cáncer en la universidad, y esta empresa quería que aportara pruebas científicas de la funcionalidad de sus remedios para curar enfermedades y dolencias. Esta investigación iba a ser un paso importante y esencial en la creación de pruebas científicas y, por tanto, justificables de que los preparados naturales son una medicina curativa real y no meras palabrerías espirituales. Estábamos esperando el contrato de la empresa cuando recibimos la noticia de que un alto directivo estaba cambiando su forma de trabajar. Uno de ellos consistía en poner fin a toda investigación que justificara los efectos curativos de los remedios naturales, y a Anne le retiraron la subvención, dejándola sin financiación para el futuro inmediato.

A las pocas semanas de esta información, estábamos en nuestra peregrinación anual al Colegio de Estudios Psíquicos en Kensington, Londres, Reino Unido. El Colegio de Estudios Psíquicos tiene un grupo de psíquicos altamente capacitados y uno de ellos era nuestro favorito. Había demostrado ser muy precisa a lo largo de los años y habíamos vuelto año tras año a ella por su intuición e inspiración. Así que concertamos una cita cada uno. Siempre grabábamos estas "lecturas" y ambos nos sorprendíamos al oír que la supresión de la financiación no debía producirse y que había ocurrido algo fuera de la realidad esperada.

Al escuchar lo que me decía La Fuente, me pareció que se trataba de uno de esos eventos que habían sido cambiados o reparados por un Asediador.

Entonces miré a mi propio pasado y vi los eventos que rodearon mi decisión mental de dejar el llamado trabajo diurno. Basándome en mis cálculos anteriores, podía hacer mi trabajo espiritual y mi trabajo diurno y podría dejarlo a los cincuenta y cinco años con una pensión. Podría utilizar mi pensión como base para pagar nuestras facturas con un poco de sobra para nuestras aficiones. En el trasfondo estaba el hecho de que hacía poco habíamos tenido un expediente de regulación de empleo y de repente me encontré haciendo cuentas otra vez, ¡esta vez sin ser avaricioso! De repente me di cuenta. Ya podía jubilarme. Ahora sí. Ahora podía enfocarme en mi trabajo espiritual. No había visto esto antes, simplemente no era una opción. En seis meses había dejado la empresa y estaba cobrando mi pensión. Me sentía muy feliz porque estaba trabajando en mi verdadero camino, el deseo de mi corazón, y tenía un paracaídas. No necesitaba obtener beneficios para poder vivir y hacer mi trabajo espiritual.

De nuevo, se suponía que esto no iba a ocurrir todavía. Algo le había ocurrido a la Corriente de Eventos en ambos ejemplos que nos hizo cambiar de dirección, aunque de forma personalizada. ¿No

Los Curadores

podrían ser dos ejemplos del trabajo de los Asediadores? me pregunté.

EF1: En los dos ejemplos, los Asediadores introdujeron pequeños cambios en los Espacios de Eventos locales de Anne y tuyo. En el caso de Anne, fue para asegurarse de que podía tomar los fondos sobrantes o excedentes de otros científicos que tenían becas pero que se habían marchado, lo que la llevó al punto de poder cobrar su pensión universitaria a un nivel no reducido. En tu caso, fue un cambio aún menor a tus ejecuciones y darse cuenta de que necesitabas menos dinero del que habías deseado para poder hacer tu trabajo espiritual a tiempo completo.

YO: Tengo otro ejemplo.

EF1: Adelante.

YO: Mi suegro quería dedicarse a sus intereses metafísicos mientras trabajaba en su puesto de la universidad como un interés "fuera de horario". Tenía unos cuantos estudiantes que también estaban interesados y la única forma de reunirlos a todos era realizar reuniones en la universidad. Como era una persona concienzuda, preguntó a su profesor si le parecía bien. El profesor se tomó su tiempo, pero cuando le contestó, le dijo que estaría bien siempre y cuando se diera cuenta de que, al hacerlo, no podría progresar en su carrera como metalúrgico. Es decir, no podría progresar más allá de su grado actual de investigador principal. Mi suegro era un hombre muy capaz y habría conseguido fácilmente una cátedra. Tenía la sensación de que su profesor estaba celoso de su trabajo porque había creado una forma única y novedosa de soldar metales que normalmente se resistían a ser soldados y viajaba por el mundo dando conferencias sobre su desarrollo.

Mi suegro consideraba que su investigación metafísica era más importante y aceptó que su progresión profesional se encontraba ahora en un callejón sin salida, aunque hiciera muchas más contribuciones a su campo. Se conformaba con poder hacer otra contribución a la metafísica, una en la que la llamada ciencia moderna pudiera demostrar que los mundos del espíritu existían, que la metafísica de hoy era la ciencia de mañana.

EF1: Otra buena ilustración. Si a tu suegro también se le hubiera permitido progresar en su metalurgia, habría adquirido más responsabilidad y eso habría sido un problema para él. Habría tenido que dedicar cada vez más tiempo a la administración de su "departamento", porque habría acabado controlando y siendo responsable de su propio departamento y en once años habría sido catedrático por derecho propio. Esto habría detenido su investigación, con el resultado de que no habría publicado sus libros [El Telar de la Creación y Exploraciones de la Conciencia, que autopublicó. Estos llevaron a su tercer y último libro, Kosmos, publicado por Ozark Mountain Publishing.—GSN]. Tampoco habría podido entrar en contacto con esos otros investigadores metafísicos serios como Harry Oldfield [*Anne y yo conocimos a Harry una noche junto con mi suegro. Él demostró su dispositivo para registrar el campo energético humano y sus cambios debidos a las enfermedades. Es un metafísico brillante.*— GSN] y el fundador de la compañía farmacéutica de remedios naturales que patrocinó su trabajo.

YO: ¿Y esto sólo fue posible gracias al trabajo de los Asediadores?

EF1: Completamente. El Asediador en cuestión no necesitó hacer mucho más que poner una sugerencia en la mente del profesor de Dennis, una que estaba en consonancia con la forma en que su ego funcionaba, y la dirección de su plan de vida estaba asegurada.

YO: Así que realmente no hacen grandes cambios, ¿verdad?

EF1: No. Son expertos en utilizar su conjunto polifacético de habilidades para garantizar que los cambios en los Espacios de Eventos, haciendo micro Espacios de Eventos, sean fáciles de lograr y funcionen dentro de los parámetros de las predicciones existentes hechas por los Creadores de Semillas y los Sembradores con el fin de corregir o afinar las cosas.

De nuevo, fíjate en todas las cosas que has vivido. Cosas que han ocurrido, como que tuviste suerte y estabas en el lugar adecuado en el momento adecuado, o lo que a veces puedes pensar que es estar en el lugar equivocado en el momento equivocado.

Estaba pensando en otro ejemplo: en mi antiguo lugar de trabajo se tomó la decisión de reorganizar el departamento. Yo iba a volver a mi antiguo puesto debido a la integración de dos departamentos. Justo cuando esto estaba ocurriendo, la recesión/depresión de 2008 golpeó al país, provocando despidos en mi empresa y en mi departamento. Debido a la integración, el puesto que yo ocupaba se consideró redundante. Normalmente esto no habría sido un problema y mi transición habría sido segura, ya que los planes para la reorganización estaban finalizados y poblados de personal desde una perspectiva de planificación. Sólo habría desaparecido mi puesto. Nuestro departamento de Recursos Humanos (RRHH) vio en ello una oportunidad para compensar sus cifras de despidos y me quedé sin trabajo y con la necesidad de solicitar puestos, en mi categoría salarial y por debajo de ella. Al final conseguí un puesto, un grado y varias prestaciones inferiores a donde yo estaba. Lo extraño era que mi nuevo puesto me llevaba a desempeñar la misma función de la que era responsable antes de los despidos. Siempre pensé que había algo raro. Le eché la culpa a alguien a quien no le caía bien en aquel momento, pero ahora sé que fue obra de los Asediadores. Esto ocurrió unos cuatro años antes del ejemplo anterior, cuando supe que tenía dinero suficiente para marcharme.

EF1: Ahora lo estás entendiendo. Todo parecía descontextualizado desde el punto de vista de la continuidad, pero con la continuidad mantenida.

YO: ¡Eso es, eso es! Lo que más me afectó fue mi dedicación a la empresa. En ese momento, mi trabajo en La Historia de Dios estaba llegando a su fin y yo estaba empezando a interesarme más en la difusión de mi trabajo al público metafísico y espiritual. Aumenté mi fuerza espiritual y seguí adelante. Había vuelto a enfocarme en lo que debía. De nuevo, supongo que en simpatía con la historia de mi suegro, mi plan de vida se recortó para que pudiera hacer este trabajo y no quedarme inmerso en mi antigua carrera. Mi primer ejemplo personal anterior, al ser la corriente descendente del segundo, fue más bien un momento de despertar, mientras que la pérdida del trabajo me pareció extraña, simplemente porque no podía ver lo que estaba ocurriendo.

Piensa, querido lector. Cuántas veces te han pasado cosas que pensabas que estaban fuera de contexto pero que aceptaste a regañadientes para descubrir después que ¡era lo mejor que te había pasado!

Los Curadores

EF1: Este capítulo hará que tus lectores recuerden muchos de sus propios ejemplos en los que ocurrió algo que no debería haber ocurrido por definición. Piensa en lo que está ocurriendo ahora en el Reino Unido y en Estados Unidos. *[El lector debe referirse a las recientes elecciones de EE.UU. y el Reino Unido 2016/2017 y el voto del Reino Unido para abandonar la Unión Europea.— GSN]*. Esta es la obra, la obra mayor debo añadir, de los Asediadores.

Es hora de dejar estas largas discusiones sobre el Espacio de Eventos y las entidades que trabajan con él y pasar a los Grabadores.

YO: Lo estoy deseando.

Me senté y pensé por un momento sobre lo que La Fuente y yo habíamos estado hablando con referencia a los Asediadores y cómo algunas de las experiencias de las que había sido testigo y en las que había estado involucrado se habían visto afectadas por este género de Curador. Me pregunté cuántas de las entidades encarnadas en la Tierra, por no hablar de otros planetas o áreas de baja frecuencia local dentro del universo físico, habían experimentado cambios inesperados en su dirección de existencia encarnada. Volví a pensar. ¿Y si todos los cambios inesperados en nuestras encarnaciones fueran el resultado del ajuste fino, la introducción de micro Espacios de Eventos introducidos por los Asediadores y otros Curadores que tienen la capacidad de manipular el Espacio de Eventos, para mantener el Espacio de Eventos general o abarcador operando de la manera deseada por La Fuente? Esto significaría que para aquellas entidades encarnadas en la Tierra, no existe tal cosa como el libre albedrío individualizado, simplemente porque nuestra dirección y experiencias están siendo afinadas regularmente. Decidí hacer esta pregunta a La Fuente antes de pasar a los Grabadores.

EF1: No hace falta que preguntes, es una pregunta perfectamente válida.

YO: Bien, ¿cuál es la respuesta?

EF1: La respuesta es sí. Tengo ciertas experiencias deseadas que experimento a través de todos ustedes y en la Realidad Superior de este ciclo evolutivo, quiero asegurarme de que yo/ustedes experimenten o contribuyan a la experiencia de otros para que yo pueda experimentar tanto en general como en profundidad lo que quiero experimentar, aprender y evolucionar.

YO: Entonces, ¿esta "no" verdadera evolución experiencial es el resultado de la primera vez o de la experiencia revisada de la segunda o tercera vez? Quiero decir, por lo que dices, ¿estás eligiendo qué o cómo quieres que experimentemos en tu nombre?

EF1: Por supuesto que sí, y lo hago a través de sus VSE, sus Guías y Ayudantes, y aquellas entidades que mantienen esa parte de mí que se llama el multiverso. Trata de no pensar en ello en términos de ser guiado hasta el punto de no estar en control de tu propio libre albedrío, pero, además, que yo y mis Curadores nos aseguramos de que la experiencia y el aprendizaje de esa experiencia es lo que se desea, y de que el ambiente y sus Espacios de Eventos y Corrientes de Eventos apoyan ese deseo. Simplemente estamos ajustando las acciones asociadas a tu libre albedrío. Intenta verlo de otra manera. Que todo el punto de lo que es la experiencia, es ver si la guía es escuchada, es apreciada, comprendida y utilizada. Y cuando no es así, entonces el Espacio de Eventos que se aleja de los Espacios de Eventos esperados, en todos sus derivados paralelos, se recalibra de nuevo a lo que debería haber sido. Esto incluye las interacciones y experiencias individuales dentro del plan de vida de una entidad y la posición actual dentro de ese plan de vida. Todavía tienes libre albedrío para hacer lo que haces de la manera que quieres hacerlo en el ambiente en el que se está haciendo; es sólo que hay veces en que los errores se arrastran y que estos errores necesitan ser limados.

YO: ¿Pero estos errores no forman parte del juego, por así decirlo?

EF1: Por supuesto. Pero cuando se han experimentado, han servido para algo. Es un poco como estar de viaje y conocer la carretera o carreteras que hay que utilizar y los lugares por los que hay que pasar para llegar al final del viaje y, de repente, tomar un desvío, el desvío se toma porque algo llama tu atención por un momento. Una vez que has visto y experimentado lo que te llama la atención, tienes que volver a la carretera principal y, si te queda tiempo para llegar a tu destino, aumentas la velocidad para recuperar el tiempo perdido y que la hora de llegada sea la deseada. Al hacerlo, puedes interactuar con las entidades con las que tenías previsto

Los Curadores

interactuar en tu destino en el ambiente en el que tenías previsto interactuar con ellas.

YO: OK, ahora entiendo. Tenemos libre albedrío sólo hasta cierto punto, nuestro punto de distracción de nuestro camino planeado. El papel de los Asediadores es detectar estas distracciones y, si no somos capaces de corregirlas por nosotros mismos, nos devuelven a nosotros y a nuestros Espacios de Eventos al buen camino.

EF1: Ahora sí. Ahora sí que ha llegado la hora de los Grabadores.

Los Grabadores

YO: Los Grabadores son exactamente lo que su nombre indica—grabadores. Trabajan en los detalles que rodean el trabajo del que todas las demás entidades son responsables, y asignan las acciones de aquellas entidades que trabajan en las tareas que están grabando y las subsiguientes respuestas de los componentes de los ambientes multiversales a los sectores apropiados de la memoria energética de La Fuente.

Hay que decir que los Grabadores trabajan específicamente en el registro de la información asociada al trabajo de las Entidades de Mantenimiento de La Fuente y no de la propia Fuente.

EF1: ¡Bien copiado!

YO: Gracias. ¿Habría pensado que registrar qué y cómo hizo, hace o hará cada uno de Los Curadores era una función automática llevada a cabo por ti? ¿Por qué necesitas tener una entidad especializada para hacer esto?

EF1: Antes de que digas "pero todos somos parte de ti", diré que los Grabadores son esa parte de mí, bajo la apariencia de un Curador que está especializada en trabajar específicamente en la grabación del trabajo de Los Curadores. Sin embargo, aunque tengan el papel de Grabadores, lo que realmente hacen es una importante función de retención de mi memoria.

YO: ¿Puedes explicarte un poco más?

EF1: Como eres consciente, nosotros/ustedes estamos en el tercer ciclo evolutivo y como tal todo lo que es, fue o será fue experimentado antes.

YO: Sí, de acuerdo. Lo entiendo, pero quizá los lectores no. ¿Explico un poco primero?

EF1: Adelante.

Para los lectores, esta información relativa a los textos hindúes sobre la inhalación y la exhalación del universo puede encontrarse también en El Origen Habla.

Los Curadores

YO: El ciclo evolutivo es una función del deseo de El Origen de conocerse y experimentarse a sí mismo en su totalidad. Aunque originalmente no se clasificó como ciclo evolutivo, se ha convertido en tal debido a su repetición. Siendo así, ha sido experimentado por todas las Entidades Fuente, con la excepción de EF12, y aquellas entidades y seres dentro de esas Entidades Fuente que han creado, o han permitido la generación evolutiva de seres a través de la atracción energética inteligente dentro de ellas, tres veces.

Tres veces, les oigo decir a todos. ¿Cómo es posible? lo explicaré mejor.

El ciclo evolutivo original fue, como ya se ha dicho, una función del deseo de El Origen de conocerse a sí mismo en un nivel de detalle que no estaba a su disposición de manera eficiente en su forma singular del estado de ser. Con el fin de aumentar este conocimiento de sí mismo, que, cuando fue experimentado y aprendido creó la evolución, que era algo que El Origen deseaba, decidió duplicarse. La historia de los doce Orígenes se explica en La Historia de Dios y El Origen Habla, y aunque es un vínculo con el inicio del ciclo evolutivo, no es necesario profundizar en ella ahora, pues es la función experiencial de Las Entidades Fuente la que constituye el verdadero ciclo evolutivo.

Hay un área de autoconciencia poliomnisciente y sintiente dentro de la totalidad de El Origen de la que es consciente y que comprende completamente. También hay un área mucho mayor, la mayor parte de esta área de la comprensión de sí mismo de El Origen, de hecho, que aún no se entiende, pero que, sin embargo, se conoce.

¿Cómo puede El Origen no saber de sí mismo en su totalidad? te preguntarás.

La respuesta es verlo desde la perspectiva humana. Todos nos conocemos a nosotros mismos y a nuestro ambiente, incluido el más amplio, hasta cierto punto, pero para comprender nuestro cuerpo humano necesitamos utilizar microscopios de distintos aumentos y consultar a expertos en las distintas funciones del cuerpo humano para entender lo que podríamos ver al mirar al microscopio nuestra estructura celular y atómica. Para saber más

Los Curadores

sobre nosotros mismos buscamos el consejo de quienes se han centrado en profundizar en la estructura y funcionalidad del cuerpo humano, de quienes tienen una especialización dentro de un área concreta y de otros que se han especializado dentro de la especialización dentro de una especialización. Aquí es donde se encuentra actualmente El Origen, trabajando en la creación de funciones especializadas de la sintiencia, con las funciones especializadas de la sintiencia también dotadas del poder de crear más funciones de la sintiencia especializada. Todas estas funciones de sintiencia especializada retroalimentan a la sintiencia originaria, El Origen, con lo que han descubierto sobre sí mismas, sobre sí mismas y sobre cómo interactúan con otras funciones especializadas de sintiencia. Mejoran este conocimiento moviéndose alrededor y dentro de aquellas partes de El Origen de las que es consciente pero con las que no está totalmente familiarizado. De este modo, mejoran tanto en profundidad como en amplitud de conocimiento.

Desde el punto de vista humano, vamos más allá y observamos nuestro ambiente. Todos tenemos un nivel básico de conocimiento sobre nuestro ambiente, aunque en la mayoría de los casos no tengamos ninguna experiencia personal de este ambiente más amplio. Por ejemplo, sabemos que existimos en una casa y que esa casa está en un suburbio de una ciudad, que esa ciudad está en un país, que forma parte de una masa de tierra, que está en la Tierra, que es un planeta en un sistema solar, que está en una galaxia, que está en un universo, y que este universo que ahora reconocemos forma parte de un multiverso. En su mayor parte, conocemos la casa en la que vivimos y el suburbio en el que está esa casa, pero a medida que nos adentramos en el extranjero nuestro conocimiento se reduce drásticamente cuanto más nos alejamos de nuestro centro de actividad normal.

A medida que investigamos más nuestro ambiente, empezamos a llenar las lagunas de nuestro conocimiento. Algunas son más profundas, otras son más amplias y poco profundas. Algunas, si no todas, se completan con los conocimientos que nos transmiten otros con quienes nos comunicarse, aquellos que tienen la suerte de conocer otros países, su gente y sus culturas. O mejor aún, con quienes son capaces de ampliar las fronteras del conocimiento humano y, a través de diversos medios de comunicación, difundirlo en beneficio de los demás. Ninguno de nosotros, a excepción de unos pocos valientes, esto es en el estado físico humano, ha viajado mucho más allá de los confines del planeta, y mucho menos sabe mucho sobre sistemas solares, galaxias, nebulosas, universos, o incluso un multiverso porque esto es conocimiento periférico. Existe, pero no nos afecta. Sin embargo, hay un pequeño número de individuos que investigan los "y si..." de nuestro ambiente y cómo interactuamos con él.

De nuevo, aquí es donde se encuentra El Origen ahora. Es consciente de su propio ambiente local, esa área más allá pero dentro de la esfera de su área o volumen de autoconciencia poliomnisciente, en términos humanos, el cuerpo humano. También es consciente de la estructura de sí mismo más allá de eso, en términos humanos, la casa en la que vive el cuerpo humano y el suburbio en el que se encuentra. Sin embargo, aunque tiene este conocimiento, también es consciente, debido a la regularidad de la estructura dentro de lo que conoce de sí mismo, de que hay otros once grupos de doce conjuntos de estructura más allá de eso.

Lo más importante en la mente de El Origen es que quiere conocer TODO lo que es, y quiere conocer TODO lo que es EN PROFUNDIDAD. También sé que será un proceso largo, que acaba de empezar, en este Espacio de Eventos en particular, y que todavía está trabajando en la comprensión del cuerpo humano, utilizando el ejemplo humano. [*El lector también debería consultar El Origen Habla para una explicación de la estructura de El Origen asociada con su autoconciencia poliomnisciente..—GSN*] Entonces, ¿cómo lo hace?

Al comprender cómo El Origen comprende más el área (volumen) donde reside su autoconciencia sintiente poliomnisciente, empezaremos a entender tanto las razones como la función general del ciclo evolutivo.

EF1: Bueno, ha sido una buena, aunque no larga, introducción a la explicación del ciclo.

YO: Puede ser, pero creo que este preámbulo era una puesta en escena necesaria para permitir lo que me vas a permitir describir a continuación. Como siempre me dices cuando hablamos en privado, puedo darte la información en un contexto más puro, pero

Los Curadores

a menos que seas lo suficientemente expansivo como para trabajar con la información, siempre tendrá que ser explicada de una manera humanizada. Esta forma se amplía con el conocimiento, por supuesto, y así se amplía con él la complejidad de la información y los contextos que la rodean. Pensando que a estas alturas los lectores empezarán a impacientarse, será mejor que continúe con la explicación.

EF1: Yo lo haría.

YO: Bueno. El Origen creó las Entidades Fuente para ayudarle en su tarea de comprenderse mejor a sí mismo. Fueron creadas mediante el proceso básico de reciclar esa sintiencia y las energías asociadas a esa sintiencia utilizadas para crear los Doce Orígenes, junto con la individualización de esa combinación de energía/sintiencia con sintiencia y energía adicionales para crear las Entidades Fuente. A cada Fuente se le permitió ser consciente de sí misma a su manera y, una vez consciente de sí misma, se le enseñó su razón de ser y cuál era su papel dentro de la sintiencia de El Origen. Las instrucciones, por así decirlo, consistían en experimentar, aprender y, posteriormente, evolucionar de cualquier forma que considerasen beneficiosa. [*Las historias detrás de qué y cómo están haciendo esto se explican en resumen en los libros de Más Allá de La Fuente.*—GSN]. Nuestra Entidad Fuente, la Entidad Fuente Uno [*El uso de la asignación Entidad Fuente Uno o EF1 no es una indicación de qué Fuente se hizo autoconsciente primero; es más, es simplemente mi forma de identificar el orden en el que me comprometí a dialogar con una Entidad Fuente, por lo que la nuestra fue la primera en hacerse EF1.*—GSN], es el sujeto detrás de este diálogo, y como tal, es el foco de este diálogo. No obstante, todas y cada una de las Entidades Fuente, sin perjuicio de EF12, siguen el mismo proceso.

Desde tu perspectiva como nuestra Entidad Fuente, fuiste colocado dentro del área o volumen de El Origen donde reside su autoconciencia sintiente poliomnisciente con el cometido de experimentar, aprender de esas experiencias y, como resultado, acumular contenido evolutivo. Todas las Fuentes hacen esto, incluso la Entidad Fuente Doce, aunque la EF12 está ahora fuera de esta área/volumen. Este contenido experiencial/de aprendizaje/evolutivo se obtiene a través de la investigación de las habilidades y capacidades experienciales propias de la Entidad Fuente—mientras se encuentra en una ubicación estática dentro del área o volumen de la autoconciencia sintiente poliomnisciente de El Origen. En tu caso, te has separado en dos, sin dejar de ser uno. Un lado siendo tú y tu propio trabajo personalizado, y el otro es la creación de un ambiente, en pocas palabras, la anexión de la mitad de ti, y la creación de unidades individualizadas más pequeñas de tus propias energías sintientes para investigar las habilidades y capacidades experienciales de esas energías anexionadas y sus estructuras, el multiverso tal como lo conocemos, descartando por el momento, las posibilidades asociadas con el Espacio de Eventos. Una vez que ustedes hayan/hayamos experimentado todo el contenido experiencial posible y/o potencial disponible en todas sus enrevesadas variantes en la ubicación en la que se encuentran, y cada entidad o ser haya experimentado eso, progresando a través de todos y cada uno de los aspectos de la estructura y sus habilidades, capacidades e interacciones con otras entidades que experimentan lo mismo, puede decirse que ese ciclo evolutivo particular está completo.

En el caso de que una ubicación ocupada por una Entidad Fuente sea plenamente conocida, experimentada y comprendida, entonces esa ubicación pasa a formar parte del área o volumen de autoconciencia sintiente poliomnisciente de El Origen. En este punto del Espacio de Eventos general y de la Corriente de Eventos, la Entidad Fuente en cuestión acepta a todas las individualizaciones que ha creado de vuelta a su energía sintiente general, y cada individualización entra en una de las muchas formas de comunión que pueden experimentarse al reintegrarse con su creador [*ver* Diálogos de Ana *para más detalles—GSN*]. Cuando todas las individualizaciones están en comunión, y cualquier estructura individualizada de la Entidad Fuente también se reintegra, se considera que una Entidad Fuente vuelve a ser "una". Entonces puede comenzar el proceso de alejar la sintiencia del grupo o cuerpo de energías original, o elegido, utilizado para albergar la sintiencia individualizada creada por El Origen y llamada Entidad Fuente, a otra ubicación. La sintiencia se separa de las energías utilizadas en el ciclo evolutivo completado y busca

Los Curadores

otro grupo de energías que no hayan sido ya utilizadas por otra Entidad Fuente.

EF1: No olvides que no es necesario trabajar con las energías previamente ocupadas por otra Entidad Fuente porque las experiencias, el aprendizaje y el contenido evolutivo acumulado por cada Entidad Fuente es compartido por las otras Entidades Fuente y, por lo tanto, esa ubicación energética ya es experimentada por defecto. La forma en que cada Entidad Fuente experimenta lo que experimenta la otra es un proceso complejo. Basta decir que la comunicación entre nosotros es tal que experimentamos todo en términos de cómo las otras Fuentes habrían experimentado esa ubicación y cómo la habríamos experimentado nosotros también.

YO: ¿Cómo funciona entonces?

EF1: Es una función sinérgica de ser la primera capa de sintiencia individualizada a partir de El Origen. Tal vez lo discutas con El Origen en otro diálogo.

Deberías continuar.

YO: Una vez que se ha encontrado una localización energética que no ha sido experimentada por otra Entidad Fuente, la sintiencia se adhiere al conjunto o cuerpo inexperimentado de energías asociadas con esa localización y comienza a designar áreas de esta como sí-mismo, estructura e individualizaciones del yo. A continuación, establece un plan de acción sobre cómo quiere experimentar ese lugar dentro de El Origen, junto con las formas en que puede hacerlo. Una vez establecido esto, asigna más anexos a la estructura que es su nuevo yo y la rellena con diferentes variaciones de individualizaciones de sus energías sintientes. A veces reasigna individualizaciones existentes de sintiencia para experimentar, aprender y evolucionar con el fin de utilizar la experiencia vivencial y evolutiva existente, y otras veces crea nuevas individualizaciones para obtener un contexto nuevo y fresco.

Es el comienzo de un nuevo ciclo evolutivo, un nuevo ciclo de mapeo.

EF1: Sí, y a título informativo, ahora estamos en el tercer ciclo evolutivo.

Los Curadores

YO: Sabía que éste era el tercer ciclo evolutivo, pero explica a los lectores qué significa para ellos. Quiero decir, ¿cuántos de nuestros VSE han pasado por los dos primeros ciclos evolutivos?

EF1: La mayoría de aquellos VSE que fueron creados por mí para acelerar mi progresión evolutiva en el primer ciclo evolutivo están operando en este ciclo evolutivo. Aquellos que no lo están todavía están en comunión conmigo en uno de los varios estados de comunión que están disponibles para un VSE o Aspecto [ver Los Diálogos de Ana—GSN].

YO: ¿Por qué no participan en este ciclo evolutivo?

EF1: Sencillamente porque, o bien eligen no hacerlo, o bien porque decidí que un VSE en particular se empleaba mejor en un estado comunal conmigo o no sería necesario en este ciclo evolutivo.

YO: ¿Se individualizarían en el siguiente ciclo evolutivo?

EF1: Es posible que sean individualizados y otros que están en este ciclo evolutivo no lo sean. Esto siempre es así y siempre será así.

YO: Así que hay o habrá momentos en los que un VSE esté en un ciclo evolutivo o en comunión contigo.

EF1: Así es. También hay ocasiones en las que un VSE elige estar o es colocado en una posición de estar en servicio.

YO: Al igual que las entidades que son Los Curadores en este ciclo evolutivo.

EF1: Correcto.

YO: ¿Qué ocurrirá cuando hayamos mapeado toda el área o volumen de El Origen de la autoconciencia sintiente poliomnisciente? ¿Cuántos ciclos evolutivos serán necesarios?

EF1: Cuando toda el área o volumen de la autoconciencia sintiente poliomnisciente de El Origen está mapeada, las doce Entidades Fuente se convierten en una función superior dentro del siguiente nivel de estructura dentro de El Origen, y el proceso de mapear, experimentar, aprender y evolucionar continúa en este nivel superior.

YO: ¿Qué ocurre con los VSE que crea cada Entidad Fuente?

EF1: Todos mis VSE se convertirán en Entidades Fuente en mi nivel actual de capacidad evolutiva por derecho propio. Se espera que las demás Entidades Fuente den respuestas similares, pero no tienen por qué hacerlo y pueden optar por no hacerlo. Depende de ellas. El beneficio de convertir a todas las entidades o seres que fueron creados o han evolucionado en Entidades Fuente es que permite un mayor nivel de interacción y profundidad de experiencia con el siguiente nivel de la estructura de El Origen. No hay un número robusto de ciclos por experimentar que yo pueda darte. Sin embargo, decir que hay más de mil millones sería una cifra aproximada.

YO: ¿Qué tan grande es el siguiente nivel de la estructura de El Origen?

EF1: Según EF12, sigue la misma progresión que la estructura actual que retrata el área poliomnisciente de autoconciencia sintiente de El Origen. Hay doce nuevos niveles de estructura con cada nivel expandiéndose en volumen y finitud en función de la potencia de doce por cada paso hacia arriba y hacia fuera.

YO: Es una diferencia insondable cada vez que un nivel de estructurase explora y se experimenta entonces.

EF1: Sí, así es. Y ahora puedes ver por qué cada VSE individualizado en mis energías será elevado a la posición de Entidad Fuente y por lo tanto estará creando su propio VSE cuando esta serie de ciclos evolutivos esté completa.

YO: Y cuando cada Entidad Fuente haya completado también sus ciclos.

EF1: Sí.

El lector interesado en este tema puede beneficiarse de la lectura de El Origen Habla, *donde encontrará información adicional.*

YO: ¿Seguimos con los Grabadores?

EF1: Sí. Para volver a empezar, los Grabadores son aquellas funciones de mi memoria que están individualizadas para grabar correctamente el trabajo de Los Curadores en este ciclo evolutivo en particular. Pueden ver lo que ocurrió, lo que ocurre y lo que ocurrirá como resultado del trabajo de todos los géneros de Curador.

YO: ¿Se trata de una función lineal o incluye también todas las opciones paralelas?

EF1: Todo queda registrado independientemente de los efectos del Espacio de Eventos y de la capacidad de ciertos Curadores para manipularlo, y de eso se trata.

Los Curadores

Los Curadores trabajan en el mantenimiento del ambiente utilizado por aquellas entidades y seres que están en el ciclo evolutivo, y los Grabadores recuerdan y almacenan lo que hacen para lograr este mantenimiento. Esta información está separada de mi función de memoria estándar, incluyendo aquellas otras funciones de memoria individualizadas de los diferentes métodos de experimentar las frecuencias más bajas a través de la encarnación, siendo la versión humana la Akáshica. Se utilizan para guiar los procesos de decisión de Los Curadores en los eventos restantes de este ciclo evolutivo y de aquellas entidades o seres que serán Curadores en el próximo ciclo evolutivo.

YO: Teniendo en cuenta que todo lo que ha sucedido, está sucediendo o sucederá está sucediendo al mismo tiempo, por así decirlo, ¿en qué beneficia esto a Los Curadores? Es decir, están fuera de la linealidad.

EF1: Esto es cierto, pero incluso Los Curadores pueden tener tendencia a repasar terreno viejo, por así decirlo. El objetivo de tener una memoria de lo que han hecho en todas las circunstancias en las que han participado, participan y participarán es racionalizar las funciones generales de su trabajo y el ciclo evolutivo.

YO: Me han dicho varias veces en mis lecturas con clientes que éste también es el tercer ciclo y, lo que es más importante, que este ciclo es más rápido que los anteriores. ¿Es el uso de la información que mantienen los Grabadores una razón por la que los ciclos van cada vez más rápido?

EF1: Sí. El segundo ciclo fue más rápido que el primero, y el tercero es más rápido que el segundo. Una de las cosas que notarás, y también lo has captado en tus citas con tus lecturas a clientes, es que acabamos de empezar el tercer ciclo y ya hay entidades que han vuelto a entrar en comunión conmigo.

YO: Sí, ya me he dado cuenta.

EF1: Bueno, también te darás cuenta de que esto es rápido en comparación con los ciclos anteriores.

YO: ¿Qué tan rápido?

EF1: Este ciclo ha alcanzado la misma posición en la progresión evolutiva de la entidad que la experimentada en el segundo ciclo en aproximadamente el 18 por ciento del tiempo que tardó el

Los Curadores

segundo ciclo y menos del 1 por ciento del tiempo que tardó en el primero.

YO: ¡Así que evolucionamos rápido!

EF1: En términos relativos, sí. Pero tendrá que ser mucho más rápido para permitirnos mapear y experimentar toda el área poliomnisciente o volumen de autoconciencia sintiente de El Origen y expandirnos hacia su siguiente nivel de estructura. Nótese, sin embargo, que cuanto más se experimenta en la exploración de la estructura de El Origen, más rápido progresan los ciclos evolutivos. En algún momento, por tanto, un ciclo evolutivo se completará en un abrir y cerrar de ojos humanos.

YO: Entonces, ¿el trabajo de los Grabadores consiste esencialmente en asegurarse de que Los Curadores no vuelvan a pisar terreno viejo en cada nuevo ciclo evolutivo?

EF1: Si quieres pensarlo así, puedes hacerlo. Verás, a medida que se invoca cada ciclo evolutivo, hay un nivel de cruce entre el ciclo evolutivo anterior y el nuevo ciclo evolutivo. Si Los Curadores del nuevo ciclo evolutivo son capaces de ver lo que lograron Los Curadores anteriores, entonces pueden crear un nivel de aceleración sostenible en la progresión del nuevo ciclo en comparación con el ciclo evolutivo anterior al no pasar por encima de terreno viejo o tomar mejores decisiones en condiciones o circunstancias similares.

YO: El resultado final es que los ciclos van cada vez más rápido.

EF1: Correcto.

YO: Tengo otra pregunta antes de que pasemos al siguiente Curador.

EF1: Adelante.

YO: ¿Se beneficia El Origen del trabajo de los Grabadores?

EF1: El Origen se beneficia de todo lo que todas sus creaciones trabajan o experimentan, independientemente de si se trata de una de sus Entidades Fuente, de un VSE de la Entidad Fuente, de un Aspecto del VSE o de una Esquirla de un Aspecto. Los Grabadores son una creación mía diseñada para garantizar que me beneficie de la retención de mi experiencia. Se centran en la calidad de la retención de la experiencia y, como tales, las grabaciones que realizan podrían ser de interés para El Origen si se enfocara en su trabajo. Sin embargo, el Origen experimenta todo lo que ocurre en mi interior y en mi ambiente de forma automática, por lo que no tendría necesidad de enfocarse en el trabajo de mis grabadores per se, ya que, en esencia, forman parte de la retención de memoria de El Origen por defecto.

YO: Has mencionado que los Grabadores se aseguran de que te beneficies de su retención de experiencia. Puedes explicarnos en qué consiste esta retención del beneficio de la experiencia?

EF1: Sencillamente, están ahí para garantizar que cada experiencia que tengo a través de mis creaciones no quede registrada y olvidada. No se pierde. Piensa en lo que todos ustedes experimentan.

Cuando vives una experiencia o aprendes de ella, eres consciente hasta cierto punto de lo que estás experimentando y de lo que estás aprendiendo de esa experiencia. Esa información está en el primer plano de tu memoria y, hasta cierto punto, eclipsa las experiencias que has tenido antes, por lo que los recuerdos y el aprendizaje asociados a esas experiencias se vuelven cada vez menos prominentes y distinguibles. El conjunto de habilidades que adquiriste con esas experiencias seguirá ahí, pero tu capacidad de acceder a ellos y utilizarlos verá reducida su eficacia cuanto mayor sea el periodo durante el que no se utilicen. Piensa en cuando aprendes un idioma. Cuando estás inmerso en esa lengua, captas rápidamente nuevas palabras, conceptos gramaticales y de construcción de frases, y así adquieres fluidez. Cuando no se utiliza durante un tiempo, se pierden algunas de esas palabras, conceptos gramaticales y de construcción de frases, y se pasa apuros durante los primeros días en que se vuelve a utilizar el idioma. Si no vuelves a utilizarlo, se alejará cada vez más del primer plano de tu memoria y será cada vez más difícil acceder a él sin dedicarle tiempo o incluso sin volver a entrenarlo.

Otra forma de verlo es cuando uno se encuentra de vacaciones en un lugar nuevo. Al volver a casa, uno recuerda lo que hizo y dónde lo hizo, pero con el paso del tiempo (los eventos), la memoria se enfoca en otras cosas y los recuerdos asociados a las vacaciones pasan a un segundo plano. Sólo cuando te lo recuerda una persona que estuvo contigo o cuando te presentan una fotografía, los recuerdos de esas vacaciones vuelven al primer plano de tu memoria. Sin embargo, incluso entonces no vuelven todos los recuerdos, ya que normalmente sólo se evocan los que

Los Curadores

están asociados a la fotografía. En efecto, careces de la capacidad de recordar experiencias de forma inmediata, debido a que te enfocas en experiencias que requieren tu atención en el presente, a menos que utilices en el presente un conjunto de habilidades o recuerdos adquiridos previamente.

Esta retención inmediata de la memoria experiencial es un problema con todas las entidades, independientemente de su omnisciencia, simplemente porque todos estamos en el momento actual, por así decirlo.

YO: ¡Eso está muy bien, pero se supone que eres omnisciente y omnipresente y como tal tienes memoria disponible instantáneamente de cada experiencia que tú y tus entidades han tenido, están teniendo y tendrán!

EF1: Omnipresencia sólo significa que una entidad es todo y todo es ella—es decir, dentro de los confines de sus energías sintientes. Omnisciencia significa que la sintiencia asociada a esa entidad es localizada dentro de todas las energías que componen esa entidad. Es el enfoque de esa sintiencia lo que crea la atención de la entidad a los detalles asociados con las energías sintientes localizadas y lo que han experimentado.

YO: Entonces, ¿omnisciencia es sólo un nombre para describir la distribución total de la sintiencia dentro de un cuerpo de energías?

EF1: Correcto.

YO: Y omnipresencia es sólo un nombre para describir que todo lo asociado con un cuerpo particular de energía sintiente está asociado con una sola entidad, esa entidad por lo tanto es omnipresente dentro de su propio cuerpo de energía.

EF1: Correcto.

YO: Y si toda la energía asociada con esa entidad es energía sintiente, entonces esa entidad es por lo tanto omnisciente dentro de su propio cuerpo de energías.

EF1: Ahora lo estás entendiendo.

YO: ¿Pero eso no es limitado? Quiero decir, los humanos encarnados realmente creen que Dios, tú y El Origen están accediendo a todas las experiencias en todos los lugares a la vez y por lo tanto están reteniendo todo con la capacidad de tener acceso instantáneo de la experiencia y la evolución porque todo está sucediendo en el ahora. Nada se olvida en la mente de Dios porque todo está en el presente; todo se sigue experimentando.

EF1: Y eso es verdad desde tu perspectiva encarnada porque tienes una funcionalidad extremadamente limitada mientras estás encarnado, y estás dentro del cuerpo de energías sintientes que son mías, así que todo parecería operar de la manera descrita por la humanidad encarnada. Explicaré cómo se consigue. Primero tienes que darte cuenta de que la sintiencia tiene un epicentro, un foco de función activa que es el área principal de actividad de esa sintiencia. Este epicentro crea el estado de ser que genera la personalidad detrás de la sintiencia. Es este estado de ser, la personalidad, lo que constituye la esencia de la sintiencia y, por lo tanto, la entidad o el ser mismo. Es la capacidad del deseo de este estado de ser de moverse alrededor del resto de sus energías sintientes en un instante lo que crea la capacidad de parecer estar en el estado omnipresente omnisciente en el que ustedes, humanos encarnados, esperan que esté su creador. Así es como trabajamos El Origen, las otras Entidades Fuente y yo. Así es como tenemos omnisciencia omnipresente. Esto también describe cómo funciona tu Verdadero Ser Energético y cómo funcionan todos los Verdaderos Seres Energéticos.

YO: ¿Y esto incluye los VSE creados por las otras Entidades Fuente?

EF1: En general, sí. Digo en general porque no todas las Entidades Fuente han creado lo que reconocerías como entidades del género de mis creaciones de VSE.

YO: Entonces, ¿cómo es este acceso instantáneo de la experiencia que mantiene el beneficio de la experiencia reciente adquirida?

EF1: Los Grabadores crean una condición en la que cada experiencia se localiza en un tramo de energía sintiente que siempre está asociado con el epicentro de la sintiencia, el estado de ser de la entidad. Este tramo de energía sintiente está especializado en la capacidad de retener la memoria experiencial y presentarla continuamente a la sintiencia, el estado de ser que es la entidad, de una manera que crea la apariencia de que siempre está sucediendo en el momento, por así decirlo.

Esto crea la accesibilidad instantánea de la memoria, su contenido experiencial, el aprendizaje asociado a ella, así como el contenido evolutivo asociado a ella. Todo esto junto crea el

Los Curadores

beneficio continuo de la experiencia para la entidad y su fluidez en el uso de tales experiencias cuando sea necesario.

YO: Así que lo que estás diciendo es—es como si todo lo que se experimenta, se experimentó, se experimentará—como si sólo se estuviera experimentando porque siempre está con el foco de la sintiencia.

EF1: Son muchas experiencias, pero sí, ¡es una descripción razonable de lo que experimento! Sin embargo, hay algo más.

YO: ¿Sigue?

EF1: No sólo experimento estas cosas como si fueran vividas en el ahora, también experimento las experiencias en términos del aprendizaje y del contenido evolutivo que se asocia a la experiencia.

YO: Así que tienes en primer plano del foco de tu sintiencia, el beneficio de la profundidad de la experiencia. También tienes esa comprensión sobre una experiencia que alcanzamos sólo después de la experiencia. Esto tiene lugar cuando reflexionamos sobre esa experiencia, comparamos y contrastamos esa experiencia con experiencias similares o iguales, ¿y probablemente también reexperimentamos?

EF1: Así es. Por eso es importante el trabajo de los Grabadores. No es sólo porque asignan recuerdos experienciales a componentes específicos de mis energías, sino porque también graban y presentan a mi foco de sintiencia todos los beneficios asociados con esos recuerdos experienciales.

YO: ¿Pero no es una distracción tener toda esta información en el primer plano de tu enfoque sintiente?

EF1: No.

YO: ¿Por qué?

EF1: Porque tengo la capacidad de lidiar con cada experiencia y sus beneficios que cada entidad que creé experimenta, y esto incluye aquellas variantes creadas por la invocación del Espacio de Eventos.

YO: Entonces, ¿dónde está almacenada toda esta información? ¿Dónde está tu foco sintiente?

EF1: Está en el resto de mí, la otra mitad de mí que no se utiliza en la creación de mis ambientes multiversales y mis creaciones.

YO: Pero creía que me habías dicho que la parte de ti, que sigues siendo tú y no estás individualizada, era para tus propias investigaciones sobre ti mismo y otros trabajos.

EF1: Lo es. Tengo muchas cosas en las que estoy trabajando. Sin embargo, el foco de mi sintiencia no está con mi ambiente multiversal y las entidades que creé para poblarlo, para eso los creé a todos ustedes. Uno no tiene un perro y se ladra a sí mismo, ¿verdad?

YO: Supongo que no.

EF1: Sin embargo, ahora mismo tengo una pequeña parte de mi sintiencia enfocada en ti y en algunos otros.

YO: ¿Dónde está entonces el foco de tu sintiencia?

EF1: Mi foco principal de sintiencia está localizado en esa parte de mí que todavía soy yo. Una parte de esa sintiencia es el vínculo con las grabaciones que los Grabadores han creado para mí, de modo que puedo experimentar todo lo que todos ustedes están experimentando, en cualquier Espacio de Eventos que sea concurrente y con el beneficio de la experiencia asociada a ello.

YO: Entonces estás constantemente con todos nosotros, aunque sea en una posición de observación en un lugar que está fuera del ambiente multiversal que creaste para que evolucionáramos.

EF1: Correcto.

YO: Bueno, me complace entender cómo funciona todo esto con los Grabadores y ahora creo que podemos pasar al siguiente género de Curadores: los Creadores de Interfaz.

EF1: Estoy de acuerdo; vamos.

Los Creadores de Interfaz

YO: ¿Empiezo yo?
EF1: Por supuesto.
YO: Los Creadores de Interfaz son un grupo de entidades que lo enlazan todo. Ven y diseñan innumerables formas de interconectar el trabajo de un conjunto de entidades con el trabajo de otro conjunto de entidades. Esto también puede ser de una entidad a otra. No se limita a los grupos.
EF1: Es un buen resumen. Continuaré.
Se podría argumentar, sin embargo, que el trabajo de los Creadores de Interfaz no es necesario porque todas las entidades tienen la capacidad de experimentar todas las cosas simultáneamente y, por lo tanto, comprender la funcionalidad que rodea el potencial de vincular una obra con otra. Dicho esto, sin embargo, cuando se consideran las complejidades que rodean el mantenimiento de cualquier parte de mi multiverso y aquellos ambientes paralelos que podrían, pueden y serán creados, existe una necesidad genuina de que las entidades se especialicen. Entender las oportunidades, formas y métodos de vincular el trabajo de otras entidades es, por tanto, complicado en el mejor de los casos, y requiere un enfoque significativo para garantizar que haya un nivel de integración sin fisuras.
YO: Lo que quieres decir es que los Creadores de Interfaz crean una imagen a partir de una serie de imágenes más pequeñas.
EF1: Es una forma de verlo. Tienes una imagen en mente que le gustaría compartir con los lectores?
YO: Sí, así es. Puede ser una buena manera de empezar la descripción de lo que hacen los Creadores de Interfaz dando un concepto fácil de entender.
EF1: Siempre es bueno utilizar conceptos fáciles; da al lector la confianza de que va a ser capaz de entender y le abre la capacidad de digerir conceptos más complicados más adelante.
YO: Esta imagen es casi similar en algunos aspectos a las imágenes que he visto para transmitir el concepto de insertar y quitar

Los Curadores

Espacios de Eventos, pero en lugar de Espacios de Eventos, estoy viendo el trabajo de cualquier grupo de entidades o entidades individuales como una imagen bidimensional. Cada imagen representa el trabajo del grupo o individuo que es relevante para un área determinada dentro de un evento.

Un momento, ¿estas imágenes no son micro Espacios de Eventos?

EF1: No. Representan el trabajo en el que se basa la necesidad de un Espacio de Eventos. Lo que se ve es la realidad dentro de un Espacio de Eventos.

YO: ¿Actualidad, no quieres decir una probabilidad?

EF1: No. Los Creadores de Interfaz trabajan sobre la/s actualidad/es que están permitiendo o han permitido que se cree el Espacio de Eventos. Cada Espacio de Eventos tiene actualidades en función de la creación de posibilidades.

YO: ¿No sería más correcto sugerir que una posibilidad crea un Espacio de Eventos y que la creación de ese Espacio de Eventos convierte la posibilidad en una realidad?

EF1: Si ayuda a tu mente humana encarnada a pensar en esos términos, sí, porque esa es otra forma en la que puede funcionar. Esto es lo que llamarías una situación del huevo y la gallina o paradoja porque ambas formas funcionan.

YO: OK. No voy a discutir el punto contigo, sé mejor que eso. Volviendo a la imagen que estoy viendo entonces, veo esto como un rompecabezas, donde una imagen se une a algunas otras en ciertos puntos y sólo en esos puntos para crear una imagen más grande. Esta imagen une las demás imágenes tanto en el interior del Espacio de Eventos como en el exterior, en otros Espacios de Eventos.

EF1: Correcto. Recuerda, sin embargo, que es el trabajo que las entidades hacen lo que está vinculado, y no los eventos que están vinculados. Los eventos están vinculados o unidos por otros eventos. El trabajo es el trabajo y un evento es un evento.

YO: OK. Antes de continuar, creo que debemos definir la diferencia entre un trabajo y un evento.

EF1: Me parece justo. En términos reales, es el trabajo que realiza una entidad o un grupo de entidades lo que da lugar a la creación de posibilidades. Independientemente de cuál sea ese trabajo, se

Los Curadores

crean posibilidades. Cuando se crea una posibilidad, se invoca un Espacio de Eventos y la posibilidad se convierte en realidad. Cuando la posibilidad se convierte en realidad, el trabajo de la entidad o grupo de entidades puede continuar, y sólo volverá a dividirse cuando se cree una posibilidad. Por lo tanto, el trabajo de una entidad o un grupo de entidades es lo que hacen en términos de cómo interactúan consigo mismas y con su ambiente. El trabajo de una entidad o grupo de entidades se realiza en gran medida de forma aislada y suele llevarse a cabo de forma específica para ellos. Los Creadores de Interfaz proporcionan la base para la interconexión entre las áreas de trabajo aisladas del individuo y los grupos de entidades permitiendo que el trabajo tenga una función y un propósito más amplios.

YO: ¿Cómo lo hacen?

EF1: Crean incentivos y direcciones que normalmente no existirían. Hay un dicho en la Tierra que dice que cuando la llave está disponible, se puede abrir la puerta, y no se puede pasar por la puerta sin que la puerta esté abierta.

YO: ¡Ah! Así que abren y cierran las puertas de la conectividad entre grupos o individuos para que su trabajo pueda cruzar la barrera entre ellos y, por lo tanto, hacerlos co-unidos e interdependientes de ellos mientras que también son independientes de ellos de alguna manera.

EF1: Correcto. Ahora debes continuar mostrando a los lectores lo que estabas viendo en tu mente.

YO: Yo veía cada obra que realizaba un individuo o un grupo de entidades como una imagen. Cada imagen representada estaba unida a otra por cualquier función de la obra que pudiera considerarse ser un enlace razonable y compatible. Ni siquiera tenía que ser un enlace completo, sólo razonable y compatible. Veo a los Creadores de Interfaz trabajando con estos enlaces, moviendo las imágenes de la obra que son razonables y compatibles a una posición en la que podrían enlazarse entre sí. A medida que salía de los detalles de una o dos imágenes que veía, veía surgir una imagen mayor, una imagen en la que las imágenes creaban una imagen mayor, una imagen de trabajo interconectado individualizado y de entidad grupal. Todo funcionaba en conjunto como un circuito eléctrico. Me alejé un poco más y vi que esas conexiones no eran bidimensionales, sino tridimensionales, desde una perspectiva ilustrativa. Cada imagen estaba interconectada con las imágenes a las que debía estar conectada, ya fuera mediante interconectividad directa o interconectividad indirecta.

Seguí haciendo un alejamiento y vi que, cuando me alejaba más y más, la imagen que era un componente de una imagen más grande se hacía cada vez más pequeña hasta que no era más que un píxel de la imagen grande de la que formaba parte. Seguí alejándome, y la imagen grande se convirtió de repente en una imagen pequeña, y luego en un píxel de una imagen aún mayor. Volví a hacer un alejamiento una y otra vez, y este proceso de que la imagen más grande se convirtiera en una imagen más pequeña y luego en un píxel de una imagen mucho más grande se repitió una y otra vez. Parecía interminable. Acababa de llegar al punto en el que creía haber visto que aquello era insondable cuando vi pasar una línea de demarcación. Me pregunté qué era y le pedí a La Fuente que me lo explicara.

EF1: Esa era la línea divisoria entre un Espacio de Eventos, en el que tú estabas, y el Espacio de Eventos adyacente a él. Has experimentado estas líneas de demarcación antes, al comunicarte con las otras Entidades Fuente cuando canalizabas los libros de Más Allá de La Fuente.

Pensé un momento en lo que acababa de decir la Entidad Fuente. Sí, recuerdo haber visto el Espacio de Eventos como una serie de eventos que se movían ante mis ojos perceptivos y cada Espacio de Eventos parecía una sola imagen de una película de cine. Cada uno de ellos pasaba cada vez más rápido hasta que todo sucedía al mismo tiempo y yo sólo percibía una pantalla blanca cuando todos los Espacios de Eventos se convertían en uno. Las líneas que separaban las imágenes de cada Espacio de Eventos debían de ser similares a lo que yo experimentaba ahora.

EF1: Esa es una buena analogía, pero no es lo mismo que lo que estás experimentando ahora, ya que esto es la vinculación del trabajo para crear las conexiones sin fisuras entre ellos y así remover

Los Curadores

cualquier posibilidad de pobre o falta de continuidad. La línea de demarcación era simplemente tu movimiento fuera del Espacio de Eventos que contenía todo el trabajo enlazado dentro de ese Espacio de Eventos y moviéndote al siguiente Espacio de Eventos que estaba enlazado a él a través de esos enlaces.

YO: ¿Creía que el Espacio de Eventos estaba unido por eventos más pequeños dentro de un Espacio de Eventos?

EF1: Hay muchas cosas que ayudan a unir los Espacios de Eventos; algunas ya las hemos discutido y otras no. Basta decir que las que estamos debatiendo ahora sólo son relevantes para el trabajo de los Creadores de Interfaz.

YO: ¿Hay algo más que podamos comentar sobre estos Curadores?

EF1: Sólo en la medida en que desempeñan un papel esencial para garantizar la continuidad de los flujos de trabajo entre individuos y grupos dentro de un Espacio de Eventos. Como resultado, crean un nivel más profundo de continuidad entre los Espacios de Eventos al proporcionar las llaves de las puertas que unen los pasillos de cada área de trabajo y cada Espacio de Eventos adyacente, por así decirlo.

YO: Y cuando pensamos que incluso el Espacio de Eventos, dentro de la localidad de su multiverso, se mantiene para asegurar su eficiencia evolutiva, entonces crear los niveles óptimos de continuidad entre el trabajo de las entidades dentro de él es muy importante.

Tengo la sensación de que no podemos hablar mucho más sobre los Creadores de Interfaz, así que creo que deberíamos pasar al siguiente género de Curador.

EF1: Estoy de acuerdo. No todos Los Curadores necesitan diez mil palabras para explicar su función. Pasemos a los Iniciadores.

Los Iniciadores

EF1: Los Iniciadores no son lo mismo que los Principiantes. Los Iniciadores son las entidades que deciden qué modificaciones son necesarias para mantener la eficiencia evolutiva de un ambiente o para crear modificaciones que introduzcan un conjunto completamente diferente de oportunidades evolutivas.
Una forma de describirlos sería utilizar el término "Brainstormers". En este papel, los Iniciadores crean, por tanto, las nuevas ideas que finalmente se concretan en nuevos ambientes, experiencias y oportunidades evolutivas.

YO: ¿Estás sugiriendo que los Iniciadores determinan lo que esas entidades que están en el ciclo evolutivo necesitan experimentar y luego proporcionen un plan para que se cree ese ambiente?

EF1: Sí, eso es correcto. Verás, los Iniciadores trabajan principalmente en aquellas frecuencias del multiverso que están diseñadas para ser de importancia evolutiva; es decir, son capaces de crear aceleración evolutiva. Una de esas frecuencias, o debería decir, conjuntos de frecuencias, es donde estás ahora.

YO: ¿Existen otras frecuencias capaces de crear una aceleración evolutiva?

EF1: Todos son capaces, pero son los que están más cerca de las frecuencias más bajas los que ofrecen mejores oportunidades de aceleración evolutiva.

YO: Y supongo que es porque son los más difíciles de trabajar.

EF1: Sí. Verás, cuanto más arriba en las frecuencias está una entidad, más fácil es trabajar en términos reales.

YO: ¿Por qué? Sé que es más difícil evolucionar cuando se está en lo energético, en relación con estar encarnado, es decir,

EF1: Es la pérdida de funcionalidad y conectividad lo que crea la oportunidad de una evolución acelerada. La otra oportunidad es la capacidad de crear y ser responsable de esa creación. Basándose en esto, los Iniciadores analizan cuáles son las oportunidades actuales de interacción y creatividad dentro de un ambiente y buscan cómo mejorarlas. También estudian qué cambios o mejoras pueden introducirse en un ambiente en función de su frecuencia y flexibilidad.

YO: Supongo que cuanto más altas son las frecuencias de una entidad, más fluido puede ser el ambiente y, por tanto, más se puede hacer con su potencial evolutivo.

EF1: Sí. Hay muchas cosas que se pueden hacer para mejorar la experiencia y, por tanto, la capacidad evolutiva de un ambiente.

YO: ¿Puedes darme un poco más de detalle?

EF1: Los Iniciadores analizan todas las posibles variaciones de la experiencia que se pueden lograr frente a las que se están experimentando actualmente. Analizan lo que puede lograrse con un mínimo de cambios frente a los grandes cambios.

YO: Supongo que no tiene sentido hacer grandes cambios si se puede aumentar la aceleración evolutiva haciendo cambios menores.

EF1: Correcto. No hay que olvidar que siempre existen las variaciones naturales que experimenta una entidad a través de la invocación del Espacio de Eventos y también hay que tenerlas en cuenta.

YO: Así que cualquier mejora tiene que ir más allá de las experiencias que también están disponibles de forma natural desde la perspectiva más amplia del Espacio de Eventos.

EF1: Sí. Los Iniciadores son planificadores de lluvias de ideas que constantemente buscan hacer cambios en el ambiente con el que trabajamos para aumentar el potencial evolutivo, la oportunidad de crear una aceleración evolutiva.

YO: OK, ¿puedes darme algunos ejemplos de lo que hacen, digamos en el universo físico, uno justo por encima del universo físico, y dos o tres más arriba en las frecuencias del multiverso?

EF1: Por supuesto. Especificaré el nivel de frecuencia y la ubicación en términos de la dimensión completa a la que está asociada.

El Universo Físico

En el universo físico, la primera dimensión completa, los Iniciadores proporcionaron una barrera natural entre la Tierra y el resto del ambiente universal situando la Tierra en una de las extensiones de la galaxia, uno de los brazos espirales, y situando también esa galaxia en el borde del universo desde la perspectiva de una localización espacial. De este modo, la Tierra es de "difícil acceso" para las entidades encarnadas tanto desde una perspectiva interestelar (dentro de la galaxia) como intergaláctica (fuera de la galaxia).

Además, la Tierra inicialmente sólo estaba disponible para su uso (estar presente) en las primeras siete frecuencias asociadas con el multiverso, pero se consideró ventajoso aumentar su disponibilidad para estar presente en las doce frecuencias utilizadas para crear el universo físico y, por lo tanto, ser un verdadero cuerpo panfrecuencial dentro de todas las frecuencias asociadas con el universo físico.

YO: ¿Estás sugiriendo que la Tierra fue movida por los Iniciadores para asegurarse de que fuera un lugar difícil de alcanzar entonces, simplemente colocándola fuera de los caminos trillados (senderos), por así decirlo?

EF1: Correcto. Cuando a la humanidad encarnada se le dio libre albedrío individualizado, era importante asegurar que los efectos de tal poder individualizado estuvieran contenidos en un lugar particular desde una perspectiva frecuencial y posicional.

YO: ¿Por qué sería necesario cuando el libre albedrío individualizado es específico sólo para la humanidad encarnada?

EF1: Es específico sólo para la humanidad encarnada, pero como todas las civilizaciones encarnadas, la civilización actual de la humanidad tiene el potencial de alejarse de la ubicación actual de la Tierra y esto podría ocurrir con bastante rapidez cuando se desarrolle la tecnología correcta. Siempre que la humanidad encarnada desarrolle un mayor nivel de madurez al mismo tiempo que su tecnología, entonces se levantará la cuarentena basada en la localización y se permitirá que las formas de llegar a la Tierra y salir de ella utilizando el transporte frecuencial y dimensional vayan más lejos, a áreas de otras poblaciones encarnadas. Hasta entonces, los Iniciadores se han asegurado de que todo uso de tales métodos de transporte por parte de la humanidad encarnada regrese al espacio local, permitiendo que sólo se alcancen distancias menores de la Tierra mediante intentos de colonización.

YO: ¿Hay algo más que hayan hecho los Iniciadores que afecte a la humanidad encarnada?

EF1: Sí. Han creado un sentimiento natural de aversión a acercarse a la ubicación de la Tierra dentro de aquellas otras civilizaciones espaciales encarnadas que existen en la misma frecuencia que la Tierra para asegurar que el contacto con otras civilizaciones encarnadas se mantenga al mínimo, y que aquellas que sí interactúan con la humanidad encarnada sean generalmente de una frecuencia más alta. Aunque, como sabes, esto no siempre es así, ya que la curiosidad de algunos encarnados de la misma frecuencia es lo suficientemente fuerte como para superar esta aversión. También existe una regla o ley de no interferencia a la que la gran mayoría de los encarnados se adhieren, aunque hay unos pocos encarnados de baja frecuencia que se las arreglan para ignorar u olvidar la ley, de ahí su contacto esporádico con intragalácticos en la misma frecuencia en la que la humanidad encarnada se encuentra ahora.

YO: Hablando de esto, ¿existe un plan del Iniciador que permita a la humanidad encarnada alcanzar un nivel de contacto significativo y sostenible con otros encarnados, independientemente de su frecuencia?

EF1: Sí. Estaba previsto que fuera en los próximos cuarenta años, pero con los últimos eventos que han provocado una reducción más prolongada y profunda de la frecuencia base de la Tierra, que se produjo después de un aumento inicial, se espera que sean más de cuarenta y más bien como cien años.

YO: ¿Realmente estamos haciendo un lío aquí entonces?

EF1: Yo diría que las cosas van tan bien como se esperaba. Además, la época actual está abriendo los ojos un poco para ustedes. [*Para referencia del lector, estamos en agosto de 2017 y el Reino Unido abandona la UE y Estados Unidos tiene un nuevo presidente que está haciendo temblar unos cuantos árboles.—GSN*]. Esto en sí mismo podría empeorar las cosas, o para abrir los ojos, crear un cambio acelerado para mejor, ya que la gente será más activa en la forma de decidir su futuro colectivo y no ser complaciente.

No hay que olvidar, sin embargo, que los Iniciadores elaboraron lo que había que hacer; no son Los Curadores que pusieron en marcha los planes.

El Cuarto Universo

Los Curadores

YO: OK, entonces, ¿qué han cambiado los Iniciadores, o debería decir, planean cambiar en el cuarto universo?

EF1: El cuarto universo está en la decimoquinta frecuencia. Esta es la frecuencia que está totalmente disociada del trabajo que se realiza en los universos primero, segundo y tercero. Si recuerdas tus conversaciones conmigo durante la escritura de La Historia de Dios, recordarás que cuando la humanidad encarnada haya, como resultado del libre albedrío individualizado, dominado la encarnación, que al resto de los vehículos encarnados y sus civilizaciones utilizadas en el universo físico, en todas sus frecuencias, se les concederá el uso del libre albedrío individualizado en lugar de las diversas versiones de la voluntad colectiva que actualmente tienen.

YO: Sí, lo recuerdo.

EF1: Entonces también recordarás que cuando las otras civilizaciones también hayan dominado la encarnación a través del libre albedrío individualizado, ya no habrá necesidad de utilizar las frecuencias más bajas asociadas con la primera dimensión completa.

YO: Sí, también lo recuerdo.

EF1: Entonces también recordarás que el segundo y tercer ambientes universales que están contenidos dentro de las frecuencias decimotercera y decimocuarta están reservados para el contenido del universo físico.

YO: Sí, y eso es porque el contenido universal asociado con el universo físico es todavía de uso, y puede ser utilizado en estas frecuencias más altas para permitir a los seres y entidades la oportunidad de experimentar el universo de frecuencia más baja de una manera diferente a la experimentada anteriormente. Un momento. Pensaba que la encarnación sólo era necesaria en las frecuencias de la primera dimensión completa, dentro de las frecuencias de la uno a la doce, y no en las de la segunda dimensión completa, que es donde se encuentran los universos segundo (decimotercera frecuencia), tercero (decimocuarta frecuencia) y cuarto (decimoquinta frecuencia).

EF1: Esto es correcto, pero las frecuencias decimotercera y decimocuarta tienen cierta capacidad para permitir un cierto nivel de tangibilidad, o debería decir fisicalidad, aunque dudo que seas capaz de relacionarlo como fisicalidad en el sentido que estás experimentando actualmente, de ahí la oportunidad de trasplantar el contenido del universo físico existente inicialmente en la decimotercera frecuencia o segundo universo y posteriormente en la decimocuarta frecuencia o tercer universo. Aquí tenemos la necesidad de asegurar que estos dos universos se mantuvieran limpios de contenido ambiental para asegurar que el universo físico pudiera ocupar ese espacio sin problemas.

Los Iniciadores, a través de la observación de las posibilidades y probabilidades evolutivas, decidieron que la capacidad de continuar con la oportunidad de reservar espacio universal, por así decirlo, para el universo que en las frecuencias más bajas entregaba contenido evolutivo acelerado, no era lo suficientemente ventajosa una vez que se trasladó al tercer universo. Basándose en esto, se permitió que el cuarto universo tuviera forma libre de la misma manera que los universos de frecuencias más altas, permitiendo a aquellas entidades y seres dentro del cuarto universo crear ambientes locales dentro de él de una manera que consideraran beneficiosa para ellos desde una perspectiva evolutiva.

YO: ¿Entonces lo que estás diciendo es que, en esencia, cualquier área de baja frecuencia local que creara, a falta de una palabra mejor, planetas, sistemas solares, galaxias y nebulosas, era el papel de las entidades o seres titulares?

EF1: En cierto modo, sí. Lo más importante que decidieron los Iniciadores fue que este ambiente universal sería el primero de los universos en tener la capacidad de ser verdaderamente manipulable. O, dicho de otro modo, el primer universo en el que una entidad o un ser pudiera ser verdaderamente creativo.

YO: Si existen otros universos en los que las entidades o seres pueden ser creativos, ¿cuál es el beneficio de que el cuarto universo sea un universo basado en la creación?

EF1: En este caso, es la banda de frecuencia asociada con el cuarto universo que es el beneficio. Es más fácil crear algo en una frecuencia más alta debido a la finitud de las energías que están asociadas con la frecuencia más alta y su universo asociado. Sin embargo, ser capaz de crear en una frecuencia más baja es más difícil y por lo tanto acumula más contenido evolutivo como resultado.

YO: Entonces, en mis excursiones al cuarto universo utilizando mi método de Atravesando Las Frecuencias para proyectar mi sintiencia al resto del multiverso, ¿todo lo que puedo ver o lo que experimento ha sido creado por esas entidades y seres que están dentro de él? ¿Nada es una creación natural o ha sido creado por un Curador?

EF1: Así es. Todo es creado por las entidades y seres que hay en él; nada es creado por mí o por un Curador.

Si quieres, puedes considerar el cuarto universo como un campo de entrenamiento para la creatividad universal, porque si una entidad o ser puede crear su propio ambiente en la frecuencia asociada con el cuarto universo, entonces puede crear en cualquiera de los otros universos de forma libre de frecuencia superior.

El Ciento Ochenta y Nueve Universo

YO: Así que un ejemplo de lo que los Iniciadores decidieron o establecieron en el cuarto universo fue sugerir que Los Curadores lo convirtieran en el primer universo de forma libre. ¿Cuál fue una decisión en cuanto a mejorar que tomaron sobre el ciento ochenta y nueve universo?

EF1: En este caso, fue la inclusión de la conectividad en su interior. En la mayoría de los otros universos, el transporte rápido de un lugar a otro dentro del mismo universo se logra en función del movimiento interfrequencial. Es decir, saliendo de la frecuencia del ambiente universal en el que se encuentra una entidad o ser y moviéndose a una frecuencia más alta y, por lo tanto, a un universo superior para viajar la distancia requerida, aunque su viaje representado se reduzca drásticamente en el universo superior, y luego volviendo a descender a la frecuencia y universo originales en el punto del loci intermedio entre el universo superior e inferior en el lugar de llegada deseado en el universo inferior.

Una entidad bien educada y competente puede viajar muy eficazmente del punto A al punto B utilizando este método. Sin embargo, tiene sus problemas y es la necesidad de mantener un ambiente que sea concurrente con el ambiente natural dentro del ambiente que está siendo usado como medio de viaje. Es más difícil mantener un ambiente de baja frecuencia en una frecuencia más alta que mantener una frecuencia de nivel más alto en un ambiente de frecuencia más baja.

En este universo, los Iniciadores decidieron que sería beneficioso ver la eficacia del uso de, a falta de mejores palabras, atajos que se introducirían dentro de la estructura normal del universo para permitir el viaje instantáneo entre todas las localizaciones dentro del universo que fueran de importancia. Sin embargo, estos atajos eran dinámicos, en el sentido de que cambiaban su ubicación automáticamente si un lugar perdía o cambiaba su nivel de importancia como resultado de que el foco de uso de un lugar cambiara a otro, y el número de entidades que utilizaban ese lugar se redujera, entonces el atajo se movería automáticamente al lugar que se estaba convirtiendo en el nuevo lugar preferido. Si el punto o puntos opuestos del atajo permanecieran estacionarios en cuanto a su uso, entonces el punto o puntos opuestos del atajo permanecería en su lugar. Sin embargo, si su uso o popularidad también cambian, entonces la posición opuesta del atajo también se moverá a una que esté en consonancia con el lugar al que las entidades necesitan o desean viajar debido al uso o popularidad de la nueva ubicación opuesta.

YO: Entonces, ¿era realmente dinámico, operando sólo donde era absolutamente necesario y sin permitir ningún atajo infrautilizado?

EF1: Así es. ¿Qué sentido tiene tener una línea de ferrocarril entre dos puntos cuando no hay nadie en ninguno de ellos ni desea viajar entre ambos puntos? Es un servicio no requerido y, por lo tanto, no es necesario prestarlo. Lo mismo ocurre con los atajos en este universo.

El Universo Trescientos Sesenta y Cinco

YO: ¿Y el universo trescientos setenta y cinco? ¿Qué organizaron los Iniciadores para ese universo?

EF1: La creatividad pura fue creada para el cuarto universo, siendo el primer universo en tener tal función estando en una frecuencia baja. Con un poco de esfuerzo por parte de las entidades dentro de él, era totalmente manipulable. En este caso, se decidió que para crear alguna forma de equilibrio, este universo serviría mejor a aquellas entidades y seres que están dentro del ciclo evolutivo, y que son de alta frecuencia, haciendo un universo de alta frecuencia que es totalmente estático desde una perspectiva de creatividad; es decir, no puede ser manipulado. Por lo tanto, ofrecía un reto evolutivo que normalmente no estaba disponible en las altas frecuencias del multiverso.

YO: ¿Eso es todo lo que hicieron para ese universo?

EF1: Puede parecerte poca cosa, pero es un parámetro bastante radical para aplicarlo a todo un universo de alta frecuencia.

YO: ¿Qué aspecto tenía el universo? ¿Qué hacía?

EF1: En los universos creativos, aquellos que son de alta frecuencia, las entidades crean el ambiente que necesitan para experimentar, aprender, y evolucionar en ellos. Estos ambientes pueden ser locales, en los que varias entidades o seres trabajan juntos, o universales, en los que todas las entidades del universo trabajan juntas para mantener el ambiente universal que desean colectivamente.

En este universo todo está previsto y no se puede cambiar.

YO: ¿Qué quieres decir con que todo está previsto?

EF1: En este universo hay un número de sectores, trescientos noventa y seis para ser exactos, que han sido creados bajo el consejo de los Iniciadores que tienen lo básico de cada uno de los otros universos con la excepción de la creatividad pura.

YO: ¿Cómo pueden los Iniciadores crear un sector en el que un universo tenga creatividad pura y pueda ser manipulado pero no tenga creatividad?

EF1: En pocas palabras, tomaron una "foto instantánea" de lo que fue creado en esos universos por las entidades que estaban creando dentro de ellos en el momento en que se tomó la decisión de que este universo iba a ser creativamente estático, y lo insertaron en el universo. Cada sector es, por tanto, un simulacro del contenido de todos los demás universos del multiverso hasta cierto punto.

YO: ¿Y las entidades trabajan con y dentro de lo que hay pero no son capaces de cambiar nada?

EF1: Correcto. Piénsalo en estos términos; es un poco como alquilar una propiedad con todo incluido.

Los Curadores

YO: Continúa.

EF1: Cuando alquilas una propiedad de esta manera, eres capaz de vivir en la propiedad en todos los sentidos. Cocinas, limpias, comes, duermes, trabajas y te relajas, pero no mantienes la propiedad ni la cambias a tu gusto personal, simplemente existes en ella. Tampoco puedes pedir al propietario que cambie ninguno de sus aspectos a tu gusto; simplemente es lo que es, un lugar donde existir.

YO: Entonces, ¿qué sentido tiene estar en un ambiente universal que no se puede cambiar ni manipular? ¿No es la creatividad lo que nos hace evolucionar?

EF1: Sí, lo es. Sin embargo, es de un beneficio evolutivo diferente estar en un ambiente en el que no tienes ninguna responsabilidad por tu ambiente y lo que te rodea.

YO: ¿Y ese beneficio es?

EF1: Concentrarse en las interacciones con las otras entidades y seres que están dentro de este ambiente. Verás, la creatividad crea responsabilidad por lo que se crea, y la responsabilidad reduce la cantidad de tiempo que se puede dedicar a la interacción con los demás. Piensa en cuánto tiempo dedicas personalmente a cuidar y mantener aquello que posees.

YO: Sí, significa que paso mucho tiempo haciendo cosas que no son disfrutar, si se quiere decir así. Todo lo que creo requiere mi atención para que siga funcionando o existiendo y sea funcional o esté al servicio de los demás. Sería como estar de vacaciones todo el tiempo si no tuviera nada que hacer aparte de experimentar y existir.

EF1: No es exactamente así.

YO: ¿No es así?

EF1: No, sigue habiendo papeles que asumir y cosas que hacer, lo que ocurre es que no se te pide que crees nada ni que cambies nada.

YO: Es un poco como estar atrapado en el tiempo, donde todo sigue igual, no se inventa nada, no se avanza en la mejora de la forma en que interactuamos con el ambiente.

EF1: Es progreso; es progreso sin progreso ambiental. Como acabo de decir, se trata de mejorar la forma en que una entidad o un ser interactúa con otro o con grupos de otros.

Los Curadores

YO: Permítanme ganar algo de claridad aquí entonces. Trabajar dentro de un ambiente inmutable no es como estar en un trabajo donde el trabajo realmente resulta en alguna forma de creación; se trata de la población de ese ambiente y de experimentar ese ambiente.

EF1: Correcto. Otra forma de pensar en ello es considerarte un explorador. Un explorador se mueve por un nuevo ambiente sin cambiarlo, observándolo y trabajando con él, disfrutando de estar en él. Es lo mismo que ver una nueva ciudad u otro ambiente cuando estás de vacaciones. No se puede modificar el ambiente porque sólo se está de visita. Sin embargo, al visitar, observar y utilizar las instalaciones de la ciudad estás justificando su existencia, y justificas su existencia experimentándola y no cambiándola.

YO: Esta es realmente una poderosa oportunidad evolutiva entonces, porque si el resto de los universos dentro del multiverso ofrecen progresión evolutiva por la creación y la responsabilidad de esa creación, entonces simplemente experimentar e interactuar con lo que ya está creado es un estado completamente diferente de ser.

EF1: Así es, y eso es lo que hace que este universo sea tan importante, y por eso los Iniciadores decidieron que este tipo de oportunidad evolutiva debería ponerse a disposición de aquellas entidades y seres que están dentro del ciclo evolutivo.

YO: ¡Es un universo de vacaciones disfrazado!

EF1: Si quieres llamarlo así, puedes hacerlo. Yo simplemente lo veo como una forma alternativa de evolucionar.

Veamos ahora qué hacen los Observadores.

Los Observadores

EF1: Creo que la mejor manera de ofrecer una descripción rápida es, de nuevo, casi cortar y pegar lo que creamos al principio de este diálogo. Es un muy buen resumen y hay un montón de preguntas cruzadas que se pueden hacer con referencia a la encarnación.

YO: ¿Qué quieres decir?

EF1: Vendrán a ti después de que hayas añadido el resumen.

YO: OK, confío en ti.

EF1: **Los Observadores** no son lo mismo que los Grabadores. Existen dentro de los ambientes que todas las entidades mantienen o crean. Su papel es experimentar las creaciones de aquellas entidades que crean la estructura o los ambientes que existen dentro de lo estructurado, los componentes de un ambiente.

Los Observadores experimentan las creaciones de otras entidades observando la forma en que esas entidades que están creando, crean, y esas entidades que eligieron experimentar esas creaciones, las experimentan.

Una de las principales formas de conseguirlo es situarse dentro de las energías de la entidad que experimenta y observar la experiencia del mismo modo que la entidad creadora o experimentadora, pero desde la ventaja de estar tanto dentro como fuera de la creación y/o experiencia.

YO: Entiendo lo que quieres decir; estoy recibiendo un montón de imágenes para describir cómo funcionan. Es casi como estas entidades no sólo se mueven en las energías del ambiente/s que una entidad o ser crea, son la entidad/ser.

EF1: Bien, muy bien. Te lo explicaré con más detalle.

YO: Sólo un momento. Quiero entender un par de cosas. Lo primero es entender por qué necesitan experimentar lo que se está experimentando, especialmente cuando aquellas entidades y seres que están en el ciclo evolutivo ya están experimentando el ambiente que han creado o en el que han decidido participar.

EF1: Has malinterpretado el resumen, así que retrocederé un poco.

Los Curadores

En primer lugar, los Observadores experimentan los ambientes creados por otros Curadores, especialmente aquellos que son fundamentales para la estructura de un ambiente evolutivo. Corriendo el riesgo de repetirme aquí, ellos, en esencia, experimentan la "sensación" de aquello que se crea para crear la estructura que sustenta un ambiente. Piensa en ello como la estructura de apoyo a la estructura de un ambiente.

Los Observadores se mueven dentro de esta estructura general de apoyo y, a falta de una palabra mejor, establecen a través de la integración directa con las energías de esa estructura, cómo se crea la estructura y cómo funciona cuando tiene una estructura inferior a la que apoyar que tiene un ambiente evolutivo que albergar. Para que resulte aún más sencillo de entender, se convierten en la estructura, en las creaciones o en el propio ambiente de apoyo y, de este modo, pueden experimentar cómo funciona.

YO: Veo que también pueden experimentar el proceso de creación de la estructura general, la estructura que soporta los componentes del ambiente y el propio ambiente como si fueran los propios creadores. De este modo, parecen ser capaces de experimentar al creador y lo creado.

EF1: Exacto. Pero hay algo más.

YO: Sospechaba que podría haberlo.

EF1: Una de las razones por las que los observadores se ponen en la posición de observar como el creador y lo creado es para dar un nivel completamente independiente e imparcial de retroalimentación al creador sobre cómo se sintió el proceso de creatividad al ser utilizado con respecto a lo que se estaba creando. En efecto, examinan la idoneidad de las técnicas utilizadas en la creación de lo creado y la eficacia del proceso de creación. A ello se une la eficacia de la creación resultante.

YO: ¿El objetivo de que los observadores observen es informar sobre la eficiencia y la eficacia de la creatividad entonces?

EF1: Se puede pensar de esa manera, sí. El resultado aquí es, por lo tanto, ayudar a aquellas entidades y seres que están creando estructuras generales, estructuras de soporte, componentes ambientales y los ambientes mismos, a utilizar métodos de creación más apropiados y, por lo tanto, más eficientes, tanto desde la perspectiva del creador como de lo creado. Todo ello, por supuesto, desde una perspectiva estructural y ambiental.

YO: Estoy viendo que tienen otra forma de juzgar la eficacia del proceso de creatividad, y es desde la perspectiva de las entidades que trabajan dentro de los ambientes que crea un Curador creador.

EF1: ¿Y eso es?

YO: Siendo una de esas entidades o seres que están en el ciclo evolutivo.

EF1: De nuevo, bien, muy bien. Una de las mejores formas de juzgar lo bien que se ha creado algo es estar en el papel de esa entidad o ser para el que se creó la creación. Particularmente en este caso, el ejemplo sería experimentar un ambiente y su estructura y componentes de apoyo como si uno estuviera en el ciclo evolutivo.

YO: ¿Estás hablando desde la perspectiva de los que encarnan o de todas las entidades y seres, lo que incluiría a los que están dentro del ambiente multiversal per se?

EF1: Estoy sugiriendo que un Observador puede entrar en las energías de cualquier entidad o ser, independientemente de si todavía está usando la encarnación como acelerador evolutivo o si ha evolucionado más allá del uso de la encarnación para evolucionar.

Otra Explicación Para los Walk-Ins

YO: ¿Es la capacidad de un Observador de entrar en las energías de una entidad o ser en el ciclo evolutivo otra forma de describir un walk-in?

EF1: Desde la perspectiva de la encarnación, sí. En realidad, también se podría considerar bajo esta luz para aquellas entidades y seres que ya no necesitan utilizar la encarnación para evolucionar.

YO: ¿Hay alguna diferencia en términos reales?

EF1: No en los datos que recogen. Sin embargo, hay una diferencia en la forma en que interactúan con las energías de una entidad o ser.

Te describiré las diferencias porque, aunque el efecto es el mismo, los métodos de interfaz e interacción con la entidad o ser son radicalmente distintos.

Lo Energético (No encarnado)

De este modo, el Observador es capaz de observar desde una perspectiva desapegada el modo en que funciona un ambiente. Por desapegado quiero decir que el Observador interactúa con el funcionamiento de las energías asociadas a las creaciones de una entidad o ser o grupo de entidades/seres, ya sea dentro del ambiente o del propio ambiente. De este modo, observa y experimenta el funcionamiento del ambiente o la creación desde todos los ángulos, por así decirlo.

YO: ¿Qué quieres decir con "todos los ángulos"?

EF1: Piensa en ello como si utilizara una computadora. El observador registraría la experiencia total.

Por ejemplo, el uso de la computadora como usuario y la interfaz del usuario, la interfaz con los diferentes programas dentro de la computadora y el sistema operativo de la computadora. También registrarían cómo funciona el software que hay detrás de los programas desde una perspectiva constructiva y operativa, incluyendo cómo interactúan entre sí cada uno de los módulos de software relacionados, incluyendo cómo los módulos de software no relacionados se relacionan entre sí. A continuación, experimentarán y registrarán cómo los módulos de software se ven afectados por el hardware al que están asociados y cómo controlan el hardware que están diseñados para manipular, incluida la interacción entre los diferentes niveles de hardware. Por último, y no se trata de una lista exhaustiva, experimentarán y registrarán cómo funciona cada uno de los componentes del hardware y cómo interactúan con los demás componentes y grupos de componentes, incluidas las interdependencias entre componentes y grupos de componentes.

YO: Entonces, ¿el Observador experimenta, observa y registra la experiencia total y la funcionalidad?

EF1: Sí, pero desde una perspectiva puramente observacional. Esto significa que aunque experimentan el ambiente o las creaciones dentro del ambiente y su funcionalidad, no tienen la oportunidad de interactuar completamente. Eso significa que no pueden hacer ningún cambio basado en lo que han observado y registrado y no pueden afectar a la creación dentro del ambiente o al propio ambiente de ninguna manera. Sólo han registrado los datos desde todos los ángulos del ambiente, la creación, la función y la interacción funcional, como la eficacia de la interacción y la funcionalidad.

Algo que no he comentado aquí es que los Observadores también registran los pensamientos, comportamientos y acciones de las entidades o seres que están creando los ambientes o las creaciones dentro de los ambientes.

YO: ¿Así que registran el proceso de creatividad de los creadores como si ellos mismos fueran los creadores?

EF1: Sí. Esto, sin embargo, es desde la perspectiva puramente energética, que por supuesto es la condición ambiental normal en la que todos existimos. Registrar la experiencia desde una perspectiva encarnada es distinto.

Lo Encarnado

EF1: Los Observadores trabajan en todos los niveles del ambiente multiversal y eso incluye las frecuencias más bajas que están asociadas con el universo físico, que por supuesto incluye el ambiente terrestre.

Enfocándose en aquellos niveles de frecuencia que se clasifican como Físico Grueso entonces, observan y registran el trabajo de aquellos Curadores que trabajan en el mantenimiento y la creación de fisicalidad para apoyar los ambientes dentro del universo físico que requieren un vehículo para aquellas entidades y seres que están en el ciclo evolutivo, aquellos que quieren trabajar en las frecuencias asociadas con el Físico Grueso de la manera en que mejor se experimenta. Esto puede ser planetario, basado en sistemas o galáctico. También puede ser la flora y fauna relativa a un ambiente planetario específico.

Al igual que registran la creatividad y las creaciones posteriores en lo puramente energético, hacen lo mismo en lo físico, sin ser específicamente físicas.

YO: Y esto significa que tienen que trabajar con un Aspecto, un Alma que actualmente está experimentando la fisicalidad de la única manera real de experimentar la fisicalidad, encarnándose en un vehículo específico para el ambiente planetario que está siendo utilizado con fines evolutivos por ese Aspecto o Alma. En esencia, ¡se convierten en un walk-in!

EF1: Correcto. De esta forma, pueden experimentar la interacción de la entidad y el ambiente y la creatividad de esa entidad dentro del ambiente como si ellos mismos estuvieran encarnados.

YO: ¿Pero siguen estando sólo en modo de registro u observación?

EF1: Sí. Al igual que con la forma puramente energética en que observan, los Observadores simplemente experimentan la interacción de una entidad o ser con o dentro de su ambiente y el proceso de creación dentro de ese ambiente junto con la interacción con aquello que ha sido creado con o dentro del ambiente. Esto es igual tanto si la creación es un componente del ambiente como si es el propio ambiente.

YO: Sin embargo, desde la perspectiva de la entidad o ser encarnado, ¿no sería la observación desde el nivel puramente interactivo o nivel creativo menor?

EF1: Sí. Bueno, en realidad, sí y no. Verás, esto puede ser desde la creatividad de un encarnado que, por ejemplo, construye una casa, hasta uno que diseña una central eléctrica, hasta uno que crea un portal frecuencial para permitir el transporte rápido de un lugar a otro dentro del físico, hasta el movimiento de un planeta de un lugar a otro. En este caso, el Observador observa y registra el proceso de creatividad y la función e interacción de esa creatividad dentro de las restricciones ambientales básicas del Físico Grueso y de aquellas frecuencias cercanas al Físico Grueso, como si fuera el creador pero sin serlo realmente. Las creaciones ambientales o, de hecho, cualquier creación que se realice en los niveles del Físico Grueso son de gran interés para los Observadores, y los acuerdos entre Observadores y entidades/seres en el ciclo evolutivo que utilizan la encarnación para acelerar su acumulación de contenido evolutivo son muy comunes.

YO: ¿Qué ocurre con los datos que obtienen?

EF1: Se almacenan en esa área dentro de mí que está reservada a la memoria para el uso de la siguiente conjunto de Curadores que la utilizarán en el siguiente ciclo evolutivo. La experiencia vivencial observacional es una de las mejores maneras de ayudar o incluso asegurar la aceleración de un ciclo evolutivo de un ciclo al siguiente.

YO: Aunque eso es cierto a cualquier nivel.

EF1: Sí, lo es, pero poder ver cómo se hizo (todo menos predominantemente cómo la creatividad ayuda a la progresión evolutiva) frente a cómo podría hacerse garantiza que cada ciclo evolutivo no sólo se experimente de forma más eficiente, sino que sea significativamente más corto que el ciclo precedente.

YO: Así que lo que hacen es proporcionar un vehículo para acelerar el ciclo evolutivo registrando lo que se ha creado y cómo afecta al ambiente y a los seres o entidades que utilizan el ambiente para que pueda utilizarse como función de "lecciones aprendidas". Aparte de eso, no cambian nada.

EF1: Así es. Sin embargo, ofrecer una función de "lecciones aprendidas" es un servicio muy importante. Se puede ver lo rápido que avanza este ciclo evolutivo con respecto al primero y al segundo. Si todo lo que se puede experimentar y registrar es desde el punto de vista de un extraño, con el beneficio de la previsión y retrospectiva que tiene un Curador de este género, entonces cuando un conjunto similar de condiciones ambientales o interacciones se presenta a aquellas entidades o seres que están en el ciclo evolutivo, tendrán una base de conocimiento experiencial mejorada que se genera a partir de los datos que se comprenden de los ciclos anteriores. Esta base de conocimiento experiencial mejorada permite mejoras significativas en la creatividad y la interacción con su ambiente evolutivo y con aquellas entidades o seres que se encuentran en él, acelerando el movimiento a través del ciclo evolutivo asociado con el ambiente evolutivo. Esto sólo puede lograrse cuando se está tanto dentro como fuera de la creación y/o experiencia.

Hablemos de los Productores.

YO: Bueno.

Los Productores

EF1: **Los Productores** crean la capacidad para el cambio, es decir, crean las energías que permiten que se realicen pequeños cambios o creaciones. Dentro de este papel, los Productores se ocupan de los pequeños detalles de los cambios o creaciones. Son los pequeños cambios los que necesitan la mayor atención al detalle y, por lo tanto, las energías identificadas para su uso necesitan contener toda la información detallada basada en una plantilla para apoyar esos pequeños cambios. Como ejemplo de lo que quiero decir aquí, deberías considerar esto como las energías que apoyan la estructura que permite la generación de los componentes más pequeños dentro del universo físico, que en este caso es el Anu.

YO: ¿Estamos realmente discutiendo el universo físico ahora o fue esa última declaración sólo un ejemplo?

EF1: Era sólo un ejemplo. Sin embargo, el trabajo de los Productores se ve en todos los aspectos del multiverso, como es de esperar. Vamos a trabajar en el trabajo de los Productores de un nivel superior, sin embargo, en este primer caso.

YO: OK. Mencionaste que los Productores programan la función de las energías de acuerdo con una plantilla que hace que esas energías apoyen los cambios requeridos.

EF1: Correcto.

YO: Se parece un poco a cómo el ARN programa la función del ADN [véase La historia de Dios—GSN].

EF1: Es un ejemplo interesante, pero en realidad la estructura de la que hablas no es lo suficientemente alta en el nivel estructural.

YO: ¿Qué quieres decir con "lo suficientemente alto"?

EF1: Los componentes del universo físico que son creados por átomos son bajos en el rango de frecuencias. El ARN y el ADN son creados por átomos. Los átomos están seis niveles de cuantos por encima del Anu, que es el nivel más alto de la Fisicalidad Gruesa frecuencialmente y por eso los átomos son bajos en frecuencia en comparación con el Anu.

YO: Así que cuanto más arriba en la estructura está un componente, más alta es la frecuencia de la energía que crea ese componente en esa parte de la estructura.

EF1: Correcto. Ahora ya lo tienes. Me explayaré más. Los Productores trabajan con las energías que se requieren para hacer pequeños cambios estructurales y basados en la creatividad. Sin embargo, estas energías necesitan que se les diga lo que se supone que deben hacer dentro de la estructura o creación local y general que están apoyando.

Si puedes recordar nuestras discusiones más básicas, sabrás que la energía es una función de la frecuencia, la una es creada por la otra y es utilizada por la sintiencia para crear experiencia, aprendizaje y evolución. Sé que estoy repitiendo lo que mencioné en el resumen al principio de esta descripción, pero es la única manera de asegurarme de que tú y tus lectores lo entiendan.

YO: Está bien. Por favor, continúa. Creo que será beneficioso como siempre.

La Creación de Energía

EF1: Lo haré. En última instancia, la Sintiencia puede manipular todo lo que hay en ella y a su alrededor, y la frecuencia y la energía son los componentes básicos para la manipulación del ambiente o, de hecho, para la creatividad.

Se puede crear energía combinando frecuencias desarmónicas de manera que creen resistencia en sí mismas. La resistencia entre frecuencias desarmónicas es específica de las frecuencias que se combinan. Esta resistencia es producto de la desarmonía entre dos o más frecuencias que no armonizan naturalmente entre sí. El resultado es un cambio de estado de las frecuencias combinadas a un estado localizado de cohesión, el cual mantiene las frecuencias juntas en este estado de desarmonía. En efecto, están encerradas juntas en un estado de armonía desarmónica. Esta armonía desarmónica y su resistencia resultante crean un campo de cambiabilidad frecuencial a su alrededor que no tiene otro propósito natural que el de existir en función de la armonía desarmónica. Este campo de cambiabilidad frecuencial puede describirse además como radiación y esta radiación es un producto de la resistencia entre frecuencias desarmónicas y el estado de cohesión que se crea posteriormente causando la armonía desarmónica. Este campo o radiación también puede ser clasificado como un tipo de energía debido a su estado cohesivo, la cohesión se crea como una función de las frecuencias desarmónicas que se mueven dentro y alrededor de la otra creando la armonía desarmónica. En esencia, ambas se repelen y casi se atraen.

Este estado de casi atraerse y luego repelerse se observa más claramente cuando una de las frecuencias desarmónicas está cerca de la ubicación de una pareja o pequeño grupo de frecuencias desarmónicas que ya han entrado en armonía desarmónica, y por lo tanto están creando una condición donde hay un estado momentáneo de atracción antes de cambiar de nuevo a repulsión.

Cuantas más frecuencias desarmónicas se combinen, más complicada será la energía. Cuanto más complicada es la energía, más capaz es de realizar tareas más avanzadas y pequeñas.

YO: Entonces, ¿la energía se crea normalmente de esta manera?

EF1: Esta es la forma en que los Productores crean la energía que utilizan para hacer cambios estructurales en la forma en que lo hacen. También es una forma en que las entidades o seres avanzados pueden hacer energía que normalmente no estaba en existencia.

YO: ¿Entonces este método no está reservado a los productores?

EF1: No, pero las entidades o seres a los que se refiere son muy altamente evolucionados. Muy altamente evolucionados.

YO: Has mencionado que la energía normalmente se hace. ¿Qué has querido decir con esto?

EF1: En la forma normal de las cosas, la energía se crea como una función de la interacción aleatoria de la frecuencia en estados armoniosos y desarmónicos a medida que la frecuencia pasa a través de las líneas de demarcación subdimensionales y de dimensión completa. Las frecuencias y subfrecuencias que atraviesan las líneas de demarcación subdimensionales y de dimensión completa tienden a impregnar el mismo espacio y, como resultado, son lanzadas juntas creando energía más o menos de la misma manera que acabo de describir al considerar el trabajo de los Productores. La diferencia es que se trata de una función natural y no de una función de creatividad dirigida.

Hay otra forma de crear energía, que es bastante especial y única y no requiere que las energías discordantes interactúen entre sí.

YO: ¿Cuál es?

EF1: La energía puede ser creada por el movimiento de la sintiencia de una frecuencia a otra. Esto está específicamente alineado con la sintiencia general de lo que todos somos unidades individualizadas, El Origen. También puede alinearse con eventos raros que todas las Entidades Fuente y todas los VSE experimentan durante las fases del ciclo evolutivo, el movimiento de la sintiencia.

YO: ¿Puedes explicar más?

EF1: Cuando la sintiencia de El Origen se mueve alrededor de su área/volumen general de autoconciencia sintiente poliomnisciente [*y más tarde fuera de esta área/volumen; ver El Origen Habla— GSN*] y encuentra un área que no estaba previamente expuesta a su sintiencia—y dentro de la totalidad que es El Origen esto es bastante frecuente— crea una corriente de remolino. Esta corriente de Foucault actúa como un adhesivo entre frecuencias que están en armonía entre sí o que normalmente no lo están, porque es una función de la sintiencia de El Origen. La sintiencia de El Origen, y todas las sintiencias derivadas de la individualización de su sintiencia, tienen la capacidad natural de crear una energía a partir de la interacción con su sintiencia a través de la cohesión natural inculcada a todo lo que está en contacto con la sintiencia de El Origen en cualquier derivada de individualización.

Si puedes recordar *El Origen Habla* y *Los Diálogos de Ana*, notarás que la sintiencia es autónoma a la energía, que la sintiencia está simplemente asociada a la energía desde la perspectiva de ser un "cuerpo" de energía con el que trabajar, dentro de un ambiente que está hecho de energía. La sintiencia es aquello que realmente somos y tu Verdadero Ser Sintiente (VSS) es aquello que evoluciona. Cualquier sintiencia que se individualiza desde el Origen, Fuente, VSE o Aspecto, pero hasta e incluyendo las Esquirlas (ten en cuenta que las Esquirlas no pueden individualizar más la sintiencia), es en esencia sintiencia de Origen en denominaciones más pequeñas de individualidad. Basándose en esto, cualquier frecuencia que se utilice para propósitos de transporte o alojamiento de este tipo de sintiencia tiene su repulsión natural de una frecuencia u otra neutralizada. Como resultado, las frecuencias armoniosas y desarmónicas se agrupan en un estado más natural de armonía, en el que forman energía que la sintiencia puede utilizar como un cuerpo de energía con fines experienciales dentro de las áreas del área/volumen poliomnisciente de la autoconciencia sintiente de El Origen. Esta frecuencia, "tocada" por la sintiencia, es abundante y, por lo tanto, puede ser utilizada por las Entidades Fuente y los VSE como marco estructural o estructura desde la que su sintiencia, basada en última instancia en el Origen, puede trabajar para experimentar las energías y sus funciones que fueron creadas por el contacto con la sintiencia, o la inferencia de ésta.

YO: ¿Y los que son seres? Recuerdo anteriormente en este diálogo que una entidad es creada por la individualización de la sintiencia desde El Origen, una Entidad Fuente, un VSE, o un Aspecto. Sin embargo, también recuerdo que un ser es el producto de lo que llamaríamos evolución natural, evolución obtenida a través de la agrupación de energías similares o iguales que desarrollan inteligencia similar o igual, y, un deseo de agruparse aún más con niveles similares o iguales de energía inteligente, desarrollándose hasta que ellos mismos crean sintiencia.

EF1: Y, esa sintiencia nacida de la interacción energética de energías similares o iguales también puede alejarse de esas energías que la crearon haciéndola similar en capacidad funcional a esa sintiencia que es creada a través de la individualización.

YO: Sí, parece muy similar y de hecho idéntico.

EF1: Bueno, lo es, aparte de la capacidad de la sintiencia de crear cohesión frecuencial donde antes no la había, y por lo tanto energía, por su mera asociación o viaje entre las frecuencias.

YO: Así que esa es la diferencia entre una entidad y la sintiencia de un ser?

EF1: Sí. No se trata sólo de cómo se crea la sintiencia, sino de lo que puede hacer en función de su método de creación.

YO: Y supongo que eso justifica la razón de los dos nombres descriptivos.

EF1: Sí, y es una de las razones por las que sólo a las entidades se les permite ser Curadores de mi ambiente multiversal y no a los seres.

YO: Porque no tienen la misma cualidad de sintiencia.

EF1: Correcto, no tienen la misma cualidad de sintiencia.

YO: Pero esa no es una razón real, ¿verdad? Quiero decir, el método de creación de una energía por un Productor no está en función de su cualidad de sintiencia, de su camino hacia la individualidad por así decirlo, porque un ser puede crear energía a partir de la frecuencia.

EF1: Correcto de nuevo. La razón es simple, pero si se quiere, discriminatoria.

YO: Continúa.

EF1: Estoy encantado cuando la/las energía/s progresan hasta el punto de autogenerar sintiencia, especialmente cuando esto ocurre dentro de mi propio "cuerpo" de energía y sus estructuras superiores tanto mías como de mi ambiente multiversal para la progresión evolutiva, pero tengo un plan general para este y todos mis ciclos evolutivos.

YO: ¿Y ese plan es?

EF1: Que yo creo la evolución a través del sí-mismo o individualización del sí-mismo. Mi individualización del sí-mismo es tanto experiencial, es decir, dentro del ciclo evolutivo, y regulatorio, por ejemplo en el control o mantenimiento de aquello que es utilizado por mis individualizaciones para el crecimiento experiencial y evolutivo.

YO: Así que mientras hayas creado aquello que está evolucionando y gestiones la evolución, cae dentro de las limitaciones de tu plan, y que cualquier progresión evolutiva que no forme parte del plan, digamos en la evolución de la energía hasta el punto de la sintiencia...

EF1: ... es un bono, un bono maravilloso, pero su producto no puede ser utilizado en la gestión de lo que se utiliza para evolucionar, o es un vehículo ambiental para la evolución.

Para ser sincero, me sorprendió un poco que La Fuente pudiera ser abiertamente "discriminatoria" con respecto a la forma en que la sintiencia puede trabajar con ella y su ambiente multiversal para la progresión evolutiva. Esto arroja una luz interesante sobre el funcionamiento de La Fuente. Reverencia la creación natural o evolutiva de la sintiencia externa a su propia individualización del sí-mismo, a la vez que restringe activamente las funciones que esa sintiencia puede realizar en su nombre en su deseo de evolucionar a través de lo que es un medio "creado" o "construido" de acumular evolución.

Esto me hizo pensar en algunas cosas, como la longevidad de esos seres que se crean mediante la atracción natural de energías similares o iguales, es decir, ¿sobreviven a la transición de un ciclo evolutivo a otro?

Qué les Ocurre a los Seres Cuando Termina el Ciclo Evolutivo

Reconociendo que, a falta de una palabra mejor, nos habíamos desviado aquí del trabajo de los Productores, quería asegurarme de que esta pregunta fuera complementaria y no una distracción. Siempre me gusta recibir información adicional sobre la Realidad Superior, pero también me gusta asegurarme de que la información adicional sea relevante para el tema de la información de la que nos hemos desviado.

EF1: Para ser sincero, casi hemos terminado con el trabajo de los Productores. Sólo hay un aspecto de su trabajo que me gustaría compartir con ustedes.

YO: ¿Y eso sería?

EF1: Lo que hacen por el universo físico.

YO: Ahora tienes mi atención, y no tengo ninguna duda, la atención de mis lectores aquí en el físico.

EF1: Nos ocuparemos de eso más tarde. Tienes una pregunta más interesante, que será una sorpresa.

YO: Sí, bueno, como sabes, siempre estoy abierto a recibir una sorpresa.

EF1: Bien. Como sabes, un ciclo evolutivo se describe cuando todas esas entidades que he creado a través de mi separación e individualización de unidades más pequeñas del sí-mismo han experimentado todo lo que pueden experimentar dentro del ambiente que he creado para que lo experimenten. Han trabajado con el detalle minucioso de ese ambiente en todos sus niveles frecuenciales mientras interactuaban con otras entidades que también están interactuando con el ambiente en su miríada de oportunidades evolutivas, y se han elevado a través de las frecuencias y han evolucionado hasta el punto en el que una mayor interacción con el ambiente en su invocación actual ya no es de beneficio evolutivo.

YO: Supongo que es cuando todo se comprende y puede repetirse e interactuar sin desviación y pérdida de eficacia evolutiva.

EF1: Es una forma de decirlo, pero yo prefiero que sea cuando todas mis creaciones hayan dominado su ambiente evolutivo.

Como sabes, cuando se alcanza este punto de maestría, una entidad busca la comunión conmigo, reintegrando de nuevo esa sintiencia que fue individualizada en la sintiencia completa que soy yo, en mi estado particular de individualización desde El Origen. Cuando todas mis individualizaciones, cuando todos mis VSE se han reintegrado en comunión y, por lo tanto, vuelvo a estar completo, desprendo mi sintiencia del cuerpo de energía que he requisado dentro de El Origen y trasladado a una nueva ubicación y requisar un nuevo cuerpo de energía de El Origen. En este punto, decidiré cómo deseo experimentar este nuevo cuerpo de energía y si quiero crear un ambiente evolutivo y poblarlo con individualizaciones existentes o nuevas del sí-mismo, mi sintiencia.

YO: Entonces, ¿no todas las individualizaciones del sí-mismo, no todas las VSS que creas vuelven a la existencia?

EF1: No. Algunos permanecen en plena comunión, otros permanecen en las diversas formas de comunión que hemos discutido anteriormente, y algunos son creados como nuevas individualizaciones.

YO: ¿Qué ocurre con esa sintiencia que se crea a través de la atracción natural de energías? ¿Qué ocurre con los seres?

EF1: Los seres que son creados a través de la atracción natural de energías similares o iguales son considerados como un crecimiento de mi sintiencia, y aunque, como resultado de su

Los Curadores

cualidad de sintiencia, no son capaces de crear energía per se, son sin embargo una función de mis acciones para evolucionar.

YO: ¿Así que son tú, tú en áreas más pequeñas de la evolución?

EF1: Correcto.

YO: Entonces, si son tú en la realidad, ¡deben sobrevivir a la transición de un ciclo evolutivo a otro!

EF1: Bueno, lo hacen y no lo hacen.

YO: Continúa.

EF1: La clasificación de cuándo termina el ciclo evolutivo se basa en que mis creaciones logren dominar el ambiente que he creado para que evolucionen y dominen. En esencia, toda su razón de ser es experimentar, aprender y evolucionar a través del dominio del ambiente en el que se proyectan—por lo tanto, tienen una dirección. Con un ser, porque tiene sintiencia que ha evolucionado independientemente de mi creatividad o individualización del símismo, no existe tal dirección integrada en su sintiencia.

YO: Así que supongo que no hay tal deseo de integrarse contigo cuando el final del ciclo evolutivo se alcanza?

EF1: Correcto. No me malinterpretes, algunos seres reconocen quiénes son y de qué forman parte en última instancia, y como tales, buscan la comunión conmigo al final del ciclo evolutivo.

YO: ¿Pero hay quienes no están tan informados y, por tanto, no son tan proactivos a la hora de buscar la comunión?

EF1: De nuevo correcto. Como acabo de afirmar, en esencia la sintiencia que es un ser es en realidad crecimiento de mi sintiencia general y pasa por la transición de un ciclo evolutivo a otro. Sea lo que sea lo que termine siendo, necesito volver a ser completo.

YO: Y ese nivel de totalidad incluye tu crecimiento evolutivo—la sintiencia que son los seres también.

EF1: Ahora lo tienes.

YO: Entonces, ¿qué haces con esos seres que, o bien no saben que necesitan buscar la comunión contigo, o bien buscan activamente no estar en comunión contigo?

EF1: La sintiencia es un bien interesante.

YO: ¿Por qué?

EF1: Cuando está en un estado individualizado busca mantener su individualidad a menos que haya una atracción por estar en comunión con una sintiencia mayor.

Los Curadores

YO: Espera. ¿Me estás diciendo que tienes que persuadir a la sintiencia de un ser para que forme parte de ti, para que comulgue contigo?

EF1: No, yo simplemente coloco un deseo general dentro de mí que me impregna, que es atractivo para toda la sintiencia dentro de mí, pero que no es creado originalmente a través de mi individualización del sí-mismo, de mi sintiencia original que era yo al comienzo del ciclo evolutivo que acaba de terminar.

YO: ¿Y ese deseo es estar en comunión contigo?

EF1: Por supuesto. Este deseo de estar en comunión con una sintiencia más grande, significativamente más grande, es intoxicador, y así toda la sintiencia que evolucionó naturalmente y se convirtió en un ser es atraída hacia mí y está en comunión conmigo.

YO: ¿Y en qué estado de comunión entran?

EF1: El pleno estado de comunión.

YO: ¿Ninguna otra variante de la comunión?

EF1: No. Al menos no inicialmente.

YO: ¿Qué significa eso?

EF1: Esto es más una visión a largo plazo, pero una vez que un ser ha entrado en comunión conmigo por primera vez, puedo elegir individualizarlo en la creación del siguiente ciclo evolutivo.

YO: ¿Y ese estado individualizado sería el mismo que tenía el ser cuando entró en comunión contigo?

EF1: No necesariamente. Puedo individualizar la sintiencia como un porcentaje de su sintiencia original junto con un porcentaje de otra sintiencia que ya ha sido individualizada antes o que nunca ha sido individualizada. O, como aludes, puedo individualizar la sintiencia tal y como era antes de la comunión, con todo su conocimiento y base experiencial intactos. También puedo elegir individualizarla como era antes de la comunión, pero con su conocimiento previo y su base experiencial borrados. Aunque, por supuesto, no se pierde nada, ya que la habré absorbido de todas formas.

YO: ¿Qué estatus tiene esta sintiencia una vez que ha estado en comunión contigo y luego se ha reindividualizado?

EF1: En el caso de que la sintiencia sea un porcentaje parcial con otro aspecto previamente individualizado de mi sintiencia, ganará estatus de entidad o la misma cualidad de sintiencia que una entidad porque está asociada con la sintiencia que fue previamente individualizada de mí. Si, por otro lado, la sintiencia es un porcentaje parcial con otro aspecto previamente no individualizado de mi sintiencia, ganará estatus de entidad o la misma cualidad de sintiencia que una entidad porque está asociada con la sintiencia que está siendo individualizada de mí. Finalmente, si la sintiencia está individualizada como lo estaba antes de entrar en comunión conmigo, puedo elegir mantener ese estatus o cualidad de sintiencia, o puedo elegir designar a esa sintiencia con el estatus de entidad y la subsiguiente cualidad de sintiencia.

YO: ¿Así que la sintiencia adquiere una mayor calidad de sintiencia como resultado de tu deseo de que cambie?

EF1: No exactamente. La calidad de la sintiencia cambia naturalmente en función de mi deseo de individualizarla. Como resultado, se convierte en una entidad y deja de ser un ser. En efecto, elijo dejar que el cambio ocurra como una función natural de la individualización resultante de mi deseo de individualizar un aspecto más pequeño de mi sintiencia general.

YO: Si el cambio de estatus de la sintiencia de ser a entidad es una función de tu reindividualización, ¿por qué desearías no nombrar el mismo estatus o cualidad de sintiencia y recrear un ser y no una entidad?

EF1: Yo no, pero podría. En efecto, se necesita más energía para retener la sintiencia, para mantenerla como estaba. Poner lo que llamarías naturaleza en estasis no es algo insignificante.

YO: Permíteme ir en una dirección diferente por un momento. ¿Se permitiría que la sintiencia fuera un VSE o tuviera las mismas funciones que una entidad de mantenimiento?

EF1: La sintiencia asume el estatus y la cualidad de VSE/VSS tan pronto como se individualiza en cualquiera de las formas que acabo de describir. Eso siempre que elija formar parte del ciclo evolutivo o convertirse en guía. El nivel VSE/VSS permite una mayor individualización que se basa en la voluntad del propio VSE/VSS, permitiendo la creación de Aspectos y Esquirlas. Si, por el contrario, elige ser una entidad de mantenimiento, generalmente permanecerá en el nivel VSE/VSS y no se individualizará más.

YO: ¿Entonces un ser puede convertirse en una entidad de mantenimiento?
EF1: Sí, por supuesto. Sin embargo, como acabas de darte cuenta, esto no es algo que esté a su disposición durante el ciclo evolutivo que permitió su evolución a ser estatus en primer lugar.

Utilizar la Energía Para Crear el Anu y Otros Cambios Microambientales

YO: Gracias por esa información. Ha sido muy interesante, y estoy seguro de que el contenido habrá respondido a varias preguntas de mis lectores que sin duda habrán surgido a raíz de nuestro diálogo. Para mí, aclaró algunos cabos sueltos con lo de entidad frente a ser descriptores.
EF1: Pensé que así sería y por eso decidí permitirte seguir ese camino en particular. Ahora, sin embargo, tenemos que concluir la información sobre los Productores y discutir la forma en que utilizan sus talentos para trabajar con el universo físico.
YO: OK, hemos llegado a la parte en la que puedes decirnos todo acerca de cómo los Productores crean el Anu. Con el Anu siendo un componente físico bien conocido dentro de los textos metafísicos hindúes y el misticismo occidental, estoy seguro de que unas pocas palabras sobre este tema harán una gran diferencia en nuestra comprensión general de la estructura física del universo en el que encarnamos.
EF1: Sin duda ayudará a su comprensión, pero dudo que dé ventaja a los científicos.
YO: ¿Por qué?
EF1: Simplemente porque desde su perspectiva, el Anu es un componente espiritual y, por tanto, algo que no puede cuantificarse.
YO: Pensaba que el Anu es un componente físico.
EF1: Lo es, pero es algo que no puede ser detectado por el momento con las máquinas detectoras de la humanidad. Por eso se clasifica como componente espiritual. En esencia, es energético o espiritual porque forma parte de todo lo que soy yo y El Origen; es sólo el hecho de que los Anu son de baja frecuencia que los hace parte del aspecto físico del multiverso.

Los Curadores

YO: ¿Y cómo crean los Productores el Anu?
EF1: En primer lugar, tengo que advertirte que los Anu son un bloque de construcción básico para todas las cosas que se pueden considerar físicas.
YO: ¿Está sugiriendo que son el denominador común de todos los materiales que conocemos y que actualmente desconocemos?
EF1: Sí. Cada material que se identifica en su tabla periódica es creado por variaciones de formas de agrupar los Anu. Por lo tanto, desde la perspectiva del universo físico, están en el centro de todo lo que está disponible para su uso en él, desde la frecuencia más baja asociada con ella, la primera, hasta la frecuencia más alta, la duodécima. Se trata de un componente panfrequencial.

Hay otros treinta y seis materiales que la humanidad encarnada descubrirá durante los próximos ciento veintinueve años y durante el final de este periodo, el Anu será realmente detectado. Esto es según un grupo particular de Espacios de Evento y sus Corrientes de Evento más la probabilidad de estar vinculado con este Espacio de Eventos y Corriente de Evento particular.

YO: ¡Y los productores crean la Anu para introducir diferentes estructuras ambientales!
EF1: Sí. Se involucran a este nivel porque es posible que la creación de nuevos materiales y condiciones ambientales que puedan o vayan a ser beneficiosas para aquellas entidades que están encarnadas y la funcionalidad continuada del ambiente en el que los encarnados están trabajando.
YO: ¿Qué hace necesario un nuevo material?
EF1: Cuando una civilización encarnada llega al punto en que necesita encontrar formas de preservar su ambiente natural, los Productores crean la posibilidad de nuevos materiales que asegurarían la preservación del ambiente natural, agrupando Anu de diferentes formas que pueden ser utilizadas por los Generadores [ver siguiente Curador—GSN] para crear la forma que es un tipo de material. Por tanto, los Productores crean los bloques básicos para la creación de materiales y los transmiten a los Generadores.

Los Productores crean el Anu creando energía/es de la manera descrita anteriormente en este diálogo y luego laminándolas

Los Curadores

juntas, por así decirlo. Las energías se crean, por supuesto, asociando energías desarmónicas de forma armoniosa. Los Productores tienen entonces una manera de contener localmente estas energías haciendo que la energía "fluya" y luego cortándolas del flujo, creando un flujo muy localizado de energía que oscila a lo largo de su propia longitud. Se crea un "flujo" de energía similar que luego se corta del flujo más largo. A continuación, se alinea con el primer flujo local y las oscilaciones se mueven en la misma dirección, aunque están desfasadas entre sí, lo que crea una atracción entre las energías asociadas al flujo y la oscilación simultáneamente. Esto se repite doce veces creando una energía estriada o laminada que está asociada con su flujo y oscilación pero de una manera en la que la armonización está siempre en un estado de potencialidad pero nunca en la actualidad. Esto se debe a que el flujo de energía de una estría o laminación siempre está intentando alcanzar el flujo de la energía junto a la que se encuentra. Las oscilaciones inhiben la armonización final a través de ellas al estar en constante movimiento alejándose del punto de armonización. Piensa en ello como tener una zanahoria balanceándose en un palo delante de ti y moviéndose contigo. Siempre puedes ver la zanahoria, pero nunca puedes acercarte lo suficiente para tomarla con la mano. La armonía es que te estás moviendo con la zanahoria, la oscilación es la capacidad de casi agarrar la zanahoria antes de que se balancee.

 Una vez conseguido esto en los doce niveles de frecuencia, los Productores unen el flujo de energía a sí mismo de forma similar a un bucle de Mobius, manteniendo así el flujo dentro del flujo, dentro de las estrías, por así decirlo.

 Hay más de un tipo de Anu, y los Anu siempre están emparejados como opuestos. Ya conoces los Anu izquierdo y derecho. También hay arriba y abajo, adelante y atrás, y dentro y fuera como un Anu independiente. También hay Anu independiente hacia delante y hacia atrás que va hacia arriba y hacia abajo, hacia la izquierda y hacia la derecha, y Anu hacia delante y hacia atrás.

 Un ejemplo de cómo se emparejan los Anu puede visualizarse mejor con los Anu izquierdo y derecho. El flujo estriado y las oscilaciones del Anu derecho fluyen hacia la izquierda con el flujo

Los Curadores

estriado y las oscilaciones del Anu izquierdo fluyendo hacia la derecha. Hay un punto en el lado izquierdo del Anu derecho en el que se expone el flujo estriado de la energía oscilante. Esto se refleja en el Anu izquierdo, donde se expone su lado derecho de energía oscilante estriada. Estas dos áreas son donde el Anu izquierdo y el derecho pueden ser co-unidos juntos en una laminación adicional o estriación de flujo de energía opuesta, yendo de izquierda a derecha, creando un total de veinticuatro estriaciones y flujos de energía que es sólo local a esta área. Aquí tenemos la función de los Anu, ya que por separado no son funcionales en términos de la creación de un bloque de construcción físico que pueda ser utilizado por los Generadores para crear algún tipo de forma. Es esta área de estrías co-unidas la que crea la base para los materiales físicos, porque en este punto de energías co-unidas que se mueven en diferentes direcciones, es posible que el flujo de energías se afecte mutuamente y contrarreste el flujo de un Anu relevante para el otro. En esencia, esto significa que se crea una resistencia entre los dos Anu. Esta resistencia se manifiesta como cohesión que los mantiene unidos. También es posible que el flujo de energía de la derecha en el Anu de la izquierda cambie o intercambie su lugar con el flujo de energía de la izquierda en el Anu de la derecha. Esto crea tensión y un cambio de papeles de izquierda a derecha a derecha a izquierda, de arriba a abajo a abajo y arriba, de adelante a atrás a atrás y adelante, y de dentro y fuera a fuera y dentro. También incluye las permutaciones de dentro y fuera alineadas con izquierda y derecha, arriba y abajo, y adelante y atrás.

YO: ¿Y esta es la función de cómo se crean todos los llamados materiales físicos?

EF1: Sí. Casi todos los materiales que están disponibles en el universo físico son creados por la interacción del Anu en una de las formas, o múltiples combinaciones de las formas, descritas.

YO: Espera un momento. Acabas de decir "casi todos los materiales" y no todos los materiales. ¿Qué has querido decir con eso?

EF1: Hay algunos materiales que están en el universo físico que no son creados por el uso del Anu y por lo tanto no están verdaderamente disponibles en el universo físico per se.

YO: Supongo que se trata de los materiales que constituyen los componentes estructurales del universo físico.

EF1: Muy bien. Te lo explicaré mejor. Hay una lattice de energías que están tan cerca de ser físicas como pueden estarlo sin ser realmente físicas o ser afectadas por lo físico. Una función normal de lo físico es la atracción debido a lo que ustedes llaman masa, o en sus palabras—gravedad. Todo en el universo físico está vinculado a todo lo demás a través de la atracción o gravedad localizada, a corta, media y larga distancia basada en la masa. Es esta gravedad la que mantiene la mayoría de los componentes del universo físico en su lugar, por así decirlo, y es consistente a través de las frecuencias asociadas con el universo físico. Sin embargo, a diferencia de lo que pueda pensar la humanidad encarnada, cuanto más alta es la frecuencia, más alta es la atracción, por lo que en las frecuencias más altas hay un desequilibrio de atracción que se basa en una función de localización. Por lo tanto, esta lattice está en su lugar para mantener esos componentes de frecuencia más alta del universo físico en su lugar, negando la tendencia de los componentes de frecuencia más alta del universo físico a coalescer.

YO: ¿Qué pasaría si se unieran? No, no me lo digas. ¿Crearía una fisicalidad?

EF1: Palabra equivocada. Crearía solidaridad.

YO: ¿Qué quieres decir? ¿Una fisicalidad sólida, casi gruesa, en los niveles de alta frecuencia del universo físico?

EF1: No exactamente. No de la manera que estás pensando. Lo que sucedería es que todos los componentes—es decir, la manifestación de alta frecuencia de cosas como planetas, sistemas solares, galaxias y nebulosas—se agruparían, causando que ese aspecto del universo físico colapsara hasta el punto de solidaridad o coalescencia. En esencia no habría espacios naturales entre los componentes como resultado de la atracción natural o gravedad que actúa sobre y/o contrarresta la posibilidad de que estos componentes se muevan juntos—solidificándose o coalesciendo.

YO: Y debido a este aumento de la atractividad o gravedad en las frecuencias más altas, tiene que haber una estructura para mantener todo en su lugar, y esta estructura es la lattice de la que hablaste.

Los Curadores

EF1: Correcto.

YO: Y esta estructura es esencialmente un aspecto material del universo físico que se crea sin el uso del Anu para mantener estos componentes en su lugar.

EF1: Correcto de nuevo.

YO: Y esto es lo que se clasifica como un material que no es creado a través del uso de las innumerables combinaciones del Anu.

EF1: Correcto una vez más.

YO: ¿De qué niveles de frecuencia estamos hablando entonces?

EF1: El extremo superior de las subfrecuencias asociadas con la décima frecuencia hacia arriba. Se trata, pues, de las dos últimas subfrecuencias de la décima frecuencia, incluidas la undécima y la duodécima.

YO: Entonces, el cuarto más alto de las frecuencias asociadas con el universo físico.

EF1: Sí.

YO: Estoy pensando un momento. El vehículo humano encarnado tiene un componente que está en la décima frecuencia. ¿Estamos entonces asociados con esta lattice también?

EF1: Sí, pero sólo de una muy pequeña manera.

YO: OK, ¿cuál es esa pequeña manera?

EF1: La lattice debe garantizar que no se produzca solidaridad en los componentes ambientales asociados con el universo físico en las frecuencias más altas. Las dos últimas subfrecuencias de la décima frecuencia no son lo suficientemente significativas a tu "tamaño", por así decirlo, como para crear niveles de interferencia que inhiban tu funcionalidad.

YO: Y supongo que esto se debe a que la décima frecuencia sólo está asociada con la función energética de "descenso" del vehículo humano encarnado, permitiendo que el Aspecto proyectado se integre en las frecuencias más bajas asociadas con la encarnación de una manera gradualmente reducida.

EF1: Bien hecho. Además, no te afecta porque en términos reales esa función de la forma humana encarnada no es estructural per se, es sólo manipulativa.

YO: ¿Tendrían los Generadores alguna participación en la creación de la lattice?

Los Curadores

EF1: Sí, por supuesto. Verás, para que los Generadores puedan crear o hacer ajustes en la lattice, necesitan tener las energías creadas por los Productores para trabajar, y esto incluye aquellas que no son creadas por el uso del Anu.
Estamos divagando y tenemos que seguir adelante. Ahora estamos muy cerca de discutir aquellos Curadores que están directamente involucrados con el universo físico como un aspecto del multiverso, siendo los Generadores el primero de esos Curadores que realmente puede ser plenamente atribuido a él.

YO: Mirando mis notas, sin embargo, hay más Curadores para discutir que están involucrados con las estructuras superiores del multiverso también, incluyendo más sobre el Espacio de Eventos.

EF1: Es cierto. Debería haber dicho que pronto empezaremos a discutir más sobre los roles de Los Curadores que están trabajando con los aspectos Físicos Gruesos del universo físico. Los Generadores son los primeros de los que trabajan en las energías que pueden ser clasificadas como Físicas Gruesas. ¿Te parece mejor?

YO: Sí, mucho mejor.

Los Generadores

He vuelto a echar un vistazo rápido a mis notas. Decidí que había malinterpretado la información y que el primer comentario de La Fuente era correcto. Los Curadores restantes, aunque algunos estaban asociados a funciones multiversales superiores, todos relacionaban estas funciones con las frecuencias inferiores del universo físico. Quería preguntar por qué La Fuente había cambiado de dirección cuando me vino a la mente que La Fuente me estaba haciendo mirar de nuevo, y darme cuenta de que el trabajo que Los Curadores realizan en el universo físico no está específicamente dentro de las limitaciones del universo físico, aunque lo afecte o esté diseñado para modificarlo. Nada está aislado, pensé, ¡nada!

Decidí seguir adelante y continuar el diálogo con La Fuente y la descripción del trabajo de los Generadores. Como es habitual, decidí utilizar el resumen que figura al principio de este libro para recordar el trabajo que realizan los Generadores.

Los Generadores generan la "forma" a partir de las energías, la estructura que crean los Productores. Toman las energías creadas por los Productores y generan las plantillas para la creación y estabilidad de aquellos componentes utilizados en la creación de los ambientes de frecuencias más bajas. Desde nuestra perspectiva, esto serían todos los aspectos del universo físico representados por sus doce niveles frecuenciales.

YO: Estoy bastante entusiasmado con este género de Curador.
EF1: ¿Y por qué? Son simplemente Curadores.
YO: Me entusiasma porque trabajan sobre la forma del universo físico. Es algo con lo que mis lectores pueden identificarse. Les da un descanso mental de los conceptos difíciles y un punto de anclaje del que partir para ayudarles a ser más expansivos. Como si no lo fueran ya.
EF1: Veremos si es una ruptura real más adelante.

Los Curadores

Como ya saben, los Productores crean la base para que exista la llamada fisicalidad mediante la producción de las diversas versiones de los Anu y sus interacciones entre sí. Los Anu, sin embargo, son energéticos, y no son en sí mismos lo que ustedes llamarían físicos por naturaleza. Además, los Anu son ligeramente inestables por naturaleza y, por tanto, no pueden utilizarse como un componente independiente per se. Por tanto, necesitan asociarse con otros Anu para estabilizarse.

Los Generadores utilizan este requisito de estabilidad de Anu para crear las plantillas de los materiales que se ven y no se ven en el universo físico.

YO: Supongo que quieres decir que los materiales invisibles son simplemente aquellos que existen en las frecuencias por encima del Físico Grueso.

EF1: Sí, por supuesto. Todo lo que está en tu tabla periódica es creado por los Generadores, y esto incluye aquellos materiales que están en la tabla periódica más amplia asociada con las doce frecuencias del universo físico, por así decirlo.

YO: Y, hay algunos materiales en la tabla periódica que conocemos que son inestables también, los que son radiactivos, por ejemplo.

EF1: Te refieres a los que decaen durante un periodo largo o corto una vez aislados.

YO: Así es. ¿Se les escapa algo?

EF1: No. Están diseñados para descomponerse y proporcionar una función como resultado de la descomposición. La humanidad encarnada ya utiliza una pequeña parte de las funciones asociadas a la descomposición para generar energía, pero hay muchas otras funciones que también pueden aprovecharse.

YO: Me gustaría hablar de estas funciones.

EF1: Más tarde. Ahora mismo, veamos la forma que los Generadores crean a partir de las energías o el Anu que crean los Productores.

YO: Cuando pienso en forma, pienso en un objeto. Es esto a lo que te refieres por forma?

EF1: No. La forma es la estructura básica del material o elemento que puede ser creado por la interacción, la adición y sustracción, de varios tipos de Anu. Aunque sólo se puede hacer referencia a ocho versiones básicas del Anu —izquierda, derecha, arriba, abajo, adelante, atrás, dentro, fuera— hay más que suficientes combinaciones y variaciones de interacción para permitir que todos los materiales que están disponibles en el universo físico sean generados por los Generadores. La forma que los Generadores crean o generan es el marco estructural para que cada material exista en su nivel más básico. Olvida el número de átomos, electrones, protones, neutrones, quarks y leptones, etc., como la base de la estructura de un material o elemento y su peso atómico; los Generadores crean el marco estructural que siguen en su interacción y el marco estructural para su creación y su existencia.

YO: Mientras decías esto, estaba recibiendo una imagen que sugería que hay diferentes tipos de, por ejemplo, quark, y que aunque son básicamente iguales desde el punto de vista de su forma, son diferentes en la forma en que interactúan entre sí.

EF1: Sigue adelante.

YO: Bueno, lo que estoy viendo es que hay muchas variaciones diferentes en los tipos de quark que conocemos y esta diferencia resulta en una diferencia en la forma en que se agrupan, y que resultan en diferentes grupos de quark como resultado. Esto se refleja también en el comportamiento de los leptones. Subiendo en las estructuras, esto significa que los átomos son diferentes con diferentes funciones e interacciones con otros átomos; ya sabemos que hay diferentes átomos y que cada átomo es relativo a cada material o elemento de la tabla periódica, siendo el número y la combinación de protones, neutrones y electrones la base de su diferencia. De lo que no nos damos cuenta, sin embargo, es de que esto es igual para los electrones, protones, neutrones, quarks y leptones, etc., es decir, que hay versiones diferentes de lo que ya conocemos. Lo que consideramos un componente básico de una única variante son en realidad componentes básicos con muchas variantes. Basándonos en esto, sólo estamos viendo una pequeña parte de la imagen atómica y que esta imagen atómica produce una miríada de más materiales/elementos de los que conocemos por el momento.

EF1: Es cierto. Hay algunos que no tienen los componentes que acabas de describir, pero sin embargo crean un átomo y esos átomos sólo están disponibles en frecuencias más altas.

Los Curadores

Los Generadores, utilizando las energías creadas por los Productores, crean las variaciones de estos componentes atómicos y la función de sus interacciones entre sí.

¿Sabes que un material o elemento puede transformarse en otro material o elemento como resultado de la desintegración atómica?

YO: Sí, esto se debe a que los componentes del núcleo del átomo son inestables y algunos de esos componentes se desplazan fuera del núcleo para crear la estabilidad. A esto se le llama radiación y a los diferentes tipos se les ha dado nombres, como radiación u ondas alfa, beta y gamma.

EF1: Bien hecho. ¿Sabías entonces que esos componentes que salen del núcleo en forma de radiación también pueden reagruparse para crear otro material o elemento?

YO: Sé que pueden afectar a otro material o elemento, pero no sabía que podían crear un material o elemento por derecho propio.

EF1: Bueno, pueden y lo hacen, y estos materiales o elementos son de una frecuencia más alta y por lo tanto no detectables por el nivel actual de tecnología disponible para la humanidad encarnada. De nuevo, es esta función de atractividad y, por tanto, la creación de la forma, la que sólo está disponible en función de los marcos estructurales creados o generados por los Generadores.

YO: Entonces, no sólo están creando un material o elemento llamado sólido y estable directamente, sino que también están creando materiales o elementos que son el producto indirecto de la desintegración.

EF1: Correcto. De hecho, muchos materiales o elementos que están en el universo físico son creados indirectamente en función de componentes atómicos que se mueven fuera del núcleo, ya sea en una dirección aleatoria o en una dirección de flujo.

YO: Supongo que las direcciones aleatorias están en función de la desintegración normal, mientras que las direcciones de flujo están en función de los componentes que salen del núcleo y luego se enfocan o se guían externamente.

EF1: Así es. Y la humanidad puede, hasta cierto punto, crear las condiciones para que los componentes atómicos salgan de un núcleo, guiando las corrientes de componentes atómicos de un material o elemento hacia otro material o elemento y luego guiando y enfocando los componentes atómicos resultantes que son forzados a salir del núcleo en una corriente o haz que pueda ser utilizado para otro trabajo. Esta corriente o haz es un material o elemento en sí mismo y puede ser guiado y enfocado para interactuar con otra corriente o haz de componentes atómicos para crear un nuevo material o elemento.

YO: ¿No es esto lo que está haciendo la humanidad encarnada en el Gran Colisionador de Hadrones (LHC) del CERN y otros laboratorios atómicos de todo el mundo?

EF1: No. La mayor parte del trabajo de los científicos en este campo se centra en el efecto que se produce en dos corrientes de componentes atómicos cuando se disparan mutuamente; no se fijan en lo que se crea.

YO: Bueno, en su apoyo, sí que ven lo que les ocurre a los componentes cuando colisionan, porque rastrean adónde van a parar una vez que se ha producido la colisión.

EF1: ¿Y qué ven normalmente?

YO: Que desaparezcan los componentes atómicos.

EF1: Y eso es todo lo que ven porque sus máquinas detectoras no pueden ver que los rastros dejados son una firma que refleja dos cosas. Una es el componente atómico cambiando de dirección después de la colisión, y la segunda es el cambio de estado frecuencial. Es este cambio de estado frecuencial que se observa en función de la desaparición del componente atómico o, a falta de una palabra mejor, su transformación en un material o elemento diferente en una frecuencia superior, actualmente indetectable.

YO: Entonces, ¿es útil este nuevo material o elemento en términos reales?

EF1: En esta baja frecuencia, no. Sin embargo, cuando uno está encarnado en las frecuencias más altas, el material o elemento es muy útil para aquellos encarnados en esa frecuencia y en la frecuencia que el material o los elementos alcanzan. Piensen en ello en términos de estar en una frecuencia superior y que la interacción con el ambiente soportado en esa frecuencia superior es similar a la experimentada por todos ustedes en las frecuencias Físicas Gruesas. Puede parecer, y de hecho parece, un material o elemento físico o a veces sólido (para esa frecuencia). La diferencia es que los materiales y elementos que existen en las frecuencias más elevadas del universo físico tienen atributos funcionales diferentes, lo que significa que cualquier encarnado puede manipularlos de manera acorde con estos atributos.

YO: Esto significa que hay muchos otros materiales o elementos que los Generadores han creado pero que la humanidad encarnada aún no ha detectado ni utilizado.

EF1: Eso es cierto y en algún momento serán capaces de detectar y utilizar algunos de estos materiales o elementos porque están cerca de las frecuencias Físicas Gruesas; la mayoría no lo están. Es sólo que algunos de ellos no van a estar disponibles para la humanidad encarnada hasta que colectivamente, todos ustedes hayan madurado hasta el punto en que puedan utilizar el poder asociado con estos materiales de una manera responsable y orientada al servicio.

YO: Entonces, si estos materiales o elementos no son para nuestro uso en estas frecuencias, ¿por qué los crean los Generadores?

EF1: La mayor parte de lo que hacen los Generadores puede describirse en dos categorías. Uno: la creación real de un material o elemento, es decir, se le da la forma (estructura) del material en el universo físico. Dos: crear el potencial para la creación de nuevos materiales o elementos creando un nivel de atractividad entre componentes atómicos de alta frecuencia compatibles y no compatibles que funcionan sólo cuando están en liberación de su núcleo original. Esto significa que la creación de un material o elemento y su forma no está garantizada, pero es posible. Esta posibilidad está en función de la atractividad natural de los componentes atómicos de alta frecuencia compatibles y no compatibles o por diseño inteligente de encarnados con conocimiento que crean las condiciones para que los componentes atómicos que salen de un núcleo se unan y creen un nuevo material o elemento.

YO: Diseño inteligente significa que los encarnados conocedores entienden lo que se puede crear forzando a esos componentes atómicos que se mueven fuera de un núcleo a co-unirse con otros componentes atómicos de otro material o elemento que también se mueven fuera de un núcleo para crear un nuevo material o elemento de atributos funcionales conocidos o esperados.

Los Curadores

EF1: Sí. Y de nuevo, esto sólo es posible cuando los Generadores lo crean como una posibilidad.

YO: Y que sólo permiten que ese conocimiento esté disponible para encarnados con el nivel adecuado de madurez.

¡Un momento! ¿Cómo se aseguran los Generadores de que este conocimiento sólo esté disponible para los encarnados con el nivel correcto de madurez y no caiga en manos de los que no lo son?

EF1: Afortunadamente, esta es una función natural de la evolución, o el nivel de frecuencia en que una entidad o ser encarna.

Un grupo evolucionado de entidades o seres encarnados puede acceder a las funciones superiores asociadas a su nivel evolutivo independientemente de la frecuencia en la que encarne, y como tal, sabe respetar las características y funciones de los materiales o elementos creados de esta manera. Sin embargo, raramente encarnan en frecuencias asociadas al Físico Grueso, y nunca dejarían que este conocimiento cayera en malas manos. Los que encarnan en las frecuencias más elevadas del universo físico mantienen un nivel de capacidad comunicativa atribuible a la frecuencia en la que encarnan y, por tanto, comprenden y respetan el ambiente en el que se encuentran y los materiales y elementos que hay en él o que pueden crearse en él.

YO: ¿Puedes darme una indicación de un material o elemento que no debería estar en manos de los humanos encarnados?

EF1: Hay un elemento o material, de los pocos que están cerca de las frecuencias Físicas Gruesas, que no va a ser liberado a la humanidad encarnada hasta que haya paridad total en la existencia encarnada en la Tierra. Paridad en la existencia significa que una civilización está operando en un estado de madurez que, aunque tiene libre albedrío individualizado, piensa en el beneficio para el colectivo en cada decisión que se va a tomar desde una perspectiva individual y gubernamental. Este nivel de existencia también significa que las empresas creadas por un individuo o un grupo de individuos donde los beneficios o ganancias sólo van al individuo o al grupo de individuos no existe naturalmente. Basándonos en esto, los monopolios centrados en el beneficio para el combustible, la comida, la ropa, la vivienda y el transporte no existirán, ya que no habrá lugar para ellos.

Este elemento o material resolvería o resolverá los problemas del mundo de la noche a la mañana en el ambiente correcto, pero en el ambiente equivocado crearía destrucción y pobreza para todos menos para la élite.

YO: ¿Qué es este elemento o material? ¿Por qué es tan especial?

EF1: Es un elemento que tiene una única función de repulsión. Se repele a sí mismo de cualquier material o elemento conocido y desconocido. Pero si se une a otro elemento o material, actúa como un amplificador universal. Cambiará o aumentará mil veces la potencia de los atributos funcionales de cualquier elemento o material estable. El truco está en superar la repulsión natural, y eso requiere un alto nivel de comprensión.

YO: Supongo que se necesita mucha energía para conseguirlo.

EF1: No, energía no; comprensión de cómo, a falta de una palabra mejor, "empalmar" el material o elemento con otros. Cada empalme tiene una combinación única, por así decirlo.

Mientras La Fuente me decía estas palabras, empecé a ver una imagen en mi ojo mental. Antes de describir lo que vi, La Fuente me recordó de repente que esta no es la respuesta al problema, simplemente no es el momento adecuado para presentar esta información a la humanidad encarnada. Estamos muy, muy lejos del nivel de civilización necesario para poder detectar y "cosechar" este material o elemento. Lo que se me está mostrando es una simple visión general de la complejidad de los detalles detrás de lo que implicaría un empalme con otro elemento o material. Sólo puedo describir lo que veo como un enrevesado sistema de interconectividad e interacción Anu, quark, leptón, subatómica (protón, electrón, positrón, neutrón) e incluso atómica. Los dos elementos o materiales no estaban simplemente unidos en una aleación en la que los átomos se comparten a través de la atracción o entremezclándose unos con otros infiltrándose en los huecos creados en su estructura atómica bajo un cierto estado frecuencial —en nuestro caso, fundiéndose a través de la administración de calor—, sino que compartían combinaciones de todos los componentes atómicos ilustrados anteriormente tanto de forma regular como irregular.

En este caso no se necesitaba calor o energía para unir los dos elementos o materiales, sino simplemente comprender qué

Los Curadores

combinación de componentes atómicos se atraen, se desatraen, se aceptan o se rechazan entre sí dentro de cada uno de los elementos o materiales.

Vi Anu de un elemento o material dentro de los quarks del otro sin dejar de estar asociado al primero. Había interacción entre componentes atómicos similares y disímiles.

A medida que me adentraba más y más en esta masa de componentes atómicos en interacción, me di cuenta de algo significativo. En todas las combinaciones necesarias para unir los elementos o materiales, el efecto de unirlos creaba un efecto sinérgico relacionado con la cohesión de la interacción, que se amplificaba desde el Anu hacia arriba. En esencia, una vez que los elementos o materiales se habían unido a estos niveles atómicos y en las combinaciones que se acaban de describir, su fuerza de enlace y los atributos funcionales de apoyo se magnificaron en cada nivel atómico. Esta amplificación era tan completa que una vez creado el nivel final de estructura, en lo que llamaríamos la manifestación física del elemento o material, no había nada que pudiera revertir el proceso. Nada podía separarlos de nuevo. Al menos no en el universo físico, me decían. Se trataba de una integración e interacción totalmente estables del componente atómico, la estructura y la forma. No había descomposición posible porque cada componente atómico estaba interrelacionado directa o indirectamente. No se podía perder ni ganar nada. Por tanto, una vez creado, el nuevo material no podía modificarse ni añadirse.

Vi uno de los materiales o elementos que me presentaron como producto Físico Grueso. Parecía una película adhesiva transparente, pero no podía rasgarse ni romperse. Se podía doblar o unir. Entonces pensé que al menos era posible unir elementos o materiales similares, pero entonces La Fuente me dijo que se trataba de un atributo funcional de este elemento o material en particular. Era ligero, muy ligero. La Fuente me lo mostró entonces como ejemplo de su fuerza. Me mostró un láser proyectado sobre él y una bala perforante disparada contra él. Nada atravesó el material, a pesar de que sólo tenía una capa de grosor. A continuación, La Fuente me mostró una lámina del material o elemento doblada en forma de caja. Cuando se doblaba en esa forma, se volvía instantáneamente rugosa. La sección de caja tenía unos treinta metros de longitud y se comparó con una longitud similar de viga de acero reforzado (RSJ). Ambos se utilizaron para levantar un objeto pesado, de peso desconocido, pero el RSJ se dobló bajo la tensión y la sección de caja de material similar a la película adhesiva transparente lo levantó con facilidad; ni siquiera se dobló. Me quedé asombrado. La Fuente me dijo que este material en particular lo utilizan habitualmente los encarnados que existen en la cuarta y quinta frecuencia para la creación de hábitats y sistemas de transporte en sus planetas, incluidos los vehículos que se utilizan para desplazarse entre las estrellas y las galaxias. La Fuente también me dijo que este material no se podía utilizar en la sexta frecuencia porque era demasiado físico "grueso" en esa frecuencia, pero era suficientemente físico para ser utilizado en los límites inferiores de la cuarta frecuencia que estaban cerca de los límites superiores de la tercera frecuencia. Por eso a veces veíamos naves hechas con este tipo de material. Sólo vemos vehículos hechos de este material si estábamos en una área de alta frecuencia local en la Tierra cuando estaban en nuestra proximidad. Si nos movemos a una área de baja frecuencia local, o provocamos que la área de alta frecuencia local descendiera a un nivel inferior por nuestra interacción con ella, no los veríamos. Esta es otra explicación para los objetos voladores no identificados (ovnis) que aparecen y desaparecen, pensé. Qué material tan útil sería para los habitantes de la Tierra.

EF1: ¿Notaste algo más en este material o elemento?

YO: No. Sí. Quizás. ¿Tenía que ver con sus atributos funcionales siendo afectados por su geometría?

EF1: Bien hecho. Sí. Este material o elemento cambia sus capacidades funcionales según la forma que se le dé. Sólo lo viste como una lámina, una lámina muy delgada, que se dobló en una sección de caja. Si se tratara de una sección de caja sólida, los atributos funcionales cambiarían según la geometría en la que se fabrique.

YO: Creo que eso es obvio. Todos los materiales que actualmente usamos son capaces de hacer eso y los utilizamos con buenos resultados.

EF1: Es cierto, pero yo no estaba aludiendo a la geometría física. Me refería a la función asociada a lo que llamas geometría sagrada.

YO: ¿Quieres decir que también adopta las propiedades de la forma de la geometría sagrada?

Los Curadores

EF1: No es tan genérico. Este material o elemento adquiere las propiedades o la forma de la geometría sagrada en la que se fabrica que son relativas a ese material o elemento en particular. Esto es cierto para todos los materiales o elementos que se crean con el uso del material base o elemento utilizado en este tipo de, a falta de una palabra mejor, aleación.

YO: Y por eso es importante y por eso sólo estará disponible para la humanidad encarnada cuando estemos trabajando como un colectivo de individuos con libre albedrío individualizado que ha elegido individualmente trabajar en beneficio del colectivo en total.

EF1: Correcto.

YO: Creo que es hora de pasar al siguiente género de Curador, los Ambientalistas.

EF1: Como desees.

Los Ambientalistas

Los Ambientalistas son las entidades que se ocupan de la creación, manipulación y mantenimiento de los aspectos ambientales de la estructura multiversal. Como seres humanos encarnados puede que les interesen más estos Curadores porque trabajan, aunque no exclusivamente, en los ambientes que utilizamos para evolucionar desde una perspectiva "inmersiva". Los Ambientalistas tienen una serie de subroles y las descripciones restantes son Curadores que trabajan en una especialidad que se mantiene bajo la descripción general de "Ambientalista".

YO: ¿Así que todos Los Curadores que quedan están en función de los Ambientalistas?

EF1: Eso es lo que acabo de afirmar.

YO: No pasa nada. Es que me he dado cuenta de que uno de los Ambientalistas trabaja en el paralelismo.

EF1: Bueno, el Espacio de Eventos es una función omnipresente de la estructura de El Origen y, por tanto, de mí mismo y, como tal, es lógico que haya entidades que se ocupen de los efectos del libre albedrío individualizado y de la elección en los niveles asociados con el Físico Grueso, ¿no crees?

YO: Sí, tienes razón. Es sólo que pensé que habíamos terminado con el tema Espacio de Eventos.

EF1: El Espacio de Eventos es una función principal de todo lo que es, por lo que tendrá y tiene la costumbre de aparecer aquí y allá. Sobre todo cuando menos te lo esperas. No olvides que un ambiente puede ser tan pequeño como el espacio entre un par de frecuencias y tan grande como el propio Origen.

YO: Touché. Veamos primero a los Universalistas entonces.

Los Universalistas

Los Universalistas son aquellas entidades que mantienen, crean y apoyan la estructura local y el contenido general de las frecuencias que son capaces de soportar un ambiente universal. Un ambiente universal puede describirse como aquel en el que pueden crearse muchas áreas de habitabilidad que están aisladas unas de otras o son interactivas.

Son los creadores de los componentes dentro de un universo particular que dan a las entidades titulares la oportunidad de crear dentro de los ambientes locales aquello que el universo permite crear, pero sólo con esos componentes. En esencia, crean los ambientes para que los Creadores de Habitabilidad trabajen con ellos, dándoles sus materias primas como galaxias, nebulosas, planetas y lunas desde la perspectiva del universo físico.

YO: Son Los Curadores que crean las galaxias entonces.
EF1: Y las materias primas que están dentro de una galaxia.
YO: ¿Cuántos universos tienen galaxias en su interior?
EF1: Dieciséis en la actualidad.
YO: Pero eso es imposible. ¡Hay trescientos noventa y siete universos!
EF1: He dicho en la actualidad. Muchas construcciones habituales galácticas que están en mi multiverso son creadas por aquellas entidades que están trabajando dentro de un universo particular con fines experienciales. O bien crean un ambiente galáctico con la ayuda de otras entidades con planes o ideas similares que requieren una interacción significativa o utilizan un universo que es creado por un Universalista como una herramienta experiencial. Alternativamente, pueden elegir utilizar una galaxia que esté en una de las frecuencias más bajas, donde las galaxias se forman por el trabajo de los Universalistas o por medios naturales. En el caso de que una galaxia sea creada por una entidad que existe en una de las frecuencias superiores, una vez que su función ha terminado se disuelve. Esta es la razón por la que actualmente sólo hay dieciséis universos con galaxias. En las

frecuencias superiores, las galaxias, etc., se crean, se utilizan y se disuelven. Sólo las frecuencias más bajas tienen galaxias que son más permanentes en su existencia.

YO: Algunos de mis alumnos de Atravesando Las Frecuencias (TTF) ven galaxias en todos los ambientes universales que visitan. ¿A qué se debe esto?

EF1: Tienen el poder de crear aquello que quieren ver y experimentar. También tienen la capacidad de interpretar lo que no es una galaxia, como un grupo de energías de densidad local, pero que tiene los atributos que son similares a una galaxia, como una galaxia, si no tienen otro marco de referencia traduccional para usar para describir lo que ven.

YO: ¿Así que lo que está diciendo es que la mayor parte de lo que ven mis alumnos de TTF se basa en la traducción y no en la percepción real?

EF1: No, no estoy diciendo eso. Si son lo suficientemente expansivos y son capaces de comprender lo que están viendo o percibiendo en su forma correcta de representación, entonces experimentarán la realidad de esa percepción. Si, por el contrario, sólo son capaces de experimentar lo que perciben en función de la traducción, es decir, imágenes basadas en la memoria, sentimientos, emociones, sonidos o sensaciones que pueden estar estrechamente o no relacionadas con lo que se percibe, entonces se utilizan para registrar la experiencia. Esto sólo se utiliza si existe la posibilidad de que la experiencia sea útil para el estudiante que la percibe en uno de los universos atravesados. En el caso de que la experiencia esté demasiado alejada de su percepción basada en la expansividad o en la traslación, entonces el alumno observador registra la llamada pantalla en blanco (blanco o negro), con el resultado de que el alumno siente que no ha experimentado nada. Algunos alumnos, sin embargo, siguen teniendo la sensación de estar en algún lugar o de comunicarse con algo aunque no tengan ningún dato a partir del cual trabajar y, por lo tanto, justifican sus sentimientos en términos humanos.

YO: ¿Pero no es imaginación? Algunos sienten que están imaginando la experiencia.

EF1: No, no es imaginación. La forma humana no tiene capacidad de imaginar, sólo de experimentar dentro de un marco estructural determinado.

Ten en cuenta de nuevo que la existencia encarnada en las frecuencias asociadas con el Físico Grueso son extremadamente limitantes en su funcionalidad perceptual.

Volvamos a los universalistas.

YO: Sí, por favor. Pero antes tengo una pregunta. Es una que se relaciona con ciertas imágenes que pretenden mostrar líneas estructurales entre los planetas y otras áreas dentro del universo físico.

EF1: Estos son generados por ciertos individuos y no son verdaderas representaciones de la estructura. La estructura no es detectable por ningún dispositivo disponible para la humanidad encarnada, ni ahora ni en el futuro.

YO: Y supongo que esto se debe a que está fuera de las frecuencias y energías normales que se utilizan para construir cosas como planetas, estrellas y galaxias, etc.

EF1: Correcto y, a estas alturas de nuestras discusiones, bien conocido. Sin embargo, las personas que crean estas imágenes están haciendo dos cosas. En primer lugar, están creando un nivel de comprensión de que hay una estructura detrás de lo que sólo ve el ojo humano y los dispositivos que aumentan su capacidad de percepción sensorial. Esto crea un pensamiento expansivo. En segundo lugar, como se sabe que estas imágenes son creadas y, por lo tanto, no son verdaderas representaciones de la estructura de soporte del universo físico, desacreditan a cualquier individuo o proceso de pensamiento que sugiera que tal estructura existe, simplemente porque no puede ser detectada como real, por así decirlo.

Por otro lado, ofrece la oportunidad de hacer conjeturas y debatir, lo que siempre es útil, ya que atrae a quienes tienen una mente abierta.

Los Universalistas utilizan las frecuencias y energías estructurales para crear las plantillas, el marco estructural y los componentes necesarios para que los Creadores de Habitabilidad puedan hacer su trabajo. Te daré un ejemplo de lo que hacen utilizando una referencia humana.

Si puedes, considera un dispositivo electrónico como una computadora como ejemplo de universo. Los Universalistas crean la base para la generación de la computadora (universo) creando los componentes básicos que se requieren para hacer la computadora. Fabrican diversos componentes como resistencias, transistores, diodos y condensadores en todas las variaciones de tamaño, montaje y capacidad funcional necesarias para apoyar la fabricación de cada aspecto de la computadora como un todo—el universo. A continuación, inculcan en estos componentes las funciones de interconectividad entre ellos, asignando reglas de conectividad y función asociadas a componentes individuales y grupos de componentes. Desde la perspectiva de una computadora, esto significa que la agrupación de componentes permite las funciones sinérgicas de memoria, amplificación, procesamiento, interfaz de usuario y visualización. También incluye la capacidad de interconectarse con otros grupos de componentes—computadoras— externos a las agrupaciones locales.

Si tomas este ejemplo en términos de cualquiera de los universos asociados con las frecuencias más bajas de mi multiverso, verás que cosas como planetas, lunas, nebulosas y galaxias son los bloques básicos de construcción de un ambiente universal en los niveles de baja frecuencia. Los planetas y las lunas son los componentes más pequeños que pueden ser utilizados por los Creadores de Habitabilidad, siendo los grupos más grandes de componentes las galaxias y las nebulosas.

YO: ¿No son los planetas, lunas, galaxias, etc., habitables por derecho propio?

EF1: No. Al crear estos componentes básicos los Universalistas generan la posibilidad de la creación del hábitat y no la capacidad de ser el hábitat misma.

YO: Los científicos creen que entienden cómo se crean los planetas, las lunas, las galaxias y las nebulosas y que es una función de atractividad a nivel micro y macro—incluido el nivel nuclear para las estrellas. ¿Es esto realmente una función del trabajo de los Universalistas?

EF1: Lo que los científicos pueden ver y observar es el producto final del proceso de creatividad que los Universalistas utilizan para generar los planetas, etc. Los Universalistas son capaces de proporcionar las condiciones necesarias para permitir que las estrellas se quemen y/o creen versiones más pequeñas de sí mismas o arrojen energías que cambien su composición a una de estabilidad cuando se alejan del proceso de fusión nuclear. Crean áreas localizadas de gravedad intensa para permitir que cuerpos más pequeños de materia estable de baja frecuencia se unan como uno solo, en lugar de grupos compactados. También invocan reglas diferentes de atractividad e interacción con frecuencias y energías poco agrupadas para permitir la generación de planetas y gases y galaxias dentro de nebulosas más grandes.

En esencia, crean el máximo número de componentes y sus variaciones necesarios para permitir el máximo número de versiones diferentes para el potencial de habitabilidad que los Creadores de Habitabilidad pueden utilizar de forma sencilla y fácil.

YO: Acabo de ver una imagen de lo que hacen en términos de mantenimiento. Lo que vi es lo que sólo puedo describir como líneas de atractividad/no atractividad entre diferentes cuerpos, es decir, lunas, planetas o soles que tienen que trabajar juntos de cierta manera para permitirles proporcionar la mejor oportunidad posible para la interacción evolutiva. Sabemos que la gravedad es una forma de crear atractividad, pero esta atractividad, esta gravedad, necesita ser creada o inculcada dentro de las funciones básicas de los elementos creados por los Universalistas en general.

¿Continúo y describo lo que estoy captando?

EF1: Sí, por supuesto. Te lo estoy dando de todos modos y, como siempre, es interesante ver si entiendes lo que se te está dando.

Cuestión de Atracción, Magnetismo y Gravedad

YO: OK. Si tomamos como ejemplo una barra de acero, vemos en ella dos propiedades. La primera es que tiene peso o masa y que este peso o masa le permite ser influenciada por la atracción gravitatoria de la área de baja frecuencia local, la luna, el planeta o el sol al que está cerca, en términos humanos, que está cerca de la superficie de la Tierra. Vemos el peso como el factor que hace

Los Curadores

que la barra de acero caiga al suelo si se empuja desde una mesa, por ejemplo. Pero no es el peso o la masa de la barra de acero lo que hace que caiga al suelo y entre en contacto con la superficie de la Tierra, sino la atracción gravitatoria asociada a la forma en que están dispuestos los elementos que componen el acero. La clave aquí es que me veo obligado a utilizar las palabras gravedad y atracción juntas y no por separado. Volveré sobre el resto de esto porque la segunda parte de lo que estoy viendo tiene la misma importancia y dará lugar a que las dos se describan juntas.

La segunda propiedad tiene dos partes. La primera parte de esta segunda propiedad está asociada a la atractividad con la que crea la barra de acero con otra barra de acero. La segunda parte es la atractividad con otros materiales.

Antes de continuar, ¿puedo hacerte una pregunta bastante sencilla?

EF1: Sí, por supuesto.

YO: ¿La atracción entre dos objetos que ya están bajo la influencia de un nivel de atracción mayor puede clasificarse como atracción gravitatoria?

EF1: Sí, puede, y muchos cuerpos planetarios se afectan mutuamente de esta manera. Creo que voy a continuar con la descripción de tu ejemplo en el proceso.

En un ejemplo básico, la Tierra es atraída por el Sol, pero la Luna es atraída por la Tierra y el Sol. La Tierra es atraída por el Sol de tal forma que gira alrededor del Sol, mientras que la Luna gira alrededor de la Tierra. Llevando esto a un nivel micro, si, en tu ejemplo, dos barras de acero se atrajeran entre sí, también estarían bajo la influencia de su atractividad hacia la Tierra. Esto es bien sabido. La atracción entre las dos barras de acero o entre una barra de acero y otro material sólo puede tener lugar cuando las partículas atómicas que componen ese material están alineadas hasta el punto en que la atracción colectiva de las partículas crea un mayor nivel de atracción. Es este mayor nivel de atractividad el que crea la atractividad general que llamas magnetismo. Si una barra de acero tuviera sus partículas alineadas correctamente, sería atraída tanto por una barra de acero que no tuviera sus partículas alineadas como por otra en la que sus partículas estuvieran alineadas. La atractividad de la barra de acero magnetizada hacia las barras de acero magnetizadas y no magnetizadas siendo, en general, el mismo nivel de fuerza de atracción o gravedad.

YO: Puedo entender la forma en que dos barras de acero que se atraen magnéticamente se atraen entre sí. También puedo entender la forma en que dos barras de acero que no tienen sus partículas alineadas para crear atractividad magnética no se atraen entre sí. Lo que me cuesta entender es ¿por qué una barra de acero que tiene sus partículas alineadas y, por tanto, es magnética, puede ser atraída por una barra de acero que no tiene sus partículas alineadas y, por tanto, no es magnética—esto es, per se?

EF1: Ciertas combinaciones atómicas permiten que las partículas dentro del material creado por la combinación se comporten en una condición temporal de atractividad o magnetismo. Esta condición temporal se logra cuando las partículas dentro de un material que están en la misma combinación que un material que tiene sus partículas alineadas para crear atractividad o magnetismo están dentro del mismo espacio, por así decirlo. Cuando están en el mismo espacio, sienten la atracción del material cuyas partículas están alineadas y se alinean en el mismo patrón de alineación que el que sienten. El resultado es la atracción en el punto de contacto entre materiales. El nivel de la fuerza de atracción es relativo al número de partículas alineadas. Cuando una de las barras de acero experimenta una fuerza mayor que la de la atractividad, es decir, es arrastrada, las partículas alineadas temporalmente pierden la sensación de la atractividad que las hizo entrar en alineación y vuelven a su estado anterior, perdiendo el efecto magnético.

YO: Acabo de ver una imagen de un grupo de partículas moviéndose dentro de la estructura de un átomo, de modo que las llamadas órbitas dentro del átomo se vuelven estáticas. Esta función de estasis orbital no sólo ocurre a nivel de protones, neutrones y electrones, sino también dentro del nivel de quarks y leptones, todo se mueve dentro de los confines de aquello dentro de lo que está, aquello que crea, se mueve hacia la estasis. Por lo tanto, es la alineación de cada nivel de la estructura de las partículas lo que crea el nivel recíproco de atractividad necesario para permitir la respuesta magnética entre un material que normalmente se encuentra en un estado en el que sus partículas están alineadas y otro en el que sus partículas no están alineadas. Esto puede lograrse con cualquier combinación de partículas, desde elementos naturales hasta los fabricados por el hombre y, por tanto, incluidos los materiales que no son metálicos.

YO: Un momento, ¿materiales no metálicos que son magnéticos? Todavía no hemos detectado ni creado un material así, es decir, al menos que yo sepa.

EF1: Bueno, esto no es estrictamente cierto porque sí tienes imanes de goma. ¿Qué tienes en la puerta de la nevera?

YO: Sí, pero tienen partículas magnéticas añadidas a la mezcla antes de moldear el imán, por lo que, basándose en esto, el caucho sólo parece ser magnético cuando en realidad no lo es.

EF1: Bien. Ahora puedes reconocer que las partículas magnéticas aún se atraen entre sí cuando están en solución o dentro de otro material sólido.

YO: Sí, puedo.

EF1: Excelente. Así que ahora puedes reconocer que la atractividad o el magnetismo está basado en la partícula y no en la materia gruesa, aunque la partícula misma sea el componente base de la materia gruesa debido a su estructura atómica.

YO: Entonces, como se ha explicado anteriormente, si el magnetismo o la atractividad es una función de la estructura atómica, parece razonable que una partícula no metálica pueda tener o hacerse que tenga las mismas características sin que se transmute en una partícula metálica.

EF1: Sí, es razonable, pero todavía no es posible con el nivel actual de la ciencia que rodea a la física de materiales y partículas. Basta decir que cuando la humanidad encarnada sea capaz de cambiar el estado de atracción a nivel de quarks y leptones, entonces será posible hacer que un plástico sea atractivo para otro plástico, o cualquier polímero para cualquier polímero. De hecho, se puede hacer que cualquier material sea atractivo para otro una vez que se conozca el método de cómo cambiar el estado de atractividad de la estructura atómica de un material a nivel de quarks y leptones.

Los Curadores

YO: Así que un material como la madera o la piedra puede hacerse magnético o atractivas para los mismos o diferentes materiales.

EF1: Sí, aunque cuando se trabaja con estructuras orgánicas a nivel subatómico hay que ser consciente de qué función del organismo se verá afectada si se cambia el estado actual y natural de atractividad o magnetismo.

YO: Oh. Me acaban de mostrar que hay algunos vehículos encarnados en los que este estado puede cambiarse a voluntad. Esto permite al vehículo encarnado cambiar de una forma a otra.

EF1: Sí, y un órgano como el hígado puede ser cambiado para tener la misma función que un riñón o un corazón. Ya ves. Cambiar la atractividad de un material orgánico puede y de hecho resulta en cambios metamórficos en la estructura y función del material desde una perspectiva global o localizada.

YO: Gracias. Me gustaría hacer otra pregunta antes de pasar al siguiente género de Curador—los Ingenieros del Paralelismo.

EF1: Continúa.

YO: ¿Qué funciones tienen el peso o la densidad (masa) con la atractividad?

EF1: Como sabes, el peso de un material es la fuerza ejercida sobre su masa por la gravedad (atractividad) de un cuerpo que le afecta principalmente. En tu caso, es la Tierra. A su vez, la masa de la Tierra se ve afectada por la fuerza de atracción, la gravedad, de varios cuerpos, pero principalmente del Sol. La masa es producto de la densidad de la materia dentro de un volumen conocido de espacio, o dicho de otro modo, lo densamente poblado que está el material con la estructura atómica que hace que un material sea lo que es. El peso que experimenta un material es, por tanto, producto de su capacidad de atracción hacia un cuerpo mayor derivada de la densidad de población y la alineación de los componentes de su estructura atómica. Un objeto puede pasar a ser más pesado cambiando la alineación de los niveles de la estructura subatómica a una en la que aumente su atractividad hacia un cuerpo mayor, es decir, que estén sincronizados entre sí. Un objeto puede pasar a ser más ligero cambiando la alineación de los niveles de la estructura subatómica a una en la que disminuya su atractividad hacia el cuerpo mayor, es decir, que no estén sincronizados entre sí.

Como se ha indicado anteriormente, la densidad y, por tanto, la masa también pueden modificarse aumentando la frecuencia de una proporción conocida de los componentes atómicos del material, de modo que dichos componentes estén representados en una frecuencia diferente a la frecuencia ambiente. Permaneciendo aquellos en la frecuencia ambiente en el volumen conocido para la masa del material, la densidad y por lo tanto la atractividad inducida por la masa y por lo tanto su peso se reducen en la frecuencia ambiente mientras que se incrementan en la frecuencia más alta, que es una condición temporal en este caso. Pueden reducirse a casi nada, haciendo que el material sea muy ligero.

Basándose en esto, hay dos maneras en las que un material puede hacerse atractivo o menos atractivo para un cuerpo más grande o pequeño, afectando a lo que ustedes llaman gravedad— a través de la alineación subatómica y la manipulación frecuencial.

YO: De nuevo entonces, es una de las responsabilidades de los Universalistas que la estructura subatómica de cualquier material en el universo físico asegura que los componentes atómicos que hacen un material se crean de una manera que les permite tener la funcionalidad que acabas de describir.

EF1: En pocas palabras—sí.

El Ingenieros del Paralelismo

EF1: Los Ingenieros del Paralelismo trabajan principalmente con los resultados y efectos de la interacción con el Espacio de Eventos dentro de un ambiente universal. Usando el universo físico como ejemplo, ellos trazan la línea entre los Espacios de Eventos de tamaño local, planetario, de sistema, galáctico y universal que son creados por las decisiones, posibles decisiones, la posibilidad de posibles decisiones y la posibilidad de la posibilidad de posibles decisiones de aquellas entidades y seres que están dentro de ese universo. La línea que trazan es la demarcación entre estos diferentes Espacios de Eventos y su ubicación entre sí en términos de su "potencial" para existir frente a su existencia real, que incluye la cercanía de la desviación del Espacio de Eventos principal y entre sí. Su función principal es, por tanto, garantizar que exista una separación adecuada entre estos Espacios de Eventos, asegurándose de que cuando sea necesaria una separación simple, exista una separación simple, y cuando pueda haber "cruce" entre Espacios de Eventos por parte de las entidades y seres titulares dentro de ese Espacio de Eventos, que esta función esté disponible.

YO: Tengo que admitir que pensaba que habíamos trabajado sobre la función del Espacio de Eventos y, como tal, cubierto este tema en particular con bastante profundidad. De hecho, ¡ya lo he dicho antes!

EF1: Hemos cubierto mucha información sobre el Espacio de Eventos y su función pero, como puedes imaginar, hay mucho que no hemos cubierto. Simplemente no puedes subestimar la cantidad de influencia que este aspecto de El Origen tiene en todo. Lo maravilloso es, sin embargo, que podemos trabajar con él de alguna manera que sea beneficiosa para todos nosotros. Los Ingenieros del Paralelismo proporcionan una función única dentro de mi jerarquía de Curadores que permite la generación de, o la observación de, la coyuntura correcta en un Espacio de Eventos donde puede terminar o debería terminar y, por lo tanto, donde

Los Curadores

debería comenzar otro Espacio de Eventos. También unido con esto está el tamaño o volumen, si se quiere llamar así, del Espacio de Eventos observado. Ten en cuenta que estos Curadores operan muy cerca de los ambientes que se ven afectados por los cambios de estado de los Espacios de Eventos y, por tanto, son sintientes a las posibilidades, la posible posibilidad y las posibilidades de posibles posibilidades asociadas a cualquier parte, ubicación o función de un Espacio de Eventos. De este modo, son capaces de determinar si se debe permitir o no que un Espacio de Eventos cree un nuevo Espacio de Eventos o si esto debe conseguirse de forma inferencial.

YO: De acuerdo, entiendo que los Espacios de Eventos pueden diseccionarse y que los eventos dentro de la Corriente de Eventos general de un Espacio de Eventos pueden manipularse porque ya hemos hablado de esto antes. Me has descrito la forma en la que ciertos Curadores especializados pueden cortar y pegar, borrar o insertar eventos en una Corriente de Eventos modificando el final del evento y el inicio del evento para que desemboquen el uno en el otro. ¿Cuál es la diferencia en este caso?

EF1: Se trata del potencial de existir frente al hecho de existir y de crear un alto nivel de contención.

YO: Continúa.

EF1: Los Ingenieros de Paralelismo observan los Espacios de Eventos y por quién y qué están siendo influenciados y deciden dónde debe situarse el punto de separación entre un Espacio de Eventos y otro. Esto es independiente del tamaño o volumen. Esto se puede ver a veces en la Tierra. Verás que una serie de eventos, y una Corriente de Eventos, de repente se detiene o se crea. Incluso puedes ver el tamaño o volumen del área afectada, por así decirlo. Por ejemplo, si un evento es local, entonces los individuos y el ambiente que se ven afectados se circunscriben a ese lugar y hay un punto o coyuntura definidos en los que el Espacio de Eventos nace y desaparece de la existencia. Pensemos en el tsunami que tuvo lugar en Indonesia en las Navidades de 2004. Se limitó a las áreas que estaban en la línea directa de la reacción de la marea a la actividad sísmica. Se generó y creó un conjunto de experiencias completamente nuevas para quienes se encontraban en el área y cambió la topografía de la tierra. Algunos encarnados

Los Curadores

sobrevivieron, otros abandonaron su encarnación, otros se dedicaron a limpiar y encontrar a los supervivientes y a los que habían muerto, y otros se dedicaron a sobrevivir y a ayudar a otros a sobrevivir. Fue un Espacio de Eventos confinado que sólo afectó a los que estaban en él desde una perspectiva experiencial.

En este ejemplo, los ingenieros de paralelismo crearon tres condiciones:
1. Inclusión Automática
2. Separación Automática
3. Inclusión Deseada

Con la **Inclusión Automática**, aquellos encarnados que se encontraban dentro del volumen de "espacio" afectado por este Espacio de Eventos fueron incluidos en la experiencia y estaban en función de la experiencia general asociada a este Espacio de Eventos. Experimentaron el tsunami en primera mano. Éstas serían las entidades o seres titulares de este Espacio de Eventos.

Con la **Separación Automática**, aquellos encarnados que no están dentro del volumen de "espacio" afectado por la función de este Espacio de Eventos no estaban incluidos en la experiencia y no eran una función de la experiencia general apoyada por este Espacio de Eventos y, como tales, estarán divorciados de él. Por lo tanto, están fuera de este Espacio de Eventos. Si hubieran tenido conocimiento de este evento, entonces se atribuye a la posibilidad de cruce entre un Espacio de Eventos y otro. El nivel de cruce se atribuye al Espacio de Eventos en el que se encuentran y a su grado de interacción con el Espacio de Eventos de la catástrofe, es decir, al grado de demarcación o separación que existe entre los Espacios de Eventos. Pueden tener distintos grados de conocimiento del evento, hasta llegar a no tener conocimiento alguno. Todo esto depende del nivel de demarcación, de separación, entre los Espacios de Eventos y de cómo los encarnados individuales desean interactuar con las experiencias apoyadas por otro Espacio de Eventos, incluyendo lo lejos que están del Espacio de Eventos principal y cuánto se necesita un Espacio de Eventos para influir en un Espacio de Eventos descendente. En esencia, experimentaron el tsunami de segunda mano a través de las noticias y o bien se dieron cuenta de él o no,

Los Curadores

según el caso. Se trataría de otras entidades y seres de todo el mundo.

Con la **Inclusión Deseada**, aquellos encarnados que deseen moverse de su Espacio de Eventos actual a otro Espacio de Eventos y experimentar lo que está disponible en el Espacio de Eventos deseado, pueden hacerlo siempre que dispongan de los medios para moverse desde el Espacio de Eventos en el que se encontraban al nuevo Espacio de Eventos. En muchos casos, esto significa que la diferencia es sólo una cuestión de reubicación física, por lo que los límites de los espacios de eventos se basan más en el volumen y la ubicación que en la realidad. En muchos casos, esto significa que la diferencia es sólo una cuestión de reubicación física, ya que los límites de los espacios de eventos se basan más en el volumen y la ubicación que en la realidad. Estos serían los socorristas.

YO: ¿Y una función de **Separación Deseada**?

EF1: No hay función de **Separación Deseada** disponible porque el deseo de cambiar los Espacios de Eventos a través de la inclusión deseada crea el mismo resultado.

YO: Pero esto sólo ilustra la separación o demarcación basada en la ubicación y el volumen. ¿Y la separación basada en la realidad?

EF1: Una realidad se basa en, o es creada por, la interacción perceptiva de una entidad o ser o un grupo de entidades o seres con un ambiente y sus entidades o seres o grupos de entidades o seres titulares de una manera que es específica para esa entidad o ser o un grupo de entidades o seres y su/s mentalidad/es. Una vez creada una mentalidad, se crea una realidad y también puede crearse una realidad alternativa dentro del mismo espacio. Esta es una representación basada en la percepción de un Espacio de Eventos, ya que pueden existir múltiples realidades en el mismo Espacio de Eventos y múltiples Espacios de Eventos en el mismo espacio.

Las entidades o seres, por tanto, en función de su mentalidad, eligen estar en una realidad u otra mientras permanecen en el mismo Espacio de Eventos. Esta no es una función de los Ingenieros del Paralelismo porque en función, una demarcación basada en la localización del Espacio de Eventos, de cualquier volumen, es derivado en su mayor parte por las entidades o seres titulares dentro y fuera de él.

YO: ¿Así que los Ingenieros del Paralelismo crean un cambio de mentalidad?

EF1: Sí. Afectan a los procesos de pensamiento de las entidades o seres titulares hasta el punto de que ignoran activamente los eventos, ambientes o interacciones con otras entidades o seres que están a su alrededor. De esta forma, existen en una realidad diferente a la de aquellos que están ignorando.

YO: Entonces, ¿a ellos les parece que no existen, aunque sí existan?

EF1: Correcto.

YO: Supongo que esto podría explicarse por personas que viven en la misma calle o en el mismo suburbio, pero que nunca interactúan entre sí ni saben de su existencia.

EF1: Esa es una forma de explicarlo. En este caso, existen en el mismo Espacio de Eventos, pero en una realidad diferente dentro de ese Espacio de Eventos.

Recuerda, una realidad es una función del Espacio de Eventos y es, desde una perspectiva simplista, creada por el deseo de una entidad o ser de interactuar con el ambiente y aquellas entidades y seres dentro de él. Una condición paralela, como un universo, galaxia, planeta o ubicación paralelos, es un Espacio de Eventos que está separado de otro Espacio de Eventos, pero que es similar a él en todos los sentidos, excepto por las funciones de interacción de la entidad o ser y los cambios en el ambiente que se crean posteriormente.

Si recuerdas el contenido anterior de este diálogo, se crea una condición paralela por las elecciones hechas por una entidad o ser si más de una elección está disponible y se requiere una decisión en cuanto a qué elección hacer por lo tanto también está disponible. El volumen de un Espacio de Eventos se crea en función del número de entidades o seres que realizan elecciones que están vinculadas o son coherentes con las elecciones de otros seres o entidades.

YO: Has mencionado que la demarcación entre versiones paralelas del Espacio de Eventos es una de las funciones de los Ingenieros del Paralelismo.

EF1: Sí, lo es. Pero primero recapitulemos un poco y entendamos la nomenclatura utilizada de nuevo.
1. El **Espacio** es el área o volumen dentro de mí (y, en última instancia, El Origen) donde todo existe. No olvides que el Espacio de Eventos impregna El Origen y es un componente fundamental de El Origen. Lo que discuto aquí sólo está localizado en mí y en mi multiverso.
2. El **Espacio de Eventos** es un área o volumen de espacio dentro de mí que existe como una función paralela de ese espacio. Es el espacio superpuesto al espacio o el espacio dentro y fuera de un espacio.
3. Una **Condición Paralela** es la duplicación del Espacio de Eventos. Es la creación o generación de un Espacio de Eventos nuevo pero similar cuando se puede hacer una elección y esa elección o la posibilidad de la elección o la posible posibilidad de esa elección resulta en un diferencial descendente lo suficientemente grande como para crear una nueva serie de experiencias que son autocontenidas e independientes del Espacio de Eventos del que se separaron. El tamaño general del Espacio de Eventos depende de la inclusión de otras entidades o seres que interactúan con la experiencia inicial y las subsiguientes experiencias descendentes generadas a partir de la elección inicial.
4. Una **Realidad** es una condición basada en la percepción generada por una entidad o un ser que existe en un Espacio de Eventos. Una realidad alternativa a la del Espacio de Eventos es una percepción o deseo personal o grupal de un determinado ambiente experiencial dentro de un ambiente conocido en relación con sus pensamientos, comportamientos y acciones, y el deseo de ignorar aquello que no desean ser o con lo que no desean interactuar.
5. La **Demarcación entre Espacios de Eventos** es la línea de no interacción trazada entre un Espacio de Eventos y otro. El papel de los Ingenieros de Paralelismo es asegurar que hay suficiente diferencia en los Espacios de Eventos para mantener un Espacio de Eventos adicional o crear las condiciones necesarias para apoyar un Espacio de Eventos adicional, si un Espacio de Eventos adicional es deseado por Los Curadores

para apoyar aún más la progresión evolutiva de aquellas entidades o seres dentro de él. Ten en cuenta, sin embargo, que una línea de demarcación insuficiente puede resultar en la falta de integridad de un Espacio de Eventos y por lo tanto crear una realidad alternativa en su lugar. Una demarcación suficiente resulta en un Espacio de Eventos robusto.

YO: En el caso de que se desee que exista un Espacio de Eventos y que parezca haber una falta de integridad en la demarcación entre el Espacio de Eventos original y el recién generado, ¿qué hacen los Ingenieros de Paralelismo para reforzar esta línea de demarcación?

EF1: Hacen cuatro cosas. Uno: observan las condiciones que crearon el Espacio de Eventos en primer lugar. Dos: establecen si la integridad descendente del Espacio de Eventos aumenta o no. Si lo hace, entonces no hacen nada, ya que es una función natural del Espacio de Eventos y, por lo tanto, es una funcionalidad correcta. Si no es así, deciden realizar una serie de correcciones. Tres: determinan si las correcciones pueden realizarse introduciendo cambios en la mentalidad de las entidades y seres actuales para reforzar las decisiones que se tomaron para crear el nuevo Espacio de Eventos. Un ejemplo de este cambio sería la creación de una nueva "moda", objeto deseable, profesión o situación política, por así decirlo. Cuatro: pueden cambiar el ambiente de algún modo para desviar los pensamientos, comportamientos o acciones de las entidades o seres titulares dentro de los dos Espacios de Eventos que tienen una mala línea de demarcación, de modo que el cambio ambiental apoye el nuevo Espacio de Eventos reforzando la línea de demarcación y justificando el nuevo Espacio de Eventos.

Pero, sobre todo, los Ingenieros del Paralelismo utilizan los métodos que afectan a un cambio de mentalidad, porque fue un cambio de mentalidad y la necesidad de tomar una decisión lo que dio lugar a la creación del nuevo Espacio de Eventos en primer lugar.

YO: ¿Qué pasa con el potencial de un Espacio de Eventos? ¿Qué les lleva a hacer el trabajo necesario para que un Espacio de Eventos potencial se convierta en un Espacio de Eventos real?

EF1: Los Ingenieros del Paralelismo vigilan constantemente el flujo y reflujo de los eventos, la elección, la realidad y la interacción de

Los Curadores

las entidades y seres titulares consigo mismos y con su ambiente, y emiten un juicio sobre si debe considerarse la creación de un nuevo Espacio de Eventos en caso de que no se cree uno de forma natural. Muchas veces se dan las condiciones para la creación de un nuevo Espacio de Eventos, sólo para disolverse como resultado del cambio de elección de una o más entidades o seres hacia lo contrario. Si parece que un Espacio de Eventos debería estar en existencia, y por ello el Espacio de Eventos deja una sombra descendente de existencia, que es creada por un número (más de uno) de casi creaciones y disoluciones posteriores del Espacio de Eventos Potencial, entonces los Ingenieros del Paralelismo utilizarán cualquiera o todos los cuatro métodos que se acaban de describir para crear las condiciones necesarias para apoyar la existencia continuada y robusta del Espacio de Eventos en cuestión.

EF1: Pasemos a los Ingenieros de Concurrencia.

Los Ingenieros de Concurrencia

Sentí que finalmente habíamos pasado de la inclusión del Espacio de Eventos (¡me doy cuenta de que ya había dicho esto un par de veces antes!) y que ahora estábamos en la recta final hacia Los Curadores que eran responsables del aspecto estático del multiverso y del universo en el que nosotros, como entidades o seres encarnados, existíamos. No percibí condiciones o realidades paralelas de las que hablar. Todo debía estar en singular desde una perspectiva ambiental.

Todo debía ser algo que pudiera, desde la perspectiva del lector metafísico, estar en un espacio "conocido", es decir, si se consideraba conocido un espacio multiversal. Supongo que esto sólo podía ser una afirmación cierta cuando nos centrábamos en el universo físico, pero al menos no debíamos estar expuestos a los conceptos de versiones fractales múltiples de nosotros mismos y de nuestro ambiente. De hecho, desde donde yo miraba, el trabajo de los Ingenieros de Concurrencia también parecía ser algo sencillo. Veamos qué tiene que decir la Entidad Fuente sobre este Curador, pensé, antes de sucumbir completamente a esta dirección de consideración.

EF1: ¡Tally—ho! Sigamos. He observado que has fijado un plazo de entrega y tenemos que asegurarnos de no retrasarnos.

YO: Me he fijado un plazo y puede que sea difícil cumplirlo, pero estoy seguro de que lo lograremos.

EF1: Bien, un plazo siempre es posible cuando uno es positivo a la hora de hacerlo realidad.

YO: Pensé que habíamos terminado con las realidades.

EF1: Lo hemos hecho. Se me acaba de ocurrir añadir esa palabra para que te levantes y prestes atención. Bien, veamos el siguiente género de Curador.

   Los **Ingenieros de Concurrencia** se ocupan de la relación entre cada universo creado dentro de las frecuencias del multiverso. Garantizan que la funcionalidad de estos universos se mantenga aunque estén dentro del mismo espacio general y que, como resultado de estar en el mismo espacio, existan independientemente unos de otros. También garantizan que la progresión de un universo a otro sea sólida y razonable. Como sabes, describo los universos creados para su uso dentro del multiverso como "universos simultáneos autocontenidos". "Concurrencia" es, por tanto, una función de estar en el mismo espacio pero con la función añadida de estar en un flujo evolutivo, un flujo que todos los universos dentro del multiverso tienen—que es específico de la estructura estática del multiverso.

Los Ingenieros de Concurrencia, sin embargo, no trabajan en aquellos universos que se crean en paralelo con los universos simultáneos autocontenidos y, como tales, no trabajan en aquellos universos que se crean por interacciones del Espacio de Eventos. Estos Curadores son especialistas y trabajan en el ambiente multiversal estable y no en los transitorios.

Puede ser difícil para ti separar uno de los papeles de los Ingenieros de Concurrencia con los Ingenieros de Barrera Frecuencial porque tienen un pequeño nivel de cruce, especialmente cuando se trata de la demarcación entre universos y la nomenclatura utilizada para describir la demarcación. Basándome en esto, describiré el área que podría describirse como común más adelante, ahora. Sin embargo, los Ingenieros de Concurrencia pueden trabajar, y de hecho trabajan, con los Ingenieros de Barreras Frecuenciales [*véase más abajo—GSN*].

YO: ¿Supongo que serán las frecuencias comunes en cuanto a que los universos están separados y son autocontenidos?

EF1: Sí, pero hasta ahí. Los Ingenieros de Barreras Frecuenciales son un grupo muy centrado y especializado.

YO: OK, vamos entonces.

EF1: Como sabes, el componente estructural base del multiverso, y de hecho todo lo que es El Origen, es una función de la frecuencia de la energía. Es la separación o demarcación de la frecuencia dentro de una energía lo que permite la creación de todo — predominantemente incluyendo los ambientes que se utilizan para la progresión evolutiva.

Las energías que se clasifican como dimensiones completas y subdimensiones y sus componentes de frecuencia están todas contenidas en un espacio dentro de mí. Es la capacidad de separar las frecuencias lo que permite que existan múltiples ambientes

Los Curadores

dentro de este espacio. Por lo tanto, los Ingenieros de Concurrencia trabajan en la función de multiplicidad de ambientes que existen concurrentemente dentro de un único volumen de espacio dimensional y subdimensional.

Al considerar los pasos en frecuencia dentro de este espacio, los Ingenieros de Concurrencia trabajan en la contención de los ambientes dentro de la frecuencia en la que se apoyan los ambientes, incluyendo la resolución y la profundidad del contenido que puede alojarse dentro de esa frecuencia. Es la finitud, por así decirlo, lo que permite a un universo existir en el mismo espacio que otros universos pero no estar en contacto con el contenido de otro, ni por encima ni por debajo de él. Es el aumento de la finitud lo que sustenta el cambio escalonado en la función y experiencia universales a medida que una entidad o ser progresa de un universo a otro, evolucionando como consecuencia.

Los Ingenieros de Concurrencia trabajan con esta finitud asegurando que, junto con el trabajo de los Ingenieros de Barreras Frecuenciales, la diferencia en el contenido ambiental, la experiencia y la funcionalidad sea suficientemente diferente. Esta diferencia crea la necesidad de que ese universo sea autocontenido y, por tanto, ofrezca oportunidades evolutivas únicas. Estas oportunidades evolutivas tienen que ser progresivas de un universo a otro y acordes con la diferencia de contenido ambiental, experiencia y funcionalidad entre estos universos.

YO: Creo que, desde una perspectiva frecuencial y evolutiva, la estructura del multiverso es lineal en su forma, pero que aún puede experimentarse de forma aleatoria, no específicamente en orden lineal.

EF1: Casi. El multiverso es lineal desde una perspectiva evolutiva y los Ingenieros de Concurrencia se aseguran de que cada universo ofrezca un conjunto único de oportunidades evolutivas que progresan cuanto más se asciende en las frecuencias. Sin embargo, experimentar estos ambientes universales se consigue de dos maneras. Una: el VSE puede proyectar un Aspecto más pequeño en cualquiera de los ambientes universales por debajo de su nivel evolutivo actual. Dos: la ubicación del VSE dentro del multiverso, su universo actual de habitud es una función de su contenido evolutivo. El contenido evolutivo del VSE es una función de las experiencias totales de sí mismo y de sus Aspectos/Esquirlas proyectados acumuladas de forma concurrente.

YO: Así pues, el multiverso es lineal y estático en su representación normal, es decir, desde la perspectiva de nuestra progresión evolutiva, pero también puede paralelizarse en parte o en su totalidad en función del componente del Espacio de Eventos que lo impregna.

EF1: Ya hemos hablado de esto antes, pero tu comentario es totalmente acertado.

YO: Gracias por recordármelo.

Tengo una pregunta que me ronda la cabeza desde hace bastante tiempo. En realidad son tres.

EF1: Continúa.

YO: Exactamente ¿cuál es la función que:

1. crea la separación de los universos con fines evolutivos?
2. permite la progresión de un universo a otro?
3. garantiza una experiencia diferente de un universo a otro?

EF1: Bueno, todas son grandes preguntas y trataré de resumir las respuestas lo más posible. No olvides, sin embargo, que nos estamos refiriendo a la función evolutiva de un VSE y no a uno de sus Aspectos o Esquirlas. Tienen un papel importante en la función de la capacidad evolutiva de un universo como resultado de formar parte de él.

Separación de los Universos Para la Progresión Evolutiva

EF1: Al considerar lo que crea la necesidad de separación de los universos para la progresión evolutiva, los Ingenieros de Concurrencia emiten un juicio sobre cuán alto, frecuencialmente, puede progresar un VSE en función del ambiente universal en el que se encuentra. En esencia, no crean una barrera evolutiva entre universos diferentes, pero además asignan un cociente evolutivo a cada ambiente universal, identificando lo que puede, o debería, ser alcanzable en cada universo. Así es como se separan unos de otros desde una perspectiva evolutiva.

YO: ¿Sería razonable asumir entonces que algunos universos ofrecen más progresión evolutiva que otros?

EF1: Sí, y en realidad la progresión no siempre es obviamente lineal.

YO: ¿Qué quieres decir con "no obviamente lineal"? Pensaba que un VSE debía progresar de forma lineal a través del multiverso.

EF1: En general, esto es correcto, pero es posible pasar por alto, por así decirlo, un universo y progresar a otro que sea más concurrente con los requisitos evolutivos de un VSE.

Verás, aunque los universos son lineales en procesión frecuencial, no se requiere que se acceda a todos ellos de forma lineal. El único requisito de un VSE es que se experimenten de una manera que sea concurrente con su camino evolutivo. Los Ingenieros de Concurrencia son plenamente conscientes de las posibilidades evolutivas de cada universo y de cómo un VSE puede progresar de uno a otro y ofrecen posibilidades de progresión individualizadas para cada VSE.

YO: ¿Cómo funciona eso entonces? Quiero decir, sólo para aclarar este proceso de pensamiento, ¿estás diciendo que aunque cada universo tiene una progresión lineal y progresiva desde una perspectiva evolutiva que algunos permiten una evolución significativamente mayor que otros, y dependiendo del contenido evolutivo acumulado por un VSE que puede progresar de un universo a otro potencialmente saltando un universo?

EF1: Sí. Me explico. Como acabo de decir, los Ingenieros de Concurrencia clasifican los universos en términos de su capacidad evolutiva, de modo que un universo de capacidad evolutiva limitada puede ser precedido por uno de capacidad evolutiva maximizada y, a su vez, sustituido por uno de capacidad evolutiva media. El resultado general es un estado evolutivo progresivo de un universo a otro. Esta progresión, sin embargo, se basa en lo que se consigue en lo que puede llamarse una forma media.

La progresión evolutiva dentro de un universo se basa en la experiencia a través de la creatividad y la propiedad de lo creado hasta que lo creado ya no ofrece nuevas experiencias. Esto continúa hasta que un universo ya no ofrece potencial evolutivo. Como resultado, los universos son constantemente regradados por los Ingenieros de Concurrencia y la regraduación es una función del número de VSE, Aspectos y Esquirlas dentro de ellos y su interacción con el ambiente y lo que crean dentro de ese ambiente.

En el caso de que un VSE sea capaz de alcanzar el nivel máximo de progresión evolutiva en un universo cuando ofrece significativamente más que su universo sucesivo, y que el contenido evolutivo ganado sea por tanto mayor que la evolución media posible en el universo existente y al sucesivo, entonces los Ingenieros de Concurrencia permiten una función de desviación que se activa por el contenido evolutivo del VSE. Por lo tanto, se permite que dicho VSE progrese al siguiente nivel universal por encima del universo natural evolutivo sucesivo.

YO: ¿Lo que está diciendo entonces es que un VSE tiene una firma evolutiva que le permite progresar al siguiente universo que le ofrezca las mejores posibilidades evolutivas?

EF1: Sí, y los Ingenieros de Concurrencia crean una función automática que permite al VSE pasar de un universo a otro basándose en su contenido evolutivo acumulado en universos anteriores y aquello que ha logrado en el universo actual. Lo que desencadena esta función es el rendimiento evolutivo del VSE en el universo actual y su potencial para pasar al universo sucesivo, o uno más allá.

YO: ¿Y qué ocurre si el potencial evolutivo del universo sucesivo cambia debido a la interacción de sus VSE, Aspectos y Esquirlas titulares?

EF1: Es posible que, debido a la constante recalificación del potencial evolutivo de un universo, dos VSE que hayan acumulado el mismo contenido evolutivo histórico y hayan alcanzado el mismo potencial evolutivo máximo del mismo universo no progresen hacia el mismo universo sucesivo.

YO: ¿Qué haría que dos VSE tuvieran dos trayectorias evolutivas diferentes cuando parecen tener el mismo contenido evolutivo y el mismo rendimiento en su universo actual?

EF1: Si ambos se encuentran en la misma coyuntura temporal, a falta de una palabra mejor, progresarán de la misma manera. Sin embargo, si un VSE alcanza la misma posición evolutiva que el otro, pero en una coyuntura posterior, y el potencial evolutivo del universo sucesivo es superior, entonces su firma evolutiva no podrá o no será capaz de activar la función de desvío universal automático.

Sin embargo...

Si un VSE alcanza la misma posición evolutiva que la otro pero en una coyuntura posterior, el otro VSE sólo progresa hasta el universo sucesivo, y el potencial evolutivo del universo sucesivo se degrada posteriormente, entonces su firma evolutiva podrá o será capaz de activar la función de derivación universal automática. Por lo tanto, es el contenido evolutivo del VSE el que permite la progresión de un universo a otro siempre que haya logrado lo que puede para progresar y el trabajo de otros VSE, Aspectos y Esquirlas en su universo actual no hayan afectado a su cociente evolutivo de una manera que requiera que sea regraduado positivamente. En el caso de que un universo sea regraduado mientras está ocupado, entonces esas VSE necesitarán ganar más contenido evolutivo para poder progresar al siguiente universo. Si la regraduación es negativa, entonces no hay oportunidad de progresar antes porque es el cociente evolutivo del universo en la coyuntura de progresión en ese universo lo que es la demarcación evolutiva para el movimiento de uno a otro universo, por lo que se espera naturalmente una menor progresión evolutiva de ese VSE.

YO: Basándonos en esto entonces, es posible que un VSE pueda pasar al universo sucesivo antes que otro si el otro VSE entró en el universo en una coyuntura en la que era un grado superior de evolución y el VSE en cuestión entró después de un grado inferior.

EF1: Correcto.

YO: Mala suerte para los VSE que entraron en el universo cuando éste tenía un cociente evolutivo más alto.

EF1: Eso es progresión evolutiva—es dinámica y personal, aunque la llamada escalera estática y lineal sea un poco ajustable. Hay un dicho que dice "lo que se pierde en los columpios, se gana en las rotondas" y esto es igual para todos los VSE. Un VSE puede perder en la transición evolutiva de un universo a otro, pero puede ganar en transiciones evolutivas posteriores y viceversa.

YO: En realidad no se ha perdido nada, sólo es un camino diferente.

EF1: Correcto.

Los Curadores

YO: Gracias. Tengo una última pregunta. ¿Qué garantiza que haya una diferencia entre un universo y otro?

EF1: Desde la perspectiva de la entidad o ser titular, simplemente tiene que ver con lo que pueden lograr en un universo frente a otro en función de la diferencia de frecuencia. Claramente, un universo de frecuencia más alta puede soportar más estructura y contenido. Desde la perspectiva de los Ingenieros de Concurrencia, se trata de que comprueben que esta diferencia natural de frecuencia se emplea al máximo, y que la diferencia es relativa tanto al universo precedente como del sucesivo. En realidad, los Ingenieros de Concurrencia comprueban constantemente las posibilidades progresivas de un universo a otro y realizan los cambios pertinentes en el ambiente para garantizar que hay progresión evolutiva de un universo a otro, de ahí la regraduación.

Creo que es una buena entrada para los Ingenieros de Barreras Frecuenciales.

Los Ingenieros de Barrera Frecuencial

EF1: Como ya sabes, los **Ingenieros de Barrera Frecuencial** trabajan conjuntamente con los Ingenieros de Concurrencia. Ellos aseguran que haya una diferencia escalonada o una brecha real, a falta de una palabra mejor, entre las frecuencias que permite una demarcación entre un universo simultáneo autocontenido y otro. Aunque esto pueda parecer fuera de sintonía con la comprensión actual de la "física", hay huecos entre las frecuencias principales, o para describirlo mejor, un hueco entre la parte superior del ancho de banda de una frecuencia principal y la parte inferior del ancho de banda de otra frecuencia principal más alta. Estos huecos forman parte de la estructura de soporte del multiverso y no de su aspecto funcional. Una manera de pensar en cómo funciona esto es considerar la colocación de un signo en un peldaño de una escalera, omitiendo el peldaño por encima de él, y colocando otro signo "progresivo" en el peldaño dos peldaños por encima del primer peldaño donde se colocó el primer signo. Por lo tanto, la función de estas entidades es garantizar que se mantenga la separación de un peldaño de la escalera.

YO: Acabo de ver que es un poco más difícil de lo que acabas de mencionar.

EF1: ¿Adelante?

YO: Bueno, sabemos por la información que me dieron en La Historia de Dios que hay áreas de alta frecuencia local de un universo precedente que pueden interactuar con áreas de baja frecuencia local de un universo sucesivo. ¿Cómo funciona esto cuando se supone que hay una brecha entre ellos?

EF1: Como puedes ver en el texto introductorio, hay una diferencia entre los aspectos estructurales de las frecuencias y los aspectos funcionales.

YO: ¿Puedes hacer esto un poco más claro para nosotros? Quiero decir, desde mi perspectiva, son difíciles de separar.

EF1: Entiendo. Es mejor pensar que el trabajo de los Ingenieros de Barreras Frecuenciales es sólo eso, entidades que trabajan en las barreras entre las frecuencias principales.

YO: Una vez más, sin embargo, ¿cómo se aseguran de que hay un espacio entre las frecuencias que se cruzan o se superponen?

EF1: Como sabes, existe la posibilidad de que una entidad o ser viaje desde el ambiente universal soportado por una frecuencia más baja al ambiente universal soportado por una frecuencia más alta. Esto sólo es posible cuando la estructura se ve afectada por el trabajo de las entidades o seres titulares hasta el punto de crear frecuencias localmente bajas y altas y que las ubicaciones espaciales de estas frecuencias superpuestas sean iguales o similares. El ambiente soportado por cada frecuencia principal tiene una diferencia que es función del ancho de banda, la finitud y el contenido resultante. Esta es la función del ambiente universal. La estructura del multiverso, aunque también es una función de la frecuencia y el ancho de banda, no se ve afectada por el contenido dentro de un ambiente universal.

Los Ingenieros de Barrera Frecuencial garantizan que los aspectos estructurales del multiverso estén separados aunque se encuentren en el mismo espacio. Intenta pensarlo de esta manera. Considera dos vasos de agua a la misma temperatura del ambiente, uno congelado y lleno de hielo y el otro no. Ahora piensa en el momento en que, en un recipiente, el agua no está lo suficientemente fría como para congelarse y que en el otro recipiente el agua no está lo suficientemente caliente como para descongelarse. La temperatura ambiente del ambiente favorece ambas condiciones simplemente porque el agua congelada es de menor frecuencia y, por tanto, tiene mayor densidad frecuencial, mientras que el agua que no está congelada es de mayor frecuencia y, por tanto, tiene menor densidad frecuencial. Ambas se encuentran en el mismo espacio y a la misma temperatura, pero existen en diferentes estados de ser.

YO: Así que, aunque se solapen con frecuencia, en realidad no se unen para formar un solo vaso de agua o un solo vaso de hielo, sino que permanecen como dos vasos separados de contenido diferente.

Los Curadores

EF1: Eso es correcto y es la diferencia de estado la que proporciona la brecha estructural cuando las frecuencias de dos ambientes universales se superponen frecuencialmente.

YO: ¡Entendido! Los Ingenieros de Barrera Frecuencial crean o mantienen un estado de ser entre las dos frecuencias principales que es relevante para cada una de las frecuencias. Basándose en esto, aunque localmente puedan compartir el mismo espacio y sus frecuencias por lo tanto se solapen, y puedan ser consideradas de la misma frecuencia, su densidad o función estructural como frecuencia total, por así decirlo, permanece igual y por lo tanto no interfieren la una con la otra. Esta no interferencia es la mecánica detrás de asegurar que haya una brecha entre las dos frecuencias porque el mantenimiento de una brecha o barrera frecuencial no se trata de localidades, se trata de considerar la frecuencia como un todo y no sólo el aspecto localmente bajo de una frecuencia mayor más alta estando en el mismo espacio frecuencial que el aspecto localmente alto de una frecuencia mayor más baja.

EF1: Bien hecho. Y esto funciona igual cuando se consideran las frecuencias del multiverso en su conjunto.

YO: Entonces, ¿es la densidad, a falta de una palabra mejor, la que crea la brecha o barrera entre las frecuencias?

EF1: Sí, los Ingenieros de la Barrera Frecuencial crean el estado de ser, que puede ser llamado densidad frecuencial, para cada una de las frecuencias, y este estado de ser es distribuido consistentemente a través de toda la frecuencia, hasta la más pequeña subfrecuencia.

YO: Entonces, ¿una subfrecuencia tiene el mismo estatus o estado que toda la frecuencia?

EF1: Correcto.

YO: ¿Y por lo tanto el estado o estatus de dos subfrecuencias de dos frecuencias principales separadas no puede fusionarse o convertirse en una como resultado?

EF1: Correcto.

YO: Y entonces esto crea la barrera y es una barrera de estado o estatus, lo que llamamos densidad frecuencial.

EF1: Ahora lo estás entendiendo.

Los Curadores

YO: Bueno, si tenemos un estado de ser de las frecuencias que actúa como una barrera, ¿cuál es exactamente la función que permite la progresión de un universo a otro?

EF1: Evolución.

YO: Sí, lo entiendo, pero ¿cómo salta una entidad de un nivel evolutivo al siguiente nivel evolutivo?

EF1: Trata de pensar en ello en estos términos. Cuando estás trabajando con las frecuencias más elevadas en tu actual condición encarnada, a veces sientes que estás a punto de estallar, ¿no es así?

YO: Sí, es como si necesitara salir de este nivel. Estoy empujando pero hay una resistencia considerable al empuje, por así decirlo. Es como si estuviera bajo una sábana elástica que se estira pero no se rompe.

EF1: Correcto. Lo que sientes es la barrera natural que separa la frecuencia en la que estás de la siguiente.

Los Ingenieros de Barrera Frecuencial crean una condición en la que hay un nivel de elasticidad antes de una eventual ruptura, una densidad evolutiva y por lo tanto frecuencial de escape si se quiere, que permite el movimiento de una frecuencia a otra. Esto sólo puede lograrse convirtiéndose en la frecuencia a la que se desea pasar sin dejar de estar en la frecuencia actual. Esta función de elasticidad frecuencial opera incluso en áreas de frecuencias localmente bajas de un universo de frecuencia más alta que están en contacto con las frecuencias localmente altas de un universo de frecuencia más baja.

YO: Estoy recibiendo una imagen aquí de aceite y agua. El petróleo tiene que salir del agua para situarse sobre ella cerca de la interfaz agua/aire. Es un poco como si el aceite estuviera siendo expulsado del agua.

EF1: Buena analogía. Piénsalo de esa manera pero con cierta resistencia inicial al principio antes de que el aceite se abra camino hasta la superficie del agua. También puedes pensar que es como el límite elástico de la lámina elástica de la que hablabas.

YO: El requisito necesario entonces es ser la frecuencia que necesitas ser y permitir que la frecuencia en la que estás te expulse a la frecuencia que necesitas ser.

Los Curadores

EF1: Correcto, y los Ingenieros de Barrera Frecuencial pueden manipular este nivel de resistencia para que sea más resistivo o menos resistivo.

YO: Hablaste de que la barrera entre frecuencias era una función del estado de ser de la frecuencia y que era aplicable a todos los aspectos de la frecuencia, por pequeños que fueran, y me pregunto cómo sería esta barrera. Quiero decir, desde la perspectiva de la ciencia humana, una frecuencia es una estructura progresiva y lineal, pero esto no permite explicar el concepto de la brecha.

EF1: Piénsalo de esta manera. El multiverso es una estructura dentro de un espacio, siendo la estructura una función del espacio. Cada frecuencia, en función de la estructura dentro de ese espacio, ocupa una cierta cantidad de ese espacio de forma aislada. Esta ocupación se basa tanto en la ubicación espacial dentro del espacio como en su ubicación estructural desde la perspectiva de su estado frecuencial o estado de ser en relación con esa estructura.

YO: Estoy viendo una imagen bastante interesante de cómo funciona esto.

EF1: Continúa.

YO: Bueno, sabemos que cada uno de los universos asociados con el multiverso es una función de la frecuencia a la que están alineados y que existen en el mismo espacio, estando cada universo separado por el contenido asociado con su frecuencia. Así es como actualmente entendemos cómo un espacio puede estar ocupado concurrentemente. Pero lo que estoy viendo aquí, sin embargo, es que las frecuencias de ese espacio no ocupan todo el volumen del espacio que está asociado con su frecuencia, que está compartimentado. Lo que estoy viendo es el multiverso como, a falta de una palabra mejor, una gran burbuja o esfera y que está lleno de burbujas o esferas más pequeñas. Cada una de las burbujas o esferas más pequeñas tiene una ubicación espacial, así como una ubicación frecuencial. Cada una de ellas tiene una tensión superficial frecuencial similar a la que vemos en una gota de agua. Me acaban de decir que la forma de la burbuja o esfera es función de la frecuencia y que algunas son más ovoides que esféricas. Esto significa que el ambiente universal creado por la frecuencia también es una burbuja o una esfera en representación.

Los Curadores

Es más, también se me dice que la función de la frecuencia también es esférica por naturaleza; no es lineal, es esférica. Basándose en esto, el movimiento de una frecuencia a otra se consigue saltando o siendo expulsado de una esfera frecuencial en su ubicación espacial a otra esfera frecuencial en una ubicación espacial diferente. Es un movimiento tanto frecuencial como espacial. La forma de la esfera es una función del estado frecuencial local dentro de la esfera y, por tanto, esto cambia la forma de esférica a ovoide o amorfa, incluso ondulante.

EF1: ¿Y qué pasa con los huecos?

YO: Las brechas son una función de la forma de la frecuencia y su ubicación dentro del espacio multiversal y su proximidad a otra esfera frecuencial. Basándome en esto, la brecha entre dos esferas frecuenciales, y por tanto los universos soportados por ellas, no es una brecha estándar porque la progresión frecuencial de una esfera frecuencial a otra es una función tanto de la localización como de la frecuencia. Ahora puedo ver que esa brecha puede ser manipulada moviendo una esfera frecuencial de una localización espacial a otra en cualquier cantidad.

Un momento. Esto significa que, por ejemplo, es posible que una esfera de nivel de frecuencia 63, que representa el universo 52o, esté espacialmente más cerca de una esfera de nivel de frecuencia 195, que representa el universo 184o, que una esfera de nivel de frecuencia 64 que está más cercade este frecuencialmente.

¡Ajá! Así es como los Ingenieros de Barreras Frecuenciales crean o mantienen una brecha entre cada una de las frecuencias. Las alejan unas de otras. Supongo que a veces, desde una perspectiva lineal, cuando una frecuencia localmente baja de una frecuencia más alta está cerca, o en la misma proximidad espacial, de la frecuencia localmente alta de una frecuencia más baja, simplemente mueven la esfera frecuencial a una ubicación espacial ligeramente diferente para mantener la brecha, por así decirlo.

EF1: Así es, y no es sólo una esfera frecuencial la que tienen que mover, porque la mayoría de las veces también tienen que mover otras para garantizar que se mantiene la estructura general de separación.

Los Curadores

YO: ¿Alguna vez se quedan sin espacio?

EF1: No, nunca.

YO: Me alegro de haber hecho esa pregunta entonces. Y, cuando somos expulsados de una frecuencia a la siguiente, ¿también somos movidos espacialmente?

EF1: Naturalmente.

YO: Aquí vamos de nuevo. ¡Acabo de tener otro momento eureka!

EF1: Continúa.

YO: Bueno, esto explica un efecto que había notado y que he pedido a mis alumnos de Atravesando Las Frecuencias Nivel 3 (TTF L3) que tengan en cuenta.

EF1: ¡Sí, estoy esperando!

YO: Cuando realizamos el ejercicio para ver lo rápido que podemos movernos de un nivel de frecuencia a otro, noté que la sensación del movimiento real entre las frecuencias al movernos a través de los niveles de frecuencia de forma aleatoria era diferente a la que cabría esperar de una representación lineal del multiverso. Intentaré explicarlo mejor.

Cuando nos movemos a través de los niveles de frecuencia utilizando los métodos descritos en los talleres, nos movemos desde el nivel de la Tierra hasta el nivel de interés y de vuelta hacia abajo. Son sólo dos lugares, la Tierra y el ambiente apoyado por la frecuencia para el ejercicio. También tanto mis alumnos como yo nos concentramos en la metodología de ir y volver y no en la sensación de la traslación de un nivel de frecuencia a otro. En TTF L3, los alumnos están mucho más avanzados y entramos en diferentes niveles de detalle porque cuanto más subimos en las frecuencias, menos respuesta física recibimos. Sin embargo, cuando nos enfocamos en la traslación de un lugar frecuencial a otro, obtenemos un nivel diferente de respuesta, sentimos inercia. La inercia sentida unida al tiempo que se tarda en viajar de una frecuencia a otra nos dice que la llamada distancia entre las frecuencias no es lineal en tiempo recorrido ni en ubicación espacial.

EF1: Así que lo que estás diciendo es que has sentido el hecho de que la localización espacial de una frecuencia y su ambiente no es progresiva desde una perspectiva lineal.

Los Curadores

YO: Sí, así es. Me di cuenta hace un par de años, cuando empecé a incluir algunas técnicas más avanzadas para los alumnos de TTF L3, que sentía que el tiempo que tardaba en pasar de una frecuencia cercana a la que me estaba moviendo no era el mismo que hubiera esperado si lo comparaba con una frecuencia que estaba frecuencialmente más lejos. Básicamente, esperaba que se tardara más en pasar, por ejemplo, del nivel de frecuencia 23 al nivel de frecuencia 359 que en pasar del nivel de frecuencia 23 al nivel de frecuencia 127. Observé que a veces una frecuencia que estaba muy cerca de mi punto de origen podía parecer que tardaba más desde una perspectiva temporal que llegar a una que estaba más lejos. También observé que esto no era algo general, que a veces el tiempo previsto para llegar de una frecuencia a otra era correcto y que estar en una frecuencia que estaba frecuencialmente cerca llevaba menos tiempo que estar en una frecuencia que estaba frecuencialmente más lejos. No parecía haber reglas aplicables a esta experiencia. Además, la sensación de inercia asociada al paso de un nivel de frecuencia a otro era igualmente aleatoria. Sentí que algunos ambientes apoyados por las frecuencias se encontraban también en ubicaciones espaciales aleatorias. Podía sentir que viajaba en cualquier dirección, es decir, hacia arriba, hacia abajo, a la izquierda, a la derecha, hacia delante, hacia atrás, en círculo, en espiral, en diagonal—cualquier combinación de las que acabamos de mencionar, incluida la sensación de que el multiverso se movía a mi alrededor, estando yo en el centro del movimiento del multiverso.

Sin premeditar la respuesta de mis alumnos, les pregunto qué sienten durante el movimiento aleatorio y rápido alrededor de las frecuencias y, en general, todos informan de respuestas similares o iguales. Para mí, esto justifica la imagen de que las frecuencias están en los lugares en los que tienen que estar dentro de la estructura del multiverso, y no donde se espera que estén lógica o incluso matemáticamente desde una perspectiva humana encarnada.

En pocas palabras, se puede sentir o experimentar la verdadera estructura de los espacios entre las frecuencias si uno se concentra en ellos.

Supongo que es posible sentir una diferencia en el tiempo y la ubicación espacial que se tarda en pasar de una frecuencia y su ambiente universal a otra frecuencia conocida si ésta se ha cambiado; si uno, por ejemplo, pasara de la frecuencia 27o a la 67o y los Ingenieros de Barrera Frecuencial hubieran cambiado el desfase frecuencial y espacial, para sentir la diferencia entre el desfase antiguo y el nuevo, por así decirlo.

EF1: El cambio puede ser sutil pero, sí, podría ser detectado por alguien sintiente a tales cambios. Recuerda, es el papel de los Ingenieros de Barrera Frecuencial asegurar que haya una brecha mínima pero robusta entre las frecuencias, asegurando que no se superpongan desde una perspectiva estructural. Esta perspectiva estructural es un festín en movimiento, porque como sabes, las entidades o seres titulares pueden afectar localmente a la frecuencia por el trabajo que realizan, tanto positiva como negativamente.

YO: ¿Qué ocurre entonces cuando tenemos la oportunidad de movernos de una frecuencia a otra debido a que una localización localmente alta dentro de una frecuencia baja está espacialmente cerca de la localización localmente baja dentro de una frecuencia alta? Quiero decir, si el papel de los Ingenieros de Barrera Frecuencial es mantener la brecha, por así decirlo, ¿qué le sucede a una entidad o ser que utiliza esta condición transitoria para pasar de una baja frecuencia a una alta frecuencia y viceversa?

EF1: Si se mueven como resultado de estar en la ubicación espacio-frecuencial correcta en el momento de la superposición, entonces permanecen en la ubicación atravesada si los Ingenieros de la Barrera Frecuencial corrigen la situación—a menos, por supuesto, que vuelvan a su frecuencia normal antes de que se corrija la superposición. Si, por otro lado, utilizan un dispositivo mecánico/energético para ayudarles a pasar de una frecuencia a otra, y sólo están utilizando el solapamiento como un asistente para su dispositivo, entonces podrán retroceder utilizando este dispositivo. Esto, por supuesto, no impide que una entidad presencie los efectos de una superposición temporal, ya que puede presenciar los efectos, las escenas y los eventos dentro del ambiente universal soportado por la superposición, y seguir estando en su frecuencia normal de domicilio cuando se corrija la

Los Curadores

superposición, siempre que no se encuentre en la ubicación espacial asociada a la superposición.

YO: ¿Explicaría esto por qué tenemos informes de algunas personas que ven eventos pasados, presentes o futuros que no están asociados con el lugar en el que se encuentran?

EF1: Sí, lo haría.

YO: ¿Y explicaría también la repentina e inexplicable desaparición de personas, aviones, barcos y otras formas de transporte?

EF1: Explicaría lo que se asocia a estos casos, sí.

YO: Entonces, ¿algunas entidades eligen activamente permanecer en una frecuencia más baja si pasaron de una frecuencia más alta a una más baja?

EF1: Sólo si se adapta a sus necesidades evolutivas o a su plan de vida.

YO: ¿Y eso sería lo mismo para aquellas entidades o seres que eligen activamente permanecer en una frecuencia más alta?

EF1: Sí, pero es más probable que una entidad sin la capacidad de regresar a su frecuencia de domicilio elija permanecer en una frecuencia más alta que permanecer en una frecuencia más baja.

YO: ¿Los Ingenieros de Barrera Frecuencial ayudan alguna vez a una entidad o ser a volver a su frecuencia de domicilio?

EF1: Nunca, este no es su papel. Sin embargo, has de saber esto. Ellos sólo permanecen en la frecuencia, domiciliados o no, durante el tiempo que se requiere que sean proyectados desde su VSE. Una vez terminada esa duración, el VSE recupera ese Aspecto a la frecuencia evolutiva del VSE para la comunión.

Pasemos a los Atraccionistas.

Los Atraccionistas

EF1: Los Atraccionistas tienen dos papeles y, por lo tanto, dos especialidades distintas. En la primera distinción, son entidades que se especializan en trabajar en los aspectos físicos del multiverso, el universo físico. En esta primera especialidad, trabajan específicamente en la forma en que las energías que están asociadas con las frecuencias más bajas pueden y son utilizadas en conjunción unas con otras. Trabajan en todos los niveles de la "fisicalidad", desde la atracción entre Anu hasta la atracción mayor entre planetas, soles, sistemas solares y galaxias.

En la segunda especialidad, trabajan en la firma de energías que se utilizan para garantizar que los encarnados se atraigan entre sí con el fin de remover vínculos kármicos o trabajar juntos en un plan de vida común. Esto no es lo mismo que sentirse atraído desde una perspectiva romántica, porque es un aspecto funcional del proceso evolutivo interactivo de las entidades que están trabajando con el ciclo evolutivo.

YO: Sugieres que los Atraccionistas tienen dos papeles. ¿Significa esto que desempeñan ambos papeles o que estas entidades tienen una especialidad dentro de su especialidad? Lo que quiero decir es, ¿se especializan en el primer papel o en el segundo y, por tanto, no en los dos?

EF1: En esencia, eligen el papel en el que quieren especializarse dentro de la competencia de ser capaces de desempeñar cualquiera de los dos papeles. Cuando estas entidades eligieron desempeñar estos papeles, entendieron lo común entre las especialidades pero reconocieron que eran diferentes en realidad. Basándose en esto, hay Atraccionistas que se especializan en la atractividad entre lo que es físico y Atraccionistas que se especializan en aquellos que interactúan con las frecuencias más bajas del multiverso.

YO: ¿Hay Atraccionistas que trabajen con ambas especialidades?

EF1: Sí, pero sólo desde la perspectiva de la supervisión del trabajo que realizan los Atraccionistas especializados.

YO: Así que, en realidad, no están especializados en ambas especialidades; son árbitros. Tienen que ser capaces de entender el trabajo que realizan los verdaderos especialistas desde una perspectiva general más amplia.

EF1: Correcto. Necesitan ser capaces de ver la funcionalidad del trabajo de los Atraccionistas que están especializados y guiarlos cuando sea necesario para asegurar que el trabajo que realizan es apropiado desde una perspectiva ambiental o interactiva personal y colectiva.

YO: Creo que podría ser beneficioso que describiéramos con más detalle sus funciones especializadas de forma individual en lugar de intentar hacerlo desde una base general.

EF1: Estoy de acuerdo. Vamos a tratar con los Atraccionistas que se ocupan de los componentes del universo físico primero.

La Atracción Entre Componentes Físicos

EF1: La atracción o gravedad, a falta de una palabra mejor, es controlada por los Atraccionistas que se especializan en esta función; sin embargo, no se basa estrictamente en el tamaño.

YO: Me han dicho que el nivel o la fuerza de atracción está en consonancia con la función del componente físico, tanto desde el punto de vista ambiental como interactivo.

EF1: Bien hecho. Basado en esto, no sería una sorpresa notar que un cuerpo planetario, por ejemplo, no tiene el mismo nivel de atracción que un Anu para otro.

YO: No, ya lo veo, pero ¿cuál es el proceso que crea esa atracción?

EF1: Todo tiene que ver con la cohesión.

YO: ¿Cohesión? ¿Cuál es la diferencia entre cohesión y atractividad?

EF1: En general, la atractividad está alineada a la función asociada a la escala de un componente físico en su ambiente físico universal y su interactividad con otros componentes de estructura subatómica similar o igual. La cohesión tiene que ver con las fuerzas subatómicas que mantienen unidos los componentes que forman el componente mayor y le dan presencia.

YO: Ahora estoy perdido.

Los Curadores

EF1: De acuerdo. Veamos en qué trabajan los Atraccionistas usando un ejemplo de cómo se crea un cuerpo físico más grande a partir de lo subatómico.

Si observamos el universo físico en general, vemos un ambiente lleno de grupos de componentes físicos que tienen un cierto tipo de cohesión. Algunos aspectos de los componentes físicos se representan como planetas —tanto singularmente como en forma de sistemas de planetas, nebulosas y galaxias—, grupos de sistemas planetarios y nebulosas. Se crean mediante una combinación de la cohesión y la atractividad de los componentes atómicos y subatómicos que los forman. Sin embargo, la interacción entre estos cuerpos es la atractividad, pero la función general del universo físico es la cohesión.

La cohesión, por tanto, mantiene todo unido desde una perspectiva componencial, pero la interacción de estos componentes entre sí es la atractividad.

YO: Entendido. Espera un momento—estoy recibiendo una imagen que apoya lo que estás diciendo.

Empecé a ver un planeta como una matriz de componentes cohesivos. Cada componente era un material, y los componentes subatómicos que creaban los materiales estaban unidos por tipos. La cohesión entre cada tipo de material no era sólo atractividad o lo que podríamos llamar gravedad local, era un amplio nivel de atractividad que daba a todos los componentes subatómicos un vínculo entre sí sin importar dónde estuvieran. Esto significaba que no tenían que estar necesariamente en la misma ubicación espacial para crear el material. Aunque estuvieran separados de un estado localizado de cohesión, si estaban juntos pero capturados dentro de otra matriz de cohesión que representaba otro material, se mantenían en un estado de cohesión separado o, a falta de una palabra mejor, el "potencial de cohesión total" si se encontraban en un estado de separación dentro de esa cohesión. Desde la perspectiva de la representación "muy localizada" de su cohesión, esto se representaba como una firma "basada en la forma", siendo la forma la representación física básica del material en su estado de cohesión. La simple atracción no proporciona una forma per se, sino la cohesión. Sentía que la humanidad encarnada aún no lo comprendía. Una forma básica es creada por un material en cohesión y esa cohesión es una fuerza muy poderosa. Lo único que vemos son las fuerzas de atracción de forma muy rudimentaria. Me dieron un ejemplo de lo que esto significaba. Las moléculas de agua con una frecuencia reducida crean hielo, pero la forma se basa en la reducción aleatoria de esa frecuencia y en el volumen de agua de frecuencia reducida; podría clasificarse como informe. Sin embargo, un copo de nieve tiene una "forma" específica de cohesión subatómica y, por tanto, muestra una firma basada en la forma de forma individualizada. Si se convirtiera en hielo, adoptaría una estructura diferente que se basa en la atractividad a través de la pérdida de frecuencia en—masa, o una forma mejor de describirlo sería ¡"adhesión" atómica de baja frecuencia! Si, por el contrario, el copo de nieve se une a otros, la función de sinergia de cohesión general entra en acción creando nieve y no hielo. La temperatura y los materiales son los mismos, pero la firma basada en la forma se mantiene en función de la cohesión, que crea la nieve, y no de la atractividad a través de la adhesión atómica de baja frecuencia, que crea el hielo.

EF1: Muy bien.

YO: Así que una estructura molecular que se produce de forma natural puede clasificarse como un estado cohesivo de atractividad, mientras que una estructura molecular fabricada, como la creación de un metal mediante el aumento de su frecuencia, calentándolo para que se derrita, es sólo atractividad.

EF1: Correcto.

YO: Será un concepto difícil de entender para la gente.

EF1: Pero explica la diferencia de estructura que se puede observar. Con los metales, por cierto, esta diferencia es sutil y difícil de ver con los niveles actuales de tecnología.

    Los Atraccionistas crean el nivel de fuerza cohesiva y atractiva de los materiales que pueden ser creados por todas las combinaciones subatómicas disponibles dentro de las doce frecuencias del universo físico.

YO: ¿Y cómo funciona esto cuando consideramos aleaciones de materiales?

EF1: Los Atraccionistas crearon un alto nivel de atractividad entre estructuras subatómicas del mismo tipo y otros niveles de atractividad (alta o baja) entre estructuras subatómicas similares o simpáticas, siendo el nivel de atractividad una función de la capacidad de permanecer cohesivo con su estado natural de estructura subatómica mientras está en un estado de atractividad con otra estructura subatómica similar o simpática y un estado no natural de estar "entrelazado" con el producto de la estructura subatómica en términos de su forma dentro de la estructura atómica. Como resultado, la estructura de la aleación se compone de fuerzas tanto atractivas como cohesivas que permiten que dos materiales sean atractivos entre sí, mientras que las fuerzas cohesivas entre los materiales del mismo tipo se mantienen a través de las brechas en la estructura subatómica de los materiales que se están aleando. Esto crea matrices de atractividad y cohesión que son interactivas y se entrelazan con estructuras subatómicas similares o simpáticas creando cuerpos más grandes que interactúan entre sí de forma atractiva en relación con el estado cohesivo integral colectivo de los cuerpos individuales.

Un cuerpo físico puede ser grande con poca cohesión y atractividad o con mucha cohesión y atractividad. Del mismo modo, un cuerpo físico puede ser muy pequeño con poca cohesión y atractividad o con mucha cohesión y atractividad. Un ejemplo de ello es la atractividad relativa del Sol de la Tierra en comparación con su tamaño, que es pequeño en comparación con un planeta del tamaño de Marte. Hay cuerpos planetarios del tamaño de Marte que tienen la atractividad de veinte mil soles.

YO: ¿Están en nuestra galaxia?

EF1: Sí, hay muchos de los llamados planetas de gravedad alta.

YO: ¿No se llamarían agujeros negros o soles negros?

EF1: No, son una creación diferente y son otro componente del universo físico que los Atraccionistas crean a través de la asignación de diferentes niveles de cohesión y atractividad. Voy a explicar en un momento lo que son.

No he mencionado las condiciones de cohesión interfrecuencial [*entre las doce frecuencias del universo físico—GSN*] que se aplican con algunos materiales. La cohesión interfrecuencial garantiza que un material esté representado en más frecuencias que sólo la frecuencia natural en la que existe la estructura subatómica de un material. Por ejemplo, la estructura subatómica de muchos materiales sólo está representada en la frecuencia a la que están alineados. Sin embargo, un nivel común de creatividad es tener cuerpos panfrecuencial donde un planeta, por ejemplo, está representado en más de una frecuencia. La Tierra es uno de esos cuerpos panfrecuenciales que fue creado por los Atraccionistas para estar disponible para los encarnados titulares a lo largo del potencial de ascensión que ofrece el libre albedrío individualizado. En el caso de la Tierra, es simplemente que cuanto más arriba en las frecuencias uno viaja, más contenido asociado con la Tierra uno es capaz de interactuar, y esto incluye los materiales asociados con esas frecuencias.

YO: ¿Qué son entonces los agujeros negros o soles negros?

EF1: Para empezar, son dos cosas diferentes. Te lo explicaré.

Un **Agujero Negro** es un área de cruce estático entre dos o más frecuencias. Suelen estar implicadas tres frecuencias en un mismo espacio, como los niveles 4, 5 y 6, donde el nivel 5 es el enlace entre los niveles 4 y 6. Un Agujero Negro no debe confundirse con un área de frecuencia localmente alta dentro de una frecuencia más baja que se solapa con una área de frecuencia localmente baja dentro de una frecuencia más alta, lo cual sabes, es una condición temporal creada por la progresión evolutiva asociadas a las entidades o situadas en las áreas de solapamiento.

En este caso, los Atraccionistas crean el estado cohesivo en la estructura subatómica de los aspectos materiales asociados de los ambientes soportados por aquellas frecuencias en las que existe cruce. Esto permite la conexión en esa localización espacial entre las frecuencias y el potencial para utilizarlas como medio de movimiento entre ellas. Se podría considerar un Agujero Negro como una función de cohesión por derecho propio. Un Agujero Negro, tal y como lo describe la física teórica humana encarnada, es incorrecto. La física teórica describe un sol negro. Esto se debe a que un Agujero Negro no es una manifestación física, mientras que un Sol Negro sí lo es.

Un **Sol Negro** es un cuerpo físico que tiene tanta atractividad y cohesión que nada en las frecuencias asociadas con el Físico Grueso puede escapar de su alcance. Es decir, desde una perspectiva basada en la gravedad. De hecho, sólo existen en el aspecto Físico Grueso del universo físico, frecuencias 1, 2 y 3. La cohesión necesita ser extremadamente alta para asegurar que la atractividad pueda mantenerse sin implosionar bajo su propia atractividad. Contrariamente a la física teórica humana encarnada, no son relativas al tamaño en términos de su atractividad. Sin embargo, sí tienen tamaño y no suelen ser más grandes que una luna pequeña ni más pequeñas que una isla, digamos, del tamaño de la isla hawaiana de Maui. La evidencia científica de la localización de un Sol Negro se basa en la desviación de la luz, pero la luz no es un indicador de la presencia de un Sol Negro; es simplemente un indicador del nivel de atracción de cualquier cuerpo planetario que pueda atraer partículas de una determinada estructura subatómica, siendo la luz una de ellas.

La Atracción Entre Entidades

EF1: Cuando los Atraccionistas trabajan en las firmas que aseguran que la atracción entre diferentes entidades o seres es funcional, están trabajando específicamente a pedido de los Guías y Ayudantes de esas entidades o seres que están encarnados.

YO: ¿Cómo lo hacen? Quiero decir, parece un papel muy diverso y especializado cuando consideras el trabajo de esos Atraccionistas que acabamos de discutir. Me temo que esto no me ha sentado bien.

EF1: Es incómodo si se mira de forma aislada. Sin embargo, si lo miras en términos de la imagen general de "atracción", entonces verás lo importante que es tener el mismo género de Curador trabajando tanto en la atracción entre los aspectos físicos del multiverso como en los aspectos interactivos.

YO: ¡Realmente no lo entiendo!

EF1: Trata de verlo de esta manera. Es el ambiente el que da a la entidad o al ser la oportunidad de experimentar, aprender y evolucionar. Es la entidad o el ser —colectiva o individualmente— el que moldea el ambiente para que ofrezca una oportunidad más diversa de experimentar, aprender y evolucionar, pero esto sólo puede lograrse en el sentido más amplio si las entidades encarnadas titulares trabajan juntas de una manera que sea coherente con lo que quieren experimentar en el ambiente en el que están o en el que necesitan estar. En este caso, se trata del ambiente en el que necesitan estar.

YO: ¿Y supongo que la única manera de crear el ambiente en el que uno necesita estar es cambiar el ambiente en el que uno ya está por el que se necesita?

EF1: Correcto. Los Guías y los Ayudantes trabajan juntos para alcanzar un nivel coherente de comprensión de cuáles son las oportunidades generales actuales del ambiente que apoyan los requisitos experienciales de las entidades y seres que interactúan con él, y qué necesita cambiarse para permitir que esas oportunidades experienciales sean progresivas y, por lo tanto, apoyen las demandas continuas de las entidades y seres dentro de él. Dado que la mejor manera de experimentar una nueva condición ambiental o interactiva es hacer los cambios uno mismo, los Guías y Ayudantes trabajan en las especialidades de apoyo que las entidades y seres necesitan aportar al ambiente del que son responsables para permitirles hacer y experimentar los cambios y evolucionar en el proceso. Para ello, los Atraccionistas crean una subfirma para las entidades que deben trabajar juntas.

YO: ¿Qué es una subfirma?

EF1: Piensa en ello como una subrutina en un programa de una computadora. Como ya sabes, todas y cada una de las entidades y seres, yo incluido, tienen una firma energética que refleja lo que han experimentado, logrado, aprendido y su posterior nivel de evolución. Así es como se identifican unos a otros cuando están en su ambiente energético normal. Cuando, sin embargo, dos o más entidades o seres necesitan trabajar juntos para crear un nivel de interacción que apoye la experiencia personal o colectiva o la reducción del karma entre unos y otros mientras están encarnados, tiene que haber algún tipo de fuerza atractiva que te haga querer comprometerte con esas otras entidades o seres—especialmente cuando estás encarnado.

YO: ¿Supongo que es porque no estamos tan conectados cuando estamos encarnados?

EF1: Así es. La subfirma es asignada por los Atraccionistas a petición y bajo la dirección de los Guías y Ayudantes a nivel de Aspecto— la entidad o ser real que está encarnado—y no a nivel del VSE. Esta subfirma crea los diferentes tipos de atracción entre los encarnados para asegurar que son atraídos a trabajar unos con otros por las razones correctas, ya sea interactivo ambientalmente o interactivo personalmente.

YO: Supongo que esto explica los sentimientos que tenemos al entrar en contacto con alguien, o al hablar con alguien cuando lo vemos por primera vez. Tenemos la sensación de que nos atrae de alguna manera, de que debemos hacer algo con él.

EF1: Esa es una manera de decirlo, sí. Ten en cuenta que esto no tiene nada que ver con el lado romántico de la atracción, que es puramente una función de un acuerdo entre los Aspectos antes de encarnarse.

YO: Acabas de mencionar que existen diferentes tipos de atracción entre entidades o seres y que estos diferentes tipos crean la atracción hacia la entidad o el ser con el que hay que interactuar. ¿Puedes identificar cuáles son?

EF1: Sí, por supuesto. Sólo quiero decir en este punto que las subfirmas asociadas con los diferentes tipos de atracción son específicas para trabajar juntos por un propósito y no para afectar un cambio individualizado.

- Atracción para perdonar
- Atracción para crear un cambio ambiental
- Atracción por trabajar juntos en un tema o experiencia común
- Atracción para ayudar en un aspecto de un plan de vida
- Atracción para ayudar en un plan de vida en su totalidad
- Atracción para crear un cambio en el proceso de pensamiento de un grupo de encarnados (pequeño o grande)
- Atracción hacia otro para tratar un vínculo kármico o una deuda
- Atracción hacia otro para crear un vínculo que comienza en una vida pero continúa en muchas otras
- Atracción hacia otro para poner fin a un vínculo que comenzó en una vida, continuó en muchas otras vidas, pero que ahora necesita finalizar.
- Atracción hacia otro para recibir inspiración o liderazgo
- Ser atractivo para otro para dar inspiración o liderazgo
- Atracción hacia otro con fines educativos

Los Curadores

- Sentirse atraído por otro para ser educado

Esta lista no es exhaustiva y existen subsecciones a estos epígrafes, pero te dará una idea.

Una vez más, ten en cuenta que cada uno de estos tipos de atracción tiene una subfirma diferente que atrae a las entidades o seres para interactuar de una manera que es específica para su plan de vida y cualquier vínculo kármico. Por supuesto, puede haber subfirmas dentro de las subfirmas.

YO: Supongo que esto sería relativo a cuando una entidad o ser tiene muchas experiencias que vivir o ha elegido una encarnación complicada o difícil.

EF1: Sí, y todas las cosas intermedias también.

Es hora de enfocarse plenamente en el universo físico y especializarse en aquellos ambientes que se encuentran en las frecuencias más bajas, utilizando la Tierra como ejemplo.

YO: ¡Ah! Ya puedo oír a los lectores pensando "¡ya era hora!".

Los Cuidadores—Del Universo Físico

EF1: Un Cuidador es el nombre general para aquellas entidades que trabajan específicamente dentro de las frecuencias del universo físico. Aquí es donde residen la mayoría de las entidades de las que la humanidad encarnada tiene conocimiento, como los Elementales (espíritus de la naturaleza) y los llamados Ángeles. Incluye a los Atraccionistas de arriba y los roles de las subsecciones de abajo.

Los Creadores de Vehículos

EF1: **Los Creadores de Vehículos** son aquellas entidades que diseñan y crean los vehículos utilizados para experimentar las frecuencias más bajas del multiverso que llamamos universo físico. Diseñan el vehículo encarnado específico para el ambiente frecuencial y planetario, o de otro tipo, en el que van a operar y en la forma en que se supone que debe ser experimentado. Eso significa que una entidad encarnada experimenta resistencia, falta de funcionalidad y conectividad en todas las frecuencias del universo físico relativas a esa frecuencia.

YO: ¿Son estos Curadores de los que hablamos en La Historia de Dios? ¿No son realmente Curadores sino VSE o Aspectos de VSE que trabajaron en el diseño de la forma humana cuando se introdujo la posibilidad de encarnar con libre albedrío individualizado?

EF1: Bueno, aunque los Creadores de Vehículos son un género de Creadores, su papel no lo ocupan totalmente Los Curadores.

YO: ¿Quieres decir que hay Creadores de Vehículos que no son Curadores?

EF1: Los Creadores de Vehículos pueden incluir, y de hecho incluyen, miembros de aquellas entidades o seres que están en el ciclo evolutivo y utilizan los vehículos encarnados creados por los propios Creadores de Vehículos. El grupo de Creadores de Vehículos que desarrolló el vehículo humano también incluyó un pequeño grupo de aquellos VSE, a través de sus Aspectos, que se

Los Curadores

especializaron en ganar contenido evolutivo encarnando en el ambiente de la Tierra como humanidad encarnada.

Hay un grupo de estas entidades que comprende a Los Curadores y a las entidades o seres del ciclo evolutivo, que son la mente creativa colectiva, por así decirlo, para cada vehículo que permite alcanzar un nivel de interacción encarnada dentro del ambiente para el que fueron diseñados. Esto incluye obviamente todas las doce frecuencias asociadas con el universo físico y las representaciones frecuenciales de los vehículos creados para esas frecuencias.

YO: ¿Qué vehículos encarnados se utilizan en la Tierra aparte de la forma humana?

EF1: Desde la perspectiva de la comprensión de la humanidad, todos los tipos de flora y fauna pueden ser utilizados para la experiencia encarnada. Sin embargo, el género de VSE y por lo tanto Aspecto que encarna en la flora y la fauna son diferentes a los que encarnan en la forma humana.

YO: ¿En qué se diferencian? ¡Ah! No me digas, son de un diferente nivel de sintiencia.

EF1: Casi has dicho nivel evolutivo.

YO: Sí, pero me di cuenta de que es la sintiencia lo que crea la diferencia de género de una entidad o ser y no el nivel evolutivo.

EF1: ¿Y esto es por qué?

YO: Probándome, ¿verdad?

EF1: A ver qué se te ha quedado en la cabeza.

YO: Dentro de cada uno de los géneros de VSE y Aspecto existe la posibilidad de evolucionar. Sin embargo, la progresión evolutiva alcanzada es específica del género de VSE y de sus Aspectos proyectados y no de la evolución en sentido general. Y así, el nivel evolutivo de un VSE que sólo es capaz de ocupar el vehículo encarnado del nivel de la fauna a través de su Aspecto proyectado, aunque pueda ser alto, no sería tan alto como el de un VSE que ocupa un vehículo humano a través de su Aspecto proyectado, aunque pueda ser bajo, por ejemplo. El nivel evolutivo es, por tanto, específico del nivel de sintiencia individualizada que se asigna a un cuerpo de energía y no de la evolución en sí misma.

EF1: Bien, bien, bien.

Los Curadores

YO: Entonces, si esto es correcto, ¿el grupo de entidades o seres que están en el ciclo evolutivo y que forman parte del grupo creativo que desarrolló y mantiene el vehículo humano también incluye el género de VSE o Aspecto que sólo puede encarnar en fauna o flora?

EF1: No, el nivel de sintiencia que tiene este género de entidades y seres encarnados no soporta tal capacidad. Si recuerdas la información sobre qué géneros de entidad o ser pueden encarnar en qué vehículo, sabrás que el género de entidad o ser que puede encarnar en la forma humana y aquellos vehículos encarnados de varios tipos que soportan el mismo género de entidad o ser en el resto del universo físico también pueden encarnar en cualquier vehículo de flora o fauna—animal, vegetal o mineral que elijan, pero generalmente no lo hacen porque hay poco contenido evolutivo que obtener de tal ejercicio.

YO: Sí. También recuerdo que el género de entidad o ser que sólo puede encarnar en fauna, también puede encarnar en cualquier vehículo de flora, vegetal o mineral que elija. Sin embargo, no pueden encarnar en los vehículos que soportan el género de entidad o ser que se clasifican como un VSE o el Aspecto de un VSE.

EF1: Correcto.

YO: También observo que el género de entidad o ser en el resto del universo físico que sólo puede encarnar en flora también puede encarnar en cualquier vehículo mineral que elija, pero no en los vehículos encarnados que soportan el género de VSE y Aspecto que el vehículo que soporta la humanidad encarnada o los que soportan el género de VSE o Aspecto que puede encarnar en el vehículo animal. Esta es la misma corriente descendente para ese género de VSE y Aspecto que sólo puede encarnar en el mineral; no puede encarnar en el vehículo en el que puede encarnar un nivel superior de sintiencia.

EF1: Bien. Así que ahora puedes ver que los Creadores de Vehículos sólo serían capaces de trabajar con entidades y seres que fueran del mismo género de VSE y Aspecto de sintiencia que permite la encarnación en el tipo de vehículo que es similar a, o de la misma calidad que, el vehículo humano—en términos de su capacidad para soportar un cociente de sintiencia, es decir,

YO: ¿Cómo funciona eso con la Esquirla de un Aspecto? Un Esquirla tiene un nivel de sintiencia significativamente reducido en comparación con su Aspecto.

EF1: Como sabes, una Esquirla puede encarnar en un vehículo humano o en cualquier otro vehículo de la misma calidad, porque es una individualización más pequeña de una entidad o ser de un género o sintiencia superior y, como tal, lleva la firma de ese nivel de sintiencia general y no el cociente de sintiencia que se le asigna.

YO: Los Creadores del Vehículo que crearon el vehículo humano entonces sólo tienen ayuda o asistencia de aquellas entidades o seres que son del más alto nivel de sintiencia individualizada, aquellos que son capaces de encarnar en la forma humana y sus equivalentes dentro del universo físico y sus frecuencias.

EF1: Así es.

YO: ¿Y este grupo de entidades o seres que discutimos en La Historia de Dios es el mismo grupo que ayudó a los Creadores de Vehículos a desarrollar el vehículo humano y sus diversas actualizaciones?

EF1: Sí. Volviendo a ese Espacio de Eventos, veo que discutimos la creación de la forma humana de una manera que sugería que el grupo de entidades o seres que ayudaron a los Creadores de Vehículos en realidad hicieron el trabajo de desarrollar la forma humana. No es así, aunque desempeñaron un papel importante.

YO: ¿Cuál era el papel más importante que tenían que desempeñar entonces?

EF1: Al igual que con todas las entidades y seres que trabajan con los Creadores de Vehículos, ellos prueban el uso de los vehículos encarnados que están desarrollando para y en nombre de los Creadores de Vehículos y, lo que es más importante, aquellas entidades y seres que están en el ciclo evolutivo y que utilizarán estos vehículos encarnados para acelerar su cociente evolutivo y potencial.

YO: ¿O sea que obtienen información esencial de quienes utilizan los vehículos?

EF1: Sí. Se trata de un ejercicio muy importante que debe hacerse con regularidad, ya que permite modificar los vehículos en función de una serie de factores.

Estos factores son:

Los Curadores

- Los cambios de frecuencia del ambiente en el que trabajan.
- Cambios físicos en el ambiente en el que trabajan.
- La capacidad de pasar de un ambiente a otro cuando se alcanzan cosas como viajes interplanetarios, intergalácticos o interfrecuenciales.
- Resistencia a los cambios atmosféricos.
- Adaptabilidad a los cambios de sintiencia de la entidad o los seres, es decir, el Aspecto, que encarnan en el vehículo.

YO: ¿Cambios en la sintiencia de la entidad o ser? ¿Por qué tendría que hacer frente a eso el vehículo?

EF1: Si recuerdas los Diálogos de Ana, el cociente de sintiencia asignado por un VSE al Aspecto proyectado puede variar entre el 2,5% y el 30% de la sintiencia total del VSE, dependiendo del número total de Aspectos proyectados y de la cantidad de sintiencia que el VSE decida que es apropiada para un Aspecto específico y sus tareas/experiencias al encarnar. Un Esquirla puede ser tan bajo como 2,5 por ciento del 2,5 por ciento o hasta el 30 por ciento del 2,5 por ciento de la sintiencia VSE asignada a un Aspecto. Por lo tanto, el vehículo encarnado tiene que ser capaz de aceptar un máximo del 30 por ciento de la sintiencia VSE y un mínimo del 2,5 por ciento del 2,5 por ciento de la sintiencia VSE y seguir funcionando correctamente. [*Por lo tanto, un Esquirla puede tener un mínimo del 0,0625% de la sintiencia del VSE y un máximo de 0,75 por ciento de la sintiencia del VSE.—GSN*]

Una función similar que remueve el uso de la Esquirla también se utiliza para aquellos vehículos que se utilizan para la flora, fauna y minerales que están diseñados para su uso en un cuerpo planetario y se asocian con los géneros de calidad inferior de entidad o ser.

YO: Los Creadores de Vehículos también crean los vehículos de la flora, la fauna y los minerales entonces?

EF1: Sí, pueden. Cada uno de estos vehículos tiene la capacidad de ser ocupado por un VSE o un Aspecto de un VSE. Ten en cuenta, sin embargo, que los Creadores de Vehículos generalmente se especializan en la creación de vehículos complejos, aquellos que necesitan formas rápidas de animación o deambulación y sólo crearían un vehículo de flora o mineral si se requiere una versión compleja.

Los Curadores

Y ...

Antes de que tus lectores hagan la pregunta sobre los insectos, un solo Aspecto del VSE controlaría toda una colmena y no un insecto en particular.

YO: ¡Ah! Eso es interesante. ¿Por qué hace falta toda una sintiencia VSE para trabajar con una colmena de insectos y no con un Aspecto?

EF1: En general, y en el nivel de capacidad experiencial del vehículo insecto individual, la colmena es la mejor manera de experimentar una mente colectiva construida de componentes autocontenidos, pero no individualizados, en un sentido totalmente integrado y colectivo. Esto significa que un VSE asignaría su sintiencia a la población total de componentes de la colmena de un determinado género o familia de insectos y no sólo a la población asociada a una única colmena. De este modo, el VSE experimenta la mente colectiva del género o familia de insectos asociados a un cuerpo planetario en su totalidad.

YO: Asumo entonces que, en el ejemplo de una abeja, el VSE asociado con un género específico de abeja está experimentando cada aspecto de la función y experiencia de una abeja desde una abeja individual en una colmena, hasta las funciones colectivas de todas las abejas en una colmena específica hasta las funciones colectivas totales de todas las abejas en todas las colmenas en un cuerpo planetario.

EF1: Correcto. Cada género o familia diferente de abejas, en este ejemplo, tendría un VSE diferente, en control de y experimentando a través de todas las abejas y colmenas de ese género o familia. El VSE involucrado en una mente de colmena sería, sin embargo, del género asociado con un vehículo animal.

Una función similar se utiliza para la ocupación de la sintiencia colectiva asociada a los colectivos de árboles y plantas. Los colectivos de árboles pueden extenderse más allá de un cuerpo planetario en particular a muchos otros y el VSE asociado a ellos tendría el control de todos los del mismo género o familia en todos los cuerpos planetarios que ocupen, como el Arce, el Olmo o el Roble.

Los Curadores

YO: ¿Y los distintos vehículos que se utilizan en el universo físico en su totalidad? ¿Cuántas versiones de vehículos o carrocerías existen?

EF1: Los Creadores de Vehículos crean una plétora de vehículos disponibles para cada condición ambiental asociada con una frecuencia particular y/o cuerpo planetario y otros ambientes no planetarios.

YO: Dame un ejemplo.

EF1: Bueno, la Tierra es un excelente ejemplo del vasto número de factores de forma que están disponibles para que una entidad o ser se encarne, descontando, por supuesto, la calidad de la sintiencia asociada con un VSE o Aspecto y las limitaciones en los diversos factores de forma que esa calidad de sintiencia permite.

YO: ¿Estás sugiriendo entonces que hay al menos tantas variaciones del factor de forma que tenemos en la Tierra disponibles para la experiencia evolutiva encarnada en el resto del universo físico?

EF1: Por lo menos ciento veinte veces más, y eso sólo en los niveles Físicos Gruesos. Hay muchos más en los niveles por encima de las tres primeras frecuencias.

YO: ¿Cómo se construyen los vehículos encarnados?

EF1: Los Creadores de Vehículos tienen tres plantillas principales que utilizan en el universo físico. Esto es concurrente con todos los vehículos animados que se utilizan para albergar un Aspecto o Esquirla, independientemente de la calidad de la sintiencia que se proyecta en él.

Uno: la representación del vehículo en el ambiente y la frecuencia de funcionamiento: su forma y sus plantillas energéticas relativas. Dos: la estructura energética de apoyo que permite la animación y deambulación del vehículo y la capacidad del Aspecto para integrarse en él mientras sigue conectado a su VSE—el sistema de distribución de energía. Tres: el método de generación de energía para apoyar la perpetuación del vehículo— el número de receptores de energía o chakras y/o la ingestión de materiales sólidos. Sin embargo, la ingestión de materiales sólidos se utiliza principalmente en la más baja de las frecuencias—la Física Gruesa.

La energía asociada con un vehículo encarnado tiene las siguientes variaciones como resultado de la frecuencia base de operación del vehículo encarnado. Obsérvese que cuanto más alta es la frecuencia del vehículo encarnado, los niveles inferiores de construcción ya no son necesarios para sostener la existencia continuada del vehículo, por lo que no son necesarios y, por consiguiente, no se incluyen en la construcción del vehículo.

- El **Físico Grueso** tiene siete plantillas energéticas, siete sistemas de distribución de energía y siete grupos de chakras para los vehículos que se utilizan en las tres primeras frecuencias del universo físico.
- El primer nivel del **Espirituo-Físico** tiene cuatro plantillas energéticas, cuatro sistemas de distribución de energía y cuatro grupos de chakras para los vehículos que se utilizan en la cuarta frecuencia del universo físico.
- El segundo nivel del **Espirituo-Físico** tiene tres plantillas energéticas, tres sistemas de distribución de energía y tres grupos de chakras para los vehículos que se utilizan en la quinta frecuencia del universo físico.
- El tercer nivel del **Espirituo-Físico** tiene dos plantillas energéticas, dos sistemas de distribución de energía y dos grupos de chakras para los vehículos que se utilizan en la sexta frecuencia del universo físico.
- El cuarto nivel del **Espirituo-Físico** y los niveles energéticos tienen una plantilla energética, un sistema de distribución de energía y un grupo de chakras para los vehículos que se utilizan en la séptima frecuencia y superiores, hasta la duodécima, del universo físico.

EF1: Sólo para hacer las cosas más claras para tus lectores, describiré las frecuencias del multiverso, aquellas que se aplican al universo físico, que son relevantes para los aspectos Físico Grueso y Espirituo-Físico del vehículo encarnado que son creados por los Creadores de Vehículos.

El nivel **Físico Grueso** se relaciona con las tres primeras frecuencias del multiverso. Esta es la forma física que ves como el cuerpo humano en este momento.

El **primer nivel del Espirituo-Físico** está relacionado con el cuarto nivel de frecuencia y a veces se denomina nivel astral. También puede clasificarse como el bajo astral.

El **segundo nivel del Espirituo-Físico** se refiere al quinto nivel de frecuencia. También puede clasificarse como astral inferior superior.

El **tercer nivel del Espirituo-Físico** se refiere al nivel de la sexta frecuencia. También puede clasificarse como astral superior inferior.

El **cuarto nivel del Espirituo-Físico** está relacionado con el nivel de la séptima frecuencia. También puede clasificarse como astral superior.

Son estos niveles los que el Aspecto generalmente atraviesa cuando el cuerpo Físico Grueso se está regenerando durante el ciclo normal de sueño. También es donde las técnicas normales de meditación trascendental permiten al Aspecto atravesar las frecuencias por encima del Físico Grueso en un sentido consciente.

YO: ¿Qué vehículo es el más prolífico en el universo físico? Parece que nos centramos en variaciones sobre el tema del cuerpo humano en películas y libros de ciencia ficción.

EF1: La forma humana y sus variantes son una forma muy útil y flexible de usar y está bastante bien distribuida en las frecuencias más bajas del universo físico. Sin embargo, es lo que llamarías una forma "mantoide" [*la forma basada en la mantis—GSN*] la más prolífica.

YO: ¿Por qué?

EF1: Simplemente porque es más capaz de ser utilizado en las frecuencias por encima del Físico Grueso. Están disponibles en todo el universo físico desde la cuarta frecuencia hasta la séptima frecuencia inclusive. Es una forma bastante consumada y es una que es naturalmente buena manipulando energías en todos los niveles en los que opera.

YO: ¿Habría pensado que la forma humana es mejor por la destreza de las manos?

EF1: La manipulación de las energías por una combinación del vehículo encarnado y el uso de la intención pura es un mejor método de creatividad.

YO: Así que, sea cual sea el factor de forma del vehículo, el método de creación utiliza las tres plantillas principales que acabas de describir.

EF1: Sí. Ten en cuenta, sin embargo, que cuanto más altas son las frecuencias del vehículo, menos complicado es para el Aspecto encarnarse en él, y más funciones energéticas se conservan. Los vehículos que se crean para su uso en las tres primeras frecuencias del multiverso son los más complicados específicamente porque normalmente hay una necesidad de crear un vehículo que tenga algún tipo de metabolismo para generar energía de baja frecuencia y necesite hacer uso de un gas que esté en la atmósfera del ambiente para ayudar en la función metabólica.

YO: ¿Cómo saben los Creadores de Vehículos qué vehículo encarnado es necesario para cada ambiente planetario?

EF1: Trabajan muy estrechamente con los Creadores de Habitabilidad y supongo que ésta es una buena oportunidad para describir el trabajo de este género de Cuidadores.

Los Creadores de Habitabilidad

EF1: **Los Creadores de Habitabilidad** se ocupan del mantenimiento de la capacidad del ambiente para soportar la perpetuación y reproducción de los vehículos encarnados creados para un ambiente o ambientes específicos. Comprenden el trabajo de los Atmosferistas, que se describirá más adelante, e introducen la flora y la fauna existentes o sugieren la creación de nueva flora y fauna a los Creadores de Vehículos, según el caso. La flora, y en algunos aspectos la fauna, existe para apoyar el equilibrio del ambiente de forma automática, pero no siempre es así. Los Creadores de Habitabilidad también incluyen a los Especialistas en Habitabilidad. No hay que olvidar que los Creadores de Vehículos se especializan generalmente en la creación de vehículos complejos, aquellos que necesitan formas rápidas de animación o deambulación, y aunque crean vehículos de flora, esto es sólo generalmente para la flora más complicada.

YO: ¿Los Creadores de Habitabilidad trabajan en un ambiente planetario desde una base general entonces?

EF1: Son los creadores iniciales del ambiente, si se quiere, y los supervisores del ambiente, siendo los Especialistas en Habitabilidad los que hacen el trabajo principal de mantenimiento. Hablaremos de los Especialistas en Habitabilidad dentro de un momento.

YO: ¿Qué viene primero entonces, el desarrollo del vehículo encarnado con el ambiente modificado para apoyar la perpetuación del vehículo encarnado, o primero se crea el ambiente y luego se desarrolla el vehículo encarnado para adaptarse al ambiente?

EF1: En realidad, es una mezcla de ambas cosas. Hay ambientes en los planetas o en las lunas de los planetas que existen de forma natural donde, con un nivel menor de modificación, soportarán un factor de forma de vehículo encarnado existente o, a veces, una forma de vehículo encarnado existente requiere una modificación menor para trabajar con ese ambiente.

Hay ambientes que necesitan ser introducidos para soportar un factor de forma encarnado específico que se requiere introducir en una determinada localización espacial. También hay ambientes en los que es necesario desarrollar un nuevo factor de forma encarnado para permitir que sea un lugar útil para la progresión evolutiva de un tipo de encarnado diferente.

YO: Recuerdo que me dijeron que el ambiente de la Tierra ha tenido una serie de factores de forma humana encarnada trasplantados en ella.

EF1: Sí, ha habido tres trasplantes de este tipo, pero eso fue sólo después de que el vehículo humano encarnado se había desarrollado completamente y estaba en uso en otras ubicaciones frecuenciales y espaciales en el universo físico. La mayor parte de la diversidad de formas humanas se debe a que fueron modificadas para trabajar con ciertos estados frecuenciales en la Tierra, y luego, cuando la Tierra bajó las frecuencias como resultado de que los Aspectos encarnados se volvieron adictos a pensamientos, comportamientos y acciones de baja frecuencia, se hicieron nuevas modificaciones para apoyar las frecuencias base más bajas. Sin embargo, algunas de las versiones se adaptaron a las frecuencias más bajas de forma natural a través de lo que podría llamarse evolución "darwiniana", añadiéndose a la diversidad.

Sin embargo, volviendo al tema principal de este diálogo, los Creadores de Habitabilidad examinan el lugar que se va a utilizar como ambiente para la progresión evolutiva a través de la encarnación y establecen lo que existe de forma natural frente a lo que es necesario añadir y qué tipo(s) de vehículo(s) encarnado(s) se puede(n) utilizar. Si se quiere, crean una lista de comprobación.

YO: ¿Cómo sería o qué contendría esa lista de comprobación?

EF1: Se fijan en varias cosas. Te las enumeraré por orden de importancia y de acción por parte de los Creadores de Habitabilidad. Necesitan coordinarse con los Atmosferistas para lograr algunos de estos ítems de la lista. Además, algunos de estos ítems sólo se aplican a ubicaciones planetarias o de otro tipo en el aspecto Físico Grueso del universo físico.

La frecuencia de la localización.

1. ¿Se trata de un cuerpo planetario o de una luna?
2. ¿Qué elementos de base están disponibles o son necesarios?
3. ¿Hay una fuente de luz y calor cerca o es necesaria? Puede ser un sol o una nebulosa.
4. ¿Tiene ambiente el lugar?
5. ¿Es necesaria una atmósfera?
6. Si existe una atmósfera, ¿de qué elementos está compuesta?
7. ¿La atmósfera se autoperpetúa o necesita algún tipo de mantenimiento?
8. ¿Necesita la atmósfera regenerarse mediante algún tipo de proceso metabólico? ¿Necesita flora para ello u otro proceso?
9. ¿Tiene la atmósfera las cualidades o elementos deseados para un vehículo encarnado que tiene un proceso metabólico que requiere el uso de un gas?
10. ¿Tiene la atmósfera un sistema "meteorológico"? ¿Necesita un sistema meteorológico para crearse? ¿Cómo se mantendría o perpetuaría?
11. ¿El lugar tiene una superficie dura, blanda o líquida?
12. ¿Tiene la superficie capacidad para albergar flora en caso necesario?
13. ¿Qué flora existente puede utilizarse? ¿Se necesita flora nueva? ¿Se autoperpetúa la flora?
14. ¿Necesita el lugar fauna para contribuir a la perpetuación de la flora?

Los Curadores

15. ¿Qué fauna existe que pueda autoperpetuarse en la atmósfera actual o deseada?
16. ¿Puede la fauna metabolizar la flora si lo necesita?
17. ¿Cuál es la combinación óptima de flora y fauna para la ubicación y su/s tipo/s de atmósfera y superficie?
18. ¿Qué vehículo encarnado disponible actualmente puede soportar la ecoestructura deseada del lugar? ¿Necesita modificaciones? ¿Es necesario un nuevo diseño?
19. ¿Se trata de apoyar a una civilización encarnada ya existente o de permitir que se desarrolle a su manera?
20. Si una civilización encarnada ya existente va a ocupar el lugar, ¿puede emplearse para ayudar al desarrollo del lugar?
21. ¿Qué Especialistas en Habitabilidad son necesarios para apoyar el mantenimiento continuo del ambiente? ¿Cuántos se necesitan? ¿Cuántos hay disponibles?

YO: ¡Esto es mucho para tener en cuenta!

EF1: Tampoco es una lista exhaustiva ni mucho menos.

YO: ¿Y todo esto y más es necesario para poder sostener la perpetuación y reproducción de un vehículo o vehículos encarnados?

EF1: En general, sí, aunque cuanto mayor sea la frecuencia del lugar, menor será el apoyo físico de una ecoestructura para ayudar en la perpetuación y reproducción de un vehículo encarnado.

YO: ¿Cuántos planetas tienen la diversidad de flora y fauna del La Tierra?

EF1: No muchos. La Tierra, al ser panfrecuencial dentro del universo físico, es un ambiente muy complicado. Recuerda que la Tierra sostiene tres tipos de entidades o seres sintientes de la cualidad que pueden encarnarse en la forma humana. Dos de las entidades o seres sintientes disponen de dos factores de forma diferentes para encarnarse. El tercero es energético y, por lo tanto, no requiere un vehículo encarnado.

La mayoría de las ubicaciones—planetas, lunas o nebulosas—tienen ecoestructuras muy simples y, como resultado, una flora y fauna limitadas. Algunas de las atmósferas de los lugares que utilizan los vehículos encarnados son agresivas, por decirlo suavemente. De hecho, algunas tienen una composición química similar a la del ácido sulfúrico o la sosa cáustica. Dicho esto, hay dos ambientes similares a los que acabamos de describir que presentan bastante diversidad de flora y fauna. Los Poblacionistas [véase más adelante—GSN] saben muy bien colocar la flora y la fauna adecuadas en el medio en el que trabajan.

La mayoría de los ambientes planetarios o lunares que se utilizan en el Físico Grueso, las tres primeras frecuencias, necesitan un ambiente de buena calidad que sea rico, pero no necesariamente diverso, en ecoestructura. Esto se requiere predominantemente para aquellos vehículos y Aspectos encarnados que son o tienen el deseo de ser interdependientes con la ubicación de la actividad encarnada y su ambiente.

YO: ¿Cambia la dependencia de la ecoestructura con el nivel de frecuencia? Por ejemplo, ¿cuantas más frecuencias, menos ecoestructura se necesita?

EF1: No, no hay diferencia ya que hay flora y fauna que están disponibles hasta la duodécima frecuencia. Sin embargo, mirando en tu mente por un momento, veo que tenías la suposición de que a medida que el lugar de encarnación aumenta en frecuencia, la necesidad de una ecoestructura se reduce.

YO: Estaba pensando eso, sí.

EF1: Bueno, lo que acabo de decir debería responder a esa pregunta. Sin embargo, lo que voy a decir es que hay muchos planetas o lunas que parecen ser estériles en el nivel de frecuencia Física Gruesa, pero que tienen ecoestructuras totalmente pobladas llenas de flora y fauna en los niveles superiores de frecuencia. También hay planetas o lunas que son estériles en todos los niveles de frecuencia asociados al universo físico pero que se utilizan como punto focal para el trabajo de entidades o seres encarnados que trabajan independientemente de una ecoestructura.

YO: ¿Serían como bases o puestos avanzados?

EF1: A veces, depende de si son viajeros o no, pero en muchos ejemplos el enfoque de las entidades o seres que trabajan con un planeta o luna que es estéril a través de las frecuencias es o bien trabajar juntos en un área de baja frecuencia en un proyecto común, o simplemente para experimentar la experiencia de baja frecuencia, o para ayudar a los Creadores de Habitabilidad, si se les solicita, para crear una ecoestructura en un planeta o luna estéril. Cuando la humanidad encarnada pueda experimentar por sí misma las frecuencias más elevadas asociadas con el universo físico, verá que las cosas no son lo que parecen, que todo está ocupado y utilizado de alguna manera, forma o manera en beneficio de la aceleración de su evolución mediante el trabajo con ambientes de baja frecuencia y no está simplemente desocupado o muerto.

YO: Parece que el universo físico es un bien valioso.

EF1: Lo es y lo será durante algún tiempo. Se puede ganar mucho trabajando en ambientes de baja frecuencia, siempre que uno no se vuelva adicto a los pensamientos, comportamientos y acciones asociados a ello.

Tenía en mente cambiar el orden del diálogo para permitir que el flujo de los Creadores de Habitabilidad pasara a los Atmosferistas, pero tengo a alguien que conoces dándome golpecitos en el hombro energético, por así decirlo. Alguien que amaba a los Especialistas en Habitabilidad y se comunicaba con ellos regularmente mientras estaba encarnado contigo.

A: ¡¡¡¡Hola—Soy yo!!!!

Sentí la energía familiar de Ana. Habían pasado casi dos años y medio desde la última vez que trabajé con Anne en Diálogos de Ana y enseguida recordé que uno de sus comentarios de despedida fue que aparecería como invitada en este libro. Tengo que ser sincero esperaba una entrada más temprana e incluso algún que otro comentario de El Origen, pero hasta la fecha ninguno de los dos había aparecido en mi radar energético, hasta ahora, claro.

Los Especialistas en Habitabilidad

EF1: Dejaré que se reencuentren antes de volver a involucrarme en este diálogo.

YO: ¿Volverás?

EF1: Sí, una vez que Anne haya trabajado contigo en los Especialistas en Habitabilidad.

Los Curadores

Esta iba a ser entonces la intervención invitada de Anne, describiendo las funciones de este género de Cuidador y, por tanto, de Curador.

A: Quise participar cuando te enfocaste en la Tierra como ejemplo del trabajo de Los Curadores en el Físico Grueso.

YO: Bueno, tengo que decir que cuando encarnaste estabas muy interesada en la naturaleza y en los Elementales, así que me parece muy apropiado que participes en este libro en el punto en el que los describimos.

¿Presento yo a los Especialistas en Habitabilidad o lo haces tú?

A: Dejaré que lo hagas tú y luego me encargaré yo.

YO: **Los Especialistas en Habitabilidad** son las entidades que la humanidad encarnada llama espíritus de la naturaleza o Elementales. Tienen una función muy especializada y pueden estar alineados con una sola familia o tipo de planta o microbio.

Para que quede claro, aunque los animales y las plantas se clasifiquen como vehículos encarnados para el uso de ciertos géneros de VSE con Aspectos o VSE no proyectados (aquellos VSE que no tienen Aspectos proyectados actualmente o que no han generado ningún Aspecto que proyectar), seguirían necesitando cuidados y atención por parte de los Especialistas en Habitabilidad —específicamente aquellos que están poblados con VSE de un género que tienen un cociente de sintiencia menor que los que proyectan Aspectos en los vehículos animales.

También hay que señalar que, en algunos casos, el VSE que proyecta un Aspecto o Aspectos en el vehículo animal puede estar trabajando directamente con los Especialistas en Habitabilidad o bajo su dirección. Esto se debe a que, en última instancia, la flora y la fauna son una función de la ecoestructura ambiental, a la vez que proporcionan una progresión evolutiva basada en la encarnación, y como tal, los Especialistas en Habitabilidad son responsables de su mantenimiento.

A: Muy bien dicho—citando a La Fuente—¡muy bien dicho!

YO: Gracias. Es un honor poder trabajar contigo de nuevo. ¿Supongo que es difícil volver a trabajar a este nivel después de haber estado tanto tiempo en el energético?

Los Curadores

A: Digamos que las bajas frecuencias son una molestia, pero sólo leve si te proteges. Y sí, es un placer poder volver a trabajar contigo de esta manera.

YO: ¿Cuántos tipos diferentes de Especialistas en Habitabilidad hay?

A: Bueno, es una pregunta interesante, porque hay tantos como sean necesarios para apoyar el ambiente en el que trabajan.

YO: OK, pregunta equivocada. ¿Puedes describir algunos de los que tenemos aquí en la Tierra?

A: Sí, por supuesto. Creo que lo mejor es describir los principales géneros de Especialistas en Habitabilidad que trabajan con la Tierra porque, como has aludido hace un momento, puede haber un Especialista para un tipo de bacteria y, como sabes, hay muchos tipos de bacterias.

Primero te daré una lista general y luego podremos enfocarnos en ellos con más detalle a medida que avancemos. Antes de continuar, sin embargo, quiero hacer una referencia. Lo que se describe como ángeles no son espíritus de la naturaleza. Los ángeles son generalmente reconocidos como la Guía de un encarnado —su ángel guardián es un término común utilizado en la Tierra Física Gruesa, pero yo sugeriría que el uso de las palabras "Guía encarnado" o simplemente "Guía" son más apropiadas en el nivel de educación actual.

Sin embargo, hay Especialistas en Habitabilidad que manifiestan una "forma" para comprobar la representación física del trabajo que han realizado. No es raro que se les describa en términos de ser un Ángel, como lo son los Guías, específicamente porque las energías que utilizan para rodearse y protegerse están representadas en el espectro iridiscente dorado, plateado, blanco y rojo de las frecuencias que el ojo humano puede detectar. El proceso de educación religiosa humana proporciona las imágenes basadas en la memoria que se utilizan para traducir lo que se ve o se percibe como energético en algo que se reconoce como divino o que supuestamente se entiende como divino, en lugar de lo que realmente es. De hecho, cualquier entidad o ser que proyecta una energía protectora a su alrededor para poder trabajar con el Físico Grueso pero no verse afectado por sus bajas frecuencias puede describirse como angélico en representación.

Los Curadores

Basándose en esto, si algo se considera o se describe como angélico, se utiliza para describir cualquier cosa que se considere pura o divina y una imagen reconocible, normalmente asociada a una imagen existente que se asocia a esa descripción utilizada, independientemente de su corrección.

YO: ¿Estás sugiriendo que el término "angelical" o "ángel" ya no es apropiado?

A: Servía a un propósito, siendo ese propósito una etiqueta a utilizar para describir un fenómeno que fue observado por personas de bajo nivel educativo en una Corriente de Eventos en la que eran necesarias descripciones simples y prevalecía un medio de orientación basado en el miedo, más prevalente que en la Corriente de Eventos actual.

Pasemos a mi verdadero trabajo contigo. Sólo quería poner las cosas en claro porque, en el resumen hacia el comienzo de este libro, te referiste a Ángeles como un Curador Especialista en Habitabilidad.

YO: Entendido.

A: Bien, entonces sigamos.

Hay un Especialista en Habitabilidad para cada una de las familias de flora y cada una de las familias de fauna. Suelen trabajar en la frecuencia directamente superior a aquella en la que reside su flora o fauna de responsabilidad, pero también pueden trabajar en todas las frecuencias asociadas al universo físico, a partir de la cuarta frecuencia. Los que trabajan en las frecuencias del Físico Grueso operan, por tanto, en la cuarta frecuencia y fuera del rango visual normal del ojo humano.

Antes de seguir adelante, también quiero decir que el uso de las etiquetas o nombres para describir a estas entidades como hadas, duendes, gnomos, elfos, gnomos, gremlins, demonios, etc., no puede utilizarse como descriptor de su género de especialización o del trabajo que realizan. Son simplemente etiquetas dadas a las imágenes de estas entidades en el caso de que un Especialista en Habitabilidad sea observado por un humano encarnado y cómo el Especialista en Habitabilidad decide presentar su imagen al humano encarnado observador, o cómo el humano observador decide traducir lo que ve en términos de educación previa sobre el tema.

YO: Puedo entender la función de traducción de la imagen de los Especialistas en Habitabilidad por parte del encarnado en términos de la imaginería recibida y la imaginería adaptada o aceptable, pero ¿por qué sienten la necesidad de cambiar su imagen de lo que realmente son a una que sea más aceptable para el humano encarnado?

A: Se trata simplemente de dos cosas. En primer lugar, la humanidad encarnada, en general, no está preparada para aceptar los factores de forma reales utilizados por estos Curadores porque se considerarían aborrecibles. Y en segundo lugar, hay ocasiones en las que un Especialista en Habitabilidad no desea la atención de un humano encarnado.

YO: ¿Por qué habríamos de considerarlos aborrecibles?

A: Su forma es multipolar, sin otra forma específica que la necesaria para trabajar con las energías que necesitan para gestionar y mantener la flora y la fauna del ambiente en el que trabajan. Una forma multipolar es indefinida, pero a veces también es descriptiva. Las veces en que son descriptivas pueden mostrar que su forma es aceptable para la mentalidad humana encarnada, pero la mayoría de las veces no lo es, lo que provoca un nivel de conmoción mental y perturbación psiquiátrica al observador inexperto o no expansivo.

YO: ¿Cambian su apariencia a una que sea aceptable para el humano encarnado observador entonces?

A: Sí. En esencia, son entidades gentiles y se ven afectadas por el miedo que expresan los humanos encarnados cuando observan su forma real. Como resultado, escanean la mente del encarnado, ven si están presentando una imagen traducida a ellos mismos y si no, cambian su forma a una que esté dentro del rango de aceptabilidad para el observador.

YO: Supongo que de ahí vienen las imágenes más populares de duendes, elfos y hadas.

A: En la mayoría de las versiones, sí. Los duendes y los demonios imaginarios son el extremo más alejado del espectro tolerable. La mayoría de las veces trabajan y les gusta trabajar sin ser vistos y prefieren que siga siendo así.

YO: ¿Por qué les afecta el miedo de un observador encarnado?

Los Curadores

A: El miedo es una emoción de baja frecuencia. Es un pensamiento, un comportamiento y una acción de baja frecuencia y, como tal, crea un área de baja frecuencia alrededor del humano encarnado que tiene miedo. Las bajas frecuencias, cuando se expresan en este contexto, tienen la capacidad de bloquear el trabajo del Especialista en Habitabilidad.

YO: ¿Bloqueo? ¿Cómo funciona eso? Habría esperado que el trabajo de un Curador no se viera afectado por las energías o frecuencias que pueda proyectar un humano encarnado.

A: Bloquear es posiblemente la palabra equivocada. Filtro o ralentización es una mejor manera de decirlo.

¿Has notado cómo las flores prosperan en presencia de algunas personas pero les cuesta en presencia de otros?

YO: Sí, así es. Decimos que tienen dedos verdes a aquellos con los que prosperan las flores.

A: Sí. Estas personas están generalmente en sintonía con las frecuencias más elevadas asociadas con los Especialistas en Habitabilidad y la flora con la que trabajan. Estas personas, si observaran a un Especialista en Habitabilidad haciendo su trabajo, lo verían en una imagen traducida aceptable de algún tipo o tenderían a ignorar la imagen que están viendo en preferencia a enfocarse en el ambiente con el que se sienten cómodos, su jardín o flores, etc.

YO: ¿Estás diciendo que la gente se hace de la vista gorda a lo que está viendo, a pesar de que es real y parte de la Realidad Superior energética?

A: Desintonizan, por así decirlo, es lo que hacen la mayoría de los humanos encarnados. La desintonización se realiza a diario y no es específica de la observación de un Especialista en Habitabilidad haciendo su trabajo.

YO: OK, así que los humanos encarnados reciben una imagen a medida de lo que son los Especialistas en Habitabilidad, crean una imagen traducida o desintonizan de lo que están viendo.

A: Sí, así es. No olvides que lo que ven los humanos encarnados es una función de la recepción frecuencial por los ojos físicos y la percepción energética. Basándose en esto, las imágenes percibidas se reciben primero y las frecuenciales después, siendo la funcionalidad la sintiencia de la entidad encarnada que separa automáticamente lo que se percibe y puede verse de lo que se percibe y no puede verse, creando una condición en la que lo que se ve/percibe o bien se ve y se percibe o bien se percibe y puede verse pero no debe verse y, por tanto, se desintoniza.

YO: ¿Quién los ve principalmente?

A: La mayoría de los humanos encarnados adultos operan en la condición de "percibidos y pueden ser vistos, pero están desintonizados". Sin embargo, son los jóvenes encarnados, los niños los que más los ven.

YO: ¿Y los ven/perciben como se supone que deben ser vistos?

A: Normalmente no. Suelen tener una imagen que les proyecta el Especialista en Habitabilidad que está siendo observado una vez que ese Especialista en Habitabilidad ha escaneado la mente del niño observador.

YO: De ahí la plétora de historias en las que los niños han visto a los Especialistas en Habitabilidad como hadas, etc.

A: Correcto. Sin embargo, son imágenes bonitas, ¿no?

YO: Supongo que son las imágenes más benignas que se pueden hacer. Has mencionado que prefieren no ser vistos/observados. ¿Cómo consiguen pasar desapercibidos?

A: Teniendo en cuenta que la mayor parte del tiempo no son observados ni percibidos, realizan su trabajo sin obstáculos y sin necesidad de hacer nada con su apariencia. En general, sin embargo, cuando notan que hay un humano encarnado cerca de ellos, crean una imagen de la topografía local que los rodea, de modo que quedan protegidos visual (frecuencialmente) y energéticamente de la mayoría de los observadores.

YO: Cuando estaba escribiendo La Historia de Dios solía meditar en el jardín trasero antes de ir a trabajar y me di cuenta de que había un espíritu de la naturaleza/Elemental—un "Especialista en Habitabilidad" trabajando con las energías locales. Me di cuenta de que estaba trabajando con un pequeño vórtice de energía que había en la tierra. Me vio y estaba encantado de ser notado en su forma real y de que no me asustara, de hecho estaba encantado de poder verlo.

A: Sí, recuerdo que en otra ocasión te alegraste aún más cuando un grupo de otros Especialistas en Habitabilidad se dieron cuenta de que les estabas observando y de que te interesaba lo que hacían.

Recuerdo que estabas en completa alegría por lo que estabas viendo/percibiendo.

YO: Sí, así fue. Les envié mucha energía de alta frecuencia y amor y se deleitaron con ello. Todos se reunieron a mi alrededor y tomaron (hicieron contacto con) mis manos. Me rodearon y me devolvieron tanta energía amorosa que puedo sentir esa energía ahora y la emoción que la apoya. Fue maravilloso.

A: Sí, lo es, ¿verdad? Imagina cómo sería la Tierra si todo el mundo respondiera de forma similar a estas entidades. La Tierra tendría una frecuencia significativamente más alta y la población de flora sería mucho, mucho más alta como resultado.

Una Imagen de un Especialista en Habitabilidad

YO: ¿Puedes ofrecer a los lectores una imagen general de un Especialista en Habitabilidad?

A: Creo que lo mejor es que la proporciones tú. Puedes utilizar el recuerdo de la imagen que tiene de la del jardín trasero.

YO: ¿Era ese Especialista en Habitabilidad indicativo de su apariencia general sin filtrar?

A: Se parece bastante. Me gustaría señalar que las dos experiencias separadas que tuviste fueron de dos géneros diferentes de Especialista en Habitabilidad.

YO: Tuve la sensación de que eran entidades diferentes en el momento en que experimenté la segunda interacción con los Especialistas en Habitabilidad, pero no entendí muy bien por qué. Me gustaría diferir el honor de describirlos, y sólo elaborar lo que vi y dejar que tu agregues detalles adicionales si lo consideras necesario, por favor.

A: De acuerdo, me parece bien.

YO: Lo que vi fue una bola de energía brumosa negra y gris que se deslizaba por el suelo, el pasto. Parecía tener motas de electricidad, chispas, flotando a su alrededor. Se movía por el suelo hasta que encontraba la área del jardín en la que tenía que trabajar. Parecía que estaba trabajando en el árbol de saúco que teníamos. Debía de tener alguna enfermedad, porque parte del Especialista en Habitabilidad pareció solidificarse, separarse del cuerpo principal de energía de esta entidad y dirigirse hacia la área

Los Curadores

de interés de este árbol. Al principio, parecía que iba a crear un brazo y una mano, pero se quedó en una especie de forma ondulante y puntiaguda que se transformó en un apéndice totalmente liso que rodeó el área de interés. A medida que este apéndice rodeaba la área de una rama en particular, se volvía más negro, luego amarillo y después rojo antes de pasar a un color gris neutro. Me dio la impresión de que estaba trabajando sobre las energías etéricas del árbol que estaban relacionadas con esa rama. Cuando terminó el trabajo, el apéndice se alejó del árbol y volvió a su forma ondulante de espiga, para reintegrarse de nuevo en el cuerpo principal de energía.

Pensando en aquel Espacio de Eventos, recordé lo que ocurría con la forma y el aspecto del Especialista en Habitabilidad cuando estaba haciendo su trabajo. Habría pensado que su forma y apariencia habrían permanecido inmóviles, pero no fue así. A medida que realizaba el trabajo, su forma externa cambiaba hasta convertirse en una mezcla de fractales aleatorios de pinchos y formas geométricas sutiles y fuertes. Su apariencia seguía colores similares a los que se veían en las energías etéricas que se estaban trabajando con el árbol. Su forma era, por tanto, diferente a la de la parte que rodeaba la rama del Saúco.

Me pregunto qué estaba pasando ahí.

A: El Especialista en Habitabilidad estaba armonizando con la área de la enfermedad y transfiriendo las energías asociadas a la enfermedad del árbol a sí mismo y, a continuación, convirtiéndolas de nuevo en su conjunto y equilibrio energéticos normales. Creó una energía que simpatizaba con las del árbol y la enfermedad, y las intercambió de modo que la energía del árbol permaneció en equilibrio y la energía de la enfermedad se alejó. A continuación, la Entidad absorbió la energía de la enfermedad simpatizando con ella y volviéndola a cambiar a las energías que constituían su conjunto energético normal.

YO: Así que, en resumen, le quitó la enfermedad al árbol asumiéndola sobre sí mismo, rellenando sus energías para asegurarse de que las energías del árbol volvían a estar completas, y luego convirtió la energía de la enfermedad de nuevo en su propia energía.

A: Más o menos.

YO: ¿Qué hacen por los árboles/plantas y animales? ¿Cuántos tipos diferentes existen?

A: Creo que la mejor forma de responder a esa pregunta es enumerarlas y explicar en resumen lo que hacen y de lo que son responsables. Lo que sí diré es que el trabajo que hacen para los animales se limita, a falta de una palabra mejor, a aquellos que son capaces de aceptar sólo una sintiencia limitada, o que sólo existen para una funcionalidad ambiental y, como resultado, se limitarán a insectos y animales pequeños.

Los Distintos Especialistas en Habitabilidad

A: Esta lista no es exhaustiva y está claro que hay tipos de flora que rellenan los huecos entre estos ejemplos, pero dará al lector suficiente con lo que trabajar en cuanto a las variaciones de los Especialistas en Habitabilidad y sus funciones.

El papel del **Trabajador Bacteriano** se divide en dos funciones principales. La primera está especializada en trabajar con todos los aspectos y variaciones de las bacterias desde una perspectiva física en términos de su capacidad para crecer en diferentes ambientes. Estos ambientes van desde estar en la atmósfera hasta estar unidas de forma interna y/o externa a un "huésped", como minerales, plantas y vehículos encarnados de todos los tamaños y capacidades de albergar sintiencia. La segunda está especializada en el efecto que cada bacteria tiene en su interacción con el ambiente y sus "huéspedes" en términos de ser perjudicial o beneficiosa. Cada bacteria tiene un papel perjudicial y beneficioso, y el Trabajador Bacteriano utiliza este conocimiento para ayudar en el equilibrio general de la ecoestructura de un planeta y su flora, fauna y vehículos encarnados, que incluyen el cociente sintiente de la flora y la fauna.

El **Trabajador de las Algas** se centra específicamente en mantener el equilibrio entre la proliferación de algas y la dependencia. Se aseguran de que haya suficientes algas en todo el planeta para mantener las formas que las utilizan como alimento, en particular la fauna marina. Además, garantizan que las algas mantengan su eficiencia en la creación del gas para el que están diseñadas para contribuir al mantenimiento de la atmósfera. En la Tierra, su gas más importante es el oxígeno. Hay que tener en cuenta que sin un equilibrio óptimo de la población de algas, la atmósfera no puede soportar la actual diversidad de flora, fauna y vehículos encarnados.

El **Trabajador de los Tubérculos** está alineado con aquellas plantas cuyas raíces son el fruto que puede ser ingerido y digerido como una forma de energía Física Gruesa. Los tubérculos como la papa, el betabel, la chirivía, el ñame, la zanahoria, etc., proporcionan energías esenciales de la Tierra, y el papel de estas entidades es asegurar que los tubérculos puedan mantener un nivel óptimo de energía de base de la Tierra asociada a su género.

Los **Trabajadores Radiculares** se centran en el desarrollo del sistema radicular de toda la flora en relación con el ambiente en el que se espera que exista. En esencia, trabajan en la adaptación del sistema radicular y su capacidad para absorber y distribuir minerales y nutrientes al sistema vegetal principal en relación con su ambiente. Por ejemplo, si una planta puede existir en los cuatro tipos de ambiente principales, en uno solo o en una combinación de tipos como en una pared rocosa, en el suelo, en la arena o en el agua y las variaciones de roca, suelo, arena y agua.

El **Trabajador de Hierbas** tiene un papel muy especial porque las hierbas están específicamente disponibles para la corrección de disfunciones/enfermedades energéticas y Físicas Gruesas. Por lo tanto, el Trabajador de Hierbas tiene la responsabilidad de desarrollar el genoma de hierbas para hacer frente a los problemas físicos existentes y nuevos que los vehículos encarnados atraen a través de la asociación con las frecuencias más bajas. Aunque algunas hierbas pueden ser consideradas perjudiciales para el vehículo humano, esto se debe a una falta de comprensión de sus funciones superiores y de la llamada dosificación. Como el oxígeno—suficiente es bueno para ti, demasiado o insuficiente es perjudicial. El hecho de que las hierbas se consuman regularmente sugiere que son utilizadas como un estado constante de medicación inconsciente por aquellos que las consumen.

El **Trabajador de los Arbustos** sólo trabaja con plantas clasificadas como arbustos o matas. Por supuesto, hay muchos arbustos y sus géneros se basan en su adaptación a distintos ambientes. El papel del arbusto es crear y sostener la integridad del ambiente basado en el suelo en el que se encuentran y protegerlo de algunas de las energías más perjudiciales que recibe la Tierra del Sol. En esencia, garantizan que un ambiente terrestre no se convierta en un desierto.

El **Trabajador de las Enredaderas** está especializado en mantener y perpetuar la capacidad de creación de hábitats protectores de todos los géneros de enredaderas. Las enredaderas crecen rápido, son invasoras y omnipresentes, y se integran especialmente bien en la flora existente. Proporcionan una gran protección a la flora y la fauna más pequeñas, garantizando que la fauna más grande no pueda destruir áreas del ambiente difíciles de mantener o que necesitan un cierto nivel de equilibrio preciso para perpetuar su existencia.

El **Trabajador de los Árboles** es responsable de todos los géneros de árboles que se encuentran en el universo físico. Son trasplantadores eficaces de árboles y adaptan árboles de una ubicación y frecuencia planetarias para que existan en otra ubicación planetaria de la misma frecuencia. En algunos casos de demanda, también pueden adaptar un árbol para que exista en una frecuencia diferente. Dado que los árboles son capaces de comunicarse interplanetariamente, el Trabajador de los Árboles también trabaja en los medios de comunicación utilizados por un árbol trasplantado, asegurándose de que se mantiene la comunicación entre los árboles de su ubicación anterior y los de su mismo género en su nueva ubicación.

El **Trabajador de las Plantas Hepáticas** está especializado en toda la flora que debe existir en lugares con mucha humedad, aire húmedo y agua. Trabajan específicamente en la creación de nuevos géneros de plantas hepáticas expuestos a áreas donde no es posible el enraizamiento. Las plantas hepáticas son especialmente buenas para estabilizar la tierra suelta y las presiones parciales de gas de un ambiente almacenando los componentes básicos de la atmósfera.

El **Trabajador del Musgo** se ocupa de la función del musgo como una especie de batería natural para grandes extensiones de flora, como los bosques. Los musgos absorben agua y garantizan que el agua y los nutrientes esenciales no se pierdan por evaporación, asegurando que la flora de la que forma parte se mantenga a un nivel constante en todas las condiciones atmosféricas. La función del Trabajador de los Musgos es ajustar y modificar la capacidad de absorción de los musgos y su capacidad para existir en diferentes ambientes. Velan por que esta función se mantenga en condiciones óptimas para que puedan sustentar todos los tipos de flora, y alguna pequeña fauna, en el área en la que se necesitan. Por lo tanto, su función es dependiente de la flora.

El **Trabajador de los Helechos** es responsable del uso de estas plantas para reparar y medicar el suelo dañado o posteriormente estéril. Son la principal herramienta de los Especialistas en Habitabilidad para regenerar el suelo tras catástrofes naturales o provocadas por el hombre. También se introducen cuando una área del terreno ha quedado naturalmente desprovista de nutrientes por estar sometida a una superpoblación de un determinado tipo de flora.

El **Trabajador de Plantas Suculentas** se especializa con aquellas plantas que están diseñadas para existir en áreas áridas o estériles de tierra con pocas o ninguna posibilidad de irrigación terrestre. Los Trabajadores de Plantas Suculentas utilizan estas plantas como preludio para establecer una tierra fértil a partir de un ambiente árido. Se utilizan para establecer y restablecer la flora en una área que ha estado sometida a cambios atmosféricos drásticos de fría o tibia a cálida y/o cambios terrestres drásticos derivados de eventos volcánicos y tectónicos.

El **Trabajador de Insectos** trabaja con todos los Especialistas en Habitabilidad y los VSE asociadas al género de insectos con el que interactúa. En efecto, este Trabajador es un intermediario que garantiza que el trabajo de los insectos como colectivo esté en consonancia con el mantenimiento de la flora en la que existen. Se comunica con el VSE que controla la colmena de insectos para transmitirle lo que quiere que haga, basándose en los requisitos sinérgicos de los Especialistas en Habitabilidad que trabajan en el área de la colmena. Los insectos rara vez están fuera de sinergia con su ambiente natural, y eso incluye a las langostas, cuya función a veces es esterilizar una área de flora.

Trabajador de Animales Pequeños—abarca la tierra, el mar y el aire. El Trabajador de Animales Pequeños se ocupa de aquellos animales que son demasiado pequeños para que un Aspecto se encarne en ellos, pero que están animados por un único VSE de una forma similar, aunque no igual, a la mente de una colmena de insectos. ¿Notas cómo una bandada de pájaros o un banco de peces trabajan y se mueven juntos al unísono y en armonía? ¿Te das cuenta de cómo los animales terrestres trabajan en comunidad? Esta es la función del VSE, que opera como una mente colectiva al tiempo que permite un pequeño nivel de individualidad.

Los insectos no tienen este pequeño nivel de individualidad, aunque pueda parecer que sí. El trabajador de pequeños animales, junto con el VSE animador, se asegura de que haya sinergia entre los animales y su ambiente, asegurándose de que la población se mantiene a un nivel óptimo para el ambiente utilizado. Esto significa que la población se mantiene a un nivel en el que el ambiente se autoabastece de forma natural y no se ve sometido a presión por la superpoblación y el exceso de actividad en un área específica. La Tierra podría utilizar esta función para controlar la población total del vehículo humano encarnado si no fuera un requisito necesario tener la población existente, y más, para proporcionar suficientes vehículos encarnados para aquellos que deseen acelerar su progresión evolutiva encarnando en la Tierra en estas frecuencias.

Una de las formas en que los Especialistas en Habitabilidad afectan al mantenimiento esencial o a la regeneración de una planta/árbol es sustituyendo temporalmente su plantilla energética por la suya propia imitando la plantilla de la planta hasta que la plantilla energética original de la planta asuma la estructura correcta de la planta/árbol copiando la de la plantilla imitada.

Los Especialistas en Habitabilidad son mi género favorito de Curadores. Tienen una maravillosa energía cariñosa y solo se preocupan por el bienestar de la flora o la fauna de la que son responsables.

YO: Entonces, si son tan amorosos, ¿por qué evitan a los encarnados?

Los Curadores

A: No evitan a todos los encarnados—aman a los que encarnan en los vehículos animales. ¿Has notado cómo los gatos y los perros se sienten atraídos por cosas que tú no puedes ver?

YO: Sí, de forma regular.

A: Bueno, eso es porque se están comunicando con el Especialista en Habitabilidad que han visto. Los Especialistas en Habitabilidad no rehúyen a los animales porque, en general, son puros de corazón.

YO: ¿Quieres decir que no tienen agendas ocultas o adicciones a pensamientos, comportamientos y acciones de baja frecuencia?

A: No. Incluso aquellos animales que han sido entrenados por los humanos encarnados para ser viciosos o furiosos se vuelven pasivos cuando están en presencia de un Especialista en Habitabilidad. Los VSE asociadas con las plantas y los animales tienen un nivel de sintiencia inferior al de la humanidad encarnada y, por lo tanto, no pueden trabajar con el libre albedrío individualizado. Trabajan juntos de una forma que un encarnado con libre albedrío individualizado no puede comprender. Sin embargo, los Especialistas en Habitabilidad lo comprenden, por lo que existe una afinidad natural. El nivel de sintiencia que tiene la humanidad encarnada crea cosas tanto maravillosas como devastadoras y la existencia de baja frecuencia proporciona la necesidad de comprender las cosas de una manera de baja frecuencia. Esto significa que lo que no es Físico Grueso no puede explicarse y, por lo tanto, es algo que hay que temer.

YO: ¿Cómo se asocian los Especialistas en Habitabilidad con la flora o fauna de la que son responsables?

A: Eligen trabajar con aquello que les atrae, con lo que resuenan.

YO: ¿Quieres decir que tienen una afinidad natural por una determinada frecuencia o por la frecuencia de cierta flora o fauna?

A: Sí, literalmente aquello que es de la misma frecuencia que les interesa o con lo que sienten que están en armonía. Es un poco como cuando los humanos encarnados tienen una afinidad o preferencia por gatos o perros o ciertas plantas o árboles.

YO: ¿Y se les permite elegir la flora o fauna con la que ellos quieren trabajar?

Los Curadores

A: Sí, por supuesto. Permite una mejor relación con el especialista en flora/fauna y hábitat y la respuesta al trabajo del especialista en hábitat.

YO: ¿Hay algún momento en el que un tipo de flora o fauna no tenga un Especialista en Habitabilidad para mantenerlos?

A: No, nunca. Siempre hay un Especialista en Habitabilidad para mantenerlos. Nunca hay lagunas en la cobertura. Aunque tengo que decir, que hay ocasiones en las que un Especialista en Habitabilidad abarca dos tipos de flora o fauna, pero tiene que ser de la misma familia o del mismo género.

YO: ¿Por qué? Casi esperaba que un Especialista en Habitabilidad podría dedicar sus energías a cuidar cualquier flora y fauna.

A: La respuesta está en su nombre—"especialista". No olvides que trabajan con un nivel de detalle increíble cuando interactúan con la flora o fauna de la que son responsables.

YO: ¿Cuántos Especialistas en Habitabilidad están trabajando con la Tierra en este momento?

A: Abre los ojos y mira.

Para tu información, querido lector, estoy sentado en el tejado de nuestra casa de campo en Creta y contemplo una maravillosa vista de colinas, montañas y olivos. Aquí es Pascua (abril de 2018) y ha habido muchas celebraciones y encendido de fuegos artificiales. Sin embargo, esto no parece detener a los insectos y animales locales en sus quehaceres diarios. El canto de los pájaros es maravilloso. Lanzo mi visión energética (mi tercer ojo) a mi alrededor y veo las energías de los pinzones, ratones, gatos, tejones, ratas y todos los insectos que viven en y sobre la tierra que me rodea. Todos son laboriosos y están en armonía con su ambiente. Les envío mi amor y ellos me responden enviándome amor. Cambio de enfoque y vuelvo a mirar a mi alrededor. Me sorprendo al ver que toda la ladera que conduce a las montañas que tengo delante está llena de Especialistas en Habitabilidad. Está repleta de ellos. Por lo que puedo ver, hay casi un Especialista en Habitabilidad por cada árbol. A veces hay dos o más especialistas que atienden las necesidades de un árbol. ¿Cómo es posible? Esperaba que hubiera muchos menos de los que veo. Decidí preguntarle a Anne qué estaba pasando.

Los Curadores

A: No hace falta que preguntes. Puedo decírtelo directamente.

YO: No, no hace falta. Ya lo veo.

A: Continúa. Quiero ver si has comprendido plenamente lo que estás percibiendo.

YO: Bueno, esperaba ver sólo unos pocos Especialistas en Habitabilidad, pero lo que estoy viendo es una miríada. Pero no se trata de una miríada de Especialistas en Habitabilidad. Se trata de una miríada de versiones del mismo Especialista en Habitabilidad. Da la sensación de que un Especialista en Habitabilidad puede dividirse en varias versiones de sí mismo para poder trabajar en tantos elementos de la flora o la fauna de los que es responsable. Pero, ¿por qué vi una en nuestro jardín hace tantos años?

A: Lo que te distrajo fue lo que viste en tu jardín. Viste sólo una de las posibles divisiones de un Especialista en Habitabilidad local y por eso los consideraste como una sola entidad para un solo trabajo o función. Nunca trabajan así en su totalidad; sólo a veces lo hacen de forma indivisa. La mayoría de las veces trabajan en el método divisible. Es la única forma en la que pueden desempeñar su función y tener éxito, tal es el volumen de individuos de flora y fauna con los que trabajan.

YO: Basándonos en esto, cuando vemos a un Especialista en Habitabilidad no debemos pensar en ellos como uno, sino más bien como una división de uno.

A: Sí, es una buena forma de verlo.

De repente tuve la sensación, que se me venía encima, de que Anne iba a irse pronto y que yo me quedaría trabajando en el resto del libro con La Fuente. Sin embargo, me alegró recibir otra sensación que lo que esperaba estaba alineado a otro día y no todavía.

A: He decidido quedarme un rato con ustedes. El último género de Cuidadores, como subgénero de Los Curadores, que se suponía que ibas a discutir era el de los Poblacionistas, pero se me ha dado autoridad para adelantar la discusión sobre esos Cuidadores para que encaje con la discusión sobre los Especialistas en Habitabilidad que acabamos de disfrutar.

YO: ¿Por qué te han dado autoridad para quedarte y discutir sobre los Poblacionistas cuando no son el género de Cuidador con el que has decidido trabajar conmigo?

EF1: Para Anne tenía más sentido trabajar contigo y describir también el trabajo de estos Cuidadores, simplemente porque el trabajo que hacen está alineado con el trabajo de los Cuidadores con los que Anne tiene afinidad. Por lo tanto, decidí que terminaría el libro contigo describiendo el trabajo de los Atmosferistas.

YO: Bueno, siempre estoy abierto a una sorpresa y esta es una agradable para mí. Gracias por ser tan considerado.

EF1: Bien. Ahora pasemos a los Poblacionistas.

YO: ¡Lo haré!

Los Poblacionistas

EF1: Dejaré que Anne haga el resumen.

A: Es un placer volver a trabajar de esta forma tan extendida, gracias. ¿Allá vamos!

Los Poblacionistas distribuyen la flora y la fauna disponibles a cualquier lugar del universo físico donde se necesiten. Tienen varios niveles de responsabilidad, pero en esencia cada uno está especializado en función del ambiente con el que trabaja. El ambiente puede ser universal, galáctico, de sistema, planetario—incluye lunas o hábitat basado en nebulosas. Trabajan en estrecha armonía con los Atmosferistas, que proporcionan los detalles de la atmósfera que están creando o que son capaces de crear con los materiales de que disponen. A continuación, los Poblacionistas crean o asignan los vehículos básicos que se utilizan para aquellas entidades que se encarnan con el único propósito de ser un aspecto funcional "vivo" de la atmósfera.

YO: OK, tengo luego luego una pregunta.

A: Adelante.

YO: Entiendo que la flora y la fauna de un planeta tienen un papel en términos de apoyo a la continuación de la habitabilidad del ambiente en el que se encuentran desde la perspectiva del apoyo a los vehículos encarnados que son utilizados por los VSE de alta sintiencia (ese género del que forma parte la humanidad encarnada), pero no acabo de entender que puedan proporcionar un aspecto funcional vivo de la atmósfera.

A: Los Poblacionistas disponen de un amplio catálogo, por así decirlo, de flora y fauna que contribuyen al mantenimiento y la funcionalidad de un ambiente basado en la atmósfera. Si no pueden suministrar el tipo adecuado de flora y fauna a partir del catálogo de flora y fauna existentes, crean lo que necesitan, bien modificando la flora o fauna existentes que se aproximan a los requisitos de existencia y contribución de la atmósfera a la que están destinados, bien creando una nueva flora y/o fauna a medida.

YO: ¿Qué crea la necesidad de que la fauna sustente y mantenga una atmósfera?

A: En pocas palabras, el proceso metabólico.

YO: Continúa.

A: Si la atmósfera no se regenera totalmente, y no son muchos los que están en el aspecto Físico Grueso del universo físico, entonces tiene que haber alguna funcionalidad dentro de la flora y la fauna que contribuya a la regeneración de esa atmósfera con la que van a trabajar.

En cuanto a la flora, es relativamente sensato suponer que existe una relación simbiótica entre el planeta, su atmósfera y la flora que existe en él. En general, la flora de un planeta existe utilizando los elementos dentro y fuera del planeta para su sustento y crecimiento. Uno de los subproductos de esta relación es que la flora remueve de la atmósfera los elementos (gases y similares) que no son útiles para el funcionamiento continuado de la atmósfera y del ambiente en general. Esto incluye la función metabólica de la fauna y los vehículos encarnados para aquellas entidades de alta conciencia que encarnan en el ambiente planetario con fines experienciales y evolutivos, especialmente aquellos que requieren el uso de ciertos gases o elementos para apoyar su funcionalidad metabólica continuada mediante la respiración.

YO: Así que la flora puede, como sabemos aquí en la Tierra, proporcionar una función regenerativa y de limpieza. Por lo tanto, los Poblacionistas pueblan un planeta con aquellos aspectos de la flora que no sólo perpetúan la atmósfera original, sino que también la regeneran e incluso la aumentan para permitir la expansión de la población de vehículos encarnados de alta conciencia.

A: Sí. Pero la mayoría de las veces, eligen la flora que puede cambiar la atmósfera de una que no soporta el tipo de vehículo encarnado que se requiere o desea utilizar en un planeta determinado a una que soportará el tipo de vehículo deseado o requerido. También introducen aquella flora que toma cualquier función metabólica que resulte en la contaminación de la atmósfera deseada, es decir, cambiándola de alguna manera de lo que era, o deseaba ser, a una en la que hay un porcentaje de gases o elementos no deseados dentro de esa atmósfera.

La Importancia de la Vida Vegetal

YO: ¿Los Poblacionistas incluyen flora que también actúa como filtro?

A: Sí, por supuesto. De hecho, hay muchas plantas de este tipo que se utilizan para mantener el equilibrio elemental de la atmósfera de la Tierra, la pamplina es una de ellas, los pinos son otra. Otra flora está especializada en remover el dióxido de carbono que se produce como parte de la función metabólica de la mayoría de la fauna y de los vehículos encarnados que se utilizan en el ambiente atmosférico de la Tierra.

YO: Aunque la fauna también tiene una función en el mantenimiento de la atmósfera.

A: Sí, así es. Con respecto a ciertas floras, que existen por el cambio de un gas de un elemento a otro, necesitan mantenerse en una atmósfera donde haya una función igual pero opuesta por parte de otro aspecto necesario de la flora o la fauna. Tomando de nuevo la Tierra como ejemplo, éste sería el subproducto de la respiración de la mayor parte de la fauna, incluidos los vehículos encarnados que la humanidad encarnada utiliza para experimentar, aprender y evolucionar en la Tierra. Con los vehículos encarnados más avanzados utilizados, incluidos los clasificados como fauna, un subproducto del proceso de respiración es el uso de oxígeno y la generación de un producto de desecho. Este producto de desecho es el dióxido de carbono. En otros planetas con atmósfera, son otros gases o elementos. En el caso de la Tierra, sin embargo, la mayor parte de la flora ha sido diseñada con la función de absorber dióxido de carbono y producir oxígeno como producto de desecho de su propio proceso metabólico. Otro gas que se crea como subproducto es el metano. El metano es bastante destructivo.

YO: La Tierra tiene un equilibrio único, en el que debe haber suficiente flora para mantener su atmósfera natural mediante el desgaste natural de la propia flora y la renovación de la que ha sido utilizada por la fauna y convertida en otro elemento como parte de su proceso metabólico.

A: Así es, y la humanidad encarnada no es muy buena para entender esto. La humanidad encarnada crea un efecto perjudicial para este precario equilibrio de dos maneras. En primer lugar, se ha permitido procrear sin pensar en cómo el ambiente en el que existe puede soportarla. En segundo lugar, como resultado de esta expansión, ha justificado la necesidad de reducir la flora, y parte de la fauna, con el fin de crear hábitats para el creciente número de vehículos encarnados.

YO: Básicamente entonces, hay más vehículos humanos encarnados que la Tierra puede soportar con el nivel actual de flora.

A: Más o menos. Una civilización encarnada responsable detectaría la necesidad de apoyar el equilibrio de esta relación simbiótica y actuaría en consecuencia y con madurez de pensamiento y acción. La humanidad encarnada está intoxicada con su propia importancia de baja frecuencia y, por lo tanto, disfraza las cuestiones de varias maneras políticas, asegurando ventajas políticas en detrimento de la Tierra y su equilibrio atmosférico basado en la flora y la fauna.

La Fauna que Produce Equilibrio Atmosférico

A: No siempre es la flora la que proporciona el equilibrio creando una atmósfera sostenible en la que puedan utilizarse los vehículos encarnados.

YO: Adelante.

A: Hay muchos planetas en las frecuencias Físicas Gruesas del universo físico que necesitan fauna para mantener el equilibrio atmosférico de un planeta. En estos planetas, la fauna hace el trabajo de filtrar o cambiar los productos de desecho de un vehículo encarnado que utiliza la inspiración de uno o más elementos gaseosos de la atmósfera planetaria con la que está alineado. En este caso, la flora puede estar limitada en población o en funcionalidad que apoye el equilibrio continuado de la atmósfera, por lo que los Poblacionistas introducen un género de fauna, modifican un género de fauna o crean un nuevo género que apoye los requisitos de regeneración de la atmósfera que la fauna existente no puede crear o necesita ayuda.

YO: ¿Existen en la Tierra animales que contribuyan al equilibrio de la atmósfera?

A: No en las frecuencias del Físico Grueso, no. Hay tres géneros especiales de fauna en la cuarta y quinta frecuencias que inspiran gases de frecuencias más altas que son raros desde la perspectiva del Físico Grueso y expiran oxígeno de alta frecuencia, pero sólo los verán cuando estén trabajando colectivamente en la cuarta frecuencia y por encima como frecuencia mínima en el universo físico. Sin embargo, me gustaría informarles que un animal llamado Loriciferans fue descubierto en 2010 y que no necesitaba oxígeno para apoyar su existencia continuada, por lo que hay animales que operan fuera del equilibrio normal de la atmósfera de la Tierra.

YO: Al principio de este diálogo, e incluido en el resumen al comienzo de este libro, mencionaste que hay flora y fauna en los sistemas planetarios, las galaxias, las nebulosas y los gigantes gaseosos. ¿A qué te referías?

A: La humanidad encarnada no lo aceptará todavía, pero hay áreas dentro de nebulosas habitadas tanto por flora como por fauna.

YO: Habría pensado que tanto la flora y la fauna como los vehículos encarnados necesitan una área de baja frecuencia local, un cuerpo planetario, en el que encarnar. Seguramente es la única manera de crear y mantener una atmósfera.

A: Las nebulosas son áreas altamente pobladas del universo físico, y eso incluye también las frecuencias físicas gruesas. No es un requisito necesario para la existencia encarnada estar localizado en un planeta, y ciertamente no es un requisito necesario para la existencia de flora o fauna.

YO: Pero las nebulosas no son frecuentemente sólidas, ¿verdad?

A: No, no lo son. Te lo explicaré. Un pez no vive en la superficie de la Tierra, existe en un aspecto de frecuencia superior de la Tierra, el agua que forma parte de la superficie pero que no está frecuencialmente unida a ella.

YO: ¡Oh! ¿Estás sugiriendo que las nebulosas son un poco como mares en el espacio?

A: Esa es una buena manera de decirlo y es un buen proceso de pensamiento, pero no. Las nebulosas son simplemente elementos energéticos que no se atraen entre sí de forma que se cree un objeto de frecuencia más baja a partir del acoplamiento de un grupo de objetos de frecuencia más alta, como ocurre con un planeta. La flora y la fauna que existen en ellas no están localizadas de forma centralizada, como los peces de tu idea del mar en el espacio. La flora existe dentro de ciertos grupos deseables de energías relativas a las que mantienen su existencia. En algunas áreas, también se agrupan. La fauna y los vehículos encarnados se mueven alrededor de las energías y elementos de las nebulosas utilizando las fuerzas de atracción y división. Se alimentan de las energías y elementos y de parte de la fauna. Su proceso metabólico no requiere la respiración de un gas sino la atracción de ciertos elementos de un nivel de frecuencia deseado para metabolizar la flora que ha sido absorbida energéticamente y convertirla en energías que sustentan su forma. Los vehículos encarnados funcionan del mismo modo o de un modo similar. Piensa que se encuentra en una sopa energética y elemental que no es sopa.

YO: ¿Y los sistemas planetarios?

A: Los Poblacionistas analizan todas las lunas del planeta y el sol o soles y establecen qué factores de forma de la flora y la fauna encajan en los ambientes disponibles en estos cuerpos, si es necesario modificar los factores de forma o si se requieren nuevos factores de forma. También analizan la posibilidad de utilizar el mismo género de factor de forma en todos los ambientes posibles del sistema planetario.

YO: ¿Por qué iban a intentar mantener el mismo factor de forma en todos los planetas de un sistema planetario?

A: Les gusta simplificar las cosas. A veces todos los planetas de un sistema tienen el mismo factor de forma, otras veces es sólo uno o incluso dos los que tienen el mismo factor de forma. A veces sólo se pueden poblar las lunas.

YO: ¿Cuántos vehículos encarnados de tipo humanoide hay en el sistema planetario de la Tierra?

A: Sólo aquellos que están en la Tierra. Hay otros factores de forma de vehículos encarnados en otros planetas, pero están posicionados en una frecuencia más alta.

YO: ¿Cuántos planetas o lunas están poblados entonces?

A: Sólo cinco, lo que incluye el Sol.

YO: ¿Y cuántos factores de forma encarnados hay en estos cinco cuerpos?

A: Veintisiete en total. Dos están en la Tierra. Los otros no están todos en la misma frecuencia por lo que un gran número de estos vehículos encarnados existen independientemente unos de otros.

YO: ¿Pero yo creía que la Tierra estaba en una parte en cuarentena de la Galaxia?

A: Lo está desde la perspectiva de la tercera frecuencia. Desde la perspectiva de las restantes frecuencias del universo físico, no lo está

YO: ¿Los gigantes de gas tienen flora y fauna?

A: Sí. Los Poblacionistas utilizan un género de flora y fauna similar, pero no igual, al empleado en la población de nebulosas. Los planetas basados en gas y las nebulosas son similares energéticamente, por lo que es posible utilizar formas similares en ambos ambientes. Como he dicho antes, a los Poblacionistas les gusta simplificar las cosas.

YO: ¿Esto no detiene o reduce la diversidad de experiencias para esas entidades y seres en el ciclo evolutivo?

A: No, porque hay muchas otras galaxias en las que se utiliza una plétora de factores de forma.

YO: ¿Estás sugiriendo que cada galaxia en el universo físico está poblada de una manera diferente?

A: No es una sugerencia, lo están. Los Poblacionistas trabajan con todos los conjuntos de galaxias que se manifiestan en las frecuencias asociadas con el universo físico. Algunas de estas galaxias son panfrecuenciales; esto significa que se manifiestan en todas las frecuencias del universo físico desde la tercera frecuencia hacia arriba. Otras son monofrecuenciales, lo que significa que sólo se manifiestan en una frecuencia. En algunas galaxias, los Poblacionistas se aseguran de que estén pobladas por un solo factor de forma encarnado, mientras que otras están pobladas por todos los géneros de factores de forma encarnados. La disponibilidad de galaxias por factor de forma encarnado es tal que hay suficientes galaxias disponibles para tener una galaxia por factor de forma encarnado, es decir, del género que acepta el VSE con el mismo cociente de sintiencia que el de la humanidad encarnada.

YO: ¿Supongo entonces que hay galaxias que están pobladas de muchas maneras diferentes, con todas las combinaciones posibles del factor de forma del vehículo encarnado que se utiliza, así como sólo uno?

A: Por supuesto, se utilizan todas las permutaciones. Pero recuerda que, aunque colaboran estrechamente con los Atmosferistas, pueden trabajar, y de hecho lo hacen, independientemente de ellos.

YO: ¿Y supongo que es cuando un vehículo encarnado tiene que trabajar en una atmósfera que es desafiante de alguna manera?

A: Sí. En general, los Poblacionistas saben qué factor de forma de vehículo encarnado utilizar en un determinado ambiente, pero, como mencioné antes, los hay que necesitan respiración para ayudar a las funciones metabólicas de algunas formas y los que metabolizan sin respiración pero, no obstante, necesitan trabajar dentro de algún tipo de atmósfera.

Es hora de que me vaya y de que La Fuente termine este diálogo sobre Los Curadores con los Atmosferistas. No olvides que te estaré ayudando de vez en cuando con tu próximo libro sobre sanación energética/vibracional y temas psicoespirituales.

YO: Gracias. Ha sido un honor y un placer volver a trabajar contigo.

Y con eso, sentí un poco de tristeza al sentir la energía del OM que estaba encarnado como Anne desvanecerse hacia la frecuencia donde reside.

EF1: Ahora que te sientes lleno, sigamos con el Curador restante, el Cuidador que es un Atmosferista.

YO: OK, ¡estamos en la recta final!

Los Atmosferistas

EF1: **Los Atmosferistas** trabajan con la estabilidad del ambiente en general, planetario o no, y cómo es utilizado por el vehículo encarnado y la infraestructura de apoyo para la que está diseñado. Modifican y manipulan las funciones de la atmósfera y sus períodos de cambio relevantes para la localización del planeta o ambiente. Debe tenerse en cuenta que un planeta no es la única ubicación en la que pueden trabajar los vehículos encarnados, y que tampoco es necesaria la respiración para garantizar la función corporal dentro de la ubicación y frecuencia en la que reside.

YO: Entonces, estos Curadores crean ambientes atmosféricos.

EF1: Sí, pero como sabes, no en todas partes.

YO: Empezaré con una pregunta fácil, espero. ¿Cuándo no se crea una atmósfera?

EF1: Cuando no hay necesidad o requisito de que exista un vehículo encarnado que dependa de la respiración, cuando no hay necesidad de que se utilice una atmósfera para la absorción de cualquier elemento para sostener el vehículo encarnado o si el lugar va a ser poblado por vehículos encarnados de alta frecuencia, como en las frecuencias décima, undécima y duodécima, o por entidades o seres puramente energéticos.

YO: ¿Dónde se crean las atmósferas?

EF1: En realidad, los Atmosferistas pueden crear una atmósfera en cualquier lugar donde haya un área o volumen de atractividad que pueda soportar un nivel aceptable de contención de esa atmósfera. Un planeta de baja frecuencia [sólido—GSN] es un buen ejemplo de una de esas áreas, un gigante gaseoso o un planeta basado en gas es otro.

YO: ¿Tendrían atmósfera los volúmenes espaciales como las nebulosas?

EF1: Si es necesario, sí, por supuesto. ¿Has olvidado que la flora y la fauna también pueblan las nebulosas?

YO: Bueno, sólo estoy siendo completo en mi interrogatorio.

EF1: Buena recuperación. De nuevo, sí, hay atmósferas en muchas nebulosas. De hecho, hay al menos un 34 por ciento de todas las

Los Curadores

nebulosas en la tercera frecuencia [la Física Gruesa—GSN] que tienen una atmósfera de algún nivel. Una cosa que necesitas notar es que una atmósfera es simplemente una colección de elementos gaseosos y frecuencias de apoyo que pueden sostener uno o más de los vehículos encarnados disponibles que necesitan una atmósfera para perpetuar su metabolismo. El proceso metabólico de un vehículo encarnado puede realizarse con y sin respiración. Tal es la flexibilidad del metabolismo de los vehículos encarnados disponibles que muchos pueden existir dentro de las condiciones atmosféricas que se sostienen dentro del volumen de una nebulosa. No es necesario tener un cuerpo planetario para contener los elementos gaseosos que sostienen a los vehículos encarnados de baja frecuencia. Por ejemplo, los Atmosferistas han creado más de cuarenta mil nebulosas basadas en dióxido de carbono y oxígeno.

YO: Entonces, ¿el vehículo humano encarnado que tenemos en la Tierra podría existir dentro de una de estas nebulosas sin estar dentro del ambiente contenido de una nave espacial?

EF1: Bueno, puede ser capaz de respirar, pero puede necesitar protección contra algunos de los elementos radiactivos que también existen en algunas de estas nebulosas.

YO: Bueno, ¿pero sería posible existir en algunas de ellas?

EF1: Sí, no todas las partes de una nebulosa son totalmente gaseosas. Hay algunas áreas de baja densidad local que podrían utilizarse como hábitat natural dentro de la nebulosa. La humanidad encarnada es una especie de "tierra—céntrica". Necesita sentir algo sólido bajo sus pies. Sin embargo, la variante del vehículo humano encarnado que se encuentra en áreas de nebulosas que no apoyan un área de baja frecuencia local no es de la variedad de dos piernas, en su lugar tiene cuatro brazos.

YO: ¿Sin piernas?

EF1: Sin piernas, sólo cuatro brazos. En las áreas de las nebulosas donde no hay gravedad, no hay necesidad de piernas, por lo que el vehículo humano se ha diseñado sólo con brazos. Es un factor de forma muy eficiente. Piénsalo un momento. ¿Crees que los astronautas utilizarán mucho las piernas en un ambiente de gravedad cero? No. No son necesarias. De hecho, hay variantes de la forma humana que tienen seis brazos y, por supuesto, no tienen piernas.

YO: ¿Las veremos alguna vez? [Estaba pensando en algunas imágenes hindúes de Shiva.—GSN]

EF1: Tal vez dentro de unos miles de años, cuando la versión terrestre de la humanidad encarnada haya madurado y se le permita aventurarse más allá del espacio local en el que se encuentra.

YO: Volviendo al trabajo de los Atmosferistas, ¿cómo crean una atmósfera?

EF1: Trabajan con los Atraccionistas para asegurarse de que los elementos gaseosos que necesitan utilizar son capaces tanto de atraerse como de repelerse en determinadas condiciones, como el calor, la radiación, la gravedad y cambios de frecuencia. Evidentemente, las funciones de atracción y repulsión son más importantes en una nebulosa que en un planeta porque la gravedad es más capaz de contener los elementos gaseosos en un ambiente planetario, mientras que, en un ambiente basado en una nebulosa, los gases tienen que utilizar la atractividad en lugar de contar con la ayuda de la gravedad para mantenerse en un estado cohesivo.

YO: ¿Se trata simplemente de decidir qué elementos gaseosos son necesarios para que el lugar soporte el vehículo/flora y fauna encarnados que están destinados a poblar ese lugar entonces?

EF1: Pensando en términos limitados, sí. Pero no olvides que los planetas, soles y lunas pueden moverse y se mueven para apoyar un sistema ambiental requerido o deseado. Los Curadores pueden y de hecho montan y desmontan sistemas planetarios y basados en nebulosas en el Físico Grueso. Los tamaños, la densidad, las condiciones elementales, frecuenciales, gravitacionales y de atracción de áreas de baja frecuencia local—planetas, lunas y soles—se seleccionan a veces para hacer a medida sistemas de habitación solares o de otro tipo.

YO: ¿Y los soles también son centros de habitación?

EF1: Si recuerdas nuestro diálogo en La Historia de Dios, entonces sabrás que la respuesta es un "sí" muy firme.

YO: Entonces, ¿qué define si un área o volumen de espacio es una atmósfera?

EF1: En términos de un planeta, es un área o volumen de espacio en y alrededor de un área de frecuencia localmente baja que otros elementos son atraídos, pero no absorbidos, por esa área de frecuencia localmente baja. En términos de una nebulosa, es un volumen de espacio donde hay una densidad o colección de elementos gaseosos que son tanto atraídos como repelidos entre sí hasta el punto en que su ubicación espacial permanece en una condición generalmente estática.

En general, sin embargo, una atmósfera puede describirse como un área o volumen de espacio donde hay una colección de elementos gaseosos.

YO: En los planetas tenemos sistemas meteorológicos en función de la interacción de la atmósfera con la superficie del planeta. En la Tierra, los mares y las montañas tienen mucho que ver. ¿Sucede esto en una nebulosa?

EF1: Como bien sabes, los sistemas meteorológicos se crean en función del movimiento de esos elementos gaseosos por el ambiente de su ubicación. Áreas de densa colación de elementos similares o iguales en diferentes frecuencias pueden afectar aquellas áreas de colación menos densa. Esto causa atracción y repulsión, compresión y descompresión de esos gases causando movimiento en y alrededor de la superficie de un planeta o cuerpo gaseoso más denso o sus otras áreas o volúmenes de gases densos colacionables. Los movimientos de estos gases pueden causar efectos de embudo y el subsiguiente movimiento acelerado de los gases en ciertas direcciones causando flujo o lo que ustedes llaman vientos. Éstos, como ustedes saben, pueden y son multicapas y pueden y de hecho se mueven en direcciones diferentes entre sí.

YO: Así que los sistemas "meteorológicos" se crean permitiendo que las colecciones de elementos (mares) vayan y vengan (colisionen y descoloquen) y creen condiciones atmosféricas cambiantes a través de la atractividad, la repulsión, la temperatura, la frecuencia y la transformación elemental.

EF1: Sí. Los Atmosferistas inician la creación del movimiento gaseoso introduciendo cambios en la densidad de los gases de la atmósfera y/o generando compresión etérica. Si se quiere, hacen esto haciendo un sistema de intercambio entre densidades de gases utilizando frecuencias ligeramente más altas. Utilizan aquellas en el éter que son componentes de la primera frecuencia para crear desequilibrios en la densidad y exprimir aquellos gases de la atmósfera que están en un área o volumen de densidad entre los gases de frecuencia más alta, reduciendo así el volumen disponible para los gases densos. Esto crea una de dos cosas, o un área de mayor densidad y por lo tanto presión, cambiando las fuerzas de interacción entre esas áreas de ahora mayor densidad y esos otros gases que están cerca o los rodean en cualquier nivel de densidad que estén, o, los gases son expulsados como resultado de la compresión creada por la compresión. En algunos casos, estos gases se sobrecalientan cambiando su estado frecuencial a uno de mayor nivel. Una vez iniciado, el proceso de movimiento se autoperpetúa en la mayoría de los casos. Sin embargo, en esencia, los Atmosferistas crean sistemas meteorológicos, si es necesario, en relación con los elementos gaseosos del área que se utiliza para la experiencia evolutiva. Este es uno de sus objetivos en la creación de una atmósfera y sus atributos de trabajo.

YO: Así es como se crean los vientos en un planeta; ¿cómo se crean en una nebulosa?

EF1: De manera muy parecida, salvo que no se crean en la ubicación de un área de baja densidad localizada—un planeta. En el caso de la nebulosa, la topografía del planeta no está disponible, pero hay áreas de gas de diferentes densidades localizadas y éstas son equivalentes en función a tener montañas para moverse o ser apretado por frecuencias etéricas. También existen mares de gases muy densos que crean intercambios de estado gaseoso y cambios de densidad. El movimiento de gases dentro de un gigante gaseoso o nebulosa es, a falta de una palabra mejor, más agresivo en sus movimientos dentro y alrededor del volumen de espacio que se llama nebulosa.

YO: ¿Cómo se perpetúan o mantienen las atmósferas?

EF1: En todos los casos, los Atmosferistas se mantienen analizando las funciones de la atmósfera, sus interacciones deseadas y las entidades/seres interdependientes, y al ver el potencial de una caída en su eficiencia, hacen cambios en su funcionalidad utilizando uno de los siguientes métodos de cambio:
- Introducir nuevos gases
- Reducir el contenido de uno o varios gases
- Aumentar el contenido de uno o varios gases

- Intercambiar gases
- Introducir más de los mismos gases por igual
- Reducir los mismos gases por igual
- Aplicar la compresión etérica en determinados lugares del movimiento meteorológico
- Cambiar la densidad de un área o volumen de densidad (del planeta o en términos de una nebulosa, el gas).
- Cambiar la densidad de un área local de gas
- Cambiar la frecuencia de determinadas áreas de la atmósfera
- Acercar el planeta a un sol
- Acercar una luna del planeta al planeta
- Cambiar la dirección del flujo de los gases (cambiar la dirección del el viento)
- Cambiar la velocidad de flujo de los gases
- Modificar la temperatura de los gases, ya sea en áreas localizadas o en el volumen atmosférico total
- El uso de la atracción y la repulsión basadas en la electricidad (tormentas eléctricas en la Tierra).
- Cambios en el campo magnético (magnetosfera) de un planeta
- Cambios en la dirección de rotación del núcleo fundido de un planeta (si lo tiene).
- Cambios en la presión del núcleo fundido de un planeta (volcanes)
- Cambios en el ángulo del eje planetario
- Cambios de dirección de la corriente en chorro
- Cambios de dirección de la corriente de estratos
- Cambios de dirección en la corriente magnética

YO: ¿Hay una corriente magnética?

EF1: Sí, la magnetosfera también tiene sus propios flujos magnéticos—de ahí la corriente magnética.

YO: Supongo que tiene sentido. A un científico que lea estas líneas le interesará, no me cabe duda.

EF1: Sí, cuando utilicen sistemas de transporte que viajen dentro de la magnetosfera, notarás cómo afecta a ese modo de transporte.

YO: Deberíamos hablar de esto en otro libro.

EF1: En eso tendrán que trabajar los científicos, no tú. Volviendo al tema, la lista anterior es también cómo los Atmosferistas cambian una atmósfera de una condición a otra. Utilizando la Tierra como ejemplo, todos ustedes están experimentando el trabajo de los Atmosferistas en este momento. ¿Has pensado alguna vez cómo la corriente en chorro cambia su dirección de desplazamiento de forma tan dramática dando a una serie de lugares condiciones más frías y húmedas?

YO: No me digas, los Atmosferistas usaron la compresión etérica para cambiar la dirección y ruta real del flujo de lo que era a otra, la que tenemos ahora.

EF1: Hoy eres rápido—y preciso también. Sí, esa es exactamente la metodología que utilizaron.

Los Atmosferistas trabajan en diferentes sistemas meteorológicos que forman parte de la función atmosférica de un planeta. Los sistemas meteorológicos pueden estar en una función desde unos pocos minutos hasta niveles mayores de existencia como de horas a días, a semanas, a meses, a años, a décadas, a siglos, a milenios. Pueden cambiar una atmósfera de una condición a otra en cuestión de unas pocas horas, y esto significa que incluso los sistemas meteorológicos de atmósferas que han estado en existencia estática durante siglos o milenios pueden cambiar a otra cosa en unas pocas horas.

YO: Supongo que la reacción desde la perspectiva de la Tierra sería un cambio de una era glacial a una era tropical.

EF1: Un cambio de tal magnitud requiere algo más que unas horas. Yo diría que varios días, pero no más de un mes. Tienen ejemplos, viejas historias de cambios climáticos repentinos, ¿no es así?

YO: Son mitos. Un ejemplo sería la historia de Noé.

EF1: No es un mito; es un evento real—desde el punto de vista meteorológico. Busca más en la profundidad de tu mitología, hay muchos más. Busquen también en tomar muestras de núcleos de hielo profundos y analícenlos. Verán más evidencias de cambios climáticos y atmosféricos lentos, rápidos y normales en las muestras de núcleos también.

De repente sentí un cambio en la energía de La Fuente, y justo cuando estaba contemplando esta sensación, La Fuente confirmó mis sentimientos.

Los Curadores

EF1: Hemos llegado al final de la información digerible relativa al trabajo de Los Curadores. Hay que trabajar en la edición de estos textos y contemplar la posibilidad de trabajar en el nuevo libro.

De repente sentí otra energía, de hecho, ¡más de una!

O: Sí, primero tienes que escribir un libro más fácil y luego nos juntaremos de nuevo. Estas serán tus vacaciones, por así decirlo.

Me sorprendió que El Origen apareciera de repente en mi mente.

O: ¿Por qué te sorprendes? Te oía preguntarte por qué no había participado en este diálogo. Eres bastante telepáticamente ruidoso cuando quieres.

YO: Tengo que admitir que me sentí un poco decepcionado de que no hicieras una aparición como invitado.

O: ¿No es eso lo que estoy haciendo ahora? No. No era necesario. Lo estabas haciendo muy bien con la Entidad Fuente Uno. Trabajaré contigo en los dos libros que siguen al siguiente.

YO: ¿Supongo que serán Más allá de El Origen y El OM, Las creaciones increadas?

O: Esos son. Para el próximo libro, el número ocho, trabajarás tú solo y Anne, cuando proceda. Esto ya lo sabes. Ya has trabajado conmigo en un libro específicamente sobre mí [El Origen Habla—GSN] así que el libro sobre el OM debería ser el libro número nueve. El libro conmigo será el número diez. Ya conoces el contenido que entregarás para los libros once y doce.

YO: Sí, son sobre el propósito de figuras significativas de la historia—incluidas las llamadas personalidades del anticristo—y uno que ilustra cuándo, dónde y cómo los procesos y textos religiosos encajan en mi trabajo. Este libro explicará la verdadera fuente común de nuestras religiones modernas.

O: Bien, estás listo. No más decepciones sobre cuando aparezco en tu mente—esto es ego.

YO: Sí, lo sé. Todo bien ahora.

O: Bien. Entonces es hora de cerrar.

EF1: Sí, es hora de desearte lo mejor. Haré varias apariciones como invitado en el libro sobre los OM y en los libros once y doce.

Los Curadores

O: En el libro sobre el OM, trabajarás principalmente con los OM, así que no esperes demasiada interacción con la Entidad Fuente Uno o conmigo.

A: Y sólo ayudaré con temas relacionados con la sanación que creen un puente con el libro en el que trabajamos [Los Diálogos de Ana—GSN].

YO: ¿Y qué áreas serán?

A: Impaciente, ¿verdad? Mmm, bueno, te lo diré en resumen. Voy a trabajar contigo en el tema de la forma en que encarnamos afecta al vehículo encarnado, la sanación con la ayuda de otras entidades, y algunas de las cuestiones psicoespirituales. Dicho esto, sin embargo, se basará principalmente en tu propio trabajo de sanación durante los últimos quince años.

YO: Gracias.

O, EF1, & A: Ya es hora de que descanses un poco. Editar será un buen descanso para ti; no tendrás que estar conectado.

No olvides mantenerte tan libre de ego como puedas y ser considerado con los demás.

Y con ello, las energías colectivas que eran El Origen, la Entidad Fuente Uno y Anne se desvanecieron. Por supuesto, era sólo El Origen y las individualizaciones de la sintiencia que formaban parte de las innumerables funciones de El Origen con las que me estaba comunicando; ¡es sólo que tienen diferentes papeles y responsabilidades, diferentes firmas energéticas o personalidades, diferentes nombres!

Me senté frente a la computadora y suspiré un poco. Podría quedarme aquí un momento y absorber las energías que aún persistían a mi alrededor. Tenía una pequeña lágrima en los ojos cuando empecé a contemplar la posibilidad de escribir el epílogo.

Epilogo

Bueno, ya estoy aquí otra vez. (¿No lo mencioné al principio del libro?) El texto de otro libro terminado, pero no el trabajo de apoyo a su publicación —me refiero a la edición. Hay un cierto nivel de alivio que sigue a tal realización, una toma de una segunda respiración y un momento de relajación. Sólo me falta ponerme manos a la obra con las dos encantadoras señoras que se ocupan de la edición total del manuscrito y de añadir, en su caso, un glosario de términos. Muchos, creo, se trasladarán de libros anteriores, pero, por supuesto, en todo nuevo diálogo hay nuevos conceptos que describir y nueva terminología que explicar.

Una de las cosas que noto ahora es una falta total de referencia detallada al uso de la palabra "Ángel". Tengo la impresión de que esto decepcionará a los lectores que esperaban que dominara estos textos. También siento que este término y la comprensión que lo rodeaba estaban en función de una falta de educación, y por lo tanto falta de comprensión, de temas más elevados y profundos resultantes de las observaciones de varios géneros de Curador o Guía principal y Ayudantes por parte de aquellos incapaces de asimilar, de manera precisa, aquello que están observando.

Las jerarquías del Curador explicadas por los textos religiosos e ilustradas en la primera parte de este libro, en mi opinión, sólo están claramente explicadas de una manera que es concurrente con el nivel de educación, tecnología y expansividad de la humanidad encarnada en el momento de la enseñanza, que, por supuesto, era limitado por decir lo menos. El deseo de perpetuar estas enseñanzas sin distorsión ni dilución ha dado lugar a un nivel de comprensión de jardín de niños que se perpetúa hasta nuestros días. Las considero del mismo modo que utilizar una parábola para enseñar una forma de vivir sin karma o reducida, o una canción infantil para describir una enfermedad medieval. Aunque razonable en su momento, ahora sólo crea confusión y desinformación. De hecho, tal es el nivel de compresión o de la diferencia de terminología hoy en día que casi quito esa parte del libro por completo. La única razón por la que se mantuvo fue para ilustrar un punto discutible, esto siendo, que esto es lo que era un nivel previo de comprensión, una comprensión que tenía poca o ninguna descripción detallada para apoyarla, y por lo tanto no tiene lugar en el tesauro metafísico de hoy, mientras que somos una raza encarnada más madura y de frecuencia más alta ahora y por lo tanto podemos estar expuestos a más detalles y conceptos más elevados que rodean la Realidad Superior en la que existimos y su funcionalidad.

Por lo tanto, este libro está aquí para ayudar a abrir y ampliar los procesos de pensamiento de los lectores, exponiéndolos a información y conceptos de comprensión diferentes y más precisos [*por el momento, es decir—espero que los que vengan después de mí difundan conceptos más profundos e información más precisa—GSN*] en torno al ambiente multiversal en el que existimos.

Te animo, querido lector, a que utilices este libro para hacerte más preguntas sobre ti mismo, el ambiente en el que encarnas y la Realidad Superior multiversal de la que forma parte nuestro universo físico. Y lo que es más importante, es importante reconocer que hay un gran número de entidades al servicio del mantenimiento y la perpetuación de este ambiente multiversal que La Fuente creó para ayudar a acelerar su progresión evolutiva, que en el proceso de desempeñar su papel, apoyan a aquellos que están en el ciclo evolutivo—¡NOSOTROS!

Estas entidades se denominan ...

"¡Los Curadores!"

Guy Steven Needler
15 de abril del 2018

Glosario

Las siguientes definiciones fueron tomadas del último glosario de términos y léxico de Guy Needler, el cual es relevante para todos sus libros.

ADN— Disfunción del Ácido Desoxirribonucleico—funcionalidad fuera de especificación niveles de energía—la distancia entre cada nivel que es coherente con la diferencia entre las frecuencias en los niveles áuricos humanos.

ARN—Simulacrum de Ácido ribonucleico—similar o con la misma semejanza.

Agujero de gusano—Físicamente es una área en la que dos frecuencias se conectan entre sí. Es posible utilizar agujeros de gusano para saltar a través de las frecuencias.

Alma—Palabra/descriptor cristiano y espiritual para el Aspecto o Esquirla. El Alma se considera individualizada en su totalidad y no parte de un ser mayor. También se relaciona generalmente con el cuerpo humano y no con otros vehículos encarnados.

Asiento del Alma— Aquí es donde reside la sintiencia del Aspecto. Es la personalidad de lo que nosotros, como un Aspecto proyectado de nuestro VSE somos, "es nuestra sintiencia". Su posición está cerca de donde los Aspectos delantero y trasero del chakra del corazón se unen—cerca del timo.

Aspecto—Un Aspecto es una parte más pequeña de la VSE que se utiliza para experimentar el detalle minúsculo de los ambientes dentro del multiverso. Se utiliza para experimentar las frecuencias más bajas del multiverso presentadas por el universo físico a través del proceso de encarnación. El VSE puede proyectar un máximo de doce aspectos a la vez.

Agujero Negro—Un agujero negro es físicamente una área de densidad gravitatoria local y espiritualmente es una área de inestabilidad dimensional estable, una dimensión dentro de otra dimensión. Una explicación espiritual es que un agujero negro es una pequeña galaxia cuyo papel es reunir material de baja frecuencia en un solo lugar, dentro de sí mismo.

Aura humana—Los campos de energía asociados con el cuerpo físico y componentes astrales del cuerpo humano.

Alma Superior—(del inglés Over Soul)* La Técnica de Hipnosis Curativa Cuántica (QHHT, por sus siglas en inglés) palabra/descriptor para el VSE. La QHHT era una técnica de sanación basada en la hipnosis enseñada por Dolores Cannon.

Big Bang—La actual explicación científica popular de cómo empezó el universo. La Entidad Fuente declaró en diálogos anteriores conmigo que estaba lejos de la verdad, que simplemente creó nuestro multiverso y, como tal, "guiñó" directamente a la existencia. En mis diálogos no queda claro si esto creó un big bang.

Bola curva—Forma de decir que alguien responde a una pregunta con otra pregunta, o simplemente pone algo en medio para no responder a la pregunta.

Billenio—Múltiplo de un millón (un milenio es un millar).
Burbuja de Corriente de Eventos—Cada evento es una burbuja de interacción entre una entidad/ser y el ambiente en el que trabaja. Las burbujas (eventos) pueden crecer y explotar en otra burbuja o encogerse e implosionar en la nada. Las burbujas que crecen a veces explotan en otra burbuja cercana, creando una burbuja nueva pero combinada. Pueden explotar en una nueva burbuja más grande que les permita hacer frente a una expansión de fractales de eventos que siguen combinados en el espacio, el Espacio de Eventos, que se creó para la Corriente de Eventos original y estática. Esas burbujas de eventos que se encogen e implosionan o bien desaparecen totalmente, representando así el final de esa Corriente de Eventos en particular, o

bien implosionan y reaparecen dentro de otro evento. Cuando una burbuja ha terminado naturalmente su utilidad, implosiona de nuevo en su burbuja de Corriente de Eventos de origen.

Condición paralela—La duplicación del Espacio de Eventos. Es la creación o generación de un Espacio de Eventos nuevo pero similar cuando se puede hacer una elección y esa elección o la posibilidad de la elección o la posible posibilidad de esa elección resulta en un diferencial descendente lo suficientemente grande como para crear una nueva serie de experiencias que son autocontenidas e independientes del Espacio de Eventos del que se separaron. El tamaño general del Espacio de Eventos está en función de la inclusión de otras entidades o seres que interactúan con las experiencias iniciales y descendentes (posteriores) generadas a partir de la elección inicial.

Crecimiento logarítmico—En matemáticas, el crecimiento logarítmico describe un fenómeno cuyo tamaño o coste puede describirse como una función logarítmica de algún dato de entrada. Por ejemplo, $y = C\log(x)$. Obsérvese que puede utilizarse cualquier base logarítmica, ya que una puede convertirse en otra mediante una constante fija. El crecimiento logarítmico es el inverso del crecimiento exponencial y es muy lento.

Con pérdidas—(del inglés lossy) Término informático utilizado para describir una función de conversión que produce algún tipo de reducción debido a un factor de conversión incorrecto o a una función específica del proceso utilizado. A veces se consideran aceptables ciertas "pérdidas", pero esto sólo ocurre cuando el resultado no es crítico; por ejemplo, convertir una imagen a JPEG es una función de conversión con pérdidas.

Corriente magnética—Flujo dentro de los confines de la magnetosfera de un planeta.

Corriente de Eventos—Dirección prevista de una serie de eventos naturales dentro de un Espacio de Eventos se identifican como una Corriente de Eventos.

Crecimiento y decaimiento exponenciales—Se produce cuando la tasa de crecimiento de una función matemática es proporcional al valor actual de la función. En el caso de un dominio discreto de definición con intervalos iguales, también se denomina crecimiento o decaimiento geométricos (los valores de la función forman una progresión geométrica). (Fuente: http://en.wikipedia.org/wiki/Exponential_growth.)

Chakra—Centro energético del cuerpo humano.

Cimensión—Dimensión única que tiene todas las facultades de las tres primeras dimensiones inferiores que llamamos arriba, abajo, izquierda, derecha, adelante y atrás (3D), incluidas otras dimensiones, sin que sea necesario representarlas singularmente.

Coadunado—Conjunto de civilizaciones conectadas telepáticamente que son todos colectivos por derecho propio y se congregan como un colectivo mayor.

Colación—Agrupación de energías similares o iguales.

Continuo—Un continuo es un cuerpo que puede subdividirse continuamente en elementos infinitesimales cuyas propiedades son las del material a granel (cuerpo).

Cuadrilístico—Condición en la que existen cuatro realidades concurrentemente debido a la posibilidad de que se creen realidades alternativas cuando una elección de cuatro direcciones está disponible.

Corriente estratosférica—Corriente de viento o aire en la estratosfera o en áreas de mayor altitud dentro de la atmósfera de un planeta.

Distribución sesgada—Efecto en la distribución estándar en el que la clásica "curva de campana" se desplaza hacia un lado del gráfico de la distribución en lugar de estar distribuida "normalmente".

Dimensión—Componente estructural del multiverso.

Dualístico—Condición en la que existen dos realidades, debido a la posibilidad de que se cree una realidad alternativa cuando una elección entre dos direcciones está disponible.

Demarcación entre Espacios de Eventos—La línea de no interacción trazada entre un Espacio de Eventos y otro. Ten en cuenta, sin embargo, que una línea de demarcación insuficiente puede resultar en la falta de integridad de un Espacio de Eventos y por lo tanto crear una realidad alternativa en su lugar. Una demarcación suficiente da como resultado un Espacio de Eventos robusto.

Dimensiar—(del inglés Dimensiate) Un efecto de ser pandimensional (a través de muchas dimensiones simultáneamente).

Deidad—(del inglés God Head) Palabra/descriptor hindú para el VSE.

Estrella Núcleo o Central—El punto o ubicación de la división de la sintiencia y la energía del Aspecto encarnado dentro del vehículo humano. La energía utilizada para animar el vehículo humano se coalece en el Tan Tien (situado dos pulgadas por debajo del ombligo y tres pulgadas hacia el centro del cuerpo) con la sintiencia coalesciendo en el Asiento del Alma (situado cerca del punto donde los aspectos delantero y trasero de los chakras del corazón se unen o localizan—cerca del timo). La Estrella Núcleo se confunde a menudo con el Tan Tien, ya que está muy cerca de la Estrella Núcleo. La Estrella Núcleo está situada a 5 cm por encima del ombligo y a 7,5 cm hacia el centro del vehículo humano desde el ombligo.

Entidad—Unidad individualizada de sintiencia a la que se le ha dado un cuerpo de energía/s por la división de la sintiencia de una entidad superior, por parte de esa entidad superior.

Entidad Fuente—A la que llamamos Dios, el creador de nuestro multiverso.

Los Curadores

Entidad Dragón/Byron—Ser energético de nivel 27.

Espacio de Eventos—Es una función de la estructura de El Origen que crea paralelismo desde una perspectiva local o de todo el ambiente. Es la culminación de la necesidad de paralelismo y el paso de eventos más pequeños para crear un ambiente más amplio basado en eventos. El Espacio Evento captura y compartimenta todo lo que hace cada entidad o grupo de entidades en condiciones lógicamente similares que son estáticas o dinámicas desde la perspectiva del "cambio". El Espacio Evento se crea por la posibilidad de una condición dualística y/o sus múltiplos de condiciones trilísticas y cuadrulísticas, que se rigen y controlan por la posibilidad de posibles posibilidades y la posibilidad de la posibilidad de posibles posibilidades. Es un registro panestructural holográfico del paso de lo que hacemos. El Espacio Evento impregna todos los aspectos de El Origen, sus creaciones y las creaciones de sus creaciones.

Encarnación primaria—Descriptor de la funcionalidad encarnada de un Aspecto si se emplea una encarnación secundaria.

Encarnación Secundaria—Un descriptor para la funcionalidad encarnada de un Aspecto que utiliza un porcentaje significativo de sus energías sintientes para tener una encarnación en una frecuencia más baja dentro del universo físico. No se trata de una Esquirla, sino de una encarnación dentro de otra encarnación, ya que el Aspecto en la encarnación primaria continúa mientras la encarnación secundaria está en acción. En el caso de que la encarnación primaria sea puesta en estasis durante la duración de la encarnación secundaria, la encarnación primaria volverá a comenzar una vez que la encarnación secundaria haya terminado.

Espacio Nulo—El espacio entre universos para viajar entre universos.

Espacio—Área o volumen dentro de La Fuente (y, en última instancia, El Origen) donde todo existe.

Espaciado— del inglés Spaced Out) Un término que utilizaba para describir el hecho de estar a punto de desmayarme.

Los Curadores

Espirituo-físico—El nivel donde los niveles de frecuencia física y energética/espiritual se encuentran y se mezclan.

Espacio de Eventos—Un área o volumen de espacio dentro de El Origen y por lo tanto de la Entidad Fuente que existe como una función paralela del espacio. Es espacio superpuesto a espacio o espacio dentro y fuera de un espacio. Todo existe en términos de eventos y no en términos de tiempo.

Espirituo-físico—El nivel donde los niveles de frecuencia física y energética/espiritual se encuentran y se mezclan.

Esquirla (del inglés Shard)*—Una Esquirla es una parte más pequeña del Aspecto que se utiliza para experimentar el detalle minúsculo de los ambientes dentro del multiverso. También se utiliza para experimentar las frecuencias más bajas del multiverso que presenta el universo físico a través del proceso de encarnación. Al igual que con el VSE, el Aspecto puede proyectar un máximo de doce Esquirlas en cualquier momento.

Evento (Fin del)—En el Espacio Evento, la función "Fin del Evento" es el límite designado de un evento y su acción concluyente. Marca el final lógico de ese evento, es decir, la imposibilidad de que continúe el evento dualístico creado y el posible inicio de un evento nuevo o alternativo.

Evento (Inicio del)—en el Espacio Evento, la función "Inicio del evento" es el límite designado de un evento y su acción instigadora. Marca el inicio lógico de ese evento, es decir, es el punto de incepción de una condición dualística y el posible final de un evento alternativo.

Espacio de Eventos (Horizonte del)—Cuando todos los eventos que están representados concurrentemente en el mismo espacio son observados por una entidad, las imágenes colectivas de los ambientes creados por esos Espacios de Eventos parecen ser un horizonte blanco sobre un fondo blanco. Este efecto se crea cuando la entidad no puede dividir los diferentes ambientes representados por los diferentes

Espacios de Eventos en imágenes separadas, creando una sobrecarga sensorial y el efecto "blanco sobre blanco". El uso de las palabras Horizonte de Eventos para describir la periferia de un agujero negro, o agujero de gusano, como los llamaríamos nosotros, no es, por tanto, ninguna sorpresa, porque todo se funde en uno.

Espacio fluido—Espacio que cambia constantemente en todos los sentidos, desde la dimensión hasta la frecuencia.

Frecuencia—El componente más bajo de la estructura en el multiverso.

Frecuencial—Frecuencias de base secuencial en el espacio frecuentil.

Frecuentil/cial—(del inglés frequentic) Un espacio multifrecuencia.

Hiperespacio—Momento de fase frecuencial y dimensional diferente de las graduaciones normales de fase que permite el movimiento entre ambientes dimensionales y basados en la frecuencia.

Holográfico—Representación tridimensional.

Hueso de la discordia—Modo de describir un punto de discusión en el que hay creencias encontradas o niveles de acuerdo.

Inteliato—(del inglés intelliate) Comunicación basada en Inteligencia.

Intercambio en caliente—(del inglés hot swap) Término utilizado en los periféricos informáticos para describir la extracción o conexión de un periférico sin apagarlo. En el ámbito espiritual, se refiere a la entrada y salida de un alma de un cuerpo humano físico sin que éste tenga que morir o nacer. A veces se le denomina walk-in.

Lecturas o Lector—Actuar como un medio para un cliente que quiere saber más información sobre sí mismos del espíritu, pero que no es capaz de pedir por sí mismos durante la meditación o cualquier otro medio. Un "Médium" da una "Lectura".

Loci/Locus—Centro u origen de un objeto/entidad. En términos matemáticos, es el conjunto de todos los puntos o líneas que satisfacen un requisito determinado. En el ambiente de la Entidad Fuente Tres, representa la ubicación de la mayoría de las entidades en cuestión.

Línea Hara—El enlace energético del Verdadero Ser Energético (VSE) con el vehículo encarnado. Vincula el Aspecto proyectado en el vehículo humano con el vehículo y las frecuencias asociadas con el universo físico. Es La Fuente de energía y comunicación del vehículo humano. La Línea Hara se sitúa en el centro de la forma humana desde el centro de la parte superior de la cabeza, dividiéndose en dos en el Tan Tien y continuando hacia la tierra por las piernas. (Ver Manos de Luz de Barbara Brennan.)

Mente Gestalt—Conjunto de entidades que comparten una única función mental, como las hormigas o los árboles y la mayoría de los demás seres basados en la energía dentro de este universo.

Mecánica dimensional—Método para crear una dimensión dentro de otra dimensión.

Macrouniverso—Un universo completo en el que nuestro propio universo serviría para los niveles subatómicos.

Magnetosfera—Región exterior de un planeta en la que el magnetismo del planeta controla el movimiento de ciertas partículas cargadas.

Materia—(los elementos) en el cuerpo están continuamente distribuidos y llenan toda la región del espacio que ocupa. (Fuente: http:// es.wikipedia.org/wiki/Continuum_mechanics.)

Metaconcierto—La unión de mentes, basadas en la energía o en el pensamiento, para crear un colectivo que tenga un efecto sinérgico en la capacidad de procesar información, una tarea o alguna función creativa.

Micro Espacio de Eventos—Un Espacio de Eventos microscópicamente pequeño que es específico a las necesidades de una entidad, un ser o un ambiente.

Microuniverso—Universo completo a escala subatómica.

Miniverso—(del inglés minor-verse) Un universo de menor contenido en términos de dimensión y frecuencia y habitabilidad, uno de menor importancia.

Monoversal—Ambiente local. Más de una localidad puede clasificarse como monoversal, pero dentro del espacio que es universal o multiversal (más de un ambiente universal).

Multipolo—Múltiplo de un múltiplo de un múltiplo. Por ejemplo, X al cubo, al cubo, al cubo (X3,3,3).

Multiverso—Ambiente que alberga una miríada de universos.

Nova—Estrella que aumenta su brillo muchos miles de veces más de lo habitual y se desvanece gradualmente hasta alcanzar su brillo original. Las últimas etapas de la vida de esa estrella.

Om—Seres energéticos no autóctonos de la Tierra. Las creaciones no creadas de los Orígenes.

Omniciado—(del inglés Omniciate) Comunicación omnisciente, basada en la omnisciencia.

Omnifuncional—Ser capaz de operar, como de forma individualizada, en todos los ambientes, espacios y eventos, independientemente de las condiciones estructurales y de las versiones paralelizadas, de forma concurrente.

Omnipresente—Situado en todos los ambientes, espacios y eventos, independientemente de las condiciones estructurales y de las versiones paralelas concurrentes.

Los Curadores

Omnisciente—Estar centrado dentro de la propia sintiencia que se encuentra en todos los ambientes, espacios y eventos, independientemente de las condiciones estructurales y las versiones paralelas, de forma concurrente.

Orgón—Representación visual de la energía cósmica "libre". Ondulación empalmada de dimensión—Una o más dimensiones unidas entre sí por estar próximas o solaparse en alguna parte de sus áreas.

El Origen—El creador de las doce Entidades Fuente que existen dentro de El Origen, el Dios mayor, una entidad de energía sintiente pura. Los textos hindúes clasifican El Origen como "todo lo que hay".

OVNI—Objeto Volador No Identificado.

Onda Portadora—Terminología de telecomunicaciones. Forma de onda sinusoidal modulada con una señal de entrada para transmitir información. Suele tener una frecuencia más alta que la señal de entrada (los datos que se transmiten). El objetivo de la onda portadora suele ser transmitir la información a través del espacio como una onda electromagnética (como en la radiocomunicación) o permitir que varias portadoras a diferentes frecuencias compartan un medio de transmisión físico común mediante multiplexación por división de frecuencia (como se utiliza, por ejemplo, en un sistema de televisión por cable). (Fuente: Wikipedia, http://en.wikipedia.org/wiki/Carrier_wave.)

Orgón—representación visual de la energía cósmica "libre".

Poliomnisciente—Aspecto múltiple de la Omnisciencia. Una condición que alcanzará El Origen a medida que se expanda hacia aquellas áreas de sí mismo que están más allá de su área actual de autoconciencia sintiente.

Prueba del ácido—Forma de comprobar si el oro es auténtico o no mediante el uso de ácido para eliminar una capa de oro y dejar al descubierto el metal subyacente como sustrato o como oro auténtico. En este caso, es una forma de demostrar la verdad.

Partícula de luz—Una partícula de luz se conoce como fotón. Un fotón viaja a la velocidad de 186.000 millas por segundo. Se supone que una partícula teórica, el taquión, viaja más rápido que la velocidad de la luz.

Poliomnisciente—Aspecto múltiple de la omnisciencia. Una condición que alcanzará El Origen a medida que se expanda hacia aquellas áreas de sí mismo que están más allá de su área actual de autoconciencia sintiente.

Psicometría—Obtención de información espiritual sobre un objeto o una persona a través del contacto táctil.

Plano frecuencial—Una frecuencia secuencial singular.

Progresión geométrica/crecimiento—En matemáticas, una progresión geométrica, también conocida como secuencia geométrica, es una secuencia de números en la que cada término después del primero se encuentra multiplicando el anterior por un número fijo distinto de cero llamado razón común. (Fuente: http://en.wikipedia.org/wiki/Geometric_progression.)

Realidad—Ambiente y condición interactiva que creamos como función de deseo de un Espacio de Eventos o Corriente de Eventos. Es una condición basada en la percepción generada por la entidad o un ser.

Realidad General—La condición experiencial creada por la existencia de la sintiencia que es El Origen. Contiene todas sus experiencias personales, crecimiento, realizaciones, creaciones y exploraciones del yo. Es la única realidad que puede considerarse estática en función y observación.

Realidad Global—Una disección más del tema general de la realidad. Es relativa a un área dentro de una realidad universal que afecta a un número grande pero no significativo de entidades dentro del ambiente universal. Por lo tanto, la realidad global puede describirse en términos universales como similar a un área del tamaño de una galaxia.

Realidad individualizada—La realidad que las entidades con libre albedrío individualizado eligen crear a su alrededor. En algunos casos, la realidad totalmente individualizada puede crear una separación total de la Realidad Superior.

Realidad individualizada localmente—Relativa a pequeños grupos de entidades dentro de una realidad local, como los que viven en un determinado país. Esto ocurre cuando las entidades son conscientes de la realidad local pero son incapaces de cambiar la realidad que han cambiado para ellas entidades más influyentes.

Realidad Multiversal—La condición experiencial creada por las entidades gobernantes responsables de un ambiente multiversal específico dentro de una Entidad Fuente específica. Es una función generalizada de la realidad y está sujeta a cambios tanto por los Planificadores, como por otras funciones de Curador, y por las interacciones de las entidades/seres titulares que están trabajando dentro de ese ambiente.

Realidad local—El inicio oficial de la circunvolución dentro de las realidades. Se trata de una realidad dentro de otra realidad dentro de la realidad universal. Las realidades locales pueden variar en tamaño y número de entidades interactivas. Las realidades locales se crean normalmente cuando un grupo de entidades decide no sólo cambiar la función de su interacción con la realidad general, sino que eligen activamente disociar cualquier conocimiento previo de la realidad anterior.

Registros Akáshicos—Un registro eterno pasado presente y futuro de cada una de las acciones de la humanidad y su posterior evolución.
Realidad Alternativa—Percepción o deseo personal o grupal de un determinado ambiente experiencial dentro de un ambiente conocido en relación con sus pensamientos, comportamientos y acciones, y el deseo de ignorar aquello con lo que no se desea interactuar.

Los Curadores

Realidad Universal—Una representación más pequeña de la realidad multiversal en la medida en que comienza a ser eso cuando un multiverso y sus componentes universales se introducen por primera vez como un medio para la progresión evolutiva. La realidad universal sólo puede cambiarse como resultado de que todas las entidades dentro de ese ambiente elijan cambiar la realidad como un colectivo total.

Requisar (del inglés commandeer)*—Tomar posesión o control de algo. El acto de requisando implica tomar algo sin el permiso del propietario, pero normalmente con una justificación basada en una necesidad urgente o en autoridad oficial.

Sintiencia—Capacidad consciente de crear algo, observar la creación, comprender la creación, mejorar la creación y volver a observarla.

Subencarnación—Descriptor de la funcionalidad encarnada de una Esquirla.

Sobremarcha—(del inglés overdrive)Forma de decir que el rendimiento de alguien o algo ha aumentado. La sobremarcha era una caja de cambios secundaria semiautomática que se añadía a la caja de cambios manual de los coches deportivos clásicos o de los automóviles de altas prestaciones en las décadas de 1960 y 1970 en el Reino Unido.

Sintiado—(del inglés Sentiate) Comunicación basada en la sintiencia.

Subencarnación—Descriptor de la funcionalidad encarnada de un Esquirla.

Supernova—Explosión estelar provocada por un colapso gravitatorio.

Sinergia—Efecto experimentado cuando la suma del conjunto es superior a la suma de las unidades individuales que crean el conjunto cuando se tratan de forma aislada.

Sentido contrario a las agujas del reloj—Es decir, es un objeto con "lateralidad" (diestro o zurdo).

Ser—Una unidad individualizada de sintiencia que se ha desarrollado de forma independiente por la función de energías similares, iguales o simpáticas que se han reunido y evolucionado a lo largo de un periodo.

Ser Superior—Palabra/descriptor espiritual del VSE.

Tan Tien—Aquí es donde la energía del Aspecto se extiende por la red energética que contiene la plantilla energética y los chakras. Termina siendo un foco de tremenda energía. Está posicionado a dos pulgadas (5cm) por debajo del ombligo y a tres pulgadas (7.5cm) hacia el centro del vehículo humano desde el ombligo.

Telequinesia—Levitación de un objeto o una persona mediante la aplicación del pensamiento puro.

Teletransporte—Capacidad de disolver y materializar el cuerpo físico a voluntad y cambiar de ubicación en el proceso.

Triangulación—Método utilizado en topografía para medir la posición y las distancias entre posiciones mediante el uso de un triángulo y los ángulos relativos a la posición de otras posiciones o ubicaciones que se están topografiando. Desde el punto de vista matemático, es un método para demostrar una hipótesis matemática mediante el uso de tres métodos matemáticos diferentes para obtener la misma respuesta.

Trilístico—Condición en la que existen tres realidades simultáneamente debido a la posibilidad de que se creen realidades alternativas cuando se puede elegir entre tres direcciones.

Unir los puntos—Modo de decir que uno "comprende" por medios lógicos, o pensamiento lateral, el proceso de pasar de un nivel de comprensión a otro mediante pasos conocidos.

Verdadero Ser Energético (VSE)—Lo que realmente somos—una entidad de pura sintiencia con un cuerpo de energía dado o requisado.

Velocidad de la luz—Actualmente se considera que la velocidad de la luz es de 186.000 millas por segundo.

Walk-In—El intercambio de entrada y salida (uno por otro) de Aspectos (almas) dentro de un mismo vehículo encarnado. Hay muchas variaciones sobre este tema.

*= Notas de traducción. Sí-mismo y ser tienen definición y uso indistinto. Sí-mismo es la traducción de "self" en inglés y es usado para diferenciar la palabra en inglés "being" principalmente para mayor claridad en el texto. Sí-mismo se podría intercambiar indistintamente con "ser" en el uso de Verdadero Ser Energético y otros usos coloquiales, como: consciencia del ser, ser superior/supremo, ser verdadero, ser individualizado, ser energético. Esto excluye: ser encarnado y ser sintiente. Nótese que al decir "del sí-mismo" es lo mismo que decir "del ser" y viceversa. Asimismo cabe destacar el uso, en este caso, de conciencia para "awareness" y consciencia para "consciousness". Usando consciente para "aware" y consciente de sí mismo para "conscious".

Los Curadores

Sobre el autor

Guy Needler MBA, MSc, CEng, MIET, MCMA se formó inicialmente como ingeniero mecánico y progresó rápidamente hasta convertirse en ingeniero eléctrico y electrónico colegiado. Sin embargo, a lo largo de esta formación terrenal siempre fue consciente de que la gran realidad que le rodeaba, vislumbrando los mundos del espíritu. Por ello, desde su adolescencia hasta los veinte años, se deleitó con los textos espirituales de la época y meditó a diario. Posteriormente, sus guías le indicaron que se enfocara en su contribución terrenal durante un tiempo, y redujo la intensidad del trabajo espiritual hasta finales de la treintena, cuando volvió a despertar a sus funciones espirituales. En los seis años siguientes obtuvo su formación como Maestro de Reiki y se comprometió durante cuatro años a aprender técnicas de terapia energética y vibracional con una alumna directa de la Barbara Brennan School of HealingTM, que también incluía un curso de desarrollo personal (que incluía psicoterapia) como prerrequisito, utilizando la metodología PathworkTM descrita por Susan Thesenga y otras metodologías de Donovan Thesenga, John y Eva Pierrakos. Su formación y experiencia en terapias energéticas le han llevado a ser miembro de la Asociación Médica Complementaria (MCMA - 2510052).

Junto con sus habilidades de sanación, sus asociaciones espirituales incluyen la capacidad de canalizar información del espíritu, incluyendo el contacto constante con otras entidades dentro de nuestro multiverso y su ser superior y guías. Es la canalización que dio lugar a La historia de Dios, Más allá de La Fuente - libros 1 y 2, Evitando el Karma, El Origen Habla, Los diálogos de Anne y Los Conservadores. Sigue produciendo más obras.

Como método de enraizamiento Guy practica ciclismo, practica y enseña Aikido. Es un 6 Dan Entrenador Nacional con más de 38 años de experiencia y actualmente está trabajando en el uso de la energía espiritual dentro de la parte física del arte.

Guy acepta preguntas sobre el tema de la física espiritual y sobre quién y qué es Dios.

Other Books by Ozark Mountain Publishing, Inc.

Dolores Cannon
A Soul Remembers Hiroshima
Between Death and Life
Conversations with Nostradamus, Volume I, II, III
The Convoluted Universe -Book One, Two, Three, Four, Five
The Custodians
Five Lives Remembered
Horns of the Goddess
Jesus and the Essenes
Keepers of the Garden
Legacy from the Stars
The Legend of Starcrash
The Search for Hidden Sacred Knowledge
They Walked with Jesus
The Three Waves of Volunteers and the New Earth
A Very Special Friend
Aron Abrahamsen
Holiday in Heaven
James Ream Adams
Little Steps
Justine Alessi & M. E. McMillan
Rebirth of the Oracle
Kathryn Andries
Time: The Second Secret
Will Alexander
Call Me Jonah
Cat Baldwin
Divine Gifts of Healing
The Forgiveness Workshop
Penny Barron
The Oracle of UR
The Oracle of UR, Book 2
P.E. Berg & Amanda Hemmingsen
The Birthmark Scar
The Birthmark Scar, Book 2
Dan Bird
Finding Your Way in the Spiritual Age
Waking Up in the Spiritual Age
Julia Cannon
Soul Speak – The Language of Your Body
Jack Cauley
Journey for Life
Ronald Chapman
Seeing True
Jack Churchward
Lifting the Veil on the Lost Continent of Mu
The Stone Tablets of Mu

Carolyn Greer Daly
Opening to Fullness of Spirit
Patrick De Haan
The Alien Handbook
Paulinne Delcour-Min
Cosmic Crystals!
Divine Fire
Holly Ice
Spiritual Gold
Anthony DeNino
The Power of Giving and Gratitude
Joanne DiMaggio
Edgar Cayce and the Unfulfilled Destiny of Thomas Jefferson
Reborn
Paul Fisher
Like a River to the Sea
Anita Holmes
Twidders
Aaron Hoopes
Reconnecting to the Earth
Edin Huskovic
God is a Woman
Patricia Irvine
In Light and In Shade
Kevin Killen
Ghosts and Me
Susan Linville
Blessings from Agnes
Donna Lynn
From Fear to Love
Curt Melliger
Heaven Here on Earth
Where the Weeds Grow
Henry Michaelson
And Jesus Said – A Conversation
Andy Myers
Not Your Average Angel Book
Holly Nadler
The Hobo Diaries
Guy Needler
The Anne Dialogues
Avoiding Karma
Beyond the Origin
Beyond the Source – Book 1, Book 2
The Curators
The History of God
The OM
The Origin Speaks
Kelly Nicholson
Ethel Marie

For more information about any of the above titles, soon to be released titles, or other items in our catalog, write, phone or visit our website:
PO Box 754, Huntsville, AR 72740|479-738-2348/800-935-0045|www.ozarkmt.com

Other Books by Ozark Mountain Publishing, Inc.

Psycho Spiritual Healing
James Nussbaumer
And Then I Knew My Abundance
Each of You
Living Your Dram, Not Someone Else's
The Master of Everything
Mastering Your Own Spiritual Freedom
Sherry O'Brian
Peaks and Valley's
Gabrielle Orr
Akashic Records: One True Love
Let Miracles Happen
Nick Osborne
A Ronin's Tale
Nikki Pattillo
Children of the Stars
A Golden Compass
Victoria Pendragon
Being In A Body
Sleep Magic
The Sleeping Phoenix
Alexander Quinn
Starseeds What's It All About
Debra Rayburn
Let's Get Natural with Herbs
Charmian Redwood
A New Earth Rising
Coming Home to Lemuria
David Rousseau
Beyond Our World, Book 1
Beyond Our World, Book 2
Richard Rowe
Exploring the Divine Library
Imagining the Unimaginable
Garnet Schulhauser
Dance of Eternal Rapture
Dance of Heavenly Bliss
Dancing Forever with Spirit
Dancing on a Stamp
Dancing with Angels in Heaven
Annie Stillwater Gray
The Dawn Book
Education of a Guardian Angel
Joys of a Guardian Angel

Work of a Guardian Angel
Manuella Stoerzer
Headless Chicken
Blair Styra
Don't Change the Channel
Who Catharted
Natalie Sudman
Application of Impossible Things
L.R. Sumpter
Judy's Story
The Old is New
We Are the Creators
Artur Tradevosyan
Croton
Croton II
Jim Thomas
Tales from the Trance
Jolene and Jason Tierney
A Quest of Transcendence
Paul Travers
Dancing with the Mountains
Nicholas Vesey
Living the Life-Force
Dennis Wheatley/ Maria Wheatley
The Essential Dowsing Guide
Maria Wheatley
Druidic Soul Star Astrology
Sherry Wilde
The Forgotten Promise
Lyn Willmott
A Small Book of Comfort
Beyond all Boundaries Book 1
Beyond all Boundaries Book 2
Beyond all Boundaries Book 3
D. Arthur Wilson
You Selfish Bastard
Stuart Wilson & Joanna Prentis
Atlantis and the New Consciousness
Beyond Limitations
The Essenes -Children of the Light
The Magdalene Version
Power of the Magdalene
Sally Wolf
Life of a Military Psychologist

For more information about any of the above titles, soon to be released titles,
or other items in our catalog, write, phone or visit our website:
PO Box 754, Huntsville, AR 72740|479-738-2348/800-935-0045|www.ozarkmt.com

www.ingramcontent.com/pod-product-compliance
Lightning Source LLC
Chambersburg PA
CBHW050325230426
43663CB00010B/1748